Kohlhammer
Urban
-Taschenbücher

Band 473

Gerd Althoff
Die Ottonen

Königsherrschaft ohne Staat

Zweite, erweiterte Auflage

Verlag W. Kohlhammer

Zweite, erweiterte Auflage 2005

Alle Recht vorbehalten
© 2000 W. Kohlhammer GmbH
Stuttgart Berlin Köln
Verlagsort: Stuttgart
Umschlag: Data Images GmbH
Gesamtherstellung:
W. Kohlhammer Druckerei GmbH + Co. Stuttgart
Printed in Germany

ISBN 3-17-018597-7

Inhaltsverzeichnis

Vorwort 7

I. **Der Aufstieg der Liudolfinger** 9
   1. Aspekte der Vorgeschichte 9
   2. Die Vorfahren der Ottonen im ostfränkischen Reich 16

II. **Heinrich I.** 29
   1. Der Übergang der Königswürde auf die Sachsen ... 29
   2. Akzente eines Neubeginns 45

III. **Otto der Große** 69
   1. Die Anfänge – Der Bruch des Konsenses 69
   2. Ein Jahrzehnt der Konsolidierung 88
   3. Vom Liudolf-Aufstand zum Triumph
      auf dem Lechfeld 96
   4. Die Erneuerung des Kaisertums 109
   5. Zwischen Rom und Magdeburg. Die letzten Jahre . 118

IV. **Otto II. – des großen Vaters glückloser Sohn?** ... 137

V. **Otto III.** 153
   1. Die Krise der Nachfolge und die Zeit der
      Vormundschaft 153
   2. Die ersten Jahre der selbständigen Herrschaft 171
   3. Die ‚Erneuerung' Roms und die neue Ostpolitik .. 181
   4. Die Rückkehr nach Rom und der frühe Tod 192

VI. **Heinrich II.** 202
   1. Die Krise der Nachfolge 202
   2. Königsherrschaft zwischen Milde und neuartiger
      Härte 208

3. Rom und Italien, der Westen und immer wieder
Boleslaw 219

VII. **Strukturelle Eigenheiten ottonischer Königsherrschaft** 230
1. Unterschiede zur Herrschaft der Karolinger 230
2. Königtum und Kirche im 10. Jahrhundert....... 234
3. Königtum und Adel – der Austrag von Konflikten 239
4. Vorstaatliche Herrschaftsformen 243

VIII. **Quellen- und Literaturverzeichnis** 248

Stammtafel Ottonen 272

Personen- und Ortsregister 274

IX. **Ergänzungen zur zweiten Auflage** 284

Vorwort

Dieses Buch hat einen Vorgänger fast gleichen Namens, so daß seine Abfassung in bestimmter Hinsicht zu rechtfertigen ist. Mit Helmut Beumann hat diesen Vorgänger einer der besten Kenner der ottonischen Epoche geschrieben, und jeder Nachfolger muß sich gewiß an der Elle seiner Leistung messen lassen. Doch ist seit 1987, dem Erscheinungsjahr des Buches ‚Die Ottonen', gerade bezüglich der Ottonenzeit einiges in Bewegung geraten, neue Fragen und Themen sind entstanden, alte Wertungen und Gewißheiten wurden in einem Ausmaß in Zweifel gezogen, wie es sonst wohl für keine Epoche des Mittelalters der Fall ist. Am 10. Jahrhundert haben sich grundsätzliche Diskussionen entzündet über die Bedingungen historischer Erkenntnis, die nicht ohne Auswirkungen auf die Darstellung dieser Epoche bleiben können. Hier liegt der Hauptgrund für einen erneuten Versuch, die Grundzüge dieser Zeit unter besonderer Berücksichtigung der Perspektive des Herrschergeschlechts zu beschreiben.

Das Buch richtet sich in erster Linie an Studierende und an historisch Interessierte und will ihnen mittels einer chronologisch angelegten Darstellung Kenntnisse über, mehr noch aber ein Verständnis für die Zeit der Ottonen und auch für die Probleme ihrer Erforschung vermitteln. Ein derart vertieftes Verständnis ist aber nur dann möglich, wenn transparent gemacht wird, welche Aussagen und Anhaltspunkte der Überlieferung der Darstellung zugrunde liegen. Deshalb wurde besonderer Wert darauf gelegt, die Überlieferungsbasis gerade in strittigen Fragen präsent zu machen und auch die Schwierigkeiten und Grenzen der Interpretation nicht zu kaschieren. Zum Verständnis der Ottonenzeit ist es heute auch unabdingbar, die neueren Ansätze der Forschung und ihren Ertrag zu berücksichtigen, die daher im Zentrum der Darstellung stehen.

Der Untertitel des Buches mag ein wenig provokant wirken. Dies ist beabsichtigt. Aufmerksam gemacht wird mit der in Ethnologie und Soziologie gängigen Formel ‚ohne Staat' auf eine lange Zeit von der Mediävistik vernachlässigte Eigenart von Herrschaft namentlich im 10. Jahrhundert: Mit den konstitutiven Elementen moderner Staatlichkeit – Gesetzgebung, Verwaltung, Ämterorganisation, Gerichtswesen, Gewaltmonopol – läßt sich Königsherrschaft im 10. Jahrhundert nicht zureichend erfassen. Zu zeigen, welche vorstaatlichen Herrschaftsformen das Funktionieren von Ordnung in dieser Zeit ermöglichten, ist ein wesentliches Anliegen der Darstellung, worauf der Untertitel hinweisen möchte. Für den Leser, der mit diesem Buch einen ersten Zugang zur Ottonenzeit sucht, könnte es ratsam sein, das letzte Kapitel zuerst zu lesen, da die dort gebotenen strukturellen Eigenheiten ottonischer Königsherrschaft das Verstehen der vorderen Kapitel erleichtern.

Zu danken hat der Autor in mehrfacher Hinsicht: Zuerst Hagen Keller und Stefan Weinfurter, die nicht nur das Manuskript lasen und wertvolle Ratschläge beisteuerten. Mit ihnen und anderen, von denen Philippe Buc, Joachim Ehlers, Knut Görich, Ernst-Dieter Hehl, Geoffrey Koziol, Thimothy Reuter, Rudolf Schieffer und Bernd Schneidmüller namentlich hervorgehoben seien, in langem und fruchtbarem Austausch über die Ottonenzeit zu sein, empfindet der Verfasser dankbar als große Bereicherung. Ingmar Krause (Münster) hat wertvolle Hilfe bei der Auswahl und Zusammenstellung der Literatur geleistet. Dafür sei auch ihm gedankt.

Münster, im September 1999   Gerd Althoff

Der Aufstieg der Liudolfinger

1. Aspekte der Vorgeschichte

Vor Beginn einer Beschäftigung mit dem Herrschergeschlecht der Ottonen steht wohl notwendig eine allgemeine Frage: Wie und unter welchen Bedingungen entstand das Reich, das die Ottonen als Könige und Kaiser regierten? Welche Entwicklungen wurden willentlich herbeigeführt, was ergab sich zufällig, und was zeitigte Konsequenzen, die keineswegs beabsichtigt waren? Volkwerdung (Ethnogenese) und Staatsbildung vollziehen sich in aller Regel in einer komplexen Mischung dieser Möglichkeiten – und so verhält es sich auch in diesem Fall. Keineswegs nämlich hat sich ein deutsches Volk nicht zufrieden gegeben, bis es einen deutschen Staat gegründet hatte, wie es ältere Lehrmeinungen postulierten. Der Blick auf die Vorgeschichte zeigt vielmehr, daß die Entwicklung durchaus nicht geradlinig auf die Lösung zulief, die schließlich gefunden wurde.

Die Stämme oder Völker, die wir im Reich der Ottonen vorfinden, waren fast alle Geschädigte fränkischen Eroberungsdrangs. Hiervon unberührt blieben nur die fränkischen und lothringischen Gebiete des Reiches, die schon immer Teil des expandierenden Frankenreiches gewesen waren. Sachsen, Thüringer, Bayern und Alemannen hatten dagegen zunächst als unabhängige Nachbarn des Frankenreiches gesiedelt und waren auch voneinander unabhängig gewesen. Die Vorgänge ihrer Landnahme wie die Ausformung ihrer ‚Stammesverfassung' liegen weitgehend im Dunkeln und waren schon im früheren Mittelalter Gegenstand intensiver Mythenbildung. Die schriftlich überlieferten Volksrechte dieser Ethnien werfen wenigstens etwas Licht in das Dunkel. Das, was bei den Bayern, Alemannen und Thüringern als sog. ‚älteres Stammesherzogtum' begegnet, scheint dagegen bereits Ergebnis gestaltender Eingriffe der Merowingerkönige gewesen zu sein, die dem Erfolg ihrer kriegerischen Expeditionen gegen die östlichen Nachbarn dadurch Dauer zu verleihen suchten, daß sie Dukate einrichteten, in denen Amtsträger eine zeitlich begrenzte militärische wie zivile Gewalt über diese Stämme in Vertretung der Könige ausüben sollten. Wie immer bei den Ämtern im früheren Mittelalter zeigte sich auch beim Dukat die Tendenz, in den erblichen Besitz mächtiger Familien überzugehen; seine Inhaber verloren das Bewußtsein des Amtscharakters ihrer Herrschaft. So scheint es in Krisen des Merowingerreiches zu relativ unabhängigen Herzogsherrschaften in Bayern, Alemannien und auch Thüringen gekommen zu sein, deren Eigenständigkeit erst im Verlaufe des 8. Jahrhunderts von den Karolingern mit militärischen Mitteln wieder beendet wurde. Fränkische Einflußnahme wurde in Bayern, Alemannien und Thüringen dadurch nicht unerheblich erleichtert, daß hier die christliche Mission unterschiedlichster Provenienz bereits deutliche Erfolge zu verzeichnen hatte.

Ganz anders stellte sich die Ausgangslage in Sachsen dar, das sich lange von fränkischen wie christlichen Einflüssen weitgehend frei gehalten hat. Die ‚Verfassung' des Sachsenstammes scheint in besonderer Weise von denen der anderen Stämme abzuweichen; er war in drei ‚Heerschaften', die Westfalen, Ostfalen und Engern, untergliedert. Die fast demokratische Beteiligung mittlerer und unterer Schichten der sächsischen Bevölkerung bei der Willensbildung auf der Stammesversammlung, wie man sie lange der Darstellung der Vita des fränkischen Missionars Lebuin entnommen hat, wird in jüngster Forschung allerdings erheblich relativiert. Erst durch einen massiven und langdauernden Eroberungskrieg gelang es Karl dem Großen, Sachsen dem Karolingerreich einzugliedern und der christlichen Mission damit alle Möglichkeiten zu eröffnen. Seit der Unterwerfung und Taufe des Sachsenherzogs Widukind 785 und dem Sturz des Bayernherzogs Tassilo 788 waren Sachsen wie Bayern nach Thüringen und Alemannien unbestrittene Teile des Karolingerreiches geworden, die an seiner Entwicklung in kultureller, wirtschaftlicher, kirchlicher und politischer Hinsicht teilnahmen. Das bedeutet nicht, daß sie damit alle eigenen Traditionen vollständig ausgelöscht hätten. Man muß vielmehr von einem Vorgang der Adaption karolingischer Staatlichkeit und ihrer wesentlichen

Institutionen – Grafschaftsverfassung, Schriftlichkeit der Kapitularien, Lehnswesen, Königsboten, Hoftage, Kirchenherrschaft etc. – ausgehen, der unterschiedlich intensiv ausfiel, ohne daß wir auf Grund der spärlichen Überlieferung die Einzelheiten erkennen könnten. In jedem Fall wurden die alten Eliten der Stämme nicht insgesamt entmachtet, sondern ‚frankisiert', d.h. durch Heiratsverbindungen und Ämtervergabe auf die Franken und die Karolinger verpflichtet. Profitiert vom Gestaltungswillen Karls des Großen hat auch die Kirchenorganisation östlich des Rheins, denn nach vorbereitender Tätigkeit des Bonifatius in Franken, Thüringen und Bayern schuf Karl der Große im Zusammenwirken mit dem Papst sowohl eine bayerische Kirchenprovinz mit der Metropole Salzburg, als auch eine Reihe neuer Bistümer in Sachsen, die den rheinischen Erzbistümern Köln und Mainz unterstellt wurden. Diese Maßnahmen, verbunden mit der wirtschaftlichen Ausstattung der Bischofskirchen durch das karolingische Königtum, führten schnell dazu, daß sich die Kirche auch im Osten als wirksamer weltlicher Machtfaktor neben Königtum und Adel etablierte.

Die Karolinger selbst scheinen die eroberten Teilgebiete zunächst keineswegs als Einheit aufgefaßt zu haben, wie die 806 von Karl dem Großen in Aussicht genommene Teilung des Reiches unter seine Söhne (*Divisio regnorum*) deutlich macht: Dort wurden nämlich Bayern und Alemannien südlich der Donau zusammen mit Italien dem Reiche Pippins zugeordnet, während die nördlicheren Gebiete von der Loire bis zur Elbe der älteste Sohn Karl erhalten sollte. Biologische Zufälle haben die Realisierung dieses Teilungskonzeptes verhindert. Die fraglichen Söhne starben vor dem Vater. Den entscheidenden Schub einer ostfränkischen Reichsbildung, die die genannten Stämme unter einer monarchischen Spitze zusammenführte, brachte die lange Regierungszeit des Karolingers Ludwig, dem die Forschung den anachronistischen Beinamen ‚der Deutsche' gab. Dennoch wurden in seiner Zeit gewiß die Weichen für Entwicklungen gestellt, die zu dem dauerhaften Gebilde des ostfränkischen Reiches und zur Entwicklung eines Zusammengehörigkeitsgefühls der in ihm vereinten Stämme führten. Dieser Ludwig hatte 817 in der Ordnung des Reiches (*Ordinatio imperii*) durch seinen Vater Ludwig den Frommen zunächst nur Bayern als Unterkönigreich erhalten, da der Vater seine jüngeren Söhne dem ältesten Sohn und Nachfolger im Kaisertum, Lothar, eindeutig unterordnete. Damit gab er den Gedanken der gleichmäßigen Herrschaftsteilung unter alle legitimen Söhne zugunsten eines Einheitsgedankens auf, der wohl Konsequenz der Kaiserwürde war, die man nicht teilen konnte. Aus verschiedenen Gründen bewährte sich dieser Versuch jedoch nicht, so daß die Söhne Ludwigs des Frommen nach vielfältigen Auseinandersetzungen und Koalitionen vor und nach dem Tode des Vaters im Vertrag von Verdun (843) zur alten Teilungspraxis zurückkehrten. Den drei Brüdern Lothar, Ludwig und Karl wurde durch eine mit je 40 Vertretern der drei Parteien besetzte ‚Kommission' ein jeweils gleichwertiger Anteil am Gesamtreich zugewiesen. Lothar erhielt ein Mittelreich, das sich von Rom über die Provence und Burgund bis an die Nordsee erstreckte, Karl den Süden und Westen, Ludwig aber den Osten des ehemaligen Großreiches. Dieser bestand aus dem rechtsrheinischen Germanien sowie den Gebieten der linksrheinischen Bistümer Mainz, Worms und Speyer, die mit ihren dichten Königsgutsbezirken eine wertvolle Ergänzung darstellten. Es ist unklar, inwieweit bei dieser Teilung auch sprachliche Kriterien zugrunde gelegt wurden. Immerhin hatten im Jahre zuvor Ludwig der Deutsche und Karl der Kahle ihr Bündnis, das die Großen ihrer Herrschaftsverbände gleichfalls beeideten, bereits in althochdeutscher (fränkischer) bzw. altfranzösischer (romanischer) Sprache besiegelt, wobei jeder Bruder in der Sprache der Gefolgsleute des anderen schwor (Straßburger Eide). Mit dem Vertrag von Verdun war jedenfalls zum ersten Mal das Gebilde, das ungefähr mit dem späteren ottonischen Reich übereinstimmte, geschaffen, und namentlich seine Führungsschichten erhielten durch die lange Lebensdauer Ludwigs Gelegenheit, das Zusammenleben in der Praxis zu erproben. Die Tatsache, daß sich in diesem Reich die Führungsschichten sprachlich verständigen konnten, hat den Zusammenhalt gewiß befördert. Erweitert wurde dieses Reich noch in der Zeit Ludwigs im wesentlichen dadurch, daß das Mittelreich aus dynastischen und anderen Gründen keine Dauer gewann und im Vertrag von Meersen (870) zwischen dem ost- und westfränkischen Reich geteilt wurde. Dieser Vertrag machte die Maas, die obere Mosel und die Saône zu den Grenzflüssen im Westen, schuf aber auch eine bis weit in das 10. Jahrhundert hinein unsichere Grenzregion, da die Lothringer mehrfach die Option des Anschlusses an den Westen bzw. an den Osten wahrnahmen, wenn es politische Konstellationen nahelegten. Wie fragil die mit dem Vertrag von Verdun geschaffenen Herrschaftsgebilde insgesamt waren, macht auch die Tatsache deutlich, daß Große des Westreiches mehrfach Ludwig den Deutschen einluden, die Herrschaft dort ebenfalls zu übernehmen, einer Versuchung, der er sich nicht entziehen konnte, auch wenn er hierbei durchaus zögerlich und nicht erfolgreich agierte. Überdies war das Bewußtsein, Teile eines einzigen Reiches zu beherrschen, weder bei den Königen noch bei den Großen geschwunden. Die Könige brachten dies durch die sog. Frankentage zum Ausdruck, relativ häufige Treffen, die der Beratung allgemein interessierender Fragen und der Sicherung des Friedens dienten. Dieses Reich wäre im übrigen wohl auch weiter geteilt worden, wenn es etwaiger Kinderreichtum der Dynastie erfordert hätte. Ludwig der Deutsche selbst teilte seinen Teil unter seine drei Söhne, die er zuvor bereits mit Töchtern aus den mächtigsten Adelsfamilien der Reichsteile verheiratet hatte, die sie übernehmen sollten: Karlmann wurde Bayern zugeteilt, Karl ‚dem Dicken' Alemannien, Ludwig ‚dem Jüngeren' Ostfranken und Sachsen. Man kann sich leicht ausmalen, welche Konsequenzen diese und weitere Teilungen gehabt hätten, wären sie von Dauer gewesen. Doch starben zwei der drei Brüder wenige Jahre nach dem Vater und Karl (III.) wurde so zunächst Erbe des gesamten ostfränkischen Reiches, dann fiel ihm sogar durch weitere Todesfälle im Westen die Herrschaft im Gesamtreich zu. Von 884 bis 887 war er der letzte Herrscher des Gesamtreiches, auch wenn er in seinen Urkunden seine Herrschaftsjahre für die verschiedenen Teile des Reiches gesondert aufführte und so deren Eigenständigkeit dokumentierte.

Die kurze Zeit der Wiedervereinigung unter einem Herrscher machte aber auch schlagend deutlich, daß ein Einzelner mit der Aufgabe überfordert war, dieses Großreich zu leiten. Bei Karl III. manifestierte sich dies besonders in seinem Versagen bei der Abwehr der Normannen, die sich mit ihren Einfällen im Verlaufe des 9. Jahrhunderts immer mehr zu einer Geißel vor allem für den Westen des Reiches erwiesen hatten. Gelangen einmal Abwehrerfolge gegen diese Eindringlinge, so verdankte man sie regionalen Kräften unter der Führung von Adligen und Bischöfen. Karl III. hingegen blieb mit seinen Aktivitäten nicht nur militärisch erfolglos, er bewirkte ihren Abzug vielmehr durch die Übergabe reicher Geschenke, die Zeitgenossen wohl zu Recht als Tributzahlungen interpretierten und als Beweis für die Unfähigkeit des Königs nahmen. Da Karl zudem durch die schwere Krankheit der Epilepsie an einer zureichenden Herrschaftsführung gehindert wurde, kam es 887 in Tribur zu seiner Absetzung und zur Erhebung des illegitimen Karolingers Arnulf, eines Neffen, der sich bis dahin als Markgraf in Kärnten bewährt hatte. Lange hat man darüber diskutiert, ob die Initiative zu dieser Absetzung von Arnulf selbst oder vom Adel der ostfränkischen Stämme ausgegangen sei. Dabei dürfte klar sein, daß weder Arnulf ohne die Zustimmung der Führungsschichten noch die Führungsschichten ohne einen geeigneten Kandidaten hätten erfolgreich sein können. Wesentlicher für die weitere Entwicklung aber ist, daß in Tribur allein Vertreter des ostfränkischen Reiches handelnd auftraten, und daß Arnulf überdies die Nachfolge Karls nur in diesem Teil des Reiches antreten wollte. Es ist nicht überliefert, ob diese Bescheidung mit seinen Parteigängern abgesprochen oder gar Voraussetzung ihrer Unterstützung war. Ausgeschlossen ist beides aber nicht. Bald nach dem Sturz Karls III. erhoben auch andere Teilgebiete des Reiches Könige.

Durch die Initiative zum Sturz des regierenden Herrschers wie durch die räumliche Beschränkung der Herrschaft des neuen Königs wird manifest, daß im Osten eine Herrschaft entstanden war, deren Träger ihr Schicksal unabhängig von anderen in die Hand nahmen und auch keinen Anspruch auf Übernahme ihrer Entscheidung in anderen Teilen des Reiches erhoben. Die 887 zum Ausdruck kommende Tendenz zum Separatismus und zur Abschließung gegenüber anderen setzt ein Bewußtsein der Zusammengehörigkeit und einen Willen zur Zusammenarbeit in der Konfiguration des ostfränkischen Reiches voraus, die ausgeprägt gewesen sein müssen – von Gegenstimmen und Minderheiten ist nichts zu hören. Diese Haltung der ostfränkischen Großen entschied auch die beiden nächsten Königserhebungen, bei denen jeweils andere Optionen bestanden, die eigentlich naheliegender waren als die gefundenen Lösungen: Ende 899 verstarb Arnulf und hinterließ nur einen minderjährigen Sohn. Ein Königtum Minderjähriger hatte man in der Karolingerzeit nicht praktiziert, so daß jetzt eigentlich die Erhebung eines westfränkischen Karolingers naheliegend gewesen wäre. Doch man entschied sich für das Kind und richtete eine Art Regentschaft von Bischöfen, mit Hatto von Mainz an der Spitze, ein, die von den führenden Adelsgeschlechtern der ostfränkischen Stämme unterstützt wurden. Ungewöhnlich zahlreiche Intervenienten in vielen Urkunden Ludwigs des Kindes geben Zeugnis davon, welche Kräfte in dieser Zeit die politischen Entscheidungen maßgeblich trugen. Als im Jahre 911 Ludwig das Kind ohne Nachkommen verschied, bot sich wieder die Herbeirufung eines Karolingers aus dem Westen als naheliegende Möglichkeit an. Doch auch diesmal entschieden die Großen für die Eigenständigkeit Ostfrankens und erhoben einen aus ihrer Mitte, den Herzog Konrad von Franken aus dem Adelsgeschlecht der Konradiner. Die Eigenständigkeit Ostfrankens besaß für ihre Entscheidung offensichtlich höheres Gewicht als die Legitimität karolingischen Geblüts. Diese Entscheidung veranlaßte lediglich die Lothringer, sich nach Westen zu wenden und sich der Herrschaft des Karolingers Karls des Einfältigen zu unterstellen. So verdankt das ostfränkische Reich zunächst dynastischen Zufällen im Königsgeschlecht seine Entstehung. Eine andere Anzahl legitimer Söhne oder andere Lebensdauer einzelner Karolinger hätte die Entwicklung jeweils in andere Bahnen gelenkt. Am Ende des 9. Jahrhunderts hielten aber die weltlichen und geistlichen Großen des Ostens dieses Reich für eine unabhängig von den biologischen Zufällen im Herrschergeschlecht zu bewahrende Einheit. Die Stämme der Sachsen, Ostfranken, Bayern und Alemannen, oder besser ihre Führungsschichten, hatten ein Bewußtsein der Zusammengehörigkeit oberhalb der gentilen Identität entwickelt. Welche Faktoren diesen Integrationsprozeß besonders beförderten – politische Kontakte, Vernetzung der Führungsschichten durch Heiraten und Bündnisse, kulturelle Austauschprozesse oder anderes mehr – läßt sich angesichts der Quellenarmut der Zeit kaum gesichert ermitteln. In jedem Fall aber nahmen die Vorfahren der Ottonen an diesem Prozeß intensiven Anteil; ihr Aufstieg zur Königsherrschaft ist ohne ihn kaum denkbar. Dies rechtfertigt seine Behandlung in einem eigenen Kapitel.

2. Die Vorfahren der Ottonen im ostfränkischen Reich

Der Großvater des ersten ottonischen Königs ist der älteste sicher bekannte Angehörige dieses Geschlechts. Es handelt sich um den Grafen Liudolf, der erst von späteren Autoren als Herzog der Ostsachsen (*dux orientalium Saxonum*) oder gar als Herzog der Sachsen (*dux Saxonum*) bezeichnet wurde. Der Aufstieg dieser Liudolfinger zum Königtum im ostfränkischen Reich, den man als Protobeispiel einer rapiden Familienkarriere bezeichnen kann, vollzog sich im Kontext des gelungenen Integrationsprozesses der besiegten Sachsen in das karolingische Reich, eines Vorgangs, der das sächsische Selbstverständnis noch lange beeinflußte. Verheiratet war Liudolf mit Oda, die aus fränkischem Hochadel stammte. Mit dieser Heirat waren Vorgaben umgesetzt worden, die sich schon in den Reichsteilungsordnungen Karls des Großen und Ludwigs des Frommen von 806 und 817 finden: Die Großen der Völker des Frankenreiches sollten untereinander Ehebündnisse schließen, damit so Friede und Eintracht gefördert würden. Die Eltern Odas waren der fränkische *princeps* Billing und seine Gemahlin Aeda. Außer ihren Namen ist von diesen fränkischen Adligen jedoch nichts bekannt. Vom Grafen Liudolf und seiner Gemahlin Oda weiß man ein wenig mehr, doch keineswegs genug, um eine auch nur einigermaßen zusammenhängende Geschichte der ‚Anfänge' des ottonischen Geschlechts zu schreiben.

Diese schwierige und mißliche Ausgangslage hat mehrere Ursachen. Das Grafenpaar lebte in der Mitte des 9. Jahrhunderts, als schriftliche Aufzeichnungen in Sachsen eher Seltenheitswert besaßen und fränkische Autoren sich nicht eben intensiv mit den sächsischen Verhältnissen beschäftigten. Königs- und Privaturkunden, insbesondere die fuldischen, ergänzen unser Wissen zwar durch einige Nennungen des Grafen Liudolf und auch seiner Söhne Brun und Otto. Detailliertere Einsichten in die Herrschaftsstellung der Genannten erlauben jedoch auch sie nicht. Es macht die Darstellung der ottonischen Frühgeschichte zudem nicht leichter, daß nach dem Aufstieg dieses Geschlechts zur Königswürde eine ganze Reihe von Autoren Nachrichten und mehr noch Wertungen bieten, die diese Frühzeit betreffen. Bei kritischer Betrachtung der Aussagen wird jedoch schnell deutlich, wie weit die ‚Anfänge‘ bereits glorifiziert und vom Prozeß der Mythenbildung erfaßt waren.

Die Quellenarmut der Zeit wie die spätere Mythenbildung aber haben das Interesse der Forschung nicht gemindert, sondern vielmehr seit langem geradezu magisch angezogen, – was sicher auch mit der Wertschätzung der Ottonen im Geschichtsbewußtsein der Deutschen zusammenhängt. Jeder Überlieferungssplitter dieser frühen Phase der liudolfingisch-ottonischen Geschichte ist vielfach untersucht und in unterschiedlicher Weise zu Rekonstruktionen verwendet worden ist. Gerade die jüngste Forschung (Becher, Schubert) hat jedoch herrschende Lehrmeinungen wieder in Zweifel gezogen, so daß zur Zeit eine Gesamtdarstellung insbesondere zur Rechenschaft darüber angehalten ist, welche Anhaltspunkte der Überlieferung sie in welcher Weise verwertet und ausdeutet. Versuchen wir daher zunächst eine Darstellung der ottonischen Frühgeschichte auf der Basis möglichst zeitgenössischer Quellen und konfrontieren das so Erkennbare dann mit den Nachrichten, die erst nach der Mitte des 10. Jahrhunderts niedergeschrieben wurden, als die sog. ‚ottonische‘ Historiographie die inzwischen etablierten Versionen dieser Geschichte schriftlich fixierte bzw. selbst neue Versionen kreierte.

Der Eintritt der Liudolfinger, wie wir die Vorfahren der Ottonen gewöhnlich nennen, in die Geschichte wird vor allem faßbar durch ihre Aktivitäten zur Gründung eines Frauenklosters: Gandersheim. Zu diesem Zwecke reisten der Graf Liudolf und seine Gemahlin Oda 845/46 immerhin nach Rom. Dort erhielten sie in mehrfacher Hinsicht Unterstützung von Papst Sergius II., denn dieser erteilte einen Altersdispens für die minderjährige Tochter Hathemod, so daß diese die Äbtissinnenwürde in der geistlichen Gemeinschaft bekleiden konnte. Darüber hinaus schenkte er den Liudolfingern Reliquien der heiligen Päpste Anastasius und Innocenz (I.). Romreise und Klostergründung aber sind gewichtige Indizien auch für die Einordnung der Liudolfinger in die politischen und herrschaftlichen Kräfteverhältnisse Sachsens im 9. Jahrhundert. Eine solche Romreise unternahm außer ihnen nämlich auch der Enkel des heidnischen Sachsenherzogs Widukind, Waltbert, der im Jahre 850 mit Empfehlungsschreiben Kaiser Lothars versehen, die Reliquien des hl. Alexander von Rom nach Wildeshausen überführte. In diesem Fall schlug sich der Reliquienerwerb sogar schriftlich nieder, denn im Auftrag des Grafen Waltbert verfaßten die Fuldaer Mönche Rudolf und nach ihm Meginward eine Translatio S. Alexandri, die uns wichtige Einsichten in die Geschichte der Nachfahren des Sachsenherzogs Widukind ermöglicht.

Die beiden Reisen sind einmal Nachweis des Fortschritts der Bemühungen um die christliche Durchdringung Sachsens. Zwei Generationen nach der Zwangsmission durch Karl den Großen, mit der die politische Eingliederung Sachsens in das Frankenreich verbunden war, wurden Adelsgeschlechter in Sachsen aktiv und wandten sich direkt nach Rom an das Zentrum des christlichen Glaubens, um aus dessen reichem Reliquienschatz die eigenen geistlichen Einrichtungen ausstatten zu lassen. In die sächsischen Bischofskirchen waren in der Missionszeit im wesentlichen Reliquien aus den westfränkischen Bistümern transferiert worden. Man kann die Wendung nach Rom daher als Indiz der vollzogenen Adaption christlicher Kultgebräuche und Wertevorstellungen durch Angehörige des sächsischen Adels ansehen. Deren Versippung mit fränkischen Familien hat diesen Prozeß gewiß befördert.

Die Reisen wie die Gründung der geistlichen Institutionen sind aber auch Ausweis der herrschaftlichen und politischen Stellung, die beide Familien in der Mitte des 9. Jahrhunderts erreicht hatten. Die Einrichtung eines Familienklosters an einem Herrschaftsmittelpunkt der Familie bedeutet immer einen wichtigen Schritt im Prozeß der ‚Formierung' eines Adelsgeschlechts (K. Schmid). Gewöhnlich sorgte man für kontinuierlichen Einfluß der Familie dadurch, daß die Abts- oder Äbtissinnenwürde sowie das Amt des Vogtes der Gründerfamilie vorbehalten wurde, wie dies auch die Liudolfinger praktizierten. Nach Hathemod leiteten denn auch noch mehrere andere Töchter des Gründerpaares als Äbtissinnen Gandersheim und nach ihnen waren später immer wieder Töchter und Verwandte des ottonischen Geschlechts Inhaberinnen dieses Amtes. Diese Regelung ließen die Söhne Liudolfs, Brun und Otto, im Jahre 877 von König Ludwig dem Jüngeren urkundlich absegnen. Sie übergaben das Familienkloster in den Königsschutz, ohne damit ihre Ansprüche als Klosterherren aufzugeben. Voraussetzung solcher Gründungen ist gewiß, daß die herrschaftliche Stellung der Gründer eine weitgehende Konsolidierung erfahren hatte. Die Forschung hat denn auch eine Reihe von Indizien zusammengetragen, die mit einiger Sicherheit darauf deuten, daß schon der Vater und der Großvater des Grafen Liudolf im Raum der Gandersheimer Mark über Amt, Besitz und Herrschaftsrechte verfügten. Doch hat die ‚Erinnerung' der liudolfingisch-ottonischen Familie diese Vorfahren nicht bewahrt, sondern sie läßt die Geschichte des Geschlechts mit dem ‚Stammvater' Liudolf beginnen.

Diese Eigenart der Erinnerungskultur einer Adelsfamilie – die Fixierung auf den Klostergründer als ‚Stammvater' – ist mit einiger Wahrscheinlichkeit darin begründet, daß in Gandersheim die liudolfingische Memoria in besonderer Weise gepflegt, und das heißt nicht zuletzt, schriftlich festgehalten wurde. Der Gandersheimer Konvent bewahrte sowohl die Namen der Liudolfinger selbst zum Zwecke des Gebetsgedenkens als auch die Erinnerung an ihre Taten. Er tat dies einmal in schriftlicher Form durch Aufzeichnungen in liturgischen Handschriften, die das jährliche Gedenken an die verstorbenen Vorfahren ermöglichten. Mehrfach griff man in Gandersheim jedoch auch zum Mittel der Geschichtsschreibung, um die Erinnerung an die frühen Liudolfinger zu bewahren. Das älteste Zeugnis dieser Sorge um die Memoria ist die Vita der ersten Gandersheimer Äbtissin Hathemod aus der Feder des Corveyer Mönchs Agius, den man lange fälschlich für einen Sohn Liudolfs gehalten hat. In der Mitte des 10. Jahrhunderts hat dann die berühmte Gandersheimer Nonne Hrotswith das Wissen um die Anfänge (*Primordia*) Gandersheims schriftlich festgehalten und damit wesentlich zu unserem Wissen auch über die Frühgeschichte der Liudolfinger beigetragen.

Der ‚Stammvater' Liudolf verstarb im Jahre 864 oder 866. Die Meldung seines Todes verbindet eine alemannische Quelle mit der Einordnung unter die Reichsfürsten (*regni principes*), eine lothringische mit der Auszeichnung als *vir magnificus*. Allem Anschein nach hat die Weitergabe von Ämtern, Lehen und Besitz an seinen ältesten Sohn Brun oder auch an beide Söhne, Brun und Otto, keinerlei Schwierigkeiten mit sich gebracht. Die Herrschaft der Familie war in Sachsen offensichtlich fest etabliert. Daß der ‚Aufstieg' der Liudolfinger nach der Mitte des 9. Jahrhunderts bereits in beträchtliche gesellschaftliche Höhe geführt hatte, zeigt neben der Klostergründung, den ehrenden Epitheta und der Weitergabe der Herrschaft nachhaltig die Tatsache, daß zu einem unbekannten Zeitpunkt, vielleicht am Ende der 60er Jahre, die Tochter Liudolfs mit dem Namen Liudgard den Sohn Ludwigs des Deutschen, Ludwig den Jüngeren, heiratete. Die eminent politische Dimension dieser Heirat kann man daran ermessen, daß Ludwig der Deutsche seine drei Söhne jeweils mit Töchtern aus Adelsfamilien verheiratete, die in den Regionen führend waren, in denen diese Söhne nach der Teilung des Reiches beim Tode des Vaters herrschen sollten. Es ist daher naheliegend, daß die Wahl jeweils auf Töchter aus den vornehmsten und mächtigsten Familien fiel. Durch diese Heiratsverbindung sollte die Akzeptanz der Königsherrschaft sichergestellt und die Unterstützung durch die führenden Adelsgruppen gewährleistet werden. Umgekehrt ist leicht einsichtig, was es für die liudolfingische Stellung in Sachsen bedeutete, wenn die Brüder der Liudgard, Brun und Otto ‚der Erlauchte', Schwäger des regierenden Karolingers waren. Die ersten Plätze der Rangordnung waren ja nicht nur im Karolingerreich den Königsverwandten vorbehalten. Deutlichen Ausdruck fand diese Königsnähe bereits kurz nach dem Tode Ludwigs des Deutschen, als Ludwig der Jüngere Gandersheim nicht nur in seinen Königsschutz nahm, sondern dem Kloster auch noch Besitzungen in Thüringen schenkte. Zwar dauerte die selbständige Herrschaft Ludwigs des Jüngeren in seinem Reichsteil nur von 876 bis 882. Doch fällt genau in diese Zeit ein Ereignis, das schlaglichtartig die Stellung der Liudolfinger in dieser Zeit erhellt und zugleich in ihrer ‚Erinnerung' fest verankert blieb.

Am 2. Februar des Jahres 880 wurde nämlich ein sächsischer Heerbann unter der Führung des *dux Brun* von den Normannen vernichtend geschlagen. Brun selbst, die Bischöfe Thiedrich von

Minden und Markward von Hildesheim, 11 weitere sächsische Grafen und 18 königliche Vasallen (*satellites*) werden als Gefallene namentlich genannt. Das Ereignis fand Eingang in die zeitgenössische Geschichtsschreibung der fuldischen Annalen, der Toten wurde in den Totenannalen des gleichen Klosters gedacht und sogar in das ferne alemannische Kloster der Reichenau sandte man ihre Namen, die dort in ein Verbrüderungsbuch eingetragen wurden. König Ludwig weilte zu dieser Zeit im Westen, so daß der Heerführer Brun, dem im Zusammenhang der Schlacht in den Fuldaer Annalen der Titel dux zugebilligt wurde, als der Stellvertreter des Herrschers oder als *secundus a rege* in Erscheinung tritt.

Die Erinnerung an diese Niederlage blieb in Sachsen nachhaltig wach und man hat einiges getan, die mit ihr verbundene Schmach zu bewältigen. So wurde sie im Laufe der Zeit zu einer Naturkatastrophe umgedeutet: Nicht die Normannen hätten gesiegt, sondern eine Springflut dem sächsischen Heer den Raum zum Kämpfen genommen bzw. dieses sogar vernichtet. Im übrigen bescheinigte man später seinem in der Herrschaft nachfolgenden Bruder Otto, daß dieser zwar der jüngere an Lebensalter, aber in allen Tugenden der Bessere gewesen sei. Vielleicht hängt sogar die Tatsache, daß der Name Brun in der ottonischen Familie später auffallend häufig Kindern gegeben wurde, die für den geistlichen Stand vorgesehen waren, mit einer gewissen Stigmatisierung des Namens bezüglich weltlicher Herrschaft zusammen.

Ob Otto der Erlauchte nach der Katastrophe alle Positionen des älteren Bruders unangefochten übernehmen konnte, ist angesichts der dürftigen Quellen kaum sicher zu sagen. Auffällig ist allerdings, daß im Jahre 884 der Babenberger Heinrich Sachsen mit einem auch von Franken gebildeten Heer gegen die Normannen verteidigte. Dies deutet darauf hin, daß die Stellung eines *dux*, wie sie Brun 880 eingenommen hatte, keineswegs bereits als Herzogsamt oder gar als ‚jüngeres Stammesherzogtum' verstanden werden darf. Dieser babenbergische *dux* Heinrich war im übrigen mit einiger Sicherheit der Schwiegervater Ottos des Erlauchten, dessen Gemahlin den Namen Hathwig trug. Durch sie dürfte der Name Heinrich in die ottonische Familie gekommen sein, der einer der Leitnamen des Geschlechts wurde.

Die zum Ende des 9. Jahrhunderts immer spärlicher werdenden Quellen lassen wenig Einblick in die Stellung und Politik Ottos des Erlauchten zu, der von den zeitgenössischen Quellen nicht *dux* genannt wird. Immerhin schaffte er es unter ungeklärten Umständen, Laienabt des Reichsklosters Hersfeld zu werden, also den maßgeblichen Einfluß auf diese wichtige Abtei im sächsisch-fränkischen Grenzraum zu erhalten. Er ist der einzige bezeugte Laienabt im ostfränkischen Reich, was die Bedeutung dieser Erwerbung ebenso unterstreicht wie die Tatsache, daß ihn später König Konrad I. nötigte, diese Stellung aufzugeben. In einem engeren Verhältnis ist Otto erst zu dem illegitimen Karolinger Arnulf bezeugt, der 887 den kranken und erfolglosen letzten Herrscher des karolingischen Gesamtreiches, Karl III., entmachtet und bewußt allein die Königswürde im ostfränkischen Teil des Reiches übernommen hatte. Im Jahre 894 begleitete Otto König Arnulf auf einem Italienzug; 895 heiratete Ottos Tochter Oda den illegitimen Sohn Arnulfs, Zwentibold, den der Vater als Unterkönig in Lothringen eingesetzt hatte. Wie rauh die Sitten in den Auseinandersetzungen dieser Zeit geworden waren, vermag schlaglichtartig die Tatsache zu verdeutlichen, daß Oda nach der Tötung ihres Gemahls Zwentibold mit genau dem Lothringer Gerhard vermählt wurde, der ihren Gatten erschlagen hatte.

Nicht erwähnt wird ein Eingreifen Ottos und seiner Getreuen in eine Fehde, die am Ende des 9. und im ersten Jahrzehnt des 10. Jahrhunderts Franken fundamental erschütterte. Ausgetragen wurde diese Fehde zwischen den rheinfränkischen Konradinern und den mainfränkischen Babenbergern, den Verwandten der Liudolfinger. Die Fehde wurde bis zur Ausrottung der Babenberger geführt, ohne daß wir Anhaltspunkte dafür besäßen, daß die Liudolfinger ihren Verwandten in irgendeiner Weise hätten Unterstützung zukommen lassen. Vor allem die Hinrichtung des Babenbergers Adalbert im Jahre 906, der sich in der Hoffnung auf freies Geleit zu einem Hoftag Ludwigs des Kindes begeben hatte, dort jedoch gefangengenommen, verurteilt und hingerichtet worden war, erregte großes und lang andauerndes Aufsehen, das sich in Geschichten und Anekdoten über Tricks und Verrat des Erzbischofs Hatto von Mainz niederschlug – nur Konsequenzen der Liudolfinger auf diesen Bruch aller ungeschriebenen Gesetze sind nicht überliefert. Sie nahmen Adalbert in ihr Totengedenken auf, mehr als Gebetshilfe für den Verwandten haben die Quellen jedoch nicht überliefert.

In die Lebenszeit Ottos des Erlauchten fällt auch ein Ereignis, das für die weitere liudolfingische Geschichte bedeutungsvoll werden sollte. Sein jüngerer Sohn Heinrich, der sein Nachfolger wurde, da die älteren Brüder Thankmar und Liudolf vor dem Vater verstarben, heiratete im Jahre 909 in zweiter Ehe Mathilde, eine Nachfahrin des Sachsenherzogs Widukind. Zunächst hatte er Hatheburg, die Erbtochter eines um Merseburg begüterten sächsischen Grafen, geehelicht und so die liudolfingischen Besitzungen in ihren Kernlanden vermehrt. Nach Protesten des Bischofs von Halberstadt, der einwandte, daß diese Hatheburg nach einer ersten Ehe bereits Nonne geworden war, schickte Heinrich seine Gemahlin ins Kloster zurück, obgleich er mit ihr bereits einen Sohn Thankmar hatte. Ihr reiches Erbe behielt er dagegen. So war der Weg frei für eine Verbindung mit der ebenso reichen Mathilde, die den Liudolfingern überdies die Verwandtschaft der im Westen Sachsens begüterten Nachfahren Widukinds und zudem Anteil an deren Charisma einbrachte. Durch diese Ehe dehnten die Liudolfinger ihre Beziehungsfelder bis nach Westfalen aus und stießen so an Einfluß- und Interessengebiete der Konradiner, die 911 nach dem frühen Tode Ludwigs des Kindes mit Konrad I. die Königswürde in Ostfranken übernahmen. Es sei dahingestellt, ob diese Eheverbindung bereits Teil eines politischen Kräftemessens war, das auf Konfrontation mit den Konradinern hinauslief. In jedem Falle stauten sich im Verhältnis der Liudolfinger zu den Konradinern Probleme auf, die jedoch erst später zu bewaffneten Konflikten führten.

Die Frühgeschichte der Liudolfinger wurde bisher dargestellt, ohne die Wertungen und Einschätzungen zu erwähnen, die ihr die spätere ottonische Historiographie angedeihen ließ. Diese hat ein sehr suggestives Bild vom Aufstieg der Ottonen gezeichnet, das die Forschung bis heute vor erhebliche Probleme stellt. Die Fragen, wie Geschichtserinnerung in einer weitgehend oralen Gesellschaft tradiert wird, wer für die Inhalte verantwortlich ist, und wie freizügig diese Inhalte verändert werden, sind gerade am Beispiel des 10. Jahrhunderts in den letzten Jahren mit durchaus unterschiedlichen Ergebnissen diskutiert worden. Die wichtigsten Akzente, die die ottonische Historiographie setzte, seien daher zusammenhängend vorgeführt, weil sie in verschiedener Hinsicht gute *exempla* bieten. Sie zeigen einmal, wie geschichtliches Geschehen zu legitimatorischen Zwecken aufbereitet wird, sie zeigen ferner, wie die Autoren die Interessen ihrer geistlichen Institutionen bei der Darbietung des Geschehens keineswegs vergessen, manchmal sogar ganz eindeutig in den Vordergrund stellen.

Keinen Zweifel hat die spätere Historiographie daran, daß die Vorfahren der Ottonen bereits die sächsische Herzogswürde in ihrem erblichen Besitz hatten: „Als der Vater des Vaterlandes (*pater patriae*) und große Herzog Otto verschieden war, hinterließ er seinem erlauchten und erhabenen Sohn Heinrich die herzogliche Würde über ganz Sachsen", formuliert programmatisch Widukind von Corvey (I, 21). Bereits zuvor hatte er in einem Kapitel zusammengefaßt, was an geschichtlichen Ereignissen geeignet war, das Prestige der Liudolfinger in den Augen der Zeitgenossen zu erhöhen und ihr Selbstverständnis auszumachen:

„Der letzte der Karolinger, die in Ostfranken herrschten, war Ludwig, der Sohn des Arnulf ... Dieser lebte nur wenige Jahre, nachdem er sich vermählt hatte mit Liudgard, einer Schwester Bruns und des großen Herzogs Otto. Der Vater dieser beiden war Liudolf, der nach Rom reiste und die Reliquien des seligen Papstes Innocenz herüber brachte. Von diesen führte Brun, während er als Herzog über ganz Sachsen schaltete, ein Heer gegen die Dänen und kam, von einer plötzlichen Überschwemmung eingeschlossen, ohne zum Kampfe zu kommen, mit dem ganzen Heer um. Das Herzogtum hinterließ er seinem Bruder, der zwar von Geburt jünger, aber in jeglicher Tugend ihm weit überlegen war. König Ludwig aber hatte keinen Sohn, und das ganze Volk der Franken und Sachsen wünschte, dem Otto die königliche Krone aufzusetzen. Dieser aber lehnte, als schon zu betagt, die Bürde des Reiches ab; auf seinen Rat jedoch wurde Konrad, bisher Herzog von Franken, zum König gesalbt; auf Ottos Seite blieb aber immer die höchste Befehlsgewalt (*summum imperium*)" (Widukind, I, 16).

In diesem Kapitel findet sich viel von dem wieder, was bisher vorgestellt worden ist. Allerdings mit ganz charakteristischen

Änderungen. Die meisten sind sehr zielbewußt: Aus dem ‚Fehler', Liudgard mit dem letzten Karolinger namens Ludwig zu verheiraten und nicht mit einem älteren, wie es richtig gewesen wäre, resultiert ein Argument. Otto der Erlauchte war so der Vater der Königin, als die Karolinger im Osten ausstarben. So war es nur folgerichtig anzuschließen, daß alle ihn zum König wünschten und ihm das *summum imperium* blieb, als er aus Altersgründen einen anderen vorschlug. In gewisser Weise wird so bereits verständlich gemacht, warum Konrad I. vor seinem Tod Heinrich, den Sohn Ottos des Erlauchten, als seinen Nachfolger designierte. Der ‚Fehler' erweist sich so als äußerst hilfreich und geeignet, dem Aufstieg der Liudolfinger zum Königtum zusätzliche Legitimation zu verleihen. Er wurde also mit einiger Wahrscheinlichkeit bewußt gemacht. Bewältigt oder zumindest abgemildert ist auch der Makel, daß der Liudolfinger Brun das sächsische Heer in die vernichtende Niederlage gegen die Normannen führte. Die überragende *virtus* des nachfolgenden jüngeren Bruders erfüllt in diesem Argumentationszusammenhang gleichfalls die wichtige Funktion, den Aufstieg der Liudolfinger zum Königtum logisch und zwingend erscheinen zu lassen.

Die Sicherheit, daß die Liudolfinger bereits im 9. Jahrhundert als Herzöge über und in ganz Sachsen walteten, findet sich in vergleichbarer Weise auch in der Lebensbeschreibung der Gandersheimer Äbtissin Hathemod und in den Ausführungen über die Anfänge Gandersheims aus der Feder Hrothswiths. Gandersheim sei erbaut worden durch die *duces Saxonum* Liudolf und Otto, wobei Hrothswith Liudolf sogar das Attribut *magnus* zubilligt. Der Karolinger Ludwig der Jüngere, also der Schwiegersohn, habe Liudolf die Herrschaft über den sächsischen Stamm übertragen, weiß Hrotswith zudem über die Genese dieser Herrschaftsstellung zu berichten. All diese Wertungen sind in der neueren Forschung zunehmend auf Skepsis gestoßen. Was lange als Entstehung des ‚jüngeren Stammesherzogtums' in der zweiten Hälfte des 9. Jahrhunderts verstanden wurde, ist heute Gegenstand intensiver Neubewertung, wobei zunächst einmal die herrschenden Vorstellungen problematisiert wurden.

In der Tat kann der neue Typ von Herrschaft, wie ihn die Herzöge in allen Stämmen des ostfränkischen Reiches in den letzten Jahrzehnten des 9. Jahrhunderts zu verkörpern scheinen, inhaltlich kaum genauer fixiert werden. Die Quellen lassen kaum Aussagen darüber zu, ob die Herzöge das Recht hatten, das militärische Aufgebot des Stammes einzuberufen und zu führen, ob sie Gerichtsbefugnisse besaßen, ob sie die Königsgüter in ihrem Stammesgebiet verwalteten, ob sie Einfluß auf die Besetzung kirchlicher Ämter nahmen, und wie ihr Verhältnis zu den Grafen des jeweiligen Gebietes war. Auch ist kaum zu klären, wie abhängig bzw. unabhängig ihre Herrschaft von den jeweiligen Karolingerkönigen gewesen ist. Schließlich gibt es unterschiedliche Einschätzungen darüber, ob sich der Geltungsbereich dieser Herzogsherrschaft an der ethnischen Kategorie eines Stammes, also an Sachsen, Bayern, Alemannien oder Franken orientierte, ob die *regna*-Struktur des Karolingerreiches die territoriale Basis dieser Herrschaft vorgab (K.-F. Werner), oder ob es sich ‚nur' um eine besonders erfolgreiche und mächtige Adelsherrschaft handelte (H.- W. Goetz).

Unbezweifelbar dürfte jedoch sein, daß diese Herzogsstellung bei den einzelnen Stämmen eine überaus begehrte Position war, denn wir hören mehrfach von heftigen und blutigen Auseinandersetzungen, namentlich in Franken, Alemannien oder Lothringen, in denen Adelsfamilien um diese Stellung stritten. Mehr als einen *dux* der neuen Art scheinen die Sachsen, Franken, Bayern und Alemannen nicht etabliert oder verkraftet zu haben, so daß ein Verdrängungsprozeß unausweichlich war, wenn mehrere Adelige sich zum *dux* berufen fühlten. Auch aus einer anderen Perspektive wird deutlich, daß sich mit den Herzögen am Ende des 9. und Beginn des 10. Jahrhunderts eine neue, die karolingische Verfassung verändernde politische Institution herausgebildet hatte: König Konrad I. geriet nach 911 in heftige Auseinandersetzungen mit genau diesen Herzögen, und zwar mit jedem von ihnen. Und auch Heinrich I. hatte nach seinem Herrschaftsantritt 919 nichts Wichtigeres zu tun, als sein Verhältnis zu eben diesen Herzögen zu klären.

Die Vorfahren der Ottonen als mächtige Herzöge Sachsens darzustellen, macht daher guten Sinn und ist allen Erzeugnissen der späteren ottonischen Historiographie gemeinsam. Daneben finden sich jedoch auch Akzente, die auf spezielle Perspektiven und Darstellungsabsichten der Autoren verweisen. So richtet etwa Hrothswith von Gandersheim ihre Darstellung der liudolfingischen Familie deutlich an den Interessen Gandersheims aus. Eindrucksvoller Mittelpunkt dieser Argumentation ist eine Vision und Prophezeiung, die sie der liudolfingischen ‚Stamm-Mutter' Oda zuschreibt. Dieser sei Johannes der Täufer erschienen und habe ihr geweissagt, daß ihre Nachfahren zur Königs- und Kaiserwürde aufsteigen würden. Ihre Herrschaft aber werde nur so lange vom Glück und vom Segen Gottes begünstigt, wie sie in ihrer Sorge um Gandersheim nicht nachließen. Unschwer ist zu erkennen, daß diese Prophezeiung eine nachhaltige Mahnung an die Nachfahren war, eben dieses zu beherzigen. Sie wurde formuliert in einer Zeit, in der Gandersheim seine Stellung als Familienkloster und Grablege mit Quedlinburg teilen mußte und hinter letzterem zurückzustehen drohte. Man wird dies nicht für Zufall halten.

Ein anderer Akzent ottonischen Herkunftsbewußtseins wird dagegen bei Widukind von Corvey (I, 31) gesetzt, der auf die Abkunft Mathildes, der Gemahlin Heinrichs I., verweist: Sie sei „vom Stamme des großen Herzogs Widukind, der einen gewaltigen Krieg gegen den großen Karl fast dreißig Jahre hindurch führte". Die Erwähnung weist nachhaltig darauf hin, daß die Bemühungen der Sachsen, den Makel der heidnischen Vergangenheit und der Niederlage gegen Karl den Großen zu „bewältigen" (H. Beumann), weit fortgeschritten waren. Man konnte in der Mitte des 10. Jahrhunderts den heidnischen Vorfahren bereits als ‚Stammvater' einführen und seinen Widerstand gegen Karl als auszeichnende Leistung würdigen. Diese ‚Arbeit am Mythos' wurde fortgesetzt und führte zur weiteren Ausgestaltung der Leistungen dieses Spitzenahns, der Karl den Großen zur Flucht aus Sachsen gezwungen, von ihm in einem Zweikampf nur mit Gottes Hilfe besiegt worden sei, und sich danach vom Saulus zum Paulus gewandelt und als eifriger Förderer des christlichen Glaubens in Sachsen hervorgetan habe. All dies weiß die ältere Lebensbeschreibung der Königin Mathilde, deren unbekannte(r) Verfasser(in) wahrscheinlich ‚Geschichtswissen' schriftlich fixierte, das im Umkreis der Königin Mathilde tradiert und geformt worden war.

In der Summe ergeben die frommen wie die militärischen Leistungen der Ahnen Argumente zur Herrschaftslegitimation der Nachfahren. Die Taten der Ahnen lassen sich aber auch mahnend den Nachfahren nahebringen, diesen nachzueifern, sich des Erbes würdig zu erweisen und sich so weiterhin den Schutz und die Hilfe Gottes zu verdienen, ohne die auch die Könige machtlos sind. Derartige Argumentationsmuster begegnen nicht nur in der Historiographie des 10. Jahrhunderts, aber in dieser so häufig, daß neben den panegyrischen und legitimatorischen Funktionen derartiger Geschichtsschreibung auch ihre mahnenden und warnenden Eigenschaften nicht übersehen werden dürfen. Sie wurden von Autoren geistlicher Institutionen nicht selten in geschichtlichen Situationen benutzt, in denen solche Mahnungen ihren sehr konkreten Sinn und Hintergrund hatten. Natürlich wurde durch solche Darstellungsabsichten das Berichtete ge- und verformt. Doch erweist der Überblick über Genese und Aussage der Geschichtsschreibung der Ottonenzeit auch, daß die Vergangenheit nicht beliebig darstellbar und veränderbar war. Es gab vielmehr einen relativ festen Kanon an ‚Wissen' gerade über die Frühgeschichte des Königsgeschlechts. Die Akzente lagen auf dem weltlichen Thema der sächsischen Herzogswürde und dem geistlichen der Klostergründung zunächst Gandersheims, dann Quedlinburgs. Die Bewertung der Personen richtete sich ganz vorrangig danach, inwieweit sie sich bei einem oder beiden dieser Themen hervorgetan hatten. Ein neues Leitthema ottonischen Selbstverständnisses ergab erst das neue Amt, das das Geschlecht mit Heinrich I. erreichte.

II. Heinrich I.

1. Der Übergang der Königswürde auf die Sachsen

Acht Tage, bevor Otto der Erlauchte am 30. November 912 verstarb, war seinem Sohn Heinrich von Mathilde ein Sohn geboren worden, der den Namen des Großvaters erhielt: der spätere Otto der Große. Die ottonische Geschichtsschreibung hat dies als besonders glückhafte Fügung dargestellt, doch war die Kontinuität der liudolfingischen Herrschaft im Jahre 912 alles andere als unstrittig. Den Schwierigkeiten gibt sogar Widukind von Corvey breiten Raum, um natürlich zu unterstreichen, wie souverän Heinrich ihrer Herr wurde. Auch seine Schilderungen sind wieder ein gutes Beispiel für die Art und Weise, wie im 10. Jahrhundert geschichtliches Geschehen erinnert wurde und wie schwer es ist, den Erzählungen zu entnehmen, was damals eigentlich passierte. Widukinds Bericht akzentuiert folgende Sachverhalte: Da Konrad die *virtus* des neuen Herzogs, also Heinrichs, bereits oft erprobt hatte, habe er gezögert, diesem die gesamte Macht des Vaters zu übertragen. Vielmehr habe er versucht, ihn durch List zu töten und zu diesem Zwecke die Hilfe des Erzbischofs Hatto von Mainz in Anspruch genommen. Konrad I. war selbst erst ein Jahr zuvor nach dem Tode des letzten ostfränkischen Karolingers von Vertretern der Franken, Sachsen, Schwaben und Bayern in Forchheim zum König erhoben worden. Hierbei hatte wohl jene Gruppe von geistlichen und weltlichen Großen entscheidend gewirkt, die schon in den Königsurkunden Ludwigs des Kindes immer wieder intervenierend erscheint, die also recht eigentlich die Entscheidungen für den heranwachsenden König getroffen hatte. Otto der Erlauchte, Heinrichs Vater, gehörte nicht zu ihnen, was die Bemerkung Widukinds, man habe zunächst ihm die Königswürde angetragen, in den Bereich des „ottonischen Wunschdenkens" verweist. Als

Königsmacher in Forchheim hat man vielmehr schon immer und sicher zu Recht den Erzbischof Hatto von Mainz identifiziert, der eine enge politische Aktionsgemeinschaft mit den Konradinern gepflegt und auch deren Sieg in der Fehde mit den Babenberger maßgeblich bedingt hatte.

So ist es nur folgerichtig, daß Hatto auch bei den angeblichen Machenschaften König Konrads I. gegen Heinrich eine herausragende Rolle zugeschrieben wurde. Nicht zuletzt die Darstellung dieser Rolle hat dem Geschichtsschreiber Widukind in der modernen Forschung die doppelbödige Bewertung „Spielmann in der Kutte" eingetragen, womit zum Ausdruck gebracht werden soll, daß sich Fiktion und Realität in seiner Darstellung ununterscheidbar verwoben haben. In der Tat zeigt Widukinds Version des Geschehens alle Anzeichen anekdotischer Verformung: Hatto habe Heinrich zum Gastmahl geladen und ihm zu diesem Zwecke eine goldene Kette als Geschenk anfertigen lassen. Dem Goldschmied habe er gestanden, daß diese Kette bald vom Blute eines rechtschaffenen Mannes triefen werde. Dies habe der Goldschmied Heinrich zugetragen, der daraufhin die Einladung eines Boten zu dem Gastmahl mit den Worten abgelehnt habe: „Geh, sag Hatto, daß Heinrich keinen härteren Hals hat als Adalbert" (I, 22). Damit war an die Hinrichtung des Babenbergers Adalbert erinnert, der ebenfalls ein Verrat Hattos vorausgegangen sein sollte. Adalbert habe, so erzählt Widukind im gleichen Kontext, auf die Zusage freien Geleits durch Erzbischof Hatto vertraut, als er sich bereit erklärte, mit diesem zum Hoftag Ludwigs des Kindes zu reisen. Hatto habe den Grafen kurz nach Antritt der Reise unter einem Vorwand bewogen, mit ihm zu seiner Burg zurückzukehren und später behauptet, damit habe er seine Zusage, ihn sicher wieder nach Hause zurückzubringen, eingelöst. Widukind selbst hielt diese Geschichten offensichtlich für so problematisch, daß er sie in der an die Kaisertochter Mathilde gerichteten sog. Widmungsfassung seines Werkes wegließ bzw. erheblich abmilderte.

Zur Frage steht bis heute, ob man solche Geschichten verwerten kann oder verwerfen muß. Verändern sie das berichtete Geschehen bis zur Unkenntlichkeit oder läßt sich aus ihnen noch das herausschälen, was man gern als ‚historischen Kern' bezeichnet? Von der Entscheidung dieser Frage hängt die Möglichkeit entscheidend ab, Aussagen über das Verhältnis Heinrichs zu König Konrad und Erzbischof Hatto zu machen. Historiker prüfen in solchen Situationen zunächst, was denn unabhängig von diesen Geschichten über die fraglichen Vorgänge überliefert ist. Das ist in diesem Falle herzlich wenig: Alemannische Annalen erwähnen zum Jahre 915 einen feindlichen Einfall Herzog Heinrichs in Franken und bestätigen so zumindest grundsätzlich die von Widukind berichteten kriegerischen Auseinandersetzungen zwischen dem sächsischen Herzog und dem neuen König. Im Februar des Jahres 913 stellte Konrad I. ferner in Kassel eine Königsurkunde aus, mit der dem Kloster Hersfeld die Immunität verliehen wurde. Er war also in der fraglichen Zeit tatsächlich im fränkisch-sächsischen Grenzraum, wie es Widukind mit seiner Schilderung der persönlichen Verhandlungen zwischen Konrad, Heinrich und den Sachsen voraussetzt. In der Narratio der Urkunde aber wird erzählt, daß die Hersfelder Mönche Konrad und den Erzbischof Hatto schon zu Zeiten König Ludwigs und ihres Laienabtes Otto um Unterstützung in der Frage ihrer Immunität gebeten hätten. Und man habe vom König eine Regelung der Angelegenheit im Sinne der Hersfelder für die Zeit nach dem Tode Ottos des Erlauchten erreicht. Dies setze er, König Konrad, nun in die Tat um. In der Tat gibt es auch eine Urkunde Ludwig des Kindes für Hersfeld gleichen Inhalts, nach der Otto der Erlauchte zustimmt, daß nach seinem Tode die Hersfelder Immunität wiederhergestellt werden solle. Im Jahre 913 wurde dies umgesetzt, was bedeutet, daß Konrad Hersfeld vom dominierenden Einfluß der Liudolfinger befreite, wie er und Erzbischof Hatto es versprochen hatten. Eine Zustimmung Heinrichs zu dieser Neuregelung, die man nach der früheren Zustimmung seines Vaters eigentlich erwarten dürfte, wird interessanterweise nicht erwähnt. Kassel, der Ausstellungsort der Urkunde, ist nun aber bei Widukind der Ort, an dem Herzog Heinrich durch den Goldschmied von dem auf ihn geplanten Anschlag erfuhr. Dieses zunächst unauffällige Detail weist also darauf hin, daß es nach dem Tode Ottos des Erlauchten in der Tat im Raum Kassel zu Vorgängen gekommen ist, die die Herrschaftsstellung der Liudolfinger zentral berührten. Die Urkunde stützt daher nachhaltig die These, daß die Geschichten Widukinds Verformungen realen Geschehens und nicht etwa beliebige Erfindungen sind.

Im vollen Bewußtsein des unsicheren Bodens, den man betritt, wird daher folgende Rekonstruktion des Geschehens möglich. Widukind erzählt, daß Konrad zögerte, Heinrich die volle Würde des Vaters zu übertragen. Dies wird durch die Kasseler Urkunde bestätigt, die Heinrich den Verlust von Hersfeld einbrachte; man hat die Nachricht Widukinds also ernst zu nehmen. Heinrichs und der Sachsen Groll richtete sich nach Widukind vorrangig gegen Erzbischof Hatto von Mainz, dessen thüringische und sächsische Besitzungen der neue Herzog verheerte, wobei er auch die thüringischen Grafen Burkhard und Bardo angriff. Anschließend verteilte er seine Eroberungen an seine Vasallen. Hattos Beteiligung an der Hersfelder Neuordnung wird durch die Königsurkunde gleichfalls gestützt, was die Zielrichtung der Aktionen Heinrichs durchaus einsichtig macht. Schließlich lagen hersfeldische Besitzungen nicht zuletzt in Thüringen, so waren liudolfingische Vasallen, die neu ausgestattet werden mußten, von der Neuregelung ganz sicher betroffen. Widukinds Erzählungen und die Königsurkunde ergänzen sich also auch in dieser Hinsicht gut. Die Beteiligung Erzbischof Hattos von Mainz an den Auseinandersetzungen dürfte damit sehr wahrscheinlich sein. So bleibt lediglich der Vorwurf der Heimtücke, wie er vor allem Erzbischof Hatto gemacht und durch die Anbindung an Gastmahl und Geschenke besonders eindrücklich konkretisiert wird. Ob dieser Vorwurf gerechtfertigt war, läßt sich gewiß nicht sagen. Er zeigt jedoch zumindest, womit man in diesen Zeiten rechnete und was man als wirkungsvollen Vorwurf ansah.

Auf die Kunde von Heinrichs Erfolgen sandte Konrad nach Widukind zunächst seinen Bruder Eberhard mit einem Heer nach Sachsen, das jedoch in die Flucht geschlagen wurde. Auch bei diesem Bericht triumphiert der ‚Spielmann' in Widukind, der die Überheblichkeit der Franken drastisch mit ihrer Feigheit kontrastiert. Die Niederlage und Flucht des Bruders ließ Konrad nicht ruhen, der nun selbst ein Heer gegen die Sachsen führte und Heinrich in der Burg Grone belagerte. Im Zuge dieser Belagerung erzählt Widukind von einem erstaunlichen Angebot des Königs: „Er sandte eine Botschaft an ihn wegen freiwilliger Unterwerfung (*pro spontanea deditione*); er werde ihm, gelobte er, als Freund zur Seite stehen und ihn nicht als Feind erproben" (I, 24). Bei diesem Angebot wurde eine Formel benutzt, die auch sonst bezeugt ist. Konrad folgte mit seinem Angebot gängigen Mustern der Konfliktvermeidung bzw. -beilegung, wie sie Heinrich als König später gleichfalls und mit Erfolg anwandte. Der politische Sinn dieses Angebots ist unzweifelhaft: Zunächst wurde eine eindeutige Aktion der Unterordnung, für die es feste Verhaltensmuster gab, verlangt, sozusagen aber als Gegenleistung die Freundschaft sicher in Aussicht gestellt, die gleichfalls ihre rituellen Ausdrucksformen hatte. Konrad schlug mit anderen Worten vor, das beiderseitige Verhältnis auf der Basis der Freundschaft (*amicitia*) einzurichten, erwartete aber zunächst eine Unterwerfung des Herzogs, was nach den vorangegangenen bewaffneten Auseinandersetzungen nicht ganz unverständlich ist.

Es ist der Glaubwürdigkeit Widukinds abträglich gewesen, daß er nicht erzählt, ob Heinrich dieses Angebot angenommen und den Unterwerfungsakt durchgeführt hat. Wieder scheint er in die Rolle des Spielmanns zu schlüpfen und präsentiert folgendes Ende der Geschichte: Als die Boten beim Herzog waren, sei der schlaue Thietmar, – bekannt als sächsischer Graf und Erzieher Heinrichs – , gekommen und habe Heinrich in ihrem Beisein gefragt, wo er sein Heer lagern solle. Dadurch habe er Heinrich zuversichtlich gemacht, der sich schon ergeben wollte. Nach der Größe seiner Truppen gefragt, habe er geantwortet: 30 Legionen. Die Gesandten seien zu Konrad geeilt und hätten ihm das Gehörte berichtet, worauf die Franken noch vor Tagesanbruch in ihre Heimat zurückgekehrt seien. In Wahrheit aber sei Thietmar nur mit fünf Mann gekommen. Wieder ist die Art und Weise aufschlußreich, wie man in Sachsen diesen für die ottonische Geschichte gewiß wichtigen Moment erinnerte. Man formte ihn anekdotisch zum Triumph sächsischer Schlauheit. Dies bedeutet keine beliebige, sondern eine sehr zielgerichtete Formung der Vergangenheit. Sie macht es jedoch fast unmöglich zu erkennen, was sich vor Grone wirklich ereignete. Nur sollte man daraus nicht den Schluß ziehen, die ganze Szene und Begebenheit gehöre in den Bereich der Fiktion.

Aufgefallen ist der Forschung schon immer, daß mit dem Heereszug nach Grone die Auseinandersetzungen zwischen Heinrich und Konrad beendet waren. Der König richtete in den folgenden Jahren sein Interesse auf die Bekämpfung der süddeutschen Herzöge, Sachsen und sein Herzog blieben unbehelligt. Schon im Sommer des Jahres 916 begleitete Konrad auf seinem Heereszug gegen den bayerischen Herzog Arnulf der Verdener Bischof Adalward, der ein Verwandter der Gemahlin Heinrichs war. Aller Wahrscheinlichkeit nach ist es also bei Grone zu einer Beendigung des Konfliktes gekommen, was Widukind gerade nicht erzählt. Widukinds Version übergehend, hat man deshalb in der Forschung auch ohne konkrete Nachrichten in den Quellen vom ‚Ausgleich' des Jahres 915 gesprochen, sogar die spätere Designation Heinrichs durch Konrad als Bestandteil dieses Ausgleichs deklariert. Und in der Tat gibt es ein unabhängiges Quellenzeugnis, das dafür spricht, Konrad I. und der Sachsenherzog Heinrich könnten ihr Verhältnis von Feindschaft in Freundschaft gewandelt haben: Die Liudolfinger haben nämlich sowohl Konrad I. als auch seine Gemahlin Kunigunde in ihr Totengedenken aufgenommen und für die Verstorbenen an ihren Todestagen beten lassen. So etwas tat man nur für Verwandte und Freunde. Damit wird aber die Frage unabweisbar, was denn Widukind oder seine Informanten veranlaßt haben könnte, die Tatsache der friedlichen Einigung und des Ausgleichs vor Grone zu unterdrücken und an deren Stelle die Anekdote von der List des Thietmar zu setzen. Hierfür ist eigentlich nur ein Grund denkbar: Heinrich hatte die *deditio* vor Konrad geleistet. Er hatte sich mit anderen Worten Konrad zu Füßen geworfen, um dessen Huld und Freundschaft zu gewinnen. Das aber paßte nicht in das Bild, das man später vom ersten König der ottonischen Dynastie zeichnen wollte. Für den ‚Ausgleich' von 915 zwischen Heinrich und Konrad könnte auch sprechen, daß auf der Synode von Hohenaltheim, zu der sich im Jahre 916 fränkische, bayerische und alemannische Bischöfe zusammenfanden, Heinrich unter den Gegnern Konrads nicht genannt wurde. Wie weit die Sachsen allerdings von der Zusammenarbeit mit den königstreuen Kräften entfernt waren, verdeutlicht die Tatsache, daß die sächsischen Bischöfe trotz Ladung der Synode fernblieben, was die Teilnehmer heftig kritisierten. Konrad I. hat sich trotz der Unterstützung der Bischöfe in den süddeutschen Herzogtümern nicht gegen die Herzöge durchsetzen können. Als er 917 seine Schwäger Erchanger und Berthold hinrichten ließ, erhob der schwäbische Adel ihren bisherigen Gegner Burkhard zum Herzog. In Bayern vertrieb der von den Ungarn zurückgekehrte Herzog Arnulf Konrads Bruder Eberhard, der sich damit ein zweites Mal als unfähig erwies, den König erfolgreich zu vertreten. Beim anschließenden erneuten Kampf des Königs gegen den Bayernherzog holte sich Konrad die Wunde, an der er am 23. Dezember 918 verstarb, worauf er in Fulda sein Grab fand.

Mit Konrads Tod war eine Politik gescheitert, die sich vor allem gegen die Herzöge in den Stämmen des ostfränkischen Reiches gerichtet hatte. Die Vorstellungen dieser Herzöge von ihrer Stellung waren mit denen des Königs offensichtlich nicht zur Deckung zu bringen, ohne daß wir genauer sagen könnten, ob es bestimmte ‚Sachfragen' waren, die kontrovers beantwortet wurden. In jedem Falle war der Bestand des ostfränkischen Reiches aufs höchste gefährdet, wenn es nicht gelang, die stärksten Adelsgruppen in den einzelnen Herzogtümern in neuer Weise mit dem Königtum zu verbinden. Es stand wohl nicht nur zur Frage, wer der Nachfolger Konrads I. werden sollte, sondern wohl auch, wie er sein Königtum auffassen und seine Regierung gestalten wollte. Vorrangig war ihm gewiß die Regelung seines Verhältnisses zu den anderen Herzögen zur Aufgabe gestellt. Angesichts dieser grundsätzlichen Probleme ist es wenig überraschend, daß es mehrere Monate dauerte, bis im Mai 919 Teile des Herrschaftsverbandes, Große aus Franken und Sachsen, den Sachsenherzog Heinrich zum Nachfolger Konrads erhoben. Zu einem unbekannten Zeitpunkt wohl im gleichen Jahr machten die Bayern ihren Herzog Arnulf zum König *in regno Teutonicorum*. Während die politischen Hintergründe und die mit der Wahl Arnulfs verfolgten Ziele vollständig im Dunkeln liegen, gibt es von Ursachen und Verlauf der Wahl Heinrichs wiederum die Version der späteren ottonischen Historiographie, die jedoch mit allen Interpretationsproblemen behaftet ist, wie wir sie schon mehrfach kennengelernt haben. Kein Wunder daher, daß sich an ihr bis in die jüngste Zeit heftige Diskussionen und Kontroversen entzündet haben.

Fundamentale Zweifel an der Verwertbarkeit dieser ‚ottonischen' Version der Königserhebung Heinrichs I. sind in jüngster Zeit auch theoretisch fundiert worden (J. Fried). Die Geschichtsschreibung des 10. Jahrhunderts unterliege den Erinnerungsbedingungen einer oralen Gesellschaft. In einer solchen sei das Wissen um die Vergangenheit ständigen Veränderungen unterworfen. Nicht die Vergangenheit erkläre die Gegenwart, sondern umgekehrt. Daraus resultiere eine permanente Anpassung der Erinnerung an aktuelle Probleme und Entwicklungen. Gerade die Darstellung der Hauptzeugen ottonischer Historiographie von den Umständen der Königserhebung Heinrichs I. sei ein Beispiel für solche Anpassungsprozesse, durch die das Geschehen bis zur Unkenntlichkeit verfremdet worden sei. Sie habe Details der verschiedensten späteren Ereignisse zur Ausgestaltung benutzt, und lasse keine Rückschlüsse auf den tatsächlichen Hergang mehr zu. Diese Position ist in ihren Konsequenzen für die Möglichkeiten und Methoden nicht nur der Erforschung des 10. Jahrhunderts so gravierend, daß keine neuere Darstellung dieser Zeit sie übergehen und eine Stellungnahme vermeiden kann.

Es steht außer Zweifel, daß auch die Sicht der ottonischen Historiographen auf die Anfänge der sächsischen Königsherrschaft von Prozessen der Verformung geprägt ist, durch die beschönigt, bewältigt, Perspektiven ausgeblendet und unterdrückt, Geschehen idealisiert, kurz: je nach Wissen und Informationen, genauso aber auf Grund von Darstellungsabsicht der Autoren Akzente gesetzt wurden, die nicht selten mehr über die Gegenwart der Autoren aussagen als über das berichtete Geschehen. Überhaupt dürfte heute klar sein, daß es ab einem gewissen Komplexitätsgrad geschichtlichen Geschehens ‚die' Realität ohnehin nicht gibt, sondern mehrere Realitäten oder legitime Perspektiven und Wertungen dieser Realitäten zu akzeptieren sind. Zur Frage steht aber, ob die Erkennbarkeit dieser Realitäten und Perspektiven im Falle der ottonischen Historiographie durch die Kontamination der verschiedensten Nachrichten so gestört ist, daß Phantasie und Plausibilitätserwägungen der Historiker gleichberechtigt neben oder sogar vorrangig vor den Aussagen der Autoren des 10. Jahrhunderts rangieren können. Unter dieser Fragestellung seien die Aussagen der fraglichen Autoren zur Königswahl Heinrichs I. erneut diskutiert.

Am ausführlichsten äußerten sich zum Hergang dieser Wahl Widukind von Corvey, der Fortsetzer Reginos von Prüm und Liutprand von Cremona, die insofern unabhängig voneinander schrieben, als keiner das Werk des anderen benutzte oder kannte. Natürlich gehörten sie alle in unterschiedlicher Weise der Kommunikationsgemeinschaft ‚ottonischer Hof' an, so daß ihre Informationen aus dem gleichen Fundus mündlich erinnerter Geschichte stammen oder zumindest stammen können. In ihren Darstellungsabsichten sind sie jedoch keineswegs deckungsgleich. Die Forschung hat die ältere Vorstellung, es handele sich bei allen Äußerungen um Erzeugnisse „liudolfingischer Hausüberlieferung", sie seien also einem Vergangenheitsbild und einer Geschichtssicht verpflichtet, inzwischen erheblich modifiziert und darauf aufmerksam gemacht, wieviel unterschiedliche Kräfte und Interessen auf dieses Vergangenheitsbild Einfluß nahmen.

Wie groß sind nun die Unterschiede dieser drei Hauptversionen des Geschehens, stützen sie die These, daß eine orale Gesellschaft die Vergangenheit ziemlich beliebig mit variablen, der jeweiligen Gegenwart und Perspektive verpflichteten Inhalten füllt? Alle drei Autoren stellen zunächst einmal ganz eindeutig die Initiative König Konrads I. in den Vordergrund ihrer Darstellung. Der König, der den Tod nahen fühlte, habe entschieden dafür plädiert, Heinrich I. zu seinem Nachfolger zu machen, da nur so Frieden und Eintracht im Reich zu retten seien. Alle drei lassen dies den König in einer Rede zum Ausdruck bringen, die Widukind und Liutprand sogar in wörtlicher Form bieten. Natürlich ist der Wortlaut der angeblichen Rede unterschiedlich, ihr Tenor jedoch gleich. Bei Widukind liest sich diese berühmte Rede so: „Ich fühle, Bruder, daß ich dieses Leben nicht länger behalten kann, da Gott es nach seinem Ratschluß so will und eine schwere Erkrankung mich zwingt. Deshalb gehe mit dir zu Rate und sorge, was ja ganz vorzüglich deine Aufgabe ist, für das ganze Frankenreich, indem du auf meinen Rat, den deines Bruders achtest. Wir können, Bruder, Truppen und Heere aufstellen und anführen, wir haben Burgen und Waffen nebst den königlichen Insignien und alles, was die königliche Würde erheischt; nur kein Glück und keine Eignung (*preter fortunam atque mores*). Das Glück, mein Bruder, samt der herrlichsten Befähigung ist Heinrich zuteil geworden, die Entscheidung über das Gemeinwesen liegt in der Sachsen Hand. Nimm darum diese Abzeichen, die heilige Lanze, die goldenen Spangen nebst dem Mantel, das Schwert und die Krone der alten Könige, gehe hin zu Heinrich und mache Frieden mit ihm, damit du an ihm für immer einen Verbündeten hast. Denn warum soll das ganze Frankenvolk samt dir vor Heinrich hinsinken? Er wird in Wahrheit König sein und *imperator multorum populorum*" (I, 25).

Ganz ähnlich werden die Ausführungen Konrads auch von den beiden anderen Gewährsleuten berichtet. Unterschiedlich ist bei den drei Autoren lediglich der Zuhörerkreis dieser Rede. Bei Widukind richtet sie Konrad allein an Eberhard, seinen Bruder. Bei dem Fortsetzer Reginos stehen die Brüder und Verwandten am Sterbebett. Bei Liudprand sind es dagegen die anderen Herzöge des Reiches, nämlich Arnulf von Bayern, Burkhard von Schwaben, Eberhard von Franken und Giselbert von Lothringen, die Konrad zu sich ruft, um ihnen beschwörend seinen letzten Willen zu eröffnen. Auch Heinrich hatte er hierzu eingeladen, der war jedoch nicht erschienen. Übereinstimmend erwähnen alle drei Autoren überdies, daß Konrad die Insignien des Königtums holen ließ und den Auftrag gab, sie Heinrich zu überbringen. Es hat dem Zutrauen in den Bericht Widukinds sehr geschadet, daß er in diesem Zusammenhang auch von einer heiligen Lanze spricht, die Heinrich erst später in seinen Besitz brachte.

Abgesehen vom unterschiedlichen Zuhörerkreises ist die Kernaussage der Autoren in der Nachfolgeproblematik also gleich. Entscheidend war der Entschluß und die Initiative Konrads, Heinrich als seinen Nachfolger vorzuschlagen, mit aller Verbindlichkeit, die solch eine Designation im 10. Jahrhundert hatte. Auch die Motivation Konrads zu diesem Schritt wird einhellig zum Ausdruck gebracht: Nur so glaubte der sterbende König, Frieden und Eintracht sichern zu können. Macht man sich die Wertschätzung der vertraulichen Willensbildung in dieser Zeit klar, dürfte es kaum überraschen, daß mehr als eine Generation später die Versionen unterschiedlich waren, wer denn nun der Adressat dieses Vermächtnisses gewesen sei. Konrad hatte ja keinesfalls öffentlich für seine Entscheidung geworben. Nicht beliebig hat die orale Gesellschaft also in der Kernfrage ihr Wissen um das Geschehen neuen Begebenheiten angepaßt, was notwendigerweise zu unterschiedlichen Ausformungen hätte führen müssen. Vielmehr wurde es so tradiert, daß der Hauptakzent bei allen drei zwei Generationen später schreibenden Autoren deckungsgleich ist.

Dieser Akzent aber ist in der Tat aufsehenerregend und war es für Zeitgenossen des 10. Jahrhunderts wohl noch mehr als für uns. Der König überging mit seinem Entscheidungsvorschlag die Ansprüche und Interessen seiner Verwandten, insbesondere seines Bruders Eberhard. Er überging überdies die Interessen seines fränkischen Stammes, der bis dahin den König gestellt hatte. Ist es denkbar oder gar wahrscheinlich, daß ein derart ungewöhnlicher Schritt, wie er die Zurücksetzung der Verwandten darstellt, der adligem Denken gewiß fremd war, von irgend jemandem später fingiert wurde? Und dies mit so großem Erfolg, daß die Fiktion in zwei Generationen zur herrschenden, ja zur alleinigen Meinung über die Anfänge des ottonischen Königtums wurde? Immerhin hätten die Ottonen durch eine solche Fiktion ihren Aufstieg zum Königtum von der Designation eines früheren Gegners, zudem eines Erfolglosen und Gescheiterten abhängig gemacht. Ein wenig zynisch, aber nicht ganz ungerechtfertigt hat denn auch die ältere Forschung geurteilt, diese Designation sei die beste Leistung Konrads I. gewesen.

Angesichts dieser Befunde und Überlegungen besteht wenig Anlaß, die Darstellungen der Historiographen als „Sterbebettlyrik" (C. Brühl) zu verspotten. Zwar mag die Erinnerung die Vorgänge noch dramatisiert und am Sterbebett zusammengedrängt haben, doch ist durchaus einleuchtend, daß in der verwickelten Lage erst sein absehbarer Tod Konrad I. vor die Notwendigkeit stellte, sich über seine Nachfolge Gedanken zu machen. Wie eine nachträgliche Fiktion dieses Inhalts alles Wissen um einen anderen Verlauf hätte verdrängen und an seine Stelle treten können, ist dagegen nicht nachvollziehbar. Mit diesem Plädoyer für die Vertrauenswürdigkeit der historiographischen Quellen, was ihre übereinstimmenden Grundaussagen angeht, soll keineswegs übersehen werden, daß viele uns interessierende Fragen unbeantwortet bleiben. Wir wissen nichts über eine etwaige Beteiligung Heinrichs an diesem Vorstoß Konrads in der Nachfolgefrage. Nichts wissen wir darüber, wie freiwillig oder gezwungen Eberhard diese für ihn gewiß nicht erfreuliche Entscheidung aufnahm und an ihrer Verwirklichung mitarbeitete. Man könnte noch eine Fülle anderer mehr oder weniger wichtiger Fragen formulieren, die uns die Autoren nicht beantworten. Doch resultiert daraus nicht die Berechtigung, uns von ihrer Sicht der Vorgänge zu lösen und sie dem Bereich der Fiktion zuzuordnen.

Es ist vielmehr geboten, sich um ein adäquates Verständnis auch der anderen Einzelheiten zu bemühen, wie sie namentlich Widukind aber auch Liutprand über die Designation hinaus bieten. Denn die Designation Konrads ist keineswegs die einzige *crux interpretum* in diesem Zusammenhang. „Eberhard begab sich, wie der König befohlen hatte, zu Heinrich, übergab sich ihm mit allen Schätzen, schloß Frieden und verdiente sich dessen Freundschaft, die er bis an sein Ende in treuer Verbundenheit bewahrte", fährt Widukind in seinem Bericht nämlich fort und schildert damit eine nächste wichtige Szene, die sich dem Verständnis nicht leicht erschließt. Wir hören vom Friedensschluß zwischen dem Konradiner und Heinrich und von ihrem Freundschaftsbündnis, zuvor jedoch von einem Akt der Übergabe Eberhards, der sich mit allen Schätzen Heinrich ausliefert, übergibt, zur Verfügung stellt. Ohne genaue Kenntnis der angesprochenen rituellen Akte und ihrer Aussagen entzieht sich der Sinn dieser Handlung dem Verständnis. Zum Verständnis unabdingbar ist, daß Widukind in den folgenden Kapiteln von ganz ähnlichen Akten erzählt, als er berichtet, wie Heinrich sein Verhältnis zu den süddeutschen Herzögen Burkhard und Arnulf gestaltete. Auch Burkhard „übergab sich ihm mit allen seinen Burgen und Leuten"; Arnulf dagegen verließ sich zunächst auf den Schutz der Stadt Regensburg und wurde dort von Heinrich belagert, dann „aber sah er, daß er nicht stark genug war, dem König zu widerstehen, öffnete die Tore, zog hinaus zum König und unterwarf sich ihm mit seinem ganzen Reich. Er wurde von Heinrich ehrenvoll empfangen und Freund des Königs genannt" (I, 27). In allen drei Fällen, in denen der neue König sein Verhältnis zu den Herzögen gestaltet, hören wir von einem Akt der Übergabe, der rituell ausgestaltet war. Eberhard übergibt sich mit allen Schätzen, Burkhard mit allen Burgen und Leuten, Arnulf öffnet die Tore der belagerten Stadt und zieht hinaus. In zwei Fällen verdienen sich die Herzöge durch diesen Akt der Unterordnung die Freundschaft Heinrichs, bei Burkhard wird gleiches nicht erwähnt.

Zu erinnern ist aber daran, daß nach Widukind schon Konrad I. auf diese Weise den Konflikt mit Heinrich zu beenden versucht hatte. Nach freiwilliger Unterwerfung solle er ihn zum Freund erhalten. Die List des Grafen Thietmar hatte Heinrich vor einer Stellungnahme zu diesem Angebot bewahrt. Der Bericht über den Herrschaftsantritt Heinrichs I. akzentuiert also mehrfach den gleichen Vorgang, durch den das zentrale Problem der Zeit Konrads I. einer neuen Lösung zugeführt wurde: das Verhältnis des Königs zu den Herzögen. Diese mußten sich zu einem eindeutigen Akt der Unterordnung bequemen, dafür wurden sie anschließend aber mit der Freundschaft des Königs ausgezeichnet. Da Freundschaft zumindest prinzipiell ein Verhältnis Gleicher darstellt, wurde auf diese Weise dem Selbstverständnis der Herzöge Rechnung getragen. Die Ehrung als Freund setzte aber eine vorherige demonstrative Unterordnung voraus, die die übergeordnete Stellung des Königs betonte. Diese Lösung wahrte Gesicht und Stellung beider Seiten und bot die Möglichkeit, einen Neuanfang in Frieden und Eintracht zu versuchen. Sie ist auch weiterhin in verschiedenster Weise angewandt und variiert worden, wenn man nach Konflikten demonstrativ zu Frieden und Eintracht zurückkehrte. Hier erhebt sich aber auch die entscheidende Frage, ob ein späterer Autor wie Widukind so etwas fingieren konnte, wenn das Berichtete nicht im Wesentlichen mit dem Wissen über das Geschehen übereinstimmte, das sich in einer so wichtigen Frage nach einer oder zwei Generationen mit einiger Gewißheit noch nicht gänzlich verflüchtigt hatte, auch wenn es nur mündlich tradiert worden war.

Andererseits waren in der Tat beträchtliche Verformungskräfte am Werk, die das Geschehen in bestimmter Hinsicht ausmalten, mit Details anreicherten. Das macht an diesem Beispiel die Erzählung Liudprands von Cremona überdeutlich, der interessante und ansonsten nie erwähnte Einzelheiten zur Einigung zwischen Heinrich I. und Herzog Arnulf beisteuert. Er weiß nicht nur wie Widukind von einem Heereszug Heinrichs nach Bayern und drohender kriegerischer Auseinandersetzung, sondern auch von einem Gespräch unter vier Augen zwischen

Heinrich und Arnulf. Er bringt sogar in Hexametern eine Rede Heinrichs bei diesem Gespräch, die Arnulf angeblich zu friedlicher Gesinnung umstimmte. Und er weiß schließlich genau, welchen Rat die bayerischen Großen ihrem Herzog in dieser Angelegenheit gaben: „Es dünkt uns aber recht und billig, daß du dich nicht von den übrigen scheidest, sondern diesen zum König wählst; daß aber er dagegen dich, als einen so vom Glück begünstigten und vielvermögenden Mann, in solcher Weise auszeichne und dadurch deiner Seele Grimm beschwichtige, daß man dir zugesteht, was deine Vorgänger nicht gehabt haben, nämlich die Herrschaft über die Bischöfe in ganz Bayern und das Recht, wenn einer von ihnen stirbt, den Nachfolger einzusetzen" (Antapodosis II, 23).

Bei Widukind von Corvey ist ungeachtet aller epischen und dramatischen Ausmalung eine Tendenz seiner Erzählungen nicht zu übersehen: Das Wissen um das Kompromißhafte des Ausgleichs und die Bemühungen beider Seiten, durch Zugeständnisse der anderen ein Einlenken und den Frieden möglich zu machen. Man darf daher als gesicherten Kern der Vorgänge um die Königswahl Heinrichs I. festhalten, daß Heinrich nach der Designation durch Konrad sein Verhältnis zu den Herzögen in sehr ähnlicher Weise geordnet hat. Zuerst mit Eberhard, dem Franken, dann mit Burkhard von Schwaben und Arnulf von Bayern. Man ging die Freundschaftsbindung (*amicitia*) ein, womit ein wechselseitiger Verpflichtungshorizont gegeben war. Dies bedeutete von Seiten des Königs gewiß eine neuartige Anerkennung des hohen Ranges der Herzöge. Da die Freundschaft eine Form der künstlichen Verwandtschaft war, hatte man sich verpflichtet, den anderen wie einen Verwandten zu unterstützen und zu begünstigen. Diese Ehrung und Heraushebung aber gab es erst nach eindeutigen Akten der Unterordnung, die die Autorität des Königs demonstrativ anerkannten und so stärkten. Wer für dieses Vorgehen im Kontext der Erhebung Heinrichs verantwortlich zeichnete, ob die Entwicklung überhaupt Ergebnis einer bewußten Planung und Konzeptualisierung war, bleibt völlig offen. In diese Arcanbereiche von Herrschaft leuchtet die ottonische Historiographie nicht hinein. Die Inititiative kann von Heinrich ausgegangen, sie kann Ergebnis von Verhandlungen gewesen sein, sie kann Heinrich auch aufgenötigt worden sein.

Die Bereitschaft zum Einlenken mag durch die Erfahrung, daß der Zwist im Innern so nicht weitergehen könne, ebenso gewachsen sein wie durch die wachsende Bedrohung von Außen, der man immer weniger Herr wurde. Von all diesen und weiteren Unwägbarkeiten unbenommen aber ist der Eindruck, daß die Berichte der späteren ottonischen Historiographen das Geschehen am Beginn der sächsischen Königsherrschaft nicht mit beliebigen Fiktionen verunklärten, sondern die wesentlichen Punkte übereinstimmend festhielten – allerdings in der typischen Weise, in der eine semiorale Gesellschaft sich der Taten der Vorfahren erinnerte.

Bei dem bisher Behandelten ist die dickste Nuß, die diese Historiographie allen späteren Interpreten zu knacken gab, noch gar nicht erwähnt worden. Nachdem Widukind den Friedensschluß und die Freundschaft zwischen Heinrich und Eberhard von Franken geschildert und daran die „Designation" Heinrichs zum König „vor allem Volk der Franken und Sachsen" durch diesen Eberhard angeschlossen hatte, fährt der Corveyer Mönch nämlich folgendermaßen fort: „Und als ihm die Salbung nebst dem Diadem von dem Erzbischof von Mainz, welcher zu jener Zeit Heriger war, angeboten wurde, verachtete er sie zwar nicht, nahm sie aber auch nicht an. ‚Es genügt mir', sagte er, ‚vor meinen *maiores* das voraus zu haben, daß ich König heiße und dazu ernannt worden bin, da es Gottes Gnade und eure Huld so will; Salbung und Krone aber möge Würdigeren als mir zuteil werden; solcher Ehren halten wir uns nicht für wert'. Und es fand solche Rede bei der ganzen Menge Wohlgefallen, sie hoben die Rechte zum Himmel empor, und Heil wünschend riefen sie oftmals den Namen des neuen Königs" (II, 26).

Eines kann bei der Interpretation dieser Szene wohl als sicher vorausgesetzt werden: Widukind hat hier kein mißglücktes Zeremoniell, keinen Affront des neuen Königs gegen den Mainzer Erzbischof beschrieben und beschreiben wollen, wie es die Zurückweisung der Salbung auf den ersten Blick zu sein scheint. Wäre es bei der Erhebung Heinrichs zu einem solchen Eklat gekommen, hätte Widukind die Sache wohl beschönigt oder übergangen. Die Vorgänge sind vielmehr anders gemeint und anders zu verstehen. Man muß wohl die allgemein zu machende Beobachtung heranziehen, daß Zeremoniell im Mittelalter geplant, abgesprochen und festgelegt war. Man kann von Inszenierungen sprechen, bei denen die handelnden Personen wußten, was sie zu tun hatten und was die anderen tun würden. Sie vereinbarten bestimmte Handlungssequenzen, mit denen sie etwas Bestimmtes zum Ausdruck bringen wollten. In diesem Verständnis wäre also die demütige Zurückweisung der Salbung („er verachtete sie zwar nicht, nahm sie aber auch nicht an") zuvor zwischen den Akteuren abgesprochen worden, weil man diese Handlung für geeignet hielt, eine bestimmte Aussage ‚öffentlich' und damit verbindlich zu machen. Es fragt sich nur, welche Aussage diese Zurückweisung beinhaltete. Gewiß nicht die in der älteren Forschung favorisierte, Heinrich I. habe sich so demonstrativ von der Nähe zur Kirche und von kirchlicher Bevormundung befreit und deutlich gemacht, daß er kein ‚Pfaffenkönig' sein wolle. Auch der erste ottonische König war sicher davon durchdrungen, daß seine Herrschaft ohne Gottes Hilfe und Beistand keinen Bestand haben könne. Zumindest hat er später in Wort und Tat daran nie Zweifel gelassen. Man wird den Sinn dieser Geste daher eher in Richtung auf das Hauptproblem suchen, vor das Heinrich sich gestellt sah: die Neuordnung des Verhältnisses zu den Herzögen. So wie er den Herzögen mit seiner Freundschaft ein Verhältnis gewährte, das den Abstand zwischen dem König und den wichtigsten Trägern der Königsherrschaft verringerte, so bedeutete die Zurückweisung der Salbung den Verzicht auf eine Heraushebung des Königs, die zentraler Bestandteil karolingischen Herrschaftsverständnisses gewesen war. Genau hier bietet der Text auch ein Übersetzungsproblem: „Es genügt mir", so soll Heinrich gesagt haben, daß ich „vor meinen *maiores* vorausbabe, König zu sein". Man hat dies fast immer mit ‚Ahnen' übersetzt, was den Satz inhaltlich nicht eben sehr programmatisch macht. Einige Zeilen zuvor werden im gleichen Text aber die Großen des Reiches als *maiores natu* angesprochen. Man könnte die Aussage also auch so verstehen, daß es Heinrich genügte, vor diesen, ‚seinen' Großen, – die ja in der Tat vor den Akteuren standen und die Aussage jubelnd und akklamierend aufnahmen –, vorauszuhaben, zum König erhoben worden zu sein. In vollem Bewußtsein, daß hier um das richtige Verständnis noch gerungen werden muß, sei diese Lösung daher präsentiert. Sie hat zumindest den Vorteil, daß sie die ungewöhnliche Szene aus den unmittelbaren Anforderungen zu erklären vermag, mit denen sich Heinrich konfrontiert sah: Er mußte unmißverständlich und verbindlich zum Ausdruck bringen, daß er bereit war, das Seinige in eine Kompromißlösung einzubringen. Die Freundschaftsbünde mit den Herzögen wie der Verzicht auf die Herrschaft über die Kirchen des Herzogtums waren auf diesem Felde eindeutige Signale. Hier schließt sich der Salbungsverzicht in dem eben entwickelten Verständnis nahtlos an.

2. Akzente eines Neubeginns

Der suggestiven Kraft der ottonischen Historiographie können wir uns auch bei der Behandlung und Bewertung der Königsherrschaft Heinrichs nicht entziehen. Sie bleibt in kritischer Rezeption Leitlinie der Darstellung. Und sie setzt einen deutlichen Hauptakzent, wenn sie zusammenfassend die Taten des ersten ottonischen Königs bewertet: Er hat geeint, befriedet, zusammengeführt, und er tat dies so erfolgreich, daß schon bald, wie Ruotger in der Vita Erzbischof Bruns von Köln urteilt: „die Einheimischen eine solche Liebe verband, daß wohl noch nie in einem so mächtigen Reich die Bande der Eintracht fester waren" (cap. 3). In der Tat sind die Hinweise auf eine bewußte Politik der Einung und Befriedung vielfältig, die Heinrich gegenüber allen Kräften einleitete, mit denen er sich konfrontiert sah. Vor Behandlung der Einzelheiten ist es vielleicht hilfreich zu erwähnen, daß aus seiner ganzen Zeit weder bewaffneter Widerstand oder Fehdeversuche gegen den König überliefert sind, noch daß er sich bemühen mußte, mittels des Königsgerichts gegen Große vorzugehen. Zwar beherrschte Heinrich die Sprache politischer und militärischer Drohgebärden durchaus, doch standen vor der Anwendung von Gewalt stets erfolgreiche Versuche der Herstellung von Konsens. Anstelle der Unerbittlichkeit der Konfliktführung in den Jahrzehnten zuvor beobachten wir jetzt eine ausgeprägte Kompromißbereitschaft aller politischen Kräfte. Gefördert wurde diese Bereitschaft ganz gewiß dadurch, daß der neue

König auch Ansprüche zurückzunehmen, zu ehren und zu geben bereit war. Freundschaft, Einung und Vertrag bewährten sich als Mittel, Frieden herzustellen und Zusammenarbeit zu ermöglichen.

Diese Art politischen Umgangs miteinander im Bereich der Führungsschichten hebt sich als neuartig nicht nur vor dem Hintergrund der erbitterten Kämpfe in der Zeit Ludwigs des Kindes und Konrads I. ab. Auch im Westfrankenreich wurde in den fraglichen Jahren erbittert und mit allen Mitteln um die Königsherrschaft gerungen. Dort hat man sich nicht in vergleichbarer Weise zu Kompromissen bereit gefunden, mit gravierenden langfristigen Konsequenzen für die Entwicklung des westfränkisch-französischen Reiches. Wer für diesen Umschwung von Gewaltanwendung zu Verhandlungslösung im Osten verantwortlich zeichnete, ist nicht zu erkennen. Es wäre daher sicher ungerechtfertigt, diesen Neubeginn allein einem Entschluß oder Konzept Heinrichs I. zuzuschreiben. Daß er an dieser Veränderung aber maßgeblich beteiligt gewesen sein muß, dürfte unstrittig sein. Sie läßt sich jedenfalls wie ein roter Faden durch seine gesamte Regierungszeit verfolgen.

Die ersten Schritte Heinrichs, mit denen er sein Verhältnis zu den Herzögen von Franken, Schwaben und Bayern ordnete, sind bereits angesprochen worden: Freundschaft und weitgehende Selbständigkeit wurde ihnen zugebilligt, allerdings erst nach einem demonstrativen Akt der Unterordnung. Diese vorrangigen Probleme wurden in den Jahren 919 bis 921 gelöst, ohne daß die Herstellung einer genauen Chronologie möglich ist. Eberhard von Franken ordnete sein Verhältnis zu Heinrich wie beschrieben schon in Fritzlar, dann folgte Burkhard von Schwaben, den wir bereits am Ende des Jahres 920 auf einem Hoftag Heinrichs im hessischen Seelheim beobachten. Zuvor muß es den in der Historiographie erwähnten drohenden Zug Heinrichs gegen ihn gegeben haben, der zur Einigung führte. Als letzter unterwarf sich Arnulf im Jahre 921 nach intensiveren militärischen Aktivitäten des Königs in der schon geschilderten Weise: *Apertis portis,* nachdem alle Tore Regensburgs geöffnet worden waren, zog er zu Heinrich hinaus, unterwarf sich ihm und wurde dann öffentlich Freund des Königs genannt. Man wird sich diesen Vorgang als ein öffentliches Ritual vorstellen dürfen, das das neue Verhältnis von Herrscher und Herzog verbindlich zum Ausdruck brachte. Was man in dieser Zeit in Bayern von dem sächsischen König hielt, bringt eine Stimme zum Ausdruck, die leider nur fragmentarisch erhalten ist: „Da betrat der Sachse Heinrich ... feindlich das *regnum* Bayern, wo keiner seiner Vorfahren auch nur einen Schritt Landes besessen hatte". Die Leistung, Arnulf zur Zusammenarbeit zu bewegen, kann angesichts solcher Stimmen nur sehr hoch eingeschätzt werden, zumal sich in den Salzburger Annalen die viel diskutierte Nachricht findet, die Bayern hätten ihren Herzog Arnulf *in regno Teutonicorum* zum König erhoben. Ob mit einem Geltungsanspruch für das ganze ostfränkische Reich, ob allein für das *regnum Bawariae*, ob vor oder nach, ob in Kenntnis oder Unkenntnis der Vorgänge in Fritzlar, kann auf Grund der desolaten Quellenlage nicht entschieden werden. Mit der Unterwerfung Arnulfs hatte Heinrich sich jedenfalls im gesamten Reich seines Vorgängers ohne größere Kämpfe als Nachfolger durchgesetzt.

Doch in der Zwischenzeit war ein neuer Krisenherd in Lothringen entstanden, das seit 911 zum Westreich gehörte. Der lothringische Adel hatte sich Karl dem Einfältigen und nicht Konrad angeschlossen. In Lothringen bekleidete nach ähnlichen Auseinandersetzungen wie in den ostfränkischen Stämmen Giselbert, der Sohn Reginars, die Würde eines *princeps,* beanspruchte damit eine den ostfränkischen Herzögen vergleichbare Stellung. Wie diese kam er mit dem König in Konflikt. Es ging um Fragen, die auch im Osten zwischen König und Herzögen strittig waren oder werden konnten: um den Einfluß auf die reiche Abtei St. Servatius in Maastricht und, im Jahre 920, um die Besetzung des Lütticher Bischofsstuhles. Letzterer Streit schlug hohe Wellen, denn es engagierte sich sogar Papst Johannes X. brieflich, der durch Richar, den Prümer Abt und Kandidaten Karls für den Bischofssitz, informiert und um ein Eingreifen gebeten worden war. Erfolglos versuchte er, die Parteien nach Rom zu laden und die Streitfrage dort zu entscheiden. Heinrich I. hat in der Lütticher Frage den Kandidaten Giselberts unterstützt, ohne daß wir sagen könnten, in welcher Form diese Unterstützung geschehen ist. Jedenfalls trug ihm dies den geballten Zorn Karls des Einfältigen ein, der Heinrich in einem Brief an die Bischöfe seines Reiches schlicht „meinen Feind" nannte. Der Karolinger tauchte denn auch mit einem Heer und in feindlicher Absicht in der Gegend von Mainz und Worms auf, zog sich aber wieder zurück, als ihm Heinrich mit bewaffneten Kräften entgegen rückte.

Wieder hören wir in diesem Zusammenhang von einer ausgeprägten Bereitschaft zu Verhandlungen, denn man schloß nach dem Bericht des westfränkischen Chronisten Flodoard einen Vertrag (*pactio*), der zeitlich limitiert war. Er schuf Spielraum für weitere Verhandlungen, in denen eine grundsätzliche Neuordnung des Verhältnisses zwischen Karl dem Einfältigen und dem *princeps transrhenensis*, wie Heinrich in westfränkischen Quellen genannt wird, erreicht werden sollte. Eine friedliche Regelung der strittigen Fragen lag gewiß im Interesse beider Könige, da nicht nur Heinrichs Stellung weiterer Festigung bedurfte, sondern Karl der Einfältige eher noch stärker von Widersachern bedrängt war. Unterhändler erzielten denn auch bald eine Einigung, die den Abschluß des Bonner Vertrages ermöglichte. Da sich eine schriftliche Fassung mit Bericht über die Verhandlungen, das Zeremoniell des Vertragsabschlusses und den Namen der Zeugen, die diesen Vertrag für beide Herrscher garantierten, erhalten hat, sind wir hier einmal unabhängig von Schilderungen der ottonischen Historiographie, von der nur der Continuator Reginonis eine knappe Notiz über den Vertragsabschluß bringt.

Im Kern stellt der Bonner Vertrag ein Freundschaftsbündnis dar, das beide Könige beschworen, nachdem sie ein in der Mitte des Rheins verankertes Schiff bestiegen hatten. Dieses Treffen in der Mitte des Grenzflusses akzentuierte die Gleichrangigkeit beider Herrscher; keiner vergab sich etwas dadurch, daß er zu dem anderen kam. Die Schwurformel, mit der beide Könige ihr Bündnis beeideten, ist eine traditionelle, wie sie in ähnlicher Form auch im Lehnswesens bezeugt ist: „Ich werde meinem Freund (Heinrich bzw. Karl) Freund sein, wie man richtigerweise (*per rectum*) einem Freund Freund sein soll, nach meinem (besten) Wissen und Können." Keine Einzelheiten wurden also verbindlich festgelegt, sondern ein generelles Verhalten versprochen. Man setzte Konsens darüber voraus, wie sich ein Freund richtigerweise gegenüber einem Freund zu verhalten hatte. Freunde hatten sich so zu unterstützen und zu begünstigen, wie das Verpflichtung von Verwandten war. Dieser Freundschaftsvertrag aber wurde bekräftigt und akzeptiert (*collaudando acceptaverunt*) von Bischöfen und Grafen der beiden Könige, die ebenfalls eidlich bestätigten, ihn einhalten zu wollen. Das entsprechende Verhalten der Könige war somit in die Verantwortung auch ihrer wichtigsten Herrschaftsträger gelegt. Auf Seiten Karls erscheinen unter anderem die Erzbischöfe von Köln und Trier; auf Seiten Heinrichs u. a. der Mainzer Erzbischof und an der Spitze der Grafen die Konradiner Eberhard, Konrad und Hermann. Nicht genannt ist interessanterweise der *princeps* Giselbert, dessen Stellung vom neuen Verhältnis der Könige gewiß am meisten tangiert war. Man hat deshalb schon vermutet, daß Heinrich Giselbert für die Anerkennung seiner Stellung durch Karl den Einfältigen ‚geopfert' habe.

Das Treffen war – was wichtig ist zu wissen – durch Gesandtschaften vorbereitet worden, die eidlich versprochen hatten, ihre Könige würden das Vereinbarte auch einhalten. Auch an diesem Detail ist das Gewicht der Großen bei der Begründung des Freundschaftsverhältnisses wieder deutlich erkennbar. Vereinbart aber hatte man folgendes Procedere: In Bonn angekommen, sollten beide Könige den ersten Tag an den beiden Ufern des Flusses verbringen, „um sich gegenseitig zu zeigen und sich anzusehen". Diese Vereinbarung hat wohl den Charakter einer vertrauensbildenden Maßnahme, bevor die Könige dann zu Kolloquium und Eidesleistung in der Mitte des Rheins zusammentrafen.

Das Freundschaftsbündnis nützte Heinrich I. wohl mehr als Karl dem Einfältigen, dessen Schwierigkeiten mit seinen Widersachern unter den westfränkischen Großen nicht abrissen. Vielmehr erhoben seine Gegner im Juni 922 mit Herzog Robert von Franzien einen Gegenkönig, der denn auch gleich mit bewaffneten Kräften Karl dem Einfältigen nach Lothringen folgte, um ihn zu bekämpfen. In diesem Zusammenhang wird ein politisches Verhalten Heinrichs I. faßbar, das der Forschung einige Schwierigkeiten bereitet hat. Heinrich traf nämlich zu Beginn des Jahres 923 auch mit König Robert zusammen und schloß mit diesem gleichfalls ein Freundschaftsbündnis. Bedenkt man, daß die Verpflichtung von Freunden häufiger mit der Formel *amicus amicis, inimicus inimicis* ausgedrückt wird, ist kaum zu bezweifeln, daß

Heinrich mit dem Abschluß dieses zweiten Bündnisses das erste verletzte, denn Robert war der Feind seines Freundes Karl. Heinrich trug den Kräfteverhältnissen jedoch pragmatisch Rechnung und verband sein Schicksal nicht auf Gedeih und Verderb mit dem sinkenden Stern seines ‚Freundes', der im Zuge der Auseinandersetzungen von Heribert von Vermandois gefangen genommen und bis zu seinem Tode in Haft behalten wurde.

Es ist ausgerechnet Widukind von Corvey, der auf diese Problematik zu sprechen kommt; er tut dies jedoch auf eine so diskrete Weise, daß keinerlei Schatten auf Heinrichs Verhalten fällt – es sei denn, man verfügte über alle Informationen, die zum Verständnis der von Widukind erzählten Geschichte nötig sind. Karl habe einen Gesandten zu Heinrich geschickt, der diesem „mit den unterwürfigsten Worten" folgendes ausgerichtet habe: „‚Mein Gebieter Karl, einst mit der königlichen Würde bekleidet, jetzt derselben beraubt, ... läßt dir sagen, daß ihm, den seine Feinde hintergangen hätten, nichts lieber, nichts angenehmer sei, als über den Ruhm deines herrlichen Aufstiegs etwas zu hören und sich am Ruhme deiner Heldentaten zu laben. Und er hat dir dies gesandt als Zeichen seiner Aufrichtigkeit und Treue'. Dabei zog er aus der Tasche die Hand des preiswürdigen Märtyrers Dionysius, in Gold und Edelsteine gefaßt. ‚Dies', sprach er, ‚sollst du behalten als Pfand des ewigen Bündnisses und der gegenseitigen Liebe ... Der König aber nahm das göttliche Geschenk mit dem Ausdruck höchster Dankbarkeit an, kniete vor den heiligen Reliquien nieder und zeigte ihnen, indem er sie küßte, die größte Verehrung" (I, 33).

Um dem Sinn dieser Geschichte gerecht zu werden, muß man sich verschiedene Voraussetzungen klar machen: Ein Gesandter hatte gerade einem hochrangigen Adressaten unangenehme Wahrheiten höflich, sozusagen verpackt, nahezubringen, keineswegs konnte er in dieser Situation unverblümt Forderungen stellen. Dieser Anforderung wird dieser Gesandte in Widukinds Geschichte vollständig gerecht. Er unterläßt jeden expliziten Hinweis auf Hilfsverpflichtungen Heinrichs, implizit zielt seine Rede jedoch gerade darauf: Mein Herr freut sich über dein Glück auch in seinem Unglück. Er schenkt dir sogar als Pfand für den Bestand eures Bündnisses Reliquien. Daraus folgt geradezu unabweisbar eine Konsequenz: Wieviel mehr hast du in deinem

Glück und Erfolg die Verpflichtung, dem zu helfen, der, mit dir verbündet, nun in Not gekommen ist. Diese Konsequenz konnten kundige Zeitgenossen aus dieser Geschichte wohl ohne Mühe ziehen. Was Heinrich daraufhin getan bzw. nicht getan hatte, erzählte ihnen der Historiograph jedoch nicht.

Die westfränkischen Wirren, die im Jahre 923 eskalierten, als König Robert im Kampfe fiel, an seiner Stelle Rudolf von Burgund zum Gegenkönig gegen Karl erhoben, und schließlich Karl der Einfältige gefangen genommen wurde, hatten erhebliche Auswirkungen auch in Lothringen. Schon seit dem Jahre 923 datierten sowohl der Erzbischof von Trier als auch Herzog Giselbert ihre Urkunden nach den Regierungsjahren Heinrichs I. Sie erkannten also ihn als ihren König an. Dennoch wird man den unterschiedlichen Aussagen der west- und ostfränkischen Quellen auch entnehmen dürfen, daß die Zugehörigkeit Lothringens zum West- oder Ostreich bis zum Jahre 925 unsicher blieb, da Adelskräfte dieses Raumes in ihrem Votum durchaus noch schwankend waren. Es gab Kämpfe mit dem Bischof von Metz, in die Heinrich nun auch mit Heeresmacht eingriff. Selbst Giselbert scheint noch einmal einen Parteiwechsel versucht zu haben, denn Heinrich belagerte dessen Burg Zülpich, ehe er sich nach Geiselstellung wieder über den Rhein zurückzog. Doch scheint nicht die militärische Machtdemonstration in Vordergrund bei der Erwerbung Lothringens gestanden zu haben, denn noch zum Jahre 926 meldet Flodoard, der Reimser Chronist, daß Heinrich einen Eberhard, wohl den Frankenherzog, nach Lothringen schickte, damit dieser die Lothringer zum Frieden bringe und eine. Lothringen ist nicht zurückerobert worden, vielmehr entschieden sich die lothringischen Großen, sicher durch Drohungen wie durch Gunsterweise beeindruckt, sich unter die Herrschaft des ostfränkischen Königs zu begeben. Ihr Herzog Giselbert wurde wie die anderen Herzöge ‚Freund' Heinrichs I. und im Jahre 928 zudem sein Schwiegersohn, als er dessen Tochter Gerberga zur Ehefrau erhielt. Man wird daher kaum sagen können, daß die Rückgewinnung Lothringens von vorne herein Heinrichs „erklärtes Ziel" gewesen sei (C. Brühl). Er hat aber auch die Chancen zur Erweiterung seiner Herrschaft genutzt, die ihm die Kämpfe um den westfränkischen Königsthron eröffneten. Im Vorgehen erkennt man seine typische

Handschrift: Mehr mit sanftem Druck als mit Gewalt, mehr mit Friedensstiftung und Einung als mit militärischen Mitteln hat Heinrich die lothringischen Großen gewonnen und ihnen die Anerkennung seiner Herrschaft nicht zuletzt dadurch leichter gemacht, daß er diese Anerkennung zu honorieren wußte.

Als Heinrich im November des Jahres 926 einen großen Hoftag in Worms abhielt, konnte er daher auf einige Erfolge zurückblicken; größere Probleme waren allerdings noch zu bewältigen, und es scheint, als seien sie auf diesem Hoftag in konzertierter Weise, das heißt in reichsweitem Zusammenwirken von König, Kirche und Großen, angegangen worden. Zunächst einmal galt es, eine vakante Position neu zu besetzen: Bereits Ende April war Herzog Burkhard von Schwaben getötet worden, als er seinem Schwiegervater, König Rudolf von Burgund, in Italien militärische Hilfe beim Kampf um die Königskrone Italiens geleistet hatte. Burkhard hatte keine Söhne, so daß die Frage seiner Nachfolge gewiß mehrere Interessengruppen auf den Plan rief und leicht neuen Zwist provozieren konnte. Mit der Neubesetzung des schwäbischen Herzogtums zusammen hängt wohl auch die Anwesenheit König Rudolfs von Burgund auf diesem Hoftag, die durch eine für das Bistum Chur ausgestellte Urkunde Heinrichs I. sicher bezeugt ist. Diese Anwesenheit Rudolfs scheint von den Königen zum Abschluß eines Freundschaftsbündnisses genutzt worden zu sein, von dem Liutprand von Cremona ausführlich erzählt, ohne jedoch zu erwähnen, wann es geschlossen wurde. Rudolf habe, berichtet Liutprand (Ant. IV, 25), in diesem Zusammenhang Heinrich die heilige Lanze geschenkt, die Nägel vom Kreuze Christi enthalte und die in der Folgezeit zur wichtigsten siegbringenden Reliquie der ottonischen Dynastie wurde. Der König der Burgunder erlangte die Freundschaft Heinrichs im übrigen in der gleichen Weise, wie sie die Herzöge des Reiches bekommen hatten: Er mußte sich zunächst zu einem Akt der Unterordnung bereit finden, dann erst ehrte ihn Heinrich mit seiner Freundschaft, mit reichen Geschenken und sogar mit Gebieten Alemanniens, wohl in der Gegend um Basel. Die Nachfolge im Herzogtum aber erhielt mit dem Konradiner Hermann ein Angehöriger der Verwandtengruppe, der Heinrich das Königtum in erster Linie verdankte, und damit ein Stammesfremder. Man kann daraus folgern, daß der König nun über die Herzogsstellung wieder wie über ein Amt verfügte und es nach seinem Gutdünken besetzte, man kann aber auch begründet vermuten, daß mit dieser Entscheidung die Interessen verschiedener Gruppen angemessen gewahrt wurden, daß die Entscheidung also auf einem Konsens beruhte, in den die wichtigsten politischen Kräfte eingebunden waren. Der neue Herzog heiratete zudem die Witwe des alten, Reginlind, was sicherlich auch zum Ziel hatte, die Akzeptanz dieser einschneidenden Veränderung in Schwaben zu erhöhen.

Doch diese gewiß wichtigen und sensiblen Fragen dürften nicht einmal das Hauptthema der Zusammenkunft gewesen sein. In Worms wurden vielmehr Maßnahmen und Aktivitäten vereinbart, durch die reichsweit das Problem der Ungarneinfälle angegangen werden sollte. Seit dem endenden 9. Jahrhundert bedrohten Einfälle der Ungarn in sich verstärkendem Ausmaße vor allem den Osten des Karolingerreiches, auch wenn die Ungarn ihre Angriffe zudem auf Italien, auf Lothringen und Burgund richteten. Wie bei den Normanneneinfällen im Westen erwies sich das karolingische Heeresaufgebot als zu schwerfällig, um diesen schnell einfallenden und abziehenden Feinden wirkungsvoll zu begegnen. Überdies fehlte ein wirkungsvolles Abwehrmittel gegen die ungarischen Bogenschützen. So hatte es bis in die zwanziger Jahre des 10. Jahrhunderts immer wieder zu verheerenden Einfällen nach Bayern und auch nach Sachsen kommen können, denen die lokalen Gewalten, nicht zuletzt auch die Bischöfe mit ihren Aufgeboten, machtlos gegenüberstanden. Auch Heinrich hatte sich in die Burg Werla zurückziehen und das Land den Plünderungen der Ungarn überlassen müssen. Wohl im Jahre 926 verschaffte aber ein glücklicher Zufall dem König die Möglichkeit, das Problem grundsätzlich anzugehen. Man nahm nämlich einen ungarischen Fürsten gefangen, der seinen Leuten so wichtig war, daß sie seine Freilassung mit einem neunjährigen Waffenstillstand erkauften. Allerdings mußten in diesem Zeitraum Tribute an die Ungarn bezahlt werden.

Die Atempause aber nutzte man allem Anschein nach mit vereinten Kräften, und die Absprache geeigneter Maßnahmen scheint ein Hauptthema der Wormser Zusammenkunft gewesen zu sein. Ergebnis der Beratungen war das, was gewöhnlich ‚Burgenordnung' Heinrichs I. genannt wird. Man baute in größerem Umfang Fluchtburgen für die Bevölkerung bzw. setzte alte Burgen wieder in Stand oder verstärkte die Befestigungen. Dieser Gedanke war nicht neu, sondern bereits in anderen Ländern, in Italien wie in England, bei der Abwehr äußerer Einfälle in die Tat umgesetzt worden. Burgen boten Schutz vor den Reiterattacken der Ungarn, zwangen diese überdies zur Belagerung, die die Reiterheere gar nicht liebten, – mit Peitschenhieben, so erzählt die Vita Bischof Ulrichs von Augsburg, hätten die Ungarn ihre Krieger zur Belagerung antreiben müssen. Derartige Belagerungen waren zudem zeitaufwendig und boten so die Möglichkeit, den Heerbann zu sammeln und den Belagerten zu Hilfe zu kommen.

Welche umfangreichen und umsichtigen organisatorischen Maßnahmen mit diesem Burgenbau verbunden waren, erfahren wir wieder von Widukind von Corvey, der in einem Kapitel Sinn und Ziel der ganzen Aktion beschreibt: „Zuerst wählte er unter den bäuerlichen Kriegern jeden neunten Mann aus und ließ ihn in den Burgen wohnen, damit er hier für seine acht Genossen Wohnungen errichte und von allen Früchten den dritten Teil empfange und verwahre. Die acht übrigen sollten säen und ernten und die Früchte sammeln für den Neunten und dieselben an ihrem Platz aufheben. Er gebot, daß die Gerichtstage und alle Märkte und Gastmähler in den Burgen abgehalten würden, mit deren Bau man sich Tag und Nacht beschäftigte, damit man im Frieden lerne, was man im Fall der Not gegen die Feinde zu tun hätte" (I, 35). Die Krieger werden nach diesem Bericht nicht nur zu Genossenschaften mit arbeitsteiligen Aufgaben zusammengefaßt; es wird darüber hinaus das ganze Gemeinschaftsleben der Bevölkerung auf die befestigten Orte konzentriert. Diese Darstellung Widukinds wird durch eine ganze Reihe von Quellen – Geschichtsschreibung, Wunderberichte, Urkunden – bestätigt und ergänzt, die bezeugen, daß gleichartige Bemühungen in der Tat in allen Teilen des Reiches unternommen wurden. Im Kloster Hersfeld führte man diese Aktivitäten konkret auf ein *decretum* König Heinrichs und der Fürsten zurück. Da sich diesbezügliche Nachrichten auch aus Bayern erhalten haben und sich deren Herzog Arnulf nach 926 mehrfach bei Heinrich I. aufhielt, dürfte auch Bayern in die konzertierten Bemühungen einbezogen gewesen sein, sich auf einen Kampf gegen die Ungarn vorzubereiten. Widukind bemüht denn auch den Unsagbarkeitstopos, um zum Ausdruck zu bringen, wieviel Anstrengungen der König in dieser Frage unternahm: „Wie nun König Heinrich, als er von den Ungarn einen Frieden auf neun Jahre erhalten hatte, mit größter Klugheit Sorge trug, das Vaterland zu befestigen und die barbarischen Völker niederzuwerfen, dies auszuführen geht zwar über meine Kräfte, aber man darf es keinesfalls verschweigen."

Intensiviert wurden in der gleichen Zeit auch die Kämpfe gegen die heidnischen Elbslawen. Östlich der Elbe siedelten eine Vielzahl slawischer Kleinstämme, die sich nur im Kriegsfalle zu größeren Bündnissen zusammenfanden. Das Verhältnis dieser heidnischen Stämme zu den Sachsen war durch gegenseitige Beute- und Rachefeldzüge charakterisiert, ohne daß von Seite der Sachsen ernsthafte Versuche überliefert wären, diese Stämme dem ostfränkischen Reich einzugliedern und sie zum Übertritt zum christlichen Glauben zu zwingen. Heinrich bekriegte nun aber nacheinander die Heveller und Daleminzier und nahm deren Hauptburgen. Die erwachsenen Burgbewohner wurden nach der Eroberung getötet, Frauen und Kinder in die Gefangenschaft verschleppt. Gleich anschließend zog Heinrich gegen den christlichen Böhmenherzog Wenzel, den er zur Unterwerfung zwang. Diese militärischen Aktivitäten der Sachsen lösten eine slawische Gegenreaktion aus, die ihrerseits die Burg Walsleben angriffen und alle Bewohner der Burg töteten. Zwei sächsische Adlige, Bernhard und Thietmar, schlugen die Slawen im Jahre 929 schließlich in der Schlacht bei Lenzen, nach der wiederum alle Gefangenen hingerichtet wurden. Diese Intensivierung militärischer Aktionen gegen die Slawen stand mit einiger Wahrscheinlichkeit gleichfalls im Zusammenhang mit dem bevorstehenden und beabsichtigten Ungarnkampf. Man erprobte die Krieger im Reitergefecht. Widukind jedenfalls formuliert diesen Zusammenhang ausdrücklich.

Bevor es jedoch zu diesem Kampf kam, auf den man sich jahrelang intensiv vorbereitete, standen in der königlichen Familie selbst einige Entscheidungen an, die für die Zukunft der Dynastie wie des Reiches von größter Bedeutung waren. In der Forschung diskutiert man diesen Problemkreis bis heute kontrovers unter den Stichworten ‚Hausordnung' Heinrichs I. oder ‚Durchsetzung der Individualsukzession'. Karolingische Praxis war es gewesen, das Reich unter die legitimen Söhne zu teilen, so wie man den Privatbesitz unter die Erben verteilte. Zwar war durch das Kaisertum ein unteilbares Amt in den Besitz der Karolinger gekommen und hatte zu diesbezüglichen Modifikationen der Erbteilung Anlaß gegeben, wie sie etwa in der ordinatio imperii Ludwigs des Frommen im Jahre 817 Ausdruck fanden. Doch blieb das Teilungsprinzip in der ganzen Karolingerzeit das herrschende. Nun wuchsen auch König Heinrich I. mehrere Söhne heran. Neben Thankmar aus seiner ersten Ehe mit Hatheburg die von der zweiten Gemahlin Mathilde geborenen Otto, Heinrich und Brun. Wenn sich der König über seine Nachfolge und die Frage der Dynastiebildung Gedanken machte, was man ihm sicher unterstellen darf, dann schuf diese Sachlage gravierende Probleme. Man darf bezweifeln, ob es nach der Einigung mit den Herzögen, die diesen eine weitgehende Unabhängigkeit und die Verfügungsgewalt über die Königsgüter in ihren Gebieten beließ, noch genügend Substanz gab, um eine Herrschaftsteilung vorzunehmen und mehrere Söhne angemessen auszustatten. Bestehende Abmachungen mit anderen Herrschaftsträgern rückgängig zu machen, um die Voraussetzungen für eine solche Teilung zu verbessern, dürfte auch außerhalb des realistisch Denkbaren gewesen sein. Alle Rahmenbedingungen wiesen daher auf den Verzicht auf eine Erbteilung, wenn überhaupt eine Dynastiebildung gelingen sollte. Und in der Tat ist Otto ja auch alleiniger Nachfolger seines Vaters im Königsamt geworden. Diese Tatsache ist unstrittig, nicht dagegen die Frage, wann die Entscheidung in dieser Hinsicht gefallen ist oder zumindest verbindlich ins Auge gefaßt wurde.

Gewichtige Indizien sprechen dafür, daß dies bereits im Jahre 929 der Fall war. Daß sich der König in dieser Zeit in der Tat mit Regelungen für die Zeit nach seinem Tod beschäftigte, beweist eine Urkunde (D HI, 20), mit der er seiner Gemahlin Mathilde mit Zustimmung geistlicher und weltlicher Magnaten und der seines Sohnes Otto ihr Wittum zuwies. Es handelt sich um große Besitzungen in Quedlinburg, Pöhlde, Nordhausen, Grona und Duderstadt, die Mathilde später übrigens zur Ausstattung der von ihr gegründeten Klöster verwandte. Eine weitere wichtige Entscheidung, die in dieser Zeit gefallen sein muß, läßt sich indirekt erschließen. Im Jahre 929 wurde nämlich Heinrichs jüngster Sohn Brun dem Bischof Balderich von Utrecht zur Erziehung übergeben, d. h. er ist als vierjähriger zur geistlichen Laufbahn bestimmt worden, was eine Teilhabe an der Königsherrschaft nach dem Tode des Vaters ausschloß. Dies kann kaum geschehen sein, ohne daß die feste Absicht bestand, nur einen Sohn im Königsamt nachfolgen zu lassen, die Individualsukzession an die Stelle der Herrschaftsteilung zu setzen. Ein weiteres Argument gewinnt man ebenfalls auf indirektem Wege: Im Jahre 929 warben die Ottonen am angelsächsischen Königshof um eine Braut für Otto. In England regierten zu dieser Zeit die Nachkommen des heiligen Königs Oswald, der, im Kampf gegen die Heiden gefallen, zu den christlichen Märtyrern gezählt wurde. Eine Geblütsbindung an diese Familie hätte die Vornehmheit der Nachkommen des Paares gewiß gesteigert. Der englische König Aethelstan reagierte auf diese Anfrage äußerst positiv und entsandte seine Schwestern Edgith und Edgiva nach Sachsen, um Otto die Wahl der Braut zu überlassen. Dieser entschied sich bekanntlich für Edgith. Die Schlußfolgerung aus dieser Werbung samt ihrer positiven Aufnahme aber lautet: Sie konnte nur so verlaufen, weil zu diesem Zeitpunkt klar war, daß der Bräutigam als Nachfolger seines Vaters im ostfränkischen Reich vorgesehen war.

Die bisher diskutierten Indizien für eine ‚Hausordnung' Heinrichs I. im Jahre 929, die unter anderem seinen Sohn Otto als alleinigen Nachfolger im Königsamt vorsah, werden ergänzt durch eine Nachricht, die in der modernen Forschung besonders intensiv und kontrovers diskutiert worden ist und wird. In der Tat bietet sie ein sehr eindeutiges Argument für die eben skizzierte Hausordnung Heinrichs, wenn man denn die notwendigen Schlußfolgerungen aus dieser Nachricht akzeptiert, die Kritiker anzweifeln. Bei der strittigen Quelle handelt es sich um einen Eintrag in das Verbrüderungsbuch der Abtei Reichenau, der in seinem Kern aus den Namen der Mitglieder der Königsfamilie besteht, die an seinem Anfang stehen. Die Eintragung beginnt mit den Namen Heinricus und Mathilde und beiden Namen ist der Titel *rex* bzw. *regina* angefügt. Dann folgen die Namen der Kinder dieses Ehepaares beginnend mit ihrem ältesten Sohn

Otto. Auch seinem Namen ist ein Titel hinzugefügt und nur seinem: Er lautet ebenfalls *rex*. Kein anderer Name des mehr als dreißig Personen umfassenden Eintrags ist durch eine Amts- oder Standesbezeichnung oder durch einen sonstigen Zusatz näher charakterisiert. Für die Datierung dieser Eintragung ist nun entscheidend, daß der Schwiegersohn Heinrichs, Herzog Giselbert von Lothringen, an der richtigen Stelle in der Familienfolge genannt wird, während die Gemahlin Ottos, die Angelsächsin Edgith, nicht erwähnt wird. Damit ergibt sich eine Datierung der Zusammenstellung dieser Namen nach 928, als Giselbert Gerberga heiratete, und vor 930, als Otto Edgith ehelichte. Die Namen wurden also genau in dem fraglichen Jahr der Hausordnung 929 zusammengestellt und nichts spricht dafür, daß die oder einer der Titel später angefügt worden seien. Wenn also der Überlieferungsbefund nicht trügt, wogegen bisher kein überzeugendes Argument vorgebracht wurde, hat man auf der Reichenau Otto bereits im Jahre 929 mit der Bezeichnung *rex* charakterisiert. Man kann sogar noch weiter gehen und betonen, daß diese Charakteristik von der Königsfamilie selbst veranlaßt wurde, die ja die Zusammenstellung der Namen verantwortete und so wohl auch die der Zusätze.

Die unterschiedlichen Indizien passen insgesamt recht gut zusammen: Vorsorge für das Wittum der Gemahlin, Entscheidung über die geistliche Laufbahn des jüngsten Sohnes, ‚königliche' Eheverbindung für den ältesten Sohn, und schließlich der Titel *rex* für diesen Sohn in einem Text, der gewiß nicht geschrieben wurde, um einen Mythos der ottonischen Dynastiebildung zu begründen. Damit läßt sich aber für das Königtum Heinrichs I. zumindest eines folgern: Es war schon im Jahre 929 so konsolidiert, daß man fest mit einer Nachfolge des Sohnes rechnen konnte und die Entscheidung für die Nachfolge allein des ältesten fest ins Auge gefaßt war. Man hat darüber gestritten, ob diese Entscheidung ‚rechtsverbindlich' gewesen sei, ohne zu berücksichtigen, daß dieser Begriff und die mit ihm evozierten Vorstellungen anachronistisch sind für eine Zeit, die ihr Handeln nach Gewohnheiten ausrichtete, die sie für den Einzelfall durch Konsensbildung ‚fand'. Dieser Konsens der Herrschaftsträger aber dürfte 929 bereits ‚gefunden' und hergestellt gewesen sein, denn ohne ihn war eine ‚Hausordnung' gar nicht denkbar. Das hieß jedoch keineswegs, daß die gefundene Lösung nicht durch neue Konsensbildung hätte verändert oder gar aufgehoben werden können. Auch ist man nicht so weit gegangen, den ältesten Sohn zu dieser Zeit schon als Mitkönig zu installieren, wie Otto der Große es im Jahre 961 mit seinem Sohn praktizierte – allerdings in einer Situation, in der er das Reich verließ und für längere Zeit in Italien weilte. Im Unterschied zu Otto II. fehlt für Otto I. für die Zeit zwischen 929 und 936 nämlich jeder Beleg für eine herrscherliche Tätigkeit. Er wird für diesen Zeitraum in den Quellen gar nicht faßbar.

Im Jahr 931 wird dagegen sein Vater Heinrich bei einer Tätigkeit erwähnt, deren Verständnis nicht einfach und wohl auch noch nicht zweifelsfrei gelungen ist. Jüngst ist denn auch noch vermutet worden, sie sei im Zusammenhang der Hausordnung und der Sicherung der Nachfolge Ottos zu sehen. Der Fortsetzer der Chronik Reginos von Prüm berichtet lapidar: „In demselben Jahre wurde der König von Eberhard und anderen fränkischen Grafen und Bischöfen nach Franken gerufen und von einem jeden derselben besonders in ihren Häusern und Kirchensitzen mit Gastmählern und Geschenken (*conviviis et muneribus*) geehrt, wie sie einem König geziemen." Nun gab es in dieser Zeit weder für Grafen noch für Bischöfe die Verpflichtung, den König zu beherbergen und zu beköstigen. Hinter dieser aufwendigen Aktion der fränkischen Großen muß also mehr stecken. Die Formel ‚mit Gastmählern und Geschenken ehren' weist auf die Rituale der Bündnisstiftung bzw. -erneuerung. Es fragt sich nur, aus welchem Grund man es in dieser Zeit für nötig hielt, das Bündnis zwischen dem fränkischen Herzog, den fränkischen Großen und dem König so aufwendig und demonstrativ zu festigen, denn es bestand bereits seit dem Regierungsantritt Heinrichs I. Daß die fränkische Anerkennung Ottos des Großen als Nachfolger seines Vaters auf diese Weise in Szene gesetzt worden wäre, ist wenig wahrscheinlich, denn der Autor erwähnt Otto gar nicht. Mindestens so naheliegend wie ein Zusammenhang mit der Hausordnung Heinrichs I. ist daher die Annahme, daß die Feiern zu den Vorbereitungen auf den Kampf mit den Ungarn gehören könnten. Man schloß neue Bündnisse und Einungen, um die gemeinsame Kraftanstrengung zu gewährleisten; mit dem gleichen Ziel könnte man auch alte Bündnisse feierlich bekräftigt haben. Sicherheit über das Verständnis dieser knappen und isolierten Nachricht ist bisher jedoch nicht gewonnen.

Während die ‚Hausordnung' Heinrichs I. mit ihren zum Teil einschneidenden Neuerungen aus Überlieferungssplittern mühsam rekonstruiert werden muß, ist die Endphase der Vorbereitungen zum Kampf gegen die Ungarn in den Quellen deutlicher faßbar. Dies liegt nicht zuletzt wieder daran, daß die ‚ottonische' Historiographie ihr breiteren Raum gibt. Deren Darstellung wird aber durch einige andere Quellengattungen und ihre Nachrichten zu der fraglichen Zeit ergänzt und so auch in gewissem Ausmaß kontrollierbar. Das Ergebnis dieser Kontrolle ähnelt dem schon mehrfach erzielten: Die Historiographen gestalten das Berichtete mit dramatisierenden und personalisierenden Akzenten, gehen auch mit der Chronologie eigenmächtig um. Doch in der Substanz bieten sie ein durchaus verläßliches Bild.

Erkennbar ist, daß Heinrich I. sich nach den intensiven Vorbereitungen wohl 932 stark genug fühlte, den Waffenstillstand mit den Ungarn demonstrativ aufzukündigen: Er verweigerte ihren Gesandten nämlich die Tribute, die diese turnusmäßig einforderten. Was das bedeutete, wußte jeder. Heinrich hatte sich denn auch nach Widukind zuvor des Konsenses der Herrschaftsträger versichert und mit diesen einen Vertrag (*pactum*) geschlossen. Wie an vielen entscheidenden Punkten der ottonischen Geschichte lassen die Geschichtsschreiber den König in wörtlicher Rede begründen und erläutern, worum es ging. Liudprand von Cremona verlegt diese Rede unmittelbar vor die Schlacht gegen die Ungarn, während sie bei Widukind von Corvey den Entschluß aller bewirkt, den Waffenstillstand aufzukündigen, also in das Jahr 932 gehört. In ihrer Argumentation gleichen sich beide Reden jedoch sehr und lassen so die Argumentation erkennen, mit der der gesamte Herrschaftsverband zur Aufbietung aller Kräfte gefordert wurde. Widukind läßt den König noch einmal den Sinn seiner gesamten Politik erläutern und auf den Punkt bringen: „'Von welchen Gefahren euer Reich, das früher gänzlich in Verwirrung war, jetzt befreit ist, das wißt ihr selbst nur zu gut, die ihr durch innere Fehden und auswärtige Kämpfe so oft schwer zu leiden hattet. Doch nun seht ihr es durch die Gnade des Höchsten, durch unsere Bemühung, durch eure Tapferkeit befriedet und geeint, die Barbaren besiegt und unterworfen. Was wir jetzt noch tun müssen, ist uns gegen unsere gemeinsamen Feinde, die Awaren, vereint zu erheben. Bisher habe ich, um ihre Schatzkammer zu füllen, euch, eure Söhne und Töchter ausgeplündert, nunmehr müßte ich die Kirchen und Kirchendiener plündern, da uns kein Geld mehr, nur das nackte Leben geblieben ist. Geht daher mit euch zu Rate und entscheidet euch, was wir in dieser Angelegenheit tun sollen. Soll ich den Schatz, der dem Dienste Gottes geweiht ist, nehmen und als Lösegeld den Feinden Gottes geben? Oder soll ich nicht eher mit dem Gelde die Würde des Gottesdienstes erhöhen, damit uns Gott erlöst, der wahrhaft sowohl unser Schöpfer als unser Erlöser ist?' Darauf erhob das Volk seine Stimme zum Himmel und rief, sie wollten durchaus von dem lebendigen und wahren Gott erlöst werden, weil er treu sei und gerecht in allen seinen Wegen und heilig in allen seinen Werken. Und sie gelobten dem König ihre Hilfe gegen das wilde Volk und bekräftigten mit zum Himmel erhobener Rechten den Vertrag" (I, 38).

Diese Rede findet sozusagen ihr Echo in zwei Synoden, die im Jahre 932 abgehalten worden und deren Akten überliefert sind. Die eine fand im Beisein Heinrichs I. in Erfurt, die zweite im Beisein Herzog Arnulfs von Bayern in Dingolfing statt. Letztere war also eine bayerische Provinzialsynode, die das zwar abgestimmte, aber selbständige Handeln Bayerns und Herzog Arnulfs bezeugt; die Erstere dagegen eine Reichssynode, zu der Bischöfe aus allen Teilen des Reiches mit Ausnahme Bayerns kamen. Der ungewöhnliche, ja einmalige Beschluß beider Synoden sah vor, daß jeder an seinen zuständigen Diözesanbischof einen Denar oder etwas im gleichen Wert geben solle, und dieser solle überlegen, wie er es am besten zum Seelenheil der Geber verwende. In Dingolfing wird noch ein bißchen präziser formuliert, daß von dem Geld zerstörte Kirchen wieder aufgebaut werden sollen. Damit passen die Synodalbeschlüsse aber exakt zur Argumentation, die Heinrich I. in seiner Rede vor dem ‚Volk' vortrug: Sollen wir nicht besser mit dem Geld, das bisher den Ungarn gegeben wurde, die Würde des Gottesdienstes erhöhen. Eben dies sahen auch die Bestimmungen der Synoden vor, ohne daß dort allerdings konkret ausgesprochen wird, daß der Denar, der den Kirchen zugute kommen soll, zuvor den Ungarn gegeben wurde. Die ‚Kopfsteuer', wie man sie in der älteren Forschung genannt hat, war aber Teil eines Abkommens. Die Kirchen sollten nämlich im Gegenzug etwas für das Seelenheil der Geber und ihrer lebenden wie verstorbenen Verwandten tun. Das konnte nur heißen: beten. Und genau in dieser Zeit läßt sich denn auch in den erhaltenen Quellen, die zum Zwecke des Gedenkens an Lebende und Verstorbene geführt wurden, feststellen, daß diese Vorhaben realisiert worden sind. Wir finden überall dort, wo sich einschlägige Zeugnisse aus dieser Zeit erhalten haben – vor allem auf der Reichenau, in St. Gallen, im lothringischen Remiremont und in Fulda –, Eintragungen, die sich in einem sonst nie erreichten Ausmaß auf Angehörige der Führungsschichten sowie auf deren Vasallen beziehen. Man kann von einer Welle von Einschreibungen sprechen, die die Klöster in einem relativ kurzen Zeitraum erreichte, und für deren Aufnahme sie die alte Ordnung ihres Gedenkens aufgaben oder veränderten. Auch wenn die genaue Datierung vieler Eintragungen und eine Identifizierung aller Personen nicht gelingen kann, sind die Fälle sicherer Zuordnung zahlreich genug, um die Feststellung zuzulassen, daß das, was die Synoden vorsahen, in der Tat umgesetzt worden ist. Und gerade die weltlichen Führungsschichten aus verschiedenen Teilen des Reiches waren hieran vorrangig beteiligt. Sie übergaben den Klöstern die Namen ihrer Verwandten und Vasallen, so wie es auch die Königsfamilie mehrfach tat. Der schon zitierte Eintrag, in dem Otto 929 der Titel *rex* zugebilligt wurde, gehört in diesen Zusammenhang. Man kann mit Berechtigung davon ausgehen, daß wir heute weniger als die Spitze des Eisberges sehen, denn ganz sicher hat sich die weit überwiegende Zahl der Codices, in die diese größeren und kleineren Personengruppen zum Zwecke des Gedenkens eingeschrieben wurden, nicht erhalten.

Geschichtsschreibung, Synodalprotokolle und Memorialüberlieferung spiegeln also verschiedene Aspekte des gleichen Vorgangs. Nach intensiven Vorbereitungen durch Burgenbau und militärische Erprobung der Krieger entschlossen sich König und ‚Volk', den Kampf mit den Ungarn zu wagen. Sie entschieden, die Tribute in Zukunft zum Nutzen der Kirchen zu verwenden, womit man gewiß Gottes Hilfe im Kampf gegen die Heiden zu gewinnen versuchte. Liudprand berichtet zusätzlich von einem Gelübde Heinrichs und der Krieger, in Zukunft auf die ‚simonistische Haeresie' zu verzichten, womit nur die Entfremdung von Kirchengut in Laienhand gemeint sein kann. Um ihren Teil zu diesem Bündnis beizutragen, verpflichteten sich die Kirchen, für die Krieger zu beten und die Namen der Beteiligten und ihres Umfeldes zu diesem Zwecke aufzuzeichnen, was einen deutlichen Niederschlag in der erhaltenen Memorialüberlieferung nach sich zog. Diese Anspannung aller Kräfte brachte dann am 15. März 933 den ersehnten Erfolg. Die Ungarn, die nach der Aufkündigung der Tribute nach Sachsen eingefallen waren, wurden bei Riade an der Unstrut in die Flucht geschlagen. Widukind und Liudprand differieren sehr stark, was das Ausmaß des Erfolges angeht. Der Erstere betont, daß nur wenige hätten getötet oder gefangen werden können, da die Ungarn beim Anblick des Hauptheeres sofort geflohen seien; Liudprand bietet dagegen farbige Einzelheiten einer geballten Reiterattacke, die in einem Gemetzel endete, da Gott den Ungarn nicht nur den Mut zum Kampf, sondern auch die Möglichkeit zur Flucht genommen habe. Hier wird man wohl Widukinds Version den Vorzug geben, da ein Aufbauschen des Erfolges durch die mündliche Tradition gewiß wahrscheinlicher ist als ein Verkleinern. Beide Gewährsleute sind sich dann wieder sehr einig, daß schon Heinrich I. für eine angemessene Begehung und Feier dieses Erfolges Sorge getragen habe. Allerdings setzen sie auch hier durchaus unterschiedliche Akzente: Widukind unterstreicht zunächst, Heinrich habe den Ungarntribut dem göttlichen Dienst übereignet und ihn zu Schenkungen an die Armen bestimmt, wie es der König seinem ‚Volk' beim Abschluß des *pactum* ja vorgeschlagen hatte. Dann berichtet er über eine Siegesfeier im Heer, das den König als *pater patriae, rerum dominus* und *imperator* begrüßt habe. Diese Termini, die antike Vorbilder und eine imperiale Qualität der Herrschaft Heinrichs beschwören, wiederholt er ähnlich bei der Rühmung Ottos des Großen nach dem Sieg auf dem Lechfeld (955). Damit wird zugleich ausgesagt, wie sehr sich die Herrschaft des Sohnes schon in den Erfolgen des Vaters vorbereitet hatte. Liudprand weiß ergänzend zu berichten, daß Heinrich selbst auch für eine säkulare Verewigung seines Ruhmes sorgte.

Er habe nämlich die Pfalz Merseburg mit Szenen aus der Schlacht ausmalen lassen. Ganz auf dieser Linie ehrt denn auch der Fortsetzer der Chronik Reginos von Prüm, Adalbert von Magdeburg, König Heinrich I. bei seinem Tode mit zwei Epitheta: „großer Förderer des Friedens und eifriger Verfolger der Heiden".

Unabhängig davon, wie vernichtend die Ungarn bei Riade geschlagen wurden, wird man die Wirkung des Sieges auf das Zusammengehörigkeitsgefühl der ostfränkischen Stämme hoch einschätzen dürfen. Mehrjährige konzertierte Anstrengungen gegen einen als Geißel Gottes und unbesiegbar empfundenen Feind hatten Frucht getragen, der Weg friedlicher Einungen und Bündnisse sich als der richtige erwiesen. Unzweifelhaft ist auch, daß dieser Sieg das Prestige des ottonischen Königtums festigte, das in der religiösen Vorstellung wurzelte, das Herz des Königs liege in Gottes Hand, mit seiner Hilfe vermöge er alles und ohne sie nichts. Wenn man zum 15. März, dem Tag der Schlacht von Riade, vielleicht vom König angeordnet, in liturgische Handschriften eintrug: „König Heinrich, der die Ungarn schlug", dann deshalb, um Gott in jährlicher Wiederkehr des Tages dafür zu danken, daß durch seine Hilfe der König und sein christliches Volk siegreich geblieben waren.

Angesichts des mit dem Erfolg von Riade errungenen Prestiges mag es auch nicht verwundern, daß Heinrich in den letzten drei Jahren seines Lebens weitere Erfolge gelangen, die teils auf der Linie seiner bisherigen Politik lagen, teils aber auch deutlich darüber hinaus wiesen. Zu letzterem gehört gewiß die Nachricht, daß er im Jahre 934 durch einen bewaffneten Angriff den Schwedenkönig Knut, der bis Schleswig/Haithabu herrschte, nicht nur zur Unterwerfung und Tributzahlung, sondern auch zur Annahme des christlichen Glaubens bewegen konnte. Mit dem Angriff auf einen auswärtigen König verließ Heinrich deutlich die bisherigen Bahnen und Maximen seiner Politik. Er eröffnete mit seinem Erfolg die Missionstätigkeit des Erzbischofs Unni von Hamburg/Bremen, der auf das Vorbild Hamburgischer Missionspolitik rekurrieren konnte, wie es einst Erzbischof Ansgar gegeben hatte. Mit der Mission zusammenhängen könnte auch der Plan Heinrichs, der nur durch einen sibyllinischen Satz Widukinds von Corvey faßbar und in seiner Zielrichtung schwer einzuschätzen ist: Heinrich habe gegen Ende seines Lebens nach Rom ziehen wollen, dies jedoch aus Krankheitsgründen unterlassen müssen.

In den gewohnten Bahnen verliefen dagegen Heinrichs politische Kontakte mit den Königen und Großen im Westen auch in seinen letzten Lebensjahren. Im Jahre 935 trafen sich der west- und ostfränkische König, wie inzwischen üblich, an der Grenze ihrer Reiche in Ivois am Chiers, womit die Gleichrangigkeit der Könige betont wurde. Anwesend war auch der burgundische König Rudolf II., so daß das Treffen zu einem ‚Dreikönigstreffen' wurde, auf dem die drei Könige ein Freundschaftsbündnis eingingen bzw. erneuerten. Friedlich gelöst wurden in diesem Zusammenhang auch Streitigkeiten mit einzelnen westfränkischen und lothringischen Großen, so mit Heribert von Vermandois, der sich unter den Schutz Heinrichs gestellt hatte, aber auch mit Boso, dem Bruder des westfränkischen Königs, der von Heinrich einen großen Teil seiner Besitzungen und Herrschaftsrechte in Lothringen restituiert erhielt. Im Westen bewährte sich also nochmals das Prinzip, Dissens mittels Freundschaftsbindung und persönlichen Verhandlungen beizulegen, wobei Freunde als Vermittler in den Streitfällen aktiv wurden. Gerade im lothringischen und elsässischen Raum, in dem die drei Reiche des west- und ostfränkischen sowie des burgundischen Königs aneinanderstießen, forderten die Überschneidungen von Herrschaftsinteressen – Brüder des burgundischen wie des westfränkischen Königs waren zugleich Grafen im Reich Heinrichs I. –, wie auch die Tatsache, daß Bistümer wie Basel ihr Territorium in mehreren Reichen hatten, dazu auf, Probleme auf der Basis von Freundschaft, Einung und Vermittlung zu lösen. In den gewohnten Bahnen – nämlich dem Zugeständnis weitgehender Selbständigkeit – blieb auch Heinrichs Verhältnis zu Herzog Arnulf von Bayern, der in der gesamten Zeit der Ungarnabwehr zur Zusammenarbeit bereit gewesen war. Er konnte im Jahre 933/34 den Versuch unternehmen, für seinen Sohn Eberhard die Krone im Königreich Italien zu gewinnen. Sein Gegner, der sich schließlich durchzusetzen wußte, war Hugo von Burgund, der wohl in der gleichen Zeit erfolgreich die Freundschaft Heinrichs I. suchte. Von einem Eingreifen Heinrichs in diese Auseinandersetzungen seiner Freunde ist jedoch nichts überliefert, es sei denn, man brächte die Nachricht Widukinds vom geplanten Romzug Heinrichs in diesen Zusammenhang. Überdies regelte der Bayernherzog 935 seine Nachfolge im Herzogtum Bayern ganz ähnlich wie zuvor der sächsische König die seine: er bestimmte seine ältesten Sohn zum alleinigen Nachfolger.

Heinrich war es nicht lange vergönnt, die Friedenszeit nach der Abwehr der Ungarn zu nutzen und zu genießen. Schon Ende des Jahres 935 erlitt er wohl einen Schlaganfall, als er sich zur Jagd in den Harz begeben wollte, einem Vergnügen, dem Könige wie Adlige viel Zeit widmeten. Er fand noch die Kraft, einen Hoftag nach Erfurt zu berufen, auf dem er den Großen noch einmal Otto eindringlich als seinen Nachfolger empfahl (*designavit*). Güter und Schätze verteilte er auch unter seine übrigen Söhne, doch nur Otto sollte nach dem Willen des Vaters im Königsamt nachfolgen. Von Erfurt aus begab sich Heinrich mit wenigen Begleitern nach Memleben, wo er am 2. Juli 936 verstarb. Spätere Stimmen haben die Sterbeszene anschaulich geschildert, hierbei deutlich den Normen christlichen Sterbens und der angemessenen Reaktionen der Verwandten wie auch der Kenntnis späterer Ereignisse verpflichtet. Letzterem verdankt sich wohl auch die angebliche Mahnung, die die Königin Mathilde an ihre Söhne direkt nach dem Tode des Gatten gerichtet haben soll: „Streitet nicht um vergängliche Macht und Würde, aller Ruhm der Welt nimmt ein solches Ende. Glücklich der, welcher sich ewiges Heil bereitet." Diese Mahnung verhallte ungehört, wenn sie denn ausgesprochen worden ist. Begraben aber wurde Heinrich in Quedlinburg, wo Mathilde mit Zustimmung ihres Sohnes Otto ein Frauenkloster einrichtete, in dem die Witwe selbst Aufenthalt nahm und dessen Konvent sich vorrangig um die Memoria Heinrichs wie aller ottonischen Verwandten sorgen sollte.

Jede Bilanz der Regierung des ersten ottonischen Königs kommt kaum um die Einschätzung herum, daß Heinrich I. mit seinem Herrschaftsstil wie mit seinen politischen Aktivitäten in exzeptioneller Weise erfolgreich war. Geradezu abrupt wandelten sich die Verhältnisse von einem endlosen Kampf aller gegen alle zu einer Zusammenarbeit der wichtigsten politischen Kräfte, die zur erfolgreichen Abwehr der äußeren Feinde befähigte. Bewerkstelligt wurde dieser Neubeginn auf schwierigem Erbe vor allem durch konsequenten Einsatz der Instrumente gütlicher Einigung und Friedensstiftung: durch Freundschaften und Bündnisse, die die Basis der weiteren Zusammenarbeit bildeten. Der friedenstiftenden Kraft dieser Politik konnte sich offensichtlich niemand entziehen. Man kann vielleicht auch sagen, daß nach den Wirren die Zeit reif für diesen Neubeginn war und sich ihr niemand entziehen wollte. Doch fällt auf, daß dieser Neubeginn im Osten entschlossener ins Werk gesetzt wurde als man dies etwa im Westen, aber auch in Burgund und Italien, schaffte, wo die politischen Kräfte weiterhin mehr auf Kampf als auf gütliche Einigung setzten. Die Stimmen des 10. Jahrhunderts, wie sie uns vor allem in der ottonischen Historiographie vorliegen, haben diese Erfolge in erster Linie oder gar allein Heinrich I. gutgeschrieben. Und gewiß darf sein Anteil an den Erfolgen auch nicht gering geschätzt werden. Doch ist gegen eine solche Personalisierung einzuwenden, daß gerade die Politik der Einung und Friedensstiftung fundamental auf den Konsens und das Mitmachen aller wesentlichen Kräfte angewiesen ist. Die Bereitschaft dazu muß vorhanden gewesen oder geweckt worden sein, sonst hätte dieser Neubeginn nicht gelingen können. Wer in diesem Zug die Funktion der Lokomotive übernahm, hat uns die ottonische Historiographie in sehr suggestiver Weise beschrieben, ob immer zu Recht, können wir kaum entscheiden. Und wer – um im Bild zu bleiben – etwaig den Bremser spielte, läßt uns die Überlieferung gar nicht mehr erkennen. Etabliert wurde jedenfalls ein Herrschaftssystem, in dem den Trägern der Königsherrschaft, Adel und Kirche, in beträchtlichem Ausmaß Möglichkeiten des Mitgestaltens eingeräumt wurden. Wie groß dieses Ausmaß sein sollte, blieb in den folgenden Jahrhunderten eine umkämpfte Frage. Aus dieser Perspektive eignet sich dieser Neubeginn nicht schlecht, als ‚Anfang' der deutschen Geschichte begriffen zu werden. Es fällt schwer, einen gravierenderen Einschnitt in der mittelalterlichen Geschichte des Reiches zu entdecken. Von diesem Neubeginn im 10. Jahrhundert aber lassen sich wieder viele Kontinuitätslinien durch die mittelalterliche Geschichte des Reiches ziehen, das sich ja nie einfach als ‚deutsches Reich' verstand, sondern als ‚heiliges römisches' aber ‚deutscher Nation'. Wenn man zudem die identitätsstiftende Funktion jedes ‚Anfangs' bedenkt, welcher eignet sich gerade für die Deutschen besser als ein Beginn, der von entschlossener Förderung des Friedens geprägt war? Ein solches Verständnis des ‚Anfangs' der deutschen Geschichte ist jedenfalls entschieden dem in der Vergangenheit so oft strapazierten vorzuziehen, Heinrichs, und mehr noch Ottos Herrschaft habe Deutschlands Stellung als ‚Vor- und Ordnungsmacht in Europa' begründet.

III. Otto der Große

1. Die Anfänge – Der Bruch des Konsenses

Nach dem Tode Heinrichs I. dauerte es nur wenige Wochen, bis sich der Herrschaftsverband zur Königserhebung Ottos in Aachen zusammenfand. Am 7. August 936, einem Sonntag, so hat man auf Grund der Datierung der Regierungsjahre in den Königsurkunden Ottos erschlossen, fand die denkwürdige Versammlung statt, die bis heute in ihrem Ablauf und in der Beurteilung der verschiedenen zeremoniellen Akte umstritten ist. Wieder liegt dies in erster Linie daran, daß allein Widukind einen Bericht von diesem Ereignis gibt. Dieser Bericht läßt an Ausführlichkeit zwar nichts zu wünschen übrig, rief jedoch bei kritischen Lesern Zweifel hervor, die sich bis zu dem Urteil verdichteten, „als Quelle für die faktischen Ereignisse ist er wertlos" (C. Brühl). Soviel ist gewiß: In dem Bericht liegt kein Protokoll des Ablaufs vor. Hauptargument für diese Einschätzung ist die Tatsache, daß Widukind die Königin Edgith im Zusammenhang der Aachener Ereignisse gar nicht erwähnt. Man konnte und kann sich nicht vorstellen, daß sie bei der Erhebung ihres Gatten wirklich gefehlt haben könnte. Da es keinen einsichtigen Grund dafür gibt, warum ihre Rolle von Widukind hätte unterdrückt werden müssen, entsteht der Verdacht, daß ihm wesentliche Informationen zu den Vorgängen von 936 fehlten und er das Geschehen recht frei gestaltete oder daß schon die mündliche Tradition, von der Widukind zehrte, mit dem Geschehen sehr freizügig und verformend umgegangen war. Als Grundlage einer solchen Gestaltung könnte Widukind aber auch die Kenntnisse einer anderen Aachener Königserhebung genutzt haben, die in die unmittelbare Nähe seiner Tätigkeit gehört: die Erhebung Ottos II. im Jahre 961. Bei dieser Erhebung gab es keine Königin. Der Corveyer Mönch könnte sein Wissen um spätere Vorgänge also auf ein älteres Ereignis projiziert haben (H. Keller). Ist mit diesen Beobachtungen der Bericht über die Geschehnisse von 936 nun „wertlos" geworden? Ich würde vor dieser Schlußfolgerung nachdrücklich warnen, und zwar auf Grund folgender Überlegung: Unterstellt man einmal, daß Widukind genaue Kenntnisse – vielleicht durch eigene Anschauung – von der Erhebung Ottos II. im Jahre 961 in Aachen hatte, unter welchen Voraussetzungen konnte er sie dann auch für die Darstellung der früheren Königserhebung von 936 verwenden? Gewiß dann, wenn er gehört hatte, daß die Erhebung des Sohnes in gleicher Weise abgelaufen sei wie die des Vaters. Gewährsleute, die dieses Wissen im Jahre 961 noch besessen haben könnten, gab es genug, allen voran die Königin Mathilde und Otto den Großen selbst. Und welchen Grund hätte es für den Vater 961 geben sollen, die Erhebung seines noch minderjährigen Sohnes in Aachen gänzlich anders durchführen zu lassen als seine eigene ein Vierteljahrhundert zuvor? Es drängt sich kein Grund für eine Veränderung auf. Somit spricht sehr viel dafür, daß sich beide Erhebungen in den Grundzügen ähnelten und Widukind sein Wissen um die Vorgänge von 961 deshalb folgerichtig und legitim dazu benutzt haben könnte, die Erhebung von 936 so detailliert zu schildern, wie er es tat. Von der Rolle der Edgith 936 wußte er nichts, also ließ er sie aus.

Man kann die Plausibilität dieser Überlegungen auch noch von einem anderen Ausgangspunkt her verdeutlichen: Wieviel Freiheit der fiktionalen Ausgestaltung ist bei einem Autor des 10. Jahrhunderts zu erwarten, der sein Werk der Tochter desjenigen widmete, über dessen Königserhebung er schrieb? Es ist wohl kaum auszuschließen, daß Widukind bei der Abfassung auch damit rechnen mußte, daß der Geschilderte seinen Bericht zu Gesicht oder zur Kenntnis erhalten würde. Allein diese Möglichkeit schränkte seinen Spielraum zu freier Gestaltung massiv ein. Von den Ereignissen des Jahres 961 war nur dann etwas für seinen Bericht zu 936 zu verwerten, wenn er sicher sein konnte, daß beide Königserhebungen im wesentlichen nach dem gleichen Zeremoniell abgelaufen waren. Natürlich bieten diese Überlegungen keinen Beweis dafür, daß es sich genau so verhalten haben muß, wie unterstellt. Sie haben jedoch gute Argumente dafür ergeben, daß der Bericht durchaus ein konkretes Wissen um die Vorgänge von 936 enthalten kann, während gewichtige Argumente dagegen sprechen, daß der Autor Freiheiten zur fiktionalen Verformung genutzt habe. Nach diesen Vorklärungen ist es daher zumindest erlaubt, den Text noch einmal zu prüfen, welche Akzente er denn bezüglich der Vorgänge von 936 setzt und wie sie sich in den Kontext seines Werkes und der ottonischen Geschichte einfügen.

Programmatisch ist schon der Auftakt des Berichts: „Nachdem also der Vater des Vaterlandes (*pater patriae*) und größte und beste der Könige, Heinrich, gestorben war, erkor sich das ganze Volk der Franken und Sachsen den schon einst (*iam olim*) vom Vater zum König bestimmten (*designatum*) Sohn Otto zum Gebieter (*in principem*)." Für den verstorbenen König wird hier der Ehrentitel benutzt, mit dem ihn nach Widukinds früherer Erzählung das Heer nach dem Sieg über die Ungarn ausgezeichnet hatte. Nach dem Lechfeldsieg Ottos des Großen wurde dieser Titel auch ihm zuteil. Der zweite wichtige Akzent des Eingangssatzes besteht in der Angabe, daß der Vater den Sohn schon einst designiert habe. Hierin hat man einen direkten Hinweis auf die Hausordnung von 929 gesehen, eine Interpretation, die jedoch bis heute strittig geblieben ist. Auffällig ist schließlich, daß Widukind zunächst nur die Franken und Sachsen tätig werden läßt, wie es auch bei der Wahl Heinrichs I. gewesen war. Als Schauplatz dieser ersten ‚Wahl' der Franken und Sachsen wird man sich Memleben oder Quedlinburg zu denken haben, wo die beim Tod bzw. beim Begräbnis anwesenden Großen diesen Akt vollzogen haben dürften. Diese Großen bestimmten dann nach Widukind als Ort einer allgemeinen Wahl (*universalis electio*) Aachen. Diese allgemeine Wahl schildert er dann ausführlich, wobei drei verschiedene zeremonielle Akte unterschieden werden: 1. die Thronsetzung und Huldigung der weltlichen Großen; 2. die geistlichen Akte der Königserhebung mit der Übergabe der Insignien, der Königssalbung und -krönung, sowie der Krönungsmesse; und schließlich 3. das Krönungsmahl.

Begonnen wurde der Erhebungsakt von den weltlichen Großen: „Die Herzöge und die Ersten der Grafen mit der Schar der vornehmsten Vasallen versammelten sich in dem Säulenhof, der mit der Basilika Karls des Großen verbunden ist, und sie setzten den neuen Herrscher (*novum ducem*) auf einen hier aufgestellten Thron; hier huldigten sie ihm, gelobten ihm Treue, versprachen ihm Hilfe gegen alle seine Feinde und machten ihn so nach ihrem Brauch zum König." Thronsetzung, Huldigung mit Handgang und Treueversprechen stehen hier noch anstelle eigentlicher Wahlhandlungen, erfüllen aber wohl die gleiche Funktion wie die erst später bezeugte Kur, die namentliche Bezeichnung des zum König Ausersehenen. An dieser Zeremonie waren die Bischöfe nicht beteiligt, sie warteten vielmehr unter der Führung des Erzbischofs Hildebert von Mainz in der Basilika, in die Otto nach diesen Huldigungsakten einzog. Beim Eintritt empfing ihn der Erzbischof, ihm entgegengehend und ihn mit seiner Linken an der Rechten berührend. Danach schritt er vor Otto bis zur Mitte der Kirche, wo er von allem Volk gesehen werden konnte, und redete die Menge direkt an: „'Sehet, hier bringe ich euch den von Gott erkorenen (*electum*) und einst (*olim*) vom großmächtigen Herrn Heinrich designierten, nun aber von allen Fürsten zum König gemachten Otto; wenn euch diese Wahl gefällt, so bezeugt dies, indem ihr die rechte Hand zum Himmel emporhebt.' Darauf hob alles Volk die Rechte in die Höhe und wünschte mit lautem Zuruf dem neuen Herrscher Heil."

Die Akklamation des Volkes hatte Widukind in ganz ähnlicher Weise auch von der Fritzlarer Erhebung Heinrichs berichtet, dort war sie allerdings die Antwort auf die Rede Heinrichs gewesen, mit der er seinen Verzicht auf die Salbung begründete. Hier nun steht sie am Anfang einer ganzen Reihe geistlicher Akte, die dem Königtum Ottos jene sakrale Würde verliehen, auf die sein Vater demütig verzichten zu müssen meinte. Ganz offen spricht Widukind denn auch davon, daß es einen Streit zwischen den drei rheinischen Erzbischöfen von Trier, Köln und Mainz gab, wer von ihnen diese Akte durchführen dürfe. Es obsiegte der Mainzer Erzbischof, nur bei der Krönung assistierte ihm der Kölner, in dessen Diözese Aachen ja lag. Die sakralen Akte waren nun keineswegs allein darauf angelegt, den König aus der Masse der Sterblichen herauszuheben, ihm zusätzliche Legitimation durch kirchliche Auszeichnung zu verschaffen. Vielmehr brachten die geistlichen Akte das Gottesgnadentum des Herrschers gerade dadurch zum Ausdruck, daß sie thematisierten, welche Verpflichtungen aus der Tatsache erwuchsen, daß der Erwählte ein Herrscher von Gottes Gnaden war. Otto empfing nämlich die Insignien seiner Herrschaft vom Erzbischof Hildebert mit erläuternden und mahnenden Worten, die den König daran erinnerten, welche Aufgaben und Erwartungen mit ihnen verbunden waren.

„Dieser (Hildibert) trat zum Altar, nahm hier das Schwert mit dem Wehrgehenk und sprach zum König gewendet: ‚Empfange dieses Schwert und treibe mit ihm aus alle Widersacher Christi, die Heiden und schlechten Christen, da durch Gottes Wille alle Macht im ganzen Frankenreich dir übertragen ist, zum bleibenden Frieden aller Christen.' Sodann nahm er die Spangen und den Mantel, bekleidete ihn damit, indem er sagte: ‚Die bis auf den Boden reichenden Zipfel deines Gewandes mögen dich erinnern, von welchem Eifer im Glauben du entbrennen und in Wahrung des Friedens beharren sollst bis in den Tod.' Darauf nahm er Szepter und Stab und sprach: ‚Diese Abzeichen sollen dich ermahnen, mit väterlicher Zucht deine Untertanen zu leiten und vor allem den Dienern Gottes, den Witwen und Waisen die Hand des Erbarmens zu reichen; und niemals möge dein Haupt des Öls der Barmherzigkeit ermangeln, auf das du in Gegenwart und in Zukunft mit ewigem Lohne gekrönt wirst.'"

Schon immer hat man natürlich diese Gebetsformeln mit denjenigen verglichen, die die verschiedenen Ordines bieten, wie sie für die Krönung von Königen immer wieder schriftlich fixiert wurden. Namentlich die ottonischen Ordines waren hierbei natürlich von Interesse, die in den 60er Jahren des 10. Jahrhunderts in Mainz aufgezeichnet wurden. Doch trotz aller Ähnlichkeiten der Formulierungen, die aus der Tradition der christlichen Herrschermahnung resultieren, ist nicht zu übersehen, daß Widukinds Formeln ansonsten nicht bezeugt, d. h. von ihm wohl selbst geschaffen worden sind. Überdies erscheint er durchaus eigenwillig etwa in der Hinsicht, daß er Salbung und Krönung ohne die zu erwartenden Gebetsformeln erwähnt. Es scheint, als habe er alle Hinweise auf eine bischöfliche Vermittlung der Königsherrschaft unterlassen, wie sie die Ordines gerade für Salbung und Krönung vorsahen, und statt dessen das unmittelbare Gottesgnadentum des Herrschers durch die Formeln herausgearbeitet. In jedem Fall aber beschwören seine Formeln den Typ eines Herrschers, der sich bei allem Eifer den Tugenden der Milde, des Erbarmens und der Barmherzigkeit vorrangig verpflichtet weiß. Daß die *clementia*, die in den Gebetsformeln nur indirekt angesprochen wird, in der Tat die wichtigste Herrschertugend sei, hat Widukind an mehreren anderen Stellen seines Werkes unterstrichen.

Der dritte, und keineswegs unwichtige Teil der Königserhebung Ottos folgte nach der Krönungsmesse, zu der der König auf einen Thron in der Empore hinaufgestiegen war, so daß „er von hier aus alle sehen und von allen wiederum gesehen werden konnte". Nach dieser Krönungsmesse versammelte Otto nämlich alle Bischöfe und das ganze Volk in der Pfalz an einer marmornen, mit königlicher Pracht geschmückten Tafel zum Krönungsmahl. Zeremonielle Eigenart dieser Feier war, daß die Herzöge hierbei die Hofämter versahen. Herzog Giselbert von Lothringen ordnete als Kämmerer die ganze Feier, Herzog Eberhard von Franken fungierte als Truchsess, der Schwabe Hermann als Mundschenk, der Bayer Arnulf als Marschall. Abschließend beschenkte der König jeden Teilnehmer mit königlicher Freigebigkeit und entließ die Versammlung in aller Fröhlichkeit. Was hier als gelungener Ausklang erscheinen könnte, brachte etwas sehr Wichtiges symbolisch zum Ausdruck. Die ‚Freunde' Heinrichs I. ‚dienten' nun dem Sohn.

Daß die Herzöge bei dieser Feier die Hofämter übernahmen, signalisierte einmal ihre Bereitschaft zur loyalen Zusammenarbeit mit dem neuen König; der Dienst symbolisierte aber auch sehr deutlich eine Form der Unterordnung und zielte gerade nicht auf eine Demonstration von Gleichrangigkeit. Freunde Ottos sind die Herzöge denn auch nicht geworden, im Gegenteil. Im Unterschied zu anderen zeremoniellen Akten der Aachener Feier gibt es für das Krönungsmahl mit dem symbolischen Dienst der Herzöge keine älteren Vorbilder. Daraus folgt, daß man diese Demonstration für diese Gelegenheit ‚gefunden', also ein neues Ritual kreiert hat, weil man für die beabsichtigte Botschaft keine eingeführten Rituale benutzen konnte. Um so wichtiger ist die Antwort auf die Frage, was denn genau mit diesem Ritual zum Ausdruck gebracht werden sollte. Und diese Antwort überläßt Widukind, wie so viele andere Antworten, dem Leser. Bei dieser Antwort aber muß gewiß zweierlei berücksichtigt werden: der Leser weiß zu diesem Zeitpunkt schon, daß Heinrich ein freundschaftliches Verhältnis zu den Herzögen hatte, und er wird wenig später damit konfrontiert, daß Otto schon kurz nach der Aachener Feier massive Probleme mit diesen Herzögen bzw. ihren Söhnen bekam – nur der Schwabe Hermann bildet da eine Ausnahme.

Ohne es konkret anzusprechen, hatte Widukind mit diesem Bericht der Aachener Vorgänge sehr deutlich gemacht, daß die Königserhebung Ottos ganz anders ablief als die seines Vaters in Fritzlar. Nun sind die rituellen Abläufe solcher Veranstaltungen genau geplant, mit den öffentlichen Ritualen werden Absichten und Aussagen veröffentlicht, die verbindlichen Charakter haben. Die Öffentlichkeit ist denn auch keine passive, sondern nimmt diese Aussagen mit Zustimmung und Jubel auf – oder auch mit Empörung und Protest. Daher ist die Frage legitim und naheliegend, welche Aussagen denn die Königserhebung Ottos des Großen mit ihren rituellen Abläufen beabsichtigte.

Eine Absicht ist unverkennbar: Otto knüpfte wieder an die Tradition des fränkisch-karolingischen Königtums an. Hierauf deutet schon die Ortswahl Aachen, mit der zwar gewiß auch die neue Zugehörigkeit Lothringens zum ostfränkischen Reich betonte, durch die aber mehr noch der Grabort Karls des Großen als Symbol der Kontinuität genutzt wurde. Hierauf weist auch die fränkische Kleidung, die Otto während der Feierlichkeiten trug, während er sonst, wie Widukind an anderer Stelle betont, stets die sächsische Art sich zu kleiden bevorzugte. Hierauf weist nicht zuletzt die Salbung, die im fränkischen Reich durch die Karolinger in das Zeremoniell der Königserhebung eingeführt worden war. So hatten sie ein Legitimationsdefizit ausgeglichen: An die Stelle des Geblütscharisma trat das Charisma des Gesalbten des Herrn. Karolingisch war gewiß auch die Herrscherethik, die dem König verpflichtend und mahnend durch den Mainzer Erzbischof nahegebracht wurde.

Wir haben nun nicht den geringsten Anhaltspunkt dafür, wer für dieses Zeremoniell verantwortlich zeichnete, ob darüber im allgemeinen und im Detail gerungen wurde, ob es Widerstände gab oder gar Personen oder ganze Gruppen fernblieben. Wir erfahren von Widukind lediglich, daß der wichtigste sächsische Adlige, Markgraf Siegfried, in Sachsen geblieben war und mit ihm Ottos Bruder Heinrich, der ihm zur Erziehung anvertraut gewesen sei. Stellt man dazu jedoch die Nachricht des zuverlässigen Westfranken Flodoard von Reims, der zu 936 meldet, zwischen den Brüdern Otto und Heinrich sei ein Streit um die Königsherrschaft entbrannt, und berücksichtigt zudem die späteren Äußerungen in den Viten der Königin Mathilde, diese hätte ihren Sohn Heinrich als Nachfolger im Königsamt favorisiert, dann wird zumindest in Ansätzen erkennbar, daß es 936 doch nicht so einvernehmlich und harmonisch zur Nachfolge Ottos im Königsamt gekommen ist, wie es der Bericht Widukinds suggeriert.

Diese Diskretion des Corveyer Mönchs in für die ottonische Familie sensiblen Fragen ist jedoch vielfach zu beobachten und war schon mehrfach unser Thema. Daß er Rücksichten zu nehmen hatte, sagt der Geschichtsschreiber selbst an mehreren Stellen. Wird durch diese Diskretion sein Bericht aber wiederum grundsätzlich entwertet? Durch die detaillierte Beschreibung der Unterschiede zwischen Heinrichs und Ottos Königserhebung hatte er implizit dem kundigen Leser doch alle Anhaltspunkte für eine Bewertung an die Hand gegeben. Er hatte das Verhältnis thematisiert, das beide Könige zu den Herzögen, zur Kirche wie zur fränkischen Tradition eingehen wollten, was beide in unterschiedlichen Ritualen bzw. im Verzicht auf sie zum Ausdruck gebracht hatten. Für beide Könige hat er dann ebenfalls genau beschrieben, wie diese schon im Zeremoniell der Königserhebung zum Ausdruck gebrachte Herrschaftsauffassung in tägliche Politik umgesetzt wurde. Auch hier hat er Unterschiede zwischen Vater und Sohn klar herausgearbeitet. Nur Urteile darüber, ob er selbst das eine oder andere für besser hielt, hat er vermieden. Dies ist angesichts der Adressatin des Werkes und des zu erwartenden Leserkreises sicher kaum überraschend.

Die Analyse des viel diskutierten Berichts über die Aachener Vorgänge des Jahres 936 erbrachte immer wieder Anhaltspunkte dafür, daß wir es mit einer Schilderung zu tun haben, die bewußt sehr prägnante Akzente setzt. Durch rituelle Handlungen werden die königliche Herrschaftsauffassung und ihre Verpflichtungshorizonte öffentlich gemacht und vom Herrschaftsverband durch Mitmachen akzeptiert. Dies geschieht in gravierend anderer Weise als es bei seinem Vater geschehen war. Gerade das Aufzeigen dieser massiven Unterschiede läßt sich als Produkt freier Gestaltung des Corveyer Mönchs kaum denken. Diese Akzente konnte er wohl nur setzen – und im Zentrum der Königsmacht vortragen –, wenn sein Bericht gerade in den sensiblen Partien nicht weit von dem abwich, was etwa Otto der Große selbst noch erinnerte oder erinnern wollte.

Eine indirekte Bestätigung erhält diese Interpretation des Kronzeugenberichts durch die Geschehnisse in den ersten Regierungsjahren Ottos. Die ersten Handlungen und Entscheidungen des neuen Herrschers machten dem Herrschaftsverband schnell klar, daß dieser seine Herrschaftspraxis an anderen Prinzipien orientierte, als sie zu der Zeit seines Vaters beachtet worden waren. Was mit den Ritualen an neuem Herrschaftsverständnis aufgezeigt worden war, setzte der neue König auch in der praktischen Politik um – mit dem Ergebnis, daß innerhalb kurzer Zeit große Teile des Herrschaftsverbandes in bewaffneter Opposition gegen ihn standen. Diese ‚Krise' der Herrschaft Ottos des Großen, die sich von 937 bis 941 erstreckte, ist so wichtig und so symptomatisch für Möglichkeiten und Grenzen von Königsherrschaft im 10. Jahrhundert, daß es sich lohnt, Ursachen, Verlauf und Beendigung eingehend zu analysieren.

Alle Autoren der sogenannten ‚ottonischen Historiographie' geben dieser Krise breiten Raum, erzählen viele Einzelheiten, werten entschieden und – was besonders wichtig ist – durchaus unterschiedlich. Dies läßt sich namentlich bei der Darstellung der Ursachen der Krise beobachten. Während der Regino-Fortsetzer und auch die Nonne Hrotswith von Gandersheim über die auslösenden Ursachen nur wenig berichten, sind Liutprand von Cremona und Widukind von Corvey erheblich mitteilsamer. Allerdings bieten sie zwei fundamental voneinander abweichende Versionen über die Ursachen, die die schweren Wirren und bewaffneten Auseinandersetzungen auslösten. Für Liutprand, der seine Informationen in den 50er Jahren am Hofe Ottos bezog, gab es nur eine Ursache für die Auseinandersetzung: das war die Herrschsucht Heinrichs, der sich durch die alleinige Nachfolge seines Bruders Otto benachteiligt fühlte, und die Ambitionen der Herzöge Eberhard und Giselbert. Beiden wird unterstellt, sie hätten ihrerseits nach Ausschaltung zunächst Ottos und dann ihrer Verbündeten die Königswürde jeweils für sich erlangen wollen.

Die Darstellung Liutprands verrät, daß er am Hofe kursierende Gerüchte und Anekdoten nutzte, mit denen die Gegner Ottos diffamiert wurden. Herzog Giselbert habe seine Ambitionen auf die Königswürde dadurch verraten, erzählt er etwa, daß er seiner Gattin bei einer Umarmung gesagt habe: „Sei fröhlich an der Seite eines Grafen, bald erwartet dich größere Freude in der Umarmung eines Königs" (Ant. IV, 23). Einem reichen Grafen, der Otto in der Not zu erpressen suchte und für seine Hilfe die Reichsabtei Lorsch als Lehen verlangte, soll Otto geantwortet haben: „Ihr sollt das Heiligtum nicht den Hunden geben" (IV, 28). Als Otto in der Schlacht bei Birten durch den Rhein von seiner Vorhut getrennt war und diese mit Truppen seines Bruders Heinrich in Kampf geriet, soll er sich des Beispiels des Gottesknechtes Moses erinnert haben und unter Tränen im Gebet vor der hl. Lanze niedergesunken sein. Dieses Gebet habe den Sieg der Wenigen über die vielen Feinde bewirkt. Diese Geschichten zeigen vor allem, wie die Hofgesellschaft des 10. Jahrhunderts rund 20 Jahre nach den Ereignissen hochbrisante Vorgänge erinnerte und im Erinnern zum *exemplum* umformte. Hintergründe des Geschehens bleiben dagegen im dunklen.

Diese kann man nur deshalb heute noch erkennen, weil mit Widukinds von Corvey Bericht eine zweite Version der Geschehnisse vorliegt, die von ähnlichen Tendenzen gleichfalls nicht frei ist, die jedoch in wesentlichen Punkten ganz andere Akzente setzt. Im Unterschied zu Liutprand erzählt Widukind nämlich, welche königlichen Entscheidungen den Aufständen der Großen gegen Ottos Herrschaft vorausgingen. Dabei hielt er folgende Begebenheiten für berichtenswert, bevor er den bewaffneten Konflikt mit dem König schilderte. Jedem mitdenkenden Leser oder Hörer mußte klar werden, welche Problematik mit diesen Berichten aufgeworfen war, auch wenn Widukind sie nicht expressis verbis als Ursache der Konflikte ansprach:

1. „Der neue König beschloß nun, einen neuen Heerführer zu bestellen, und wählte zu diesem Amte einen edlen, kraftvollen und sehr klugen Mann namens Hermann. Durch diese hohe

Stellung erregte Hermann nicht nur den Neid der übrigen Fürsten, sondern auch seines Bruders Wichmann. Deshalb entfernte sich dieser auch unter dem Vorwand einer Krankheit vom Heere. Denn es war Wichmann ein mächtiger und tapferer Mann, hohen Sinnes, kriegserfahren und von solchem Wissen, daß sein Gefolge an ihm übermenschliche Kenntnisse rühmte" (II, 4). Der alte *princeps militiae* Bernhard, wahrscheinlich ein Verwandter der Brüder Wichmann und Hermann, war Ende 935 gestorben. Mit Besetzung dieses Amtes überging Otto den älteren der Brüder, eben Wichmann, der zudem mit einer Schwester der Königin Mathilde verheiratet war. Otto hat bei dieser Entscheidung den jüngeren der Brüder vorgezogen und somit die Rangordnung in der betroffenen Adelsfamilie, die man später Billunger nennt, empfindlich verändert. Die Reaktion Wichmanns ist daher alles andere als überraschend.

2. „Die Sachsen, stolz geworden, weil sie einem König unterstanden, lehnten es ab, anderen Stämmen zu dienen und verschmähten es, die Lehen, die sie besaßen, durch die Gunst irgendeines anderen als die des Königs zu haben. Darüber ergrimmte Eberhard [der Frankenherzog] gegen Bruning [einen Sachsen], sammelte eine Schar und brannte dessen Burg Helmern nieder, nachdem alle Bewohner der Burg getötet waren. Als der König diese Anmaßung vernahm, verurteilte er den Eberhard, als Buße eine Anzahl Pferde zu liefern im Wert von hundert Pfund, und alle Hauptleute (*principes militum*), die ihm dabei geholfen hatten, zu der Schande, Hunde zu tragen bis zu der königlichen Stadt Magdeburg" (II, 6). Mit der demonstrativen Bestrafung der Gefolgsleute schlug Otto den Sack und meinte den Esel, nämlich Eberhard. Er beanspruchte mit dieser Entscheidung den Zugriff auch auf die Leute seiner Vasallen, ein Anspruch, der gewiß alles andere als unstrittig war. Durchgesetzt wurde dieser Anspruch ausgerechnet gegenüber dem Mann, der als Freund Heinrichs I. diesen 919 zum König gemacht hatte. Die Schmach, die Otto den Gefolgsleuten Eberhards antat, traf ihren Herrn gewiß im Zentrum seines adligen Selbstverständnisses.

3. „Zu dieser Zeit starb der Bayernherzog Arnulf [14. Juli 937] und seine Söhne verschmähten aus Hochmut, sich auf des Königs Befehl in seine Gefolgschaft zu begeben (*ire in comita-*

tum)" (II, 8). Man muß nur an die selbständige Stellung Herzog Arnulfs unter König Heinrich I. erinnern, um deutlich zu machen, daß mit diesem königlichen Befehl die sensible Frage des Verhältnisses von König und bayerischem Herzog in eindeutiger Weise entschieden wurde. Die Söhne Arnulfs sollten eben nicht mehr Freunde, sondern Gefolgsleute Ottos sein. In der lapidaren Nachricht Widukinds verbirgt sich also gleichfalls ein brisanter Sachverhalt.

4. „Auch starb um diese Zeit Graf Siegfried, dessen Markgrafschaft sich Thankmar anmaßte, weil er mit ihm verwandt war. ... Als sie aber durch königliche Schenkung dem Grafen Gero gegeben wurde, war Thankmar darüber sehr verstimmt" (II, 9). Dieser Fall einer Ämterbesetzung ähnelt stark dem ersten hier diskutierten Problem. Mit Gero wurde ein jüngerer Bruder des verstorbenen Grafen, bei dem es sich immerhin um den *secundus a rege* handelte, mit dem Amte betraut, obwohl Ottos Halbbruder Thankmar durch seine Mutter Hatheburg mit diesen Grafen versippt war und als Königssohn bessere Ansprüche auf die Nachfolge zu haben glaubte.

Vier Fälle erzählt Widukind also relativ genau, in denen königliche Entscheidungen gleich zu Beginn seiner Herrschaft wichtige und mächtige Adlige vor den Kopf stießen. Er sagt nicht expressis verbis, daß die königlichen Entscheidungen auslösende Ursache für die ‚Aufstände' der Großen gegen den König waren. Diese Schlußfolgerung legt er dem Leser jedoch einigermaßen nahe, denn Thankmar und Herzog Eberhard begannen nach seiner Darstellung mit einem Bündnis und mit militärischen Aktivitäten den Kampf gegen den König, und diese beiden waren zwei Hauptbetroffene der königlichen Maßnahmen. Da Otto im Jahre 938 auch zweimal genötigt war, mit einem Heer in Bayern einzugreifen, was nicht Widukind, sondern der Continuator Reginos erzählt, wird einsichtig, wie einhellig sich die von den königlichen Maßnahmen Betroffenen wehrten. Bei aller Diskretion, die jede Kritik an Ottos ersten Regierungshandlungen vermied, bot Widukind mit seiner Darstellung dem Leser somit wichtige Informationen zu den Ursachen der Krise, die Liutprand und die anderen Autoren ihren Lesern nicht bieten – ob auf Grund fehlender Kenntnisse oder durch bewußtes Verschweigen der Hintergründe, sei dahingestellt.

Wir können aus Widukinds Darstellung also begründet folgern, daß es die ersten Maßnahmen Ottos waren, durch die sich die betroffenen Adeligen beleidigt fühlten. Beleidigung (*offensio*) nennen die Quellen jeden Vorgang, durch den Ehre, Rang, Status eines Adligen tangiert wurden. Wie üblich wehrten sich die Betroffenen gegen solche Beleidigung mit den Mitteln der Fehde. Die Maßnahmen Ottos aber zielten alle auf eine Durchsetzung herrscherlicher Entscheidungsgewalt. Hierbei mißachtete er bewußt adlige Ansprüche, die von einem dynastischen Erbrecht ausgingen, das bei der Ämtervergabe zu berücksichtigen sei. Und er installierte überdies eine königliche Strafgewalt, die sich auch auf die Getreuen seiner Getreuen erstreckte, wie im Falle Herzog Eberhards drastisch exerziert. Auch dieser Versuch betraf keine Bagatellfrage. Vielmehr war es für die Stärke der königlichen Stellung höchst bedeutsam, ob er Zugriff auf die Vasallen seiner Vasallen hatte. In Theorie und Praxis des Lehnswesens war dies ein Problem, das in unterschiedlichen Ländern und Zeiten des Mittelalters durchaus unterschiedlich gelöst wurde.

Vergleicht man diese herrscherlichen Maßnahmen Ottos mit der Politik seines Vaters, so ist kaum zu übersehen, daß mit ihnen gravierend veränderte Vorstellungen zum Ausdruck kamen. Der neue König forderte Unterordnung unter seine Entscheidungen, die offensichtlich ohne Zustimmung der Betroffenen gefällt wurden. Und diese Entscheidungen richteten sich nicht zuletzt gegen ‚Freunde' des Vaters, der diesen „nie etwas verweigert hatte" (Widukind, I, 39). Angesichts dieser Neuorientierung königlicher Politik, die sich in den Aachener Ritualen schon angekündigt hatte, darf es kaum überraschen, daß sich nach kurzer Zeit weite Teile Sachsens, Frankens, Lothringens und Bayerns im „Aufstand" gegen den Herrscher befanden. Andererseits wird man aus der Perspektive Ottos fragen dürfen, ob eine Etablierung seiner Königsherrschaft nicht fast notwendig eine Konfrontation mit den älteren Freunden seines Vaters mit sich bringen mußte, und zu diesen gehörten die Herzöge Eberhard und Giselbert ebenso wie der ältere Wichmann und vielleicht auch der ältere Halbbruder Thankmar.

Während die Hintergründe der Krise nur durch Widukinds Schilderung angedeutet werden, sind sich über ihren Verlauf alle

Historiographen relativ einig. Eine erste Phase wird markiert durch bewaffnete Angriffe der Verbündeten Eberhard und Thankmar auf Burgen des Königs im sächsisch-fränkischen Grenzraum. Bei diesen Kämpfen geriet einerseits der jüngere Bruder Ottos, Heinrich, in die Gefangenschaft Eberhards, in die er zunächst wie ein gemeiner Knecht abgeführt wurde. Andererseits wurde Thankmar von Kriegern des Königs getötet. Dies frevelhafterweise, wie Widukind kommentiert, nachdem er sich in die Kirche geflüchtet und dort neben den Waffen auch eine goldene Halskette auf dem Altar niedergelegt hatte. Wenn diese Halskette eine Zugehörigkeit zur *stirps regia,* zum Königsgeschlecht, symbolisieren sollte, wird implizit angedeutet, wie problematisch es von Otto gewesen war, Thankmar bei der Vergabe der Markgrafschaft Siegfrieds zu übergehen.

Der Tod Thankmars (938) beendete diese erste Phase der Auseinandersetzungen. Herzog Eberhard unterwarf sich auf Vermittlung Erzbischof Friedrichs von Mainz dem König, wurde kurz nach Hildesheim verbannt, bald aber von Otto wieder huldvoll aufgenommen und in seine frühere Würde restituiert. Hier fassen wir ein Modell der Konfliktbeendigung, das schon im 9., vor allem aber im und seit dem 10. Jahrhundert immer wieder zur gütlichen Beilegung von Auseinandersetzungen verwandt wurde. Einer der Konkurrenten erklärt sich nach Bemühungen von Vermittlern bereit, sich dem anderen zu unterwerfen. Dies geschieht in einem öffentlichen Ritual, der *deditio.* Für diese Genugtuungsleistung wird ihm Schonung verbindlich in Aussicht gestellt. Nach kurzer, symbolischer Haft erhält er seine früheren Würden, oder Teile von ihnen, zurück. Der Sieger erhält so die willkommene Gelegenheit, seine Milde demonstrativ zur Schau zu stellen. Die für beide Seiten akzeptable Lösung hat gewiß dazu beigetragen, daß dieses Modell immer wieder zur Beendigung von Konflikten des Mittelalters verwandt wurde.

Übereinstimmend erzählen jedoch Widukind wie Liutprand, daß Herzog Eberhard diese Konfliktbeendigung heimtückisch unterlief. Schon vor seiner Unterwerfung habe er nämlich mit seinem Gefangenen Heinrich, dem Bruder des Königs, einen Vertrag abgeschlossen. Er sei mit diesem eine Verschwörung gegen den König eingegangen mit dem Ziel, Heinrich anstelle Ottos die Königskrone zu verschaffen. Nach Liutprand war auch

Herzog Giselbert an dieser Verschwörung beteiligt. Heinrich erscheint als das Haupt der Königsgegner in dieser zweiten Phase des Konflikts. Interessanterweise begann er seine gegen den königlichen Bruder gerichteten Aktivitäten mit einem großen Gelage (*convivium*) im thüringischen Saalfeld, „dort beschenkte er viele mit großen Gütern und gewann dadurch eine Menge zu Genossen seiner Verschwörung" (Widukind, II, 15). Dieses Saalfeld suchte später der Sohn Ottos des Großen, Liudolf, gleichfalls auf, als er seine Anhänger zum bewaffneten Kampf gegen den Vater sammelte. Auch er feierte in Saalfeld mit seinen Getreuen ein *convivium*, wie es von Heinrich berichtet wird. Durch diese Kongruenz wird aber die Bindung der Aufständischen aneinander besser einsichtig.

Convivia, festliche Gelage, feierten mittelalterliche Gruppen unterschiedlichster Art, wenn sie ihren Bündnisschluß bekräftigen oder ihn in zyklischen Abständen erneuern und stärken wollten. Das *convivium* hatte seinen festen Platz im Leben aller genossenschaftlichen Gruppenbildungen des Mittelalters. Wenn Heinrich und Liudolf also mit ihren Anhängern jeweils in Saalfeld ein *convivium* feierten und dort zugleich eine Schwureinung (*coniuratio*) gegen den Herrscher eingingen, dann begründeten oder erneuerten sie eine genossenschaftliche Gruppenbildung. Die Wahl des gleichen Ortes für diese Feiern deutet auf Kontinuität und Tradition und gegen situationsbezogenen Aktionismus. Man konnte mit einiger Wahrscheinlichkeit auf bereits bestehende Bindungen zurückgreifen und sie für ein konkretes Ziel aktivieren. Diesem Zwecke diente nicht zuletzt das *convivium*. Es sei daran erinnert, daß König Heinrich I. im Rahmen der Ungarnabwehr bestimmt hatte, alle Zusammenkünfte und *convivia* der Bevölkerung nur noch in Burgen abzuhalten. Auch Saalfeld am Steilufer der Saale war eine solche Burg. Der schnelle Zulauf und der Erfolg der Aufstandsbewegungen gegen Otto den Großen dürften sich daher nicht zuletzt aus der Tatsache erklären, daß die ‚Rädelsführer' nicht in alle Richtungen um Gefolgschaft werben mußten; vielmehr konnten sie die Netzwerke und Bündnisse aktivieren, in die sie bereits eingebunden waren. Sie mußten die Genossen somit nur davon überzeugen, daß sie in einer berechtigten Angelegenheit Hilfe brauchten. Hiervon ließen sich offensichtlich viele schnell überzeugen.

Die Erhebung seines Bruders nötigte Otto, ihn mit seinen Anhängern zu bekämpfen. Der König führte nun eine Fehde gegen seinen Bruder, was mit der Rechtsauffassung vieler durchaus vereinbar war. In diesen Kämpfen erzielte Otto u. a. den schon erwähnten großen Erfolg bei Birten, an dem sich sein unmittelbares Gottesgnadentum bewies. Der König geriet aber auch in verzweifelte Situationen, so etwa bei der Belagerung der Feste Breisach, als es zu einer Art Herrscherverlassung kam. Unter der Führung der Bischöfe Friedrich von Mainz und Ruthard von Straßburg verließen viele heimlich das königliche Zeltlager und schlossen sich seinen Gegnern an. Wieder ist es nur Widukind, der eine Begründung für dieses ungewöhnliche und den König aufs höchste gefährdende Verhalten seiner Anhänger liefert:

„Der Erzbischof, der zu Eberhard zur Herstellung des Friedens und der Eintracht geschickt wurde, setzte ... bei dem gegenseitigen Vertrag (*pacto mutuo*) seinen Eid zum Pfande, und soll deshalb gesagt haben, er könne von ihm nicht abgehen. Der König aber, der durch den Bischof eine Antwort sandte, die seiner Würde angemessen war, wollte sich durch nichts binden lassen, was der Bischof ohne sein Geheiß (*imperium*) getan hatte" (II, 25). In diesen Informationen steckt einige Brisanz. Widukind setzt nämlich die Kenntnis der Arbeitsweise von Vermittlern und vor allem von ihren Befugnissen voraus. Aus genügend anderen Fällen wissen wir, daß Vermittler in der Tat so arbeiteten, wie dies hier von Erzbischof Friedrich gesagt wird: Sie garantierten mit ihrem Eid, daß der Friede auf die Weise herbeigeführt werden würde, die sie mit den Parteien vereinbart hatten. Vermittler waren nicht an Anweisungen der Konfliktparteien gebunden, sondern banden vielmehr die Parteien mit ihren Vorschlägen, die den Charakter von Anweisungen hatten. Otto hatte mit anderen Worten den Vermittler desavouiert, indem er dessen Tätigkeit auf seine Anweisung (*imperium*) zu verpflichten versucht hatte. Die Reaktion Friedrichs – die Verlassung des Herrschers – ähnelt der Reaktion anderer Vermittler in vergleichbarer Situation – auch sie schlossen sich der Konfliktpartei an, die vorbehaltlos ihre Arbeit akzeptierte.

Für den mit den Gewohnheiten der Konfliktbeilegung vertrauten Leser bedeutete Widukinds Schilderung daher eine Kritik am Verhalten Ottos. Dieser Tatsache war sich der Corveyer Mönch auch bewußt, was die überaus vorsichtige Einleitung zu dieser Schilderung deutlich macht: „Den Grund des Abfalls mitzuteilen und das königliche Geheimnis zu enthüllen, steht mir nicht zu. Doch glaube ich, der Geschichte Genüge tun zu müssen, lasse ich mir dabei etwas zu Schulden kommen, möge man es mir verzeihen" (II, 25). Es liegt ganz auf der Linie seiner Darstellung, daß Widukind die königlichen Geheimnisse (*regalia mysteria*) auch in diesem Fall behutsam lüftete – und dies unterscheidet ihn deutlich von den anderen Geschichtsschreibern: So wie er die aufsehenerregenden Ämterbesetzungen Ottos erwähnte, wie er über die Bestrafung der Leute Eberhards ausführlich berichtete, so schilderte er auch Ottos Verhalten gegenüber dem Vermittler Friedrich, das gleichfalls mit den Gewohnheiten brach. In der Summe dieser Informationen förderte er gewiß das Verständnis für die Position der ‚Aufständischen', auch wenn er jede ausdrückliche Kritik am Verhalten Ottos unterließ.

Herr geworden ist Otto seiner Gegner schließlich durch einen Zufall – oder, im Verständnis der Zeitgenossen, durch die Hilfe Gottes, die ihm und den Seinen auch schon in der Schlacht bei Birten unübersehbar zuteil geworden war. Im Oktober 939 überraschte nämlich ein Kontingent unter der Führung der Konradiner, Udo und Konrad, die Herzöge Eberhard und Giselbert bei Andernach am Ufer des Rheins, während ihre Truppen größtenteils schon übergesetzt hatten. Eberhard wurde im Kampf erschlagen, Giselbert ertrank im Rhein. „Du siehst also, wie der Herr seine Hand an die Widersacher des Königs legte, den er auf seinem Wege wandelnd erfunden hatte", kommentierte Liutprand (Ant. IV, 29) diesen Ausgang des Konfliktes, und ähnlich taten es die anderen Historiographen. Gegen dieses offensichtliche Gottesurteil hatten es die Gegner des Königs schwer, den Konflikt fortzuführen.

Otto reagierte mit Milde (*clementia*), seiner nach Widukind hervorstechensten Eigenschaft, auf die Bereitschaft seiner Gegner einzulenken. Die Bischöfe Friedrich und Ruthard erhielten schon nach kurzer Verbannung die königliche Huld und ihre Ämter zurück. Auch sein Bruder Heinrich fand die Verzeihung des Herrschers, er hat sich wohl auf Vermittlung von Bischöfen barfuß dem König unterworfen. Einige Geschichtsschreiber notieren sogar, Otto habe Heinrich das verwaiste Herzogtum Lothringen übertragen. Widukind weiß dagegen zunächst von einer Flucht Heinrichs ins Westfrankenreich, dann von der Milde Ottos, die Heinrich einige Burgen in Lothringen als Wohnsitz überlassen habe. In jedem Fall war das Verhältnis der Brüder wieder so, daß Heinrich im Juni 940 als Fürbitter in zwei Urkunden Ottos auftreten und als *carus frater* bezeichnet werden konnte.

Wie fragil das Verhältnis der Brüder zu dieser Zeit jedoch noch war, zeigte sich schon im folgenden Jahr. In Sachsen entzündete sich ein Konflikt am Verhalten Markgraf Geros, der die sächsischen Krieger zu stark beansprucht und zu wenig belohnt hatte. Da Otto seinen Amtsträger in dieser Sache unterstützte, richtete sich der Unmut auch gegen ihn. Diese Situation soll nun wiederum Heinrich ausgenützt und mit den Unzufriedenen eine große *coniuratio* geschlossen haben. Ziel der Schwureinung sei es gewesen, den Herrscher am Osterfest zu ermorden und Heinrich die Krone aufzusetzen. Der Plan wurde jedoch verraten, Otto schützte sich beim Fest durch treue Vasallen und ließ vor allem auf Rat der Konradiner Hermann, Udo und Konrad, die ihm schon in den ersten Phasen der Konflikte besonders nützlich gewesen waren, die Rädelsführer der Verschwörung festnehmen oder töten. Heinrich entfloh daraufhin aus dem Reich. Es kennzeichnet den Stellenwert der Milde (*clementia*) für den ottonischen Herrscher, daß Heinrich auch nach diesem erneuten Vergehen noch einmal die Verzeihung des Bruders fand. Die Mutter Mathilde soll sich erfolgreich für ihn beim König verwandt haben, erzählt Widukind. Der Fortsetzer Reginos weiß von einer Haft Heinrichs in Ingelheim und einer anschließenden *deditio* am Weihnachtsfest in Frankfurt, die vollzogen wurde, als der König auf dem Weg zur Kirche war. So erhielt der Bruder erneut die Verzeihung, um die er barfuß und fußfällig bat. Von hier an ist kein Versuch Heinrichs mehr verzeichnet, dem Bruder die Herrschaft streitig zu machen. Vielmehr wurde er zu einem seiner engsten und einflußreichsten Ratgeber, nachdem ihm ab 947 mit dem Herzogtum Bayern eine angemessene Herrschaftsstellung eingeräumt worden war. Durch die Heirat mit Judith, der Tochter Herzog Arnulfs, war diese ‚Versorgung' des Königsbruders für die Bayern akzeptabler geworden. Einheirat stammesfremder Herzöge in die einheimischen Herzogsfamilien stellte ein mehrfach genutztes Mittel dar, die Fremden dem Stamm zu empfehlen.

Die krisenhaften Verwicklungen in den Jahren 937–41 beanspruchten fast alle Aufmerksamkeit und Kräfte des neuen Königs, so daß aus diesen Jahren nur wenig zu notieren ist, das nicht mit den geschilderten Problemen zusammenhängt. Hierzu gehört in vorderster Linie die Gründung zweier geistlicher Gemeinschaften, die für die weitere ottonische Geschichte von einiger Bedeutung werden sollten. Über dem Grabe Heinrichs I. errichteten die Königin Mathilde und Otto I. ein Frauenkloster: Quedlinburg. Dort nahm auch die Königin Mathilde Aufenthalt, ohne jedoch den Schleier zu nehmen. Eine Äbtissin scheint die neue Gemeinschaft auch nicht erhalten zu haben. In ihren späteren Lebensbeschreibungen wird Mathilde als Leiterin und Rektorin der Nonnen vorgestellt. Als Otto am 13. September 936 mit einer seiner ersten Urkunden die Gründung dotierte und unter den Schutz der Könige stellte, war bezeichnenderweise von der Beteiligung seiner Mutter nicht die Rede, deren Initiative der spätere Chronist Thietmar von Merseburg rühmend hervorhebt. Solange einer aus jener *generatio*, so bestimmte Otto, die Königswürde innehabe, solle dieser die *potestas* über die neue Einrichtung haben und deren Schutz übernehmen. Werde jedoch ein anderer vom Volk zum König gewählt, solle dem mächtigsten aus seiner *cognatio* die Vogtei über das Kloster zufallen. Die Bestimmung thematisiert das Problem von Wahl- und Erbrecht bei der Königserhebung. Es ist nicht klar zu erkennen, in welchem Fall Otto mit der Möglichkeit rechnete, daß die Fürsten einen anderen als einen Ottonen zum König erheben konnten. Über die Bedeutung der Begriffe *generatio* und *cognatio* herrscht denn auch bis heute kein Einvernehmen.

Ein Jahr später wurde Otto als Klostergründer ein zweites Mal aktiv. Am 21. September 937 errichtete er in Magdeburg das Mauritiuskloster, das er mit Abt und Mönchen aus dem lothringischen Reformkloster St. Maximin in Trier besetzte, aus dem in der Folgezeit häufiger Mönche als Äbte in Reichsklöster gesandt wurden. Immerhin zwei Erzbischöfe und acht Bischöfe aus verschiedenen Reichsteilen waren anwesend, als Otto seine Neugründung dotierte und ihr als Hauptaufgabe die Memoria seines Vaters, seiner eigenen Familienmitglieder und aller derer übertrug, denen er Gedenken schuldete. Daß Otto mit dieser Gründung eine von Quedlinburg unabhängige Stätte ottonischer Memoria einrichtete, zeigte sich spätestens 946, als hier seine Gemahlin Edgith ihr Grab fand, zu deren ‚Morgengabe' Magdeburg gehört hatte. Doch sollte man von der späteren Bedeutung Magdeburgs nicht zuviel in diese Frühphase zurückprojizieren. Das Patrozinium des neuen Klosters weist nach Burgund, dessen König Rudolf II. kurz vor seinem Tode der Neugründung auch Reliquien des Innocentius, eines Gefährten des Mauritius, schenkte.

Burgund markiert einen weiteren Punkt herrscherlicher Aktivität in dieser Frühphase. Nach dem Tode Rudolfs II. bemächtigte sich Otto dessen minderjährigen Sohnes Konrad und rettete ihm als Vormund die Krone, da König Hugo von Italien die Königswitwe Berta geheiratet und überdies deren Tochter Adelheid, also die Schwester Konrads, mit seinem Sohn Lothar verlobt hatte. Man geht wohl kaum fehl in der Annahme, daß diese Verbindungen einen verstärkten Einfluß Hugos in Burgund zum Ziel hatten, auf das er in einem in der Forschung umstrittenen Vertrag gegenüber König Rudolf II. verzichtet haben soll. Man hat daher direkt von einem „Wettlauf" zwischen Hugo und Otto um den Einfluß in Burgund gesprochen, den Otto gewonnen habe. Das Verhältnis von Macht und Recht ist, wie so häufig in derartigen Fragen, schwierig zu entwirren. Die Aktivitäten Ottos sind gewiß auch vor dem Hintergrund derjenigen seines Vaters zu sehen, der noch 935 im sog. Dreikönigstreffen sein Freundschaftsbündnis mit dem westfränkischen und burgundischen König erneuert hatte.

2. Ein Jahrzehnt der Konsolidierung

Auch die westfränkischen Verhältnisse beanspruchten Ottos Aufmerksamkeit bereits in der ersten Phase seiner Herrschaft, denn sie spitzten sich kaum weniger krisenhaft zu als in seinem eigenen Reich – nur aus anderen Gründen. Im Westen war man nach dem Tode König Rudolfs (15. Januar 936) zur karolingischen Dynastie zurückgekehrt und hatte Ludwig, den „Überseeischen", einen Sohn Karls des Einfältigen, aus England herbeigerufen. Königsmacher war Herzog Hugo, auch der Große genannt, der zunächst eine übermächtige Stellung als *secundus a rege* einnahm, mit dem Ludwig jedoch bald in Konflikt geriet. Die Parteinahme für den einen oder den anderen spaltete die führenden Kräfte des Westfrankenreiches in zwei Lager. Ottos Beziehungen zu diesen nun miteinander verfeindeten Großen wurde in dem Moment besonders prekär und wichtig, als Ludwig nach dem Tode Herzog Giselberts von Lothringen 939 dessen Witwe Gerberga, Ottos Schwester, heiratete. Seine andere Schwester Hathwig war bereits mit Herzog Hugo verheiratet, so daß Otto nun Schwager der beiden Hauptkontrahenten und somit der naheliegenste Vermittler war. Dennoch bestand die Geschichte der Beziehungen zwischen West- und Ostfranken gewiß nicht nur aus Vermittlungs- und Schlichtungsversuchen. Im Jahre 939 hatten sich die gegen Otto kämpfenden Lothringer mit Herzog Giselbert an der Spitze dem westfränkischen König Ludwig kommendiert. Das alte Schwanken Lothringens zwischen Westen und Osten schien anzudauern. Otto zahlte noch 939 mit gleicher Münze zurück und schloß ein Bündnis mit den mächtigsten Gegnern Ludwigs, den Herzögen Hugo von Franzien und Wilhelm von der Normandie, den Grafen Arnulf von Flandern und Heribert von Vermandois. Ludwig dagegen fiel ins Elsaß ein und erreichte auch die Anerkennung einiger lothringischer Bischöfe. Diese Situation der dosierten Feindseligkeiten änderte sich erst im Jahre 942, als die verfeindeten westfränkischen Parteien König Otto förmlich zur Schlichtung ihres Streites aufforderten. Otto vermittelte in der Tat erfolgreich und schloß in diesem Zusammenhang auch mit seinem Schwager Ludwig eine *amicitia*, wie er sie zu dessen Gegnern bereits unterhielt. Daß solche Bündnisse allerdings auch gebrochen wurden, machte noch im gleichen Jahr die Ermordung des Herzogs Wilhelm von der Normandie durch Graf Arnulf von Flandern deutlich; beide waren Teilnehmer des Versöhnungstreffens gewesen. Auch das Verhältnis Ottos zu seinem Schwager und Freund Ludwig geriet bald wieder in die Krise, als dieser beschuldigt wurde, Otto Eidbruch vorgeworfen zu haben. Die Verhandlungen wurden nun nicht persönlich geführt, vielmehr kamen Gesandte der westfränkischen Parteien zu Otto nach Aachen. Im Westen spitzten sich die Verhältnisse erneut zu, als König Ludwig durch Verrat zunächst in die Gefangenschaft eines Dänenkönigs, dann in die seines Hauptgegners Hugo geriet. Die Verhältnisse der Zeit Karls des Einfältigen schienen sich zu wiederholen. Doch dauerte es bis zum Jahre 946, ehe sich Otto durch dringende Bitten seiner Schwester Gerberga bereitfand, im Westen zugunsten Ludwigs zu intervenieren – dieses Mal mit einem großen Heer. Zur richtigen Bewertung dieses Heereszuges ist es unabdingbar, sich zu erinnern, daß Otto 942 als Vermittler den Frieden zwischen Ludwig und Hugo hergestellt und deshalb auch über den Bestand dieses Friedens zu wachen hatte. Durch die Gefangennahme Ludwigs aber hatte Herzog Hugo den Frieden zweifelsohne gebrochen. In diesem Verständnis erfüllte Otto also lediglich die Pflichten, die ihm aus seiner Vermittlerrolle zugewachsen waren. Widukind nennt in diesem Sinne den Zweck des Feldzuges, „das Unrecht, das seinem Schwager Ludwig geschehen war, zu rächen". Otto machte seine *indignatio* gegenüber Hugo denn auch bereits vor dem Feldzug dadurch deutlich, daß er sich weigerte, mit ihm zu sprechen, und sich von Herzog Konrad von Lothringen vertreten ließ. Hugo andererseits zeigte das typische Verhalten eines zur Konfrontation Entschlossenen: Er ließ sich provozierend gegenüber Otto rühmen, „er könne leicht sieben Speere der Sachsen in einem Zuge verschlucken" (Widukind, III, 2). So machte man dem Gegner klar, daß man zum Äußersten entschlossen war.

Hugo hatte König Ludwig vor dem Feldzug zwar aus der Gefangenschaft entlassen; diese Freilassung hatte der König jedoch dadurch erkauft, daß er die alte Königsfeste Laon in die Hände Hugos gab und so die Kräfteverhältnisse weiter verschoben wurden. Ottos Heer vertrieb den Erzbischof Hugo zunächst aus Reims, für dessen Erzbischofssitz beide Parteien Kandidaten aufgestellt hatten. Ostfränkische Große vermittelten dabei eine friedliche Lösung, die Hugo einen freien Abzug aus dem belagerten Reims erlaubte. Man hatte ihm aber auch die Blendung angedroht, falls er sich einer gütlichen Einigung widersetzen sollte. Ottos Heer verfolgte den Herzog Hugo dann über Senlis und Paris bis Orléans, ohne daß es zu einer Schlacht oder einer gütlichen Einigung kam. Jedenfalls hatte sich Otto nun eindeutig auf die Seite König Ludwigs gestellt, auch wenn diese Hilfe nicht ausreichte, den Gegner der Karolinger zu besiegen. Nach mehreren Monaten brach Otto dann diesen ungewöhnlichen Feldzug in das Nachbarreich ab. Es zeitigte aber immerhin die Wirkung, daß Hugo sich im nächsten Jahr auf einen Waffenstillstand und auf weitere Bemühungen zur gütlichen Beendigung des Konfliktes unter Vermittlung Ottos einließ. Nach Widukind (III, 5) soll Hugo sich Otto sogar durch Handgang kommendiert und einen Vertrag mit ihm geschlossen haben.

Die gütliche Einigung versuchte man nun auf geistlichem Weg durch die Entscheidung einer Synode zu erreichen, da ein Hauptstreitpunkt die Kandidaten beider Parteien für den Reimser Erzbischofsstuhl waren: Artold hieß der Kandidat König Ludwigs, Hugo derjenige der Partei Herzog Hugos. Eine erste Regionalsynode tagte noch 947 in Verdun unter Vorsitz Erzbischof Ruotberts von Trier, sie sprach Artold zwar das Erzbistum Reims vorläufig zu, vertagte eine Entscheidung aber auf eine Synode in Mouzon, die im Januar 948 stattfinden sollte, da der andere Kandidat, Hugo, sich geweigert hatte, in Verdun zu erscheinen. Auch zu dieser zweiten Synode erschien Hugo nicht, ließ jedoch ein Schreiben Papst Agapits verlesen, in dem gefordert wurde, ihm das Erzbistum Reims zu übertragen. Daraufhin vertagte man die Entscheidung auf eine allgemeine Kirchenversammlung, richtete aber eine Klageschrift an den Papst, in der der Standpunkt Artolds erläutert wurde. Dies veranlaßte Papst Agapit interessanterweise, einen Legaten zu Otto dem Großen zu senden, um mit dessen Beteiligung die allgemeine Synode abzuhalten. Am 7. Juni 948 tagte dann auch in der Pfalz Ingelheim unter Vorsitz des Legaten Marinus, im Beisein der Könige Otto und Ludwig, eine Generalsynode, an der 34 Bischöfe, darunter alle deutschen Erzbischöfe und der Reimser Kandidat Artold teilnahmen. Zunächst hörte die Synode die Klage König Ludwigs gegen Herzog Hugo an. Der König erklärte sich bereit, sich einem Urteil der Synode oder einem Urteil Ottos zu unterwerfen, oder auch die Sache in einem Zweikampf mit Herzog Hugo zu entscheiden. Die Synode stellte sich auf die Seite Ludwigs, bedrohte Hugo mit der Exkommunikation, wenn er sich nicht vor der Synode verantworte und Genugtuung leiste. Danach verhandelte die Synode den Streit zwischen den Reimser Kandidaten Artold und Hugo. Sie entschied für Artold und bedrohte Hugo mit der Exkommunikation, falls er sich nicht in Trier der Kirchenbuße unterzöge. Wie sehr sich mit dieser Entscheidung die Waagschale zugunsten Ludwigs geneigt hatte, zeigt vielleicht die Tatsache, daß Otto nach Ingelheim den lothringischen Herzog Konrad mit der Vermittlung des Friedens zwischen Ludwig und Herzog Hugo betrauen konnte, den dieser nach einigen weiteren Verwicklungen im Jahre 950 auch zustande brachte.

Die Beziehungen Ottos zu den westfränkischen Konfliktparteien rissen zwar auch nach 948 nicht ab, doch hatte sich die Lage zumindest insoweit konsolidiert, daß Ottos lothringische Amtsträger, zunächst Herzog Konrad und dann Erzbischof Brun von Köln, anstelle des Herrschers als Vermittler und Provisoren fungieren konnten und teilweise auch fungieren mußten, weil Otto selbst mit existentielleren Fragen beschäftigt war als mit der Regelung westfränkischer Probleme. Diese Vertretung genügte selbst dann, als mit dem Tode der Kontrahenten Ludwig (954) und Hugo (956) schwierige Fragen der Nachfolge zu lösen waren, weil beide nur minderjährige Söhne hinterlassen hatten.

Insgesamt ist festzuhalten, daß das einmal vermittelnde, einmal drohende Eingreifen Ottos und insbesondere der in Ingelheim praktizierte Weg der Synodalentscheidung viel dazu beigetragen hat, die verwickelten Verhältnisse im Westen beherrschbar zu halten. Vor dem großen bewaffneten Konflikt scheute man immer wieder zurück und versuchte es mit den Mitteln der Überredung, Überzeugung und der Drohgebärden – ein Konfliktverhalten, das wir im 10. Jahrhundert auch andernorts beobachten. Umstritten in der Forschung ist bis heute, auf Grund welcher Autorität Otto in der geschilderten Weise eingreifen konnte. Manifestiert sich hier ein Denken noch ganz in den Kategorien des „fränkischen Großreichs" (Brühl), oder faßte man die Probleme als „Familienangelegenheit" (Schneidmüller) auf, die Otto als „Familienpatriarch" (K.-F. Werner) vorrangig zu lösen in der Lage war? Eine Entscheidung fällt schwer und ist in dieser Alternative vielleicht auch zu zugespitzt. Friedliche Konfliktvermittlung praktizierte man auch bei anderen Nachbarn und nicht nur in Ländern des ehemaligen Karolingerreiches, und Verwandtschaft zu den Konfliktparteien verbesserte zwar die Erfolgsaussichten des Vermittlers, war aber nicht Voraussetzung einer solchen Tätigkeit. Man wird daher in jedem Fall zur Bewertung von Ottos ‚Westpolitik' in dieser Phase zu berücksichtigen haben, daß er die Funktion des Konfliktmittlers übernommen hatte, die ihm Pflichten und Rechte bescherte. Einig ist sich die jüngere Forschung ganz im Gegensatz zur älteren jedoch darin, daß nationalstaatliche Gesichtspunkte das Handeln der Beteiligten am wenigsten beeinflußten. Auch wenn die Frage, ob Lothringen zum Westen oder Osten gehöre, jeweils unterschiedlich beantwortet wurde, und man Situationen unterschiedlicher Stärke bzw. Schwäche des anderen durchaus zu Versuchen nutzte, hier Wandel einzuleiten.

Wie wenig spektakulär Versuche waren, bei Problemen im eigenen Reich vermittelnde Unterstützung zu suchen, zeigte sich auch im Falle Italiens, als dort zwei Bewerber ebenso wie im Westen in einem Verdrängungswettbewerb um die Krone standen. Der eine von ihnen, Markgraf Berengar von Ivrea, entzog sich in bedrängter Lage dem Zugriff seines Gegners König Hugo dadurch, daß er mit seiner Gemahlin Willa im Jahre 941 oder 942 nach Alemannien floh. Von dort wurde er von Herzog Hermann zu Otto dem Großen geleitet, und dieser scheint seine ihm zugedachte Rolle ganz ähnlich interpretiert zu haben wie im Westen. Liudprand, der Berengar eigentlich mit seinem Haß verfolgt, erzählt nämlich über diese Begegnung folgendes: König Hugo von Italien habe Otto nach der Flucht Berengars seinerseits durch Boten viel Gold und Silber versprechen lassen, wenn er Berengar nicht bei sich aufnähme. Diesem Boten habe Otto folgende Antwort mit auf den Rückweg gegeben: „Berengar hat sich an meine Gnade (*pietas*) gewandt, nicht um euren Herrn zu stürzen, sondern um sich wenn möglich mit ihm auszusöhnen. Kann ich ihm darin bei eurem Herrn behilflich sein, so will ich von diesem nicht nur die Schätze, die er mir verspricht, nicht annehmen, sondern ich gebe ihm mit Freuden von den meinigen. Daß er mir aber entbieten läßt, ich solle dem Berengar, oder wer sonst die Milde meiner Gnade (*pietatis clementiam*) anruft, keine Hilfe leisten, das ist die höchste Torheit" (Ant. V, 13). Ottos Haltung ist eindeutig: Wer ihn um

Vermittlung einer Versöhnung anruft, kann seiner Bereitschaft sicher sein.

Im Falle Berengars kam es jedoch nicht zu einer solchen Tätigkeit Ottos. Als Berengar es vielmehr 945 wagte, nach Italien zurückzukehren, wandten sich viele Große von König Hugo ab und Berengar zu. Hugo war schließlich gezwungen, zugunsten seines Sohnes Lothar abzudanken und sich in die Provence zurückzuziehen. Lothar regierte mit Berengar als übermächtigem Berater, die Situation hatte verblüffende Ähnlichkeit mit der im Westfrankenreich. Doch starb der junge König Lothar schon im Jahre 950 und hinterließ seine 19-jährige Witwe Adelheid und ihre Tochter Hemma. Diese politischen und biologischen Zufälle haben die Geschichte Europas nicht wenig beeinflußt, sie bewirkten nämlich das persönliche Eingreifen Ottos in Italien mit allen Konsequenzen, die dies für die deutsche und europäische Geschichte hatte.

Bevor wir zu diesem wichtigen Kapitel kommen, sind jedoch einige Ereignisse nachzutragen, die noch in das Jahrzehnt der 40er Jahre fallen, in dem Otto im Innern ungestört seine Herrschaft entfalten konnte. Als zukunftsweisend darf vor allem die Gründung der Bistümer Brandenburg und Havelberg angesehen werden, die im Anschluß an die Ingelheimer Synode in Magdeburg unter Mitwirkung des päpstlichen Legaten Marinus, der Erzbischöfe Friedrich von Mainz und Adaldag von Hamburg-Bremen, aber auch des Markgrafen Gero vollzogen wurde. Eine Romreise des fuldischen Abtes Hadamar, der in Missionsfragen auch künftighin für Otto in Rom verhandelte, dürfte Ende 947 bzw. Anfang 948 die Weichen gestellt haben. Unterstellt wurden beide Bistümer dem Erzbistum Mainz. Ihr Sprengel aber lag im Lande der heidnischen Elbslawen, so daß mit dieser Initiative schon früh Missionspläne Ottos faßbar werden, die später mit der Gründung des Erzbistums Magdeburg ihre konkrete Gestalt erhielten. Da auf der Teilnehmerliste der Ingelheimer Synode zum ersten Mal auch drei Bischöfe der dänischen Bistümer Ripen, Schleswig und Aarhus erwähnt werden und Erzbischof Adaldag in einer Papsturkunde vom 2. Januar 948 auf Bitten des Abtes Hadamar die Oberhoheit über die Bischöfe aller nördlichen Länder erhalten hatte, werden auch hier weitgespannte Initiativen Ottos faßbar, die auf eine Intensivierung der

Missionsbemühungen zielen und hierzu eine enge Kooperation mit dem Papsttum anstreben. Auch wenn man angesichts der spärlichen Hinweise nicht zu viel an langfristigen Konzepten unterstellen sollte, wirken diese Bemühungen um eine Intensivierung der Mission im Norden und Osten wie ein weiterer bewußter Schritt der Anknüpfung an die Tradition Karls des Großen, die dann mit der Übernahme des Kaisertums ihre Vollendung fand.

Zielbewußte Schritte zur Konsolidierung der königlichen Herrschaft fassen wir in den 40er Jahren nicht zuletzt im Umkreis des Königsgeschlechts selbst, was nach den Erfahrungen der Krise in der Anfangsphase folgerichtig ist. Auf einen Nenner gebracht ging es um die Abmilderung der Konsequenzen, die die Individualsukzession mit sich brachte – oder anders ausgedrückt: für die Mitglieder des Königsgeschlechtes wurden nun angemessene Herrschaftsfelder gesucht und gefunden. Im Jahre 947 folgte Ottos Bruder Heinrich dem bayerischen Herzog Berthold im Amt, eine Sukzession, die durch Heinrichs Ehe mit Judith, einer Schwester des verstorbenen Herzogs, gewiß erleichtert wurde. Heiratsverbindungen mit dem Königshaus begleiteten auch zwei weitere Amtswechsel in Herzogtümern: Der in Lothringen eingesetzte Konrad der Rote heiratete Ottos Tochter Liudgard; Ottos Sohn Liudolf vermählte sich dagegen mit Ida, der Tochter des schwäbischen Herzogs Hermann. Folgerichtig folgte Liudolf 949 seinem Schwiegervater im schwäbischen Herzogsamt. In den Herzogtümern Bayern, Schwaben und Lothringen amtierten am Ende der 40er Jahre also der Bruder, der Sohn und der Schwiegersohn des Königs. In Franken war die Herzogswürde ebenso unbesetzt wie in Sachsen, wo sich Hermann Billung erst langsam die Position eines Vertreters des Königs gegenüber dem Stamm erarbeitete.

Auch in der Frage seiner Nachfolge hatte Otto nach dem Tode seiner Gemahlin Edgith (26. Januar 946), die in Magdeburg ihr Grab fand, bereits eine Entscheidung gefällt. Er ließ die Großen Liudolf als seinem Nachfolger Treue schwören. Ein Mitkönigtum war mit dieser Festlegung jedoch nicht intendiert. So schien am Ende der 40er Jahre Ottos Herrschaft auf die denkbar sichersten Grundlagen gestellt, sein Prestige und seine Autorität im Innern wie nach Außen gefestigt und unbestritten. Kurze Zeit später befand sich das Reich jedoch wieder in einer tiefen Krise. Auslöser aber waren vor allem die, deren Ansprüche Otto zu befriedigen versucht hatte.

3. Vom Liudolf-Aufstand zum Triumph auf dem Lechfeld

Zu Beginn der 50er Jahre zog Otto Konsequenzen aus dem gestiegenen Prestige und Ansehen, das ihm die erfolgreichen Vermittlungsbemühungen im Westen, die Zusammenarbeit mit dem Papst bei der Gründung von Bistümern sowie die Ruhe im Innern gebracht hatten. Überdies hatte er durch einen Feldzug nach Böhmen den dortigen Herzog Boleslaw II. unter seine Oberhoheit gezwungen. Man inszenierte das Ende des Konflikts auf eindrucksvolle Weise: Freiwillig kam Boleslaw aus einer belagerten Burg heraus und unterwarf sich, indem er unter den Feldzeichen stehend Otto Rede und Antwort stand. Daraufhin erhielt er Vergebung, und „der König kehrte nach vollständigem Sieg ruhmreich nach Sachsen zurück" (Widukind, III, 8).

Hier erreichte Otto die Nachricht, daß in Italien König Lothar gestorben sei (22. 11.950), Berengar und sein Sohn Adalbert die Königswürde an sich gerissen hätten und Berengar die Witwe Lothars, Adelheid, überdies in schimpflicher Weise in Gefangenschaft genommen habe. Alle zeitgenössischen Quellen unterlassen jeden Hinweis, daß irgend jemand – Adelheid selbst oder ihre Anhänger – Otto in dieser Situation zu Hilfe gerufen oder ihn sogar zur Übernahme der Herrschaft aufgefordert hätten. Vielmehr akzentuieren sie einhellig den freien Entschluß Ottos, nach Italien zu ziehen, Adelheid zu heiraten und mit ihrer Hand zugleich die italienische Königskrone zu gewinnen. Die Frage, ob Otto eingeladen oder unaufgefordert nach Italien zog, um die Königswürde zu übernehmen, ist von einigem Interesse, würde das letztere doch auf eine aktive Politik der Vergrößerung seines Herrschaftsgebietes weisen, wie sie bei Otto zuvor nicht nachweisbar ist, bei seiner mehrfachen Anknüpfung an das karolingische Vorbild jedoch folgerichtig wäre. In jedem Fall aber stellte er mit seinem Entschluß die Weichen in Richtung einer Italien- und Rompolitik, die für die weitere Geschichte des Reiches überaus folgenreich, ja prägend werden sollte.

Dieser Entschluß löste mittelbar eine zweite große Krise im Herrschaftsverband aus, die Ottos Herrschaft erneut an den Rand des Scheiterns brachte. Die Quellen sind sich jedoch uneinig darüber, welche Vorgänge konkret diese Krise verursachten. Die eine Version findet sich beim Fortsetzer Reginos, der folgende Geschichte erzählt: „Auf dieser Fahrt (nach Italien) zog ihm sein Sohn Liudolf mit den Alemannen voraus in dem Bestreben, dem Vater zu gefallen, wenn dort bis zu dessen Ankunft schon eine tapfere Tat getan würde; doch vollbrachte er nicht, was er gewünscht hatte. Vielmehr erwuchs ihm daraus, da er den Vater nicht zu Rate gezogen und dadurch gekränkt hatte, der Keim der ganzen Rebellion und Zwietracht. Denn sein Oheim, Herzog Heinrich, neidisch auf alle seine Ehren und Erfolge, schickte aus Bayern über Trient seine Gesandten nach Italien und wendete von ihm die Herzen aller Italiener ab, soweit er es vermochte, so daß weder Stadt noch Burg, die nachher den Bäckern und Köchen des Königs offenstanden, dem Sohn des Königs geöffnet wurden und er dort allerlei Unannehmlichkeiten und Widerwärtigkeiten erduldete. Dann rückt der König ihm auf dem Fuße folgend in das italienische Reich ein und nimmt mit Gottes Beistand Besitz von ganz Italien. Aber auch Frau Adelheid, die von Gott geliebte Königin, kam mit Gottes Beistand durch ihre eigene Klugheit aus dem Gefängnis frei und wurde mit König Otto durch Gottes Gnade zu glücklichem Bund vermählt. Dann kehrte Herzog Liudolf entrüstet über das vorher Erwähnte (*quae prescripsimus*) ohne vorheriges Wissen seines Vaters und begleitet von Erzbischof Friedrich, in das Vaterland zurück" (Cont. Reg. a. 951).

Liudolfs Rückkehr ins Reich wird hier mit einer Verärgerung über das vorher Beschriebene begründet. Damit kann nach dem Kontext nur der durch die Machenschaften Herzog Heinrichs verursachte Mißerfolg in Italien gemeint sein, nicht etwa die Heirat Ottos mit Adelheid. Dagegen spricht Widukind von Corvey genau letzteres als Grund für die Verärgerung Liudolfs an: „Und als man in das Langobardenreich gekommen war, versuchte er [Otto] durch Geschenke von Gold die Liebe der Königin zu ihm zu erproben. Als er sie zuverlässig festgestellt hatte, nahm er sie zu sich als seine Frau und erhielt mit ihr die Stadt Pavia, der Königin Wohnsitz. Als dies sein Sohn Liudolf gesehen hatte, verließ er mißvergnügt (*tristis*) den König, zog nach Sachsen und hielt sich längere Zeit zu Saalfeld auf, einem Ort, der Unheil ankündigte durch einen früheren Anschlag" (Widukind, III, 9).

Nach beiden Versionen war es also nicht der Italienzug als solcher, der zum Dissens führte. Was immer Liudolf mit seinem Vorpreschen nach Italien genau bezweckte, es war gewiß kein grundsätzlicher Widerstand gegen die Italienpolitik seines Vaters. Ursache der folgenden Konflikte waren daher mit Sicherheit die angesprochenen Ereignisse in Italien: die Intrigen seines Onkels und die zweite Heirat seines Vaters. Diese Vorgänge waren geeignet, Liudolf, den einzigen Sohn Ottos und seinen designierten Nachfolger, „traurig" zu machen. Mit der neuen Ehe des Vaters stellte sich das Problem, welche Positionen Söhne aus dieser Verbindung einnehmen sollten. Aber auch die Machenschaften seines Onkels Heinrich waren zweifelsohne Anlaß genug, eine heftige Reaktion Liudolfs hervorzurufen, da sie sein Prestige nachhaltig tangierten. Wahrscheinlich ging es bei den Problemen mit Heinrich im Kern um die Frage, wer die Position des *secundus a rege* einnahm: der Bruder oder der Sohn.

Fast noch interessanter als die vorrangigen Motive Liudolfs für seine Abreise ist aber die zweifach bezeugte Tatsache, daß er in seiner Verärgerung scheinbar zielbewußt das thüringische Saalfeld aufsuchte, einen Ort, bei dem beiden Gewährsleuten nichts Gutes schwante. In der Tat hatte ja hier der Königsbruder Heinrich mit seinen Genossen ein gutes Jahrzehnt zuvor ein *convivium* gefeiert, das den Auftakt zur bewaffneten Erhebung gegen Otto gebildet hatte. Nichts anderes aber tat nun auch Liudolf: „Herzog Liudolf feierte von Italien zurückkehrend, mit königlichem Pomp das Weihnachtsfest zu Saalfeld, wo er Erzbischof Friedrich und alle Großen des Reiches, die zugegen waren, um sich scharte. Dieses Gelage (*convivium*) begann bereits von vielen für verdächtig gehalten zu werden und es hieß, daß dort mehr Böses als Gutes verhandelt wurde" (Cont. Reg. a. 952).

Das Verständnis der Vorgänge in Saalfeld ist nicht ganz leicht und bis in die letzten Bewertungen in der Forschung strittig. Beratungen im Zusammenhang von Gelagen führten im Mittelalter vor allem genossenschaftlich strukturierte Gruppen durch. Ergebnis war häufig eine Schwureinung (*coniuratio*) oder die Erneuerung einer solchen. Das *convivium* Heinrichs 939 aber wurde wie das Liudolfs 951 mit königlichem Pomp, mit königlicher Machtentfaltung durchgeführt, wie die Gewährsleute jeweils betonen. Dies scheint einer genossenschaftlichen Struktur der versammelten Gruppe zu widersprechen und hat bis zu der Annahme geführt, in Saalfeld sei der Anspruch Heinrichs wie Liudolfs auf die Königswürde demonstrativ zum Ausdruck gebracht, ja eine Art Königswahl inszeniert worden. Eine Entscheidung läßt sich aus dem Wortlaut der fraglichen Textstellen allein nicht begründen. Doch spricht das weitere Verhalten der ‚Verschwörer' deutlich gegen die Vorstellung, 939 oder 951 sei es in Saalfeld um die Königswürde gegangen.

Otto hatte in der Zwischenzeit in Italien die Königswürde übernommen, ohne daß in den Quellen ausdrücklich von einem Erhebungsakt die Rede ist. In der Kanzlei Ottos wurden zur Titulatur des Königs nun aber die Titel „König der Franken und Langobarden" und „König der Franken und Italiener" benutzt, überdies nach karolingischem Vorbild Ottos Regierungsjahre in der Francia und in Italien gesondert gezählt. Gerade der Titel „König der Franken und Langobarden" erinnerte wohl bewußt an den Eintritt in die Nachfolge Karls des Großen, der diesen Titel gleichfalls geführt hatte. Berengar hatte sich dagegen in eine seiner Burgen geflüchtet und so dem Zugriff entzogen. Trotz seiner früheren Huldigung war er offensichtlich nicht bereit, den Kampf um die italienische Königswürde aufzugeben.

Einen weiteren Eintritt Ottos in karolingisches Erbe sollte vielleicht eine Gesandtschaft vorbereiten, die unter Führung Friedrichs von Mainz und Hartberts von Chur von Otto nach Rom geschickt wurde. Sie erreichte ihr Ziel, über Ottos Aufnahme in Rom zu verhandeln, jedoch nicht. Ziemlich abrupt ist Otto nach dem Scheitern dieser Gesandtschaft ins Reich zurückgekehrt. Zur Bekämpfung Berengars ließ er Herzog Konrad von Lothringen in Italien zurück. Ob Ottos Rückkehr durch die eigenmächtige Rückreise Liudolfs und Friedrichs von Mainz oder sogar durch die Nachricht von den Saalfelder Vorgängen bedingt war, wissen wir nicht, doch eilte der König sehr schnell nach

Sachsen und feierte das Osterfest 952 bereits in Magdeburg. Hier entspannte sich die Lage jedoch nicht, der Dissens der verschiedenen Gruppen um den König erreichte vielmehr eine neue Dimension. Und dies aus folgenden Gründen.

Herzog Konrad der Rote hatte in Italien durch Verhandlungen erreicht, daß Berengar sich bereit erklärte, Otto in Magdeburg aufzusuchen. Hierzu hatte er, wie es Vermittler konnten, Berengar offensichtlich verbindliche Zusagen bezüglich des Ausgangs dieses Treffens gemacht. In Magdeburg passierte jedoch folgendes: „Auf Zureden Herzog Konrads ... folgte auch der König (!) Berengar dem König (sc. Otto) nach Deutschland, um Frieden mit ihm zu schließen und in allem, was jener gebieten werde, sich gehorsam zu erzeigen. Als er sich der königlichen Stadt Magdeburg näherte, kamen ihm eine Meile vor der Stadt die Herzöge und Grafen und die ersten der Hofleute entgegen, und er wurde königlich empfangen und in die Stadt geleitet, wo man ihn in einer für ihn bereiteten Herberge bleiben hieß. Denn das Angesicht des Königs zu schauen, wurde ihm drei Tage lang nicht gestattet. Hierdurch fand sich Konrad, welcher ihn hingeleitet hatte, beleidigt, und Liudolf, des Königs Sohn, teilte seinen Unmut; beide suchten den Grund hierfür bei Heinrich, dem Bruder des Königs, als ob ihn alter Haß dazu antreibe, und gingen ihm aus dem Wege. Dieser aber, welcher wußte, daß der Jüngling der mütterlichen Hilfe beraubt war, fing an, ihn verächtlich zu behandeln, und ging so weit, daß er ihn auch mit höhnischen Worten nicht verschonte" (Widukind, III, 10). Im Tenor das Gleiche erzählt auch der Fortsetzer Reginos, der noch ergänzt: „Damals wurden Erzbischof Friedrich und Herzog Konrad Freunde, denn bis dahin waren sie einander Feind" (Cont. Reg. a. 952).

Bei beiden Autoren ist von einem brisanten politischen Ringen die Rede, das seinen Ausdruck nicht zuletzt in öffentlichen Ritualen fand. Eine Gruppe von Herzögen, Grafen und Hofleuten, die Herzöge Konrad und Liudolf an der Spitze, anerkannten Berengar als König und brachten dies in einem königlichen Empfang demonstrativ zum Ausdruck. Auch Widukind bezeichnet Berengar ausdrücklich als *rex*. Otto jedoch ließ ihn zunächst drei Tage lang warten, was eine Brüskierung bedeutete, ließ sich dann auf nichts von dem ein, was von Herzog Konrad in Aussicht gestellt worden war. Lediglich der freie Abzug wurde ihm gestattet. Dies faßten die Fürsprecher Berengars als Beleidigung (*offensio*) auf, und sie begannen untereinander Bündnisse zu bilden, wo dies noch nötig war: so im Falle Erzbischof Friedrichs und Herzog Konrads. Der Widerstand gegen Handlungen und Maßnahmen Herzog Heinrichs und König Ottos formierte sich.

Zu offenen und bewaffneten Aktionen gegen den König kam es in Magdeburg jedoch noch nicht. Vielmehr erreichte man in der Frage der Stellung Berengars noch einen Kompromiß. Als Ort für eine Unterwerfung (*deditio*) Berengars und für ein freiwilliges Bündnis (*foedus spontaneum*) mit Otto einigten sich die Kontrahenten auf Augsburg. Damit fand man zu einer Form der Konfliktlösung, wie wir sie auch aus anderen Fällen kennen: Der eindeutigen Geste der Unterordnung sollte die Ehrung durch ein Bündnis folgen. Und in der Tat trafen sich die zerstrittenen Gruppen zu einem Hoftag und einer Synode in Augsburg Anfang August des Jahres 952. Und hier gelang der Ausgleich: Berengar und sein Sohn Adalbert leisteten Otto einen Vasalleneid und erhielten von ihm Italien als Lehen. Allerdings wurden die Marken Verona und Aquileja Herzog Heinrich von Bayern zugeschlagen. Daß auch Herzog Liudolf in Augsburg anwesend und an den Verhandlungen beteiligt war, ergibt sich daraus, daß ihm hier der Breisgau übertragen wurde. Diesen hatte man dem des Hochverrats für schuldig gesprochenen Grafen Guntram abgesprochen. Otto hatte in Augsburg einen Vergleich dadurch möglich gemacht, daß er Berengars Stellung in Italien als eine Art Unterkönig akzeptierte und ihm das *regnum Italiae* mit einem goldenen Szepter übertrug.

Die grundsätzlichen Probleme in seinem unmittelbaren Umfeld waren damit aber noch nicht gelöst. Dies zeigte sich spätestens in der Fastenzeit des Jahres 953, als Liudolf und Konrad zu offener Empörung übergingen, wobei sie betonten, daß sich ihre Aktionen nicht gegen den König, sondern gegen Herzog Heinrich von Bayern richteten. Da Otto und gewiß auch Adelheid diesem Heinrich jedoch weiterhin großen Einfluß gewährten, zielte die Verschwörung notwendig auch auf den König. Offen brach sie im März 953 vor Mainz aus, beigelegt wurde der Konflikt im Juni 954 auf dem Hoftag zu Langenzenn. In dem dazwischen liegenden Zeitraum von mehr als einem Jahr erfaßte der

Konflikt nahezu das ganze Reich; es kam zu bewaffneter Konfrontation bei der Belagerung von Mainz und von Regensburg. In die Bischofsstädte hatte sich jeweils Liudolf mit seinen Helfern zurückgezogen und Ottos Heer belagerte sie. Kämpfe drohten auch in Lothringen, wo Otto anstelle Herzog Konrads seinem Bruder Brun, seit 953 Kölner Erzbischof, auch die Herzogswürde übertragen hatte. Die ‚Aufständischen' fanden Anhänger in allen Teilen des Reiches, es wiederholten sich also Konstellationen, wie wir sie aus der Anfangsphase Ottos kennen. Dennoch sind weniger die bewaffneten Auseinandersetzungen charakteristisch für diesen ‚Aufstand', sondern die Intensität, mit der in Verhandlungen nach einer Lösung gesucht wurde. Hierzu traf sich Otto selbst mehrfach persönlich mit seinen Hauptgegnern, genauso intensiv mühten sich aber Vermittler, namentlich die Erzbischöfe Friedrich von Mainz und Brun von Köln, die streitenden Parteien zu versöhnen.

Erzbischof Friedrich vermittelte schon in Mainz eine Konfliktlösung, die fest vereinbart wurde – Widukind spricht von einem *pactum*, einem Vertrag. Doch widerrief Otto diese Abmachung, als er nach Sachsen zurückgekehrt war. Sie sei ihm abgenötigt worden. Friedrich dagegen plädierte für die Einhaltung des Vertrages, was gewiß die Aufgabe des Vermittlers war; doch machte ihn dies bei den Parteigängern des Königs verdächtig. Zu diesem Bericht bietet Widukind wieder einen seiner vorsichtigen Kommentare, die immer darauf hinweisen, daß die Beurteilung der Sache höchst delikat ist: „Uns kommt es gar nicht zu, irgendein unbesonnenes Urteil über ihn (d. h. Friedrich) zu fällen, aber was wir von ihm für gewiß erachten, daß er groß war im Gebet bei Tag und Nacht, groß durch die Reichlichkeit der Almosen, vorzüglich durch das Wort der Predigt, das haben wir nicht geglaubt verschweigen zu dürfen" (Widukind, III, 15).

Diese Bewertung ist besonders deshalb aufschlußreich, weil Widukind direkt anschließend erzählt, auf einem Hoftag in Fritzlar sei die ganze Angelegenheit erneut verhandelt worden, und dort habe Herzog Heinrich schwerste Beschuldigungen gegen Friedrich von Mainz erhoben und auf diesen habe sich der Unmut des Königs und der ganzen Versammlung konzentriert. Mit seiner Charakteristik Friedrichs von Mainz distanziert sich der Corveyer Mönch wohl vorsichtig von denjenigen, die in Friedrich die Ursache allen Übels sahen und deutet an, daß es sich bei dem Mainzer Erzbischof um einen Mann handelte, der aller Hochachtung wert war.

Trotz der gescheiterten ersten Vermittlungsbemühungen konnten sich einige Zeit später, erneut vor Mainz, Liudolf und Konrad wieder persönlich ins Heerlager Ottos begeben. Sie warfen sich Otto zu Füßen und erklärten sich bereit, „für ihr Verbrechen alles zu erdulden, wenn nur ihre Freunde und Helfer in Gnaden angenommen würden und ihnen nichts Böses geschehe" (ebd. III, 18). Darauf ging der König jedoch nicht ein und bestand auf der Auslieferung der Mitverschwörer. Und wieder wird im Verlauf dieser Verhandlungen von Widukind der Königsbruder Heinrich als derjenige akzentuiert, der durch überscharfe Stellungnahmen Öl ins Feuer goß und sich als eigentlicher Widersacher der Verschwörer erwies.

Daß auch in dieser Zeit die Bemühungen von Vermittlern um eine Beilegung des Konflikts weitergingen, beweist die Lebensbeschreibung Bruns von Köln, die ihn als den Protagonisten derartiger Versuche herausstellt und hierbei auch ausführlich die Argumente referiert, mit denen er Herzog Liudolf zum Einlenken zu bewegen suchte. Brun argumentierte mahnend und versprechend zugleich: „ ... Nimmst du denn keine Rücksicht auf das ehrwürdige graue Haupt deines Vaters? Ihn zu betrüben, ihm Schmach anzutun, steht dir nicht an. ... Es gibt keine Entschuldigung für dich, Unrecht gegen ihn ist, was du da Neues gegen dieses Reich gegen seinen Willen ins Werk setzt. ... Mach endlich Schluß, Absalom zu sein, damit du Salomo sein kannst. ... Der milde Vater trauert um den Sohn, den ihm die Bosheit verdorbener Menschen entriß, freuen wird er sich, wenn er zurückkehrt." Nach den Aussagen des Biographen versprach Brun Liudolf sogar, der Vater würde dem Sohn nach Beendigung des Konflikts die frühere Würde zurückgeben, wenn er einlenke. Unwahrscheinlich ist dies nicht, denn so etwas sahen die Spielregeln der Konfliktbeilegung durchaus vor.

Und auch, nachdem sich das Zentrum des Konflikts 954 nach Bayern verlagert hatte, und Otto Liudolf in Regensburg belagerte, griff man wieder zum Mittel der Verhandlung, um ein Ende des Konflikts zu erreichen. Dies war nicht zuletzt deshalb dringend nötig, weil die Ungarn die Gelegenheit des Zwistes im Inneren zu erneuten Einfällen nach Bayern genutzt hatten. Liudolf und Konrad hatten die Schonung ihrer Gebiete dadurch erreicht, daß sie den Ungarn Führer in den Westen mitgegeben und sie in Worms sogar öffentlich bewirtet und beschenkt haben sollen. Selbst in dieser angespannten und von gegenseitigen Vorwürfen geprägten Situation trafen alle Häupter der Konfliktparteien auf einem Hoftag in Langenzenn persönlich zusammen, und Widukind schildert, wie in Rede und Gegenrede zunächst die Positionen noch einmal verdeutlicht und dann eine friedliche Lösung des Konflikts erreicht wurde. Auch wenn die langen Reden von Otto, Heinrich und Liudolf, die Widukind im Wortlaut bringt, gewiß nicht wörtlich so gehalten wurden, haben wir keinen Grund daran zu zweifeln, daß solch ein friedenstiftendes *colloquium* stattgefunden hat, von dem Widukind sehr bestimmt behauptet, daß es öffentlich war. In den Reden wurde interessanterweise nicht über die Ursachen des Konfliktes zwischen Vater und Sohn gesprochen, sondern allein Liudolfs Pakt mit den Ungarn als verwerflich thematisiert. Die Verteidigung des Königssohnes fiel schwach aus, er habe dies „nicht aus freien Stücken getan, sondern durch die äußerste Not getrieben" (ebd. III, 32).

Friedrich von Mainz bot schließlich an, durch einen Eid zu beweisen, daß er nie dem König feindlich gesinnt gewesen sei. Otto erließ ihm großzügig diesen Eid, indem er den Willen für die Tat nahm. Als Ergebnis dieser Verhandlungen trennten sich Erzbischof Friedrich und Herzog Konrad von Liudolf, der noch nicht bereit war, sich dem Vater zu unterwerfen. Liudolf kämpfte nun allein gegen den Vater weiter, der wieder Regensburg belagerte. Zweimal kam der Sohn persönlich heraus aus der Stadt, um Frieden beim Vater zu erbitten. Erst beim zweiten Mal erhielt er ihn durch Vermittlung der Fürsten. Die endgültige Entscheidung und Beilegung des Streits wurde auf einen Hoftag zu Fritzlar vertagt. Noch vor diesem Hoftag suchte Liudolf seinen Vater jedoch auf, als dieser sich auf der Jagd befand, „warf sich mit bloßen Füßen vor dem Vater nieder, von tiefster Reue ergriffen, und durch klägliche Worte erpreßte er erst seinem Vater, dann auch allen Anwesenden Tränen. So wurde er in väterlicher Liebe wieder zu Gnaden angenommen und gelobte zu gehorchen und in allem den Willen des Vaters zu erfüllen" (ebd. III, 40).

So ist trotz aller Drohgebärden und Kampfhandlungen der Konflikt nie aus der Kontrolle der Akteure geraten, was nicht zuletzt deshalb der Fall war, weil sie nie die Kommunikation – persönlich oder über Vermittler – abbrachen und weil beide Seiten sich an die Regeln hielten, die die Gewohnheiten für solche Konflikte bereitstellten. Hierzu gehörte nicht zuletzt, den Parteien ein Einlenken dadurch zu erleichtern, daß auf Bestrafung entweder ganz oder größtenteils verzichtet wurde. Hieran hielt sich offensichtlich auch König Otto. Zwar verloren beide Aufständischen ihre Herzogtümer, doch führte Konrad bereits auf dem Lechfeld wieder eine Abteilung des königlichen Heeres, die sich im Kampf hervortat. Er war also offensichtlich auf dem besten Wege der Reintegration in die Spitze des Herrschaftsverbandes. Diese wurde jedoch dadurch jäh gestoppt, daß ihn ein Pfeil der Ungarn tötete, als er wegen der Hitze des Tages den Panzer abgelegt hatte.

Auch Liudolf blieb nicht lange ohne ein angemessenes Betätigungsfeld. Im Herbst 956 schickte ihn der Vater nach Italien, um Berengar zu bekämpfen, der sich dort mit seiner Herrschaftsführung viele Feinde gemacht hatte. Es muß ungeklärt bleiben, welche Stellung Liudolf in Italien nach dem Erfolg dieses Unternehmens schließlich zugedacht war, denn ihn ereilte im Herbst 957 ein plötzlicher Tod. Er erlag einem Fieber und wurde in St. Alban in Mainz begraben.

Man darf die beiden so ähnlichen ‚Aufstandswellen' gegen Otto den Großen, die das Reich in den endenden 30er und beginnenden 50er Jahren gewiß in eine Krise stürzten, weder über- noch unterschätzen. Nicht zuletzt auf Grund der Selbsthilfe mittels Waffengewalt, die selbstverständlicher Teil der Rechtsordnung im 10. Jahrhundert war, geriet Herrschaft immer dann in Schwierigkeiten, wenn Teile des Herrschaftsverbandes, aus welchen Gründen auch immer, ‚unzufrieden' waren. Den eigenen Standpunkt mit Waffengewalt oder ihrer Androhung durchzusetzen, gehörte zu den üblichen politischen Handlungsoptionen. Zur politischen Praxis gehörte aber gleichermaßen, in solchen Situationen nach Verhandlungslösungen zu suchen. Es existierten Modellvorstellungen, wie solche Lösungen auszusehen hatten, und es gab feste Formen, diese Lösungen vorzubereiten und zu realisieren. Für das Funktionieren dieses Systems bieten die ersten Jahrzehnte der Herrschaft Ottos viele Beispiele.

Angesichts des durch solche Regeln kontrollierten Konfliktaustrags ist es nicht überraschend, daß ein Ende schnell erreicht wurde, als eine größere Gefahr alle gleichermaßen bedrohte: der schon angesprochene neuerliche Einfall der Ungarn. Die Ungarn hatten sich durch Gesandtschaften, die Otto in Frieden empfangen und sogar durch Geschenke, wenn auch kleine, geehrt hatte, einen Überblick über die Lage im Reich verschafft. Sie haben dann wohl in der Tat die inneren Auseinandersetzungen zum Anlaß genommen, erneut plündernd in Bayern und Schwaben einzufallen. Vor dem befestigten Augsburg, in dem mit Ulrich ein Bischof residierte, der bereits während der Ungarnnot in der Zeit Heinrichs I. im Amt gewesen war, wurden die Ungarn aufgehalten und zu einer längeren Belagerung gezwungen. In der Vita Ulrichs wird erzählt, daß die ungarischen Krieger mit Peitschen zum Angriff auf die Mauern Augsburgs angetrieben werden mußten. Es wird dort auch hervorgehoben, daß der Bischof die Leitung des Abwehrkampfes übernahm, womit das schwierige Problem des Waffengebrauchs von Geistlichen aufgeworfen war. Der Autor der Vita löste es in folgender Weise: „In der Stunde des Kampfes aber saß der Bischof auf seinem Roß, angetan mit der Stola, ohne durch Schild, Harnisch und Helm geschützt zu sein, und blieb unversehrt und unverwundet von den Pfeilen und Steinen, die ihn von allen Seiten umschwirrten" (Vita Udalr. cap. 12).

Die Dauer der Belagerung verschaffte Otto Zeit, den Belagerten mit Truppen aus vielen Teilen des Reiches zu Hilfe zu eilen. Sachsen waren nicht unter ihnen, da zur gleichen Zeit ein Krieg mit den Slawen drohte und das Land daher nicht von Kriegern entblößt werden konnte. Die berühmte Schlacht auf dem Lechfeld fand am 10. August 955 statt, dem Tag des hl. Laurentius. Otto legte ein Gelübde ab, zu Ehren des Tagesheiligen ein Bistum in Merseburg zu errichten, wenn man die Schlacht siegreich bestehen würde. Die Krieger bereiteten sich mit Fasten und Friedensritualen auf den Kampf vor: „Es wurde ein Fasten im Lager angesagt und allen befohlen, am folgenden

Tag für den Kampf bereit zu sein. Mit der ersten Dämmerung erhoben sie sich, gaben sich gegenseitig Frieden und gelobten sodann zuerst dem Anführer, darauf einer dem anderen eidlich ihre Hilfe" (Widukind, III, 44).

Der Ausgang der Schlacht war einige Zeit durchaus ungewiß, denn die Ungarn hatten das Heer Ottos durch einen Umgehungsangriff überrumpelt. Nur durch beherztes Eingreifen des ehemaligen Herzog Konrads und seiner Krieger wendete sich das Blatt. Auch Otto selbst soll die hl. Lanze ergriffen und als erster auf die Feinde eingestürmt sein, „zugleich die Aufgabe des tapfersten Kriegers und des trefflichsten Feldherrn erfüllend" (ebd. III, 46). Der Sieg war schließlich vollständig, und die fliehenden Ungarn wurden in Bayern und Schwaben gnadenlos verfolgt und getötet. Gefangene, unter ihnen auch mehrere Anführer, ließ Herzog Heinrich, der selbst aus Krankheitsgründen nicht am Kampf teilgenommen hatte, mit dem Galgen hinrichten. Mit den gleichen Worten wie anläßlich der Schlacht bei Riade 933 berichtet Widukind von einer Siegesfeier des Heeres: „Glorreich durch den herrlichen Sieg wurde der König von seinem Heere als Vater des Vaterlandes (*pater patriae*) und Kaiser (*imperator*) begrüßt" (ebd. III, 49). Der Titel *imperator*, den das Heer Heinrich wie Otto nach Widukind bei dieser Feier zugebilligt haben soll, ist deshalb höchst auffällig, weil der Corveyer Mönch die spätere römische Kaiserkrönung Ottos gar nicht erwähnt. Man hat hieraus auf eine Theorie des ‚romfreien Kaisertums' geschlossen, die Widukind hier formuliert habe, indem er wie in der römischen Spätantike das Heer den Kaiser ‚machen' ließ. Im Unterschied zu Widukind, der den *imperator*-Titel für Otto ab 955 in seiner Darstellung beibehielt, – was er bei Heinrich nicht getan hatte –, hat die Königskanzlei die Titulatur Ottos nach dem Lechfeldsieg jedoch nicht in diese Richtung verändert.

Daß der Sieg auf dem Lechfeld stimulierend auf verschiedene Pläne Ottos gewirkt und letztlich der Erneuerung der römischen Kaiserwürde den entscheidenden Schub gegeben hat, ist dennoch nicht zu übersehen. So ordnete Otto wie sein Vater Dankgebete und -feiern in allen Kirchen des Reiches an. Und in der Tat hat man an verschiedenen Stellen des Reiches in Memorialkalendern zum 10. August eingetragen: *Otto imperator, qui Ungarios prostravit*. Überdies beginnen seit dem Lechfeldsieg die

Bemühungen Ottos, die Gründung des Erzbistums Magdeburg zu realisieren. Und schließlich mehren sich seit dieser Zeit auch die Zeugnisse, nicht zuletzt aus Ottos Umgebung, die sein Königtum als imperiales auffassen und preisen: Mit der Herrschaft über mehrere Völker, dem Sieg über die Heiden und den Bemühungen um die Mission hatte Otto ja Aufgaben bewältigt, die genuin kaiserliche waren. Was lag näher als dem, der die res schon innehatte, auch das nomen zu geben.

Mit dem Lechfeldsieg waren die unmittelbaren militärischen Aufgaben des Königs im Jahre 955 aber noch nicht beendet. Otto eilte vielmehr im Herbst nach Sachsen zurück und leitete dort selbst den Kampf gegen die Abodriten, mit denen sich Wichmann und Egbert, die Söhne des älteren Wichmann, im Kampf gegen ihren Onkel Hermann Billung verbündet hatten. Auch vor diesen Kämpfen kam es wieder zu Verhandlungen, die zeigen, um was es bei den Auseinandersetzungen nicht ging: um die Eingliederung der Elbslawen in den Verband des ottonischen Reiches. „Es erschien auch eine Gesandtschaft mit der Botschaft, die Bundesgenossen (d. h. die Slawen) wollten wie üblich Tribut entrichten, aber die Herrschaft über ihr Gebiet selbst behalten. Unter diesen Bedingungen wollten sie Frieden, sonst würden sie für ihre Freiheit mit den Waffen kämpfen. Darauf erwiderte der Kaiser, er verweigere ihnen zwar keineswegs den Frieden, könne ihnen denselben aber keineswegs gewähren, wenn sie die begangene Untat nicht durch gebührende Ehrbezeugung und Buße sühnten" (Widukind, III, 53). Die gemeinte Untat hatte Widukind zuvor ausführlich beschrieben. Es ging also um Sühne bzw. Rache für Vorausgehendes, nicht um Eroberung, wenn auch die Slawen befürchteten, daß die Ziele Ottos auf eine Beeinträchtigung ihrer Freiheit, also auf mehr als die Annahme von Tributen, hinausliefen.

4. Die Erneuerung des Kaisertums

Durch den Lechfeldsieg war Ottos Gottesgnadentum nachdrücklich bestätigt, der imperiale Charakter seiner Königsherrschaft unterstrichen worden. Es scheint, als habe dieser Sieg Otto bestärkt, den Weg des Eintritts in die karolingische Nachfolge fortzusetzen. Noch im Sommer des Jahres 955 sandte er seinen Rom-Experten, den fuldischen Abt Hadamar, erneut in die Ewige Stadt. Dieser brachte nicht nur Reliquien des Märtyrers Pantaleon als Geschenk des Papstes zurück, über denen Erzbischof Brun von Köln ein Kloster zu Ehren dieses Heiligen stiftete. Auch ein Privileg für Brun, das Pallium an allen Tagen, an denen er wolle, tragen zu dürfen, war gewiß nicht der wichtigste Erfolg dieser Reise. Das wichtigste Privileg wurde König Otto von Papst Agapit nämlich selbst eingeräumt: Ihm solle es erlaubt sein, Bistümer zu gründen, wo er wolle.

Ob es diese ungewöhnliche und kirchenrechtlich höchst bedenkliche Generalvollmacht des Papstes für Otto wirklich gegeben hat, ist durchaus nicht sicher, denn wir erfahren von ihr nur durch einen geharnischten und emotionalen Protestbrief Erzbischof Wilhelms von Mainz, den dieser an den Papst richtete, als er von der Gesandtschaftsreise Abt Hadamars und ihren Ergebnissen erfuhr. Es ist nicht ganz ausgeschlossen, daß er das Zugeständnis des Papstes noch vergröberte, um so wirkungsvoller gegen es protestieren zu können. Den flammenden Protest Wilhelms rief hervor, daß der König – immerhin sein Vater – sich an den Papst in der Frage der Bistumsgründungen gewandt hatte, ohne Wilhelm zu informieren, der doch von eben diesem Papst als dessen Stellvertreter (*vicarius*) in Gallien und Germanien eingesetzt war.

Aus dem Protestbrief lassen sich folgende Umrisse der Pläne erkennen: Das Bistum Halberstadt sollte nach Magdeburg verlegt und wohl zum Erzbistum erhoben werden; das Moritzkloster in Magdeburg mit seinem Besitz im neuen Bistum aufgehen. Da ein Erzbistum Suffraganbistümer benötigte, war überdies damit zu rechnen, daß die Mainz unterstellten Bistümer Brandenburg und Havelberg aus dem Mainzer Verband ausscheiden würden. Letzteres ist im Protestbrief nicht konkret angesprochen, aber schon die Verlegung Halberstadts erfüllte einen Tatbestand, den Wilhelm massiv anprangert: den der Schädigung der Mainzer Kirche. Schließlich war Halberstadt ein Mainzer Suffraganbistum. Ohne Zustimmung des betroffenen Bischofs war so etwas kirchenrechtlich nicht zu machen, und Wilhelm spielte diese Karte in dem Brief selbstbewußt aus: Er sei nicht informiert worden; er werde niemals zustimmen; wenn man so etwas über seinen Kopf hinweg und mit Hilfe des Papstes durchsetzen wolle, werde er sein Amt aufgeben und den Papst um einen Missionsauftrag bitten. All diese Argumente entsprachen exakt dem Kirchenrecht, wie auch die Forderung, die Frage auf einem Konzil zu behandeln.

Rhetorisch geschickt schaltete er vor diese Forderung einen Bericht über die Lage der Kirche und des Reiches, in dem die Politik Ottos wie die seiner Helfer Brun von Köln und Heinrich von Bayern deutlich kritisiert wird. Noch vor kurzem habe der Bruder gegen den Bruder gestanden, Herzöge und Grafen hätten sich die Befugnisse von Bischöfen, diese wiederum die Rechte von Herzog und Graf angemaßt. Untersucht werden müßte auf dem Konzil die Blendung des Erzbischofs Herold von Salzburg, die Herzog Heinrich von Bayern angeordnet habe wie die Vertreibung Rathers von Lüttich. Kurz: Wilhelm erweist sich in diesem Brief als alles andere denn als williger Parteigänger Ottos des Großen. Man kann aus diesem Brief unschwer eine deutliche Distanz zum „königlichen Priestertum" herauslesen, wie es Brun von Köln praktizierte. Ottos Gesandter Hadamar aber wird als „Wolf im Schafspelz" diffamiert, der sich im Reich gebrüstet habe, vom Papst könne man für 100 Pfund so viele Palliumsprivilegien kaufen, wie man wolle.

Der Brief ist ein seltenes und beeindruckendes Zeugnis dafür, wie deutlich im 10. Jahrhundert Bischöfe wurden, wenn gewachsene Rechte und Positionen ihrer Kirchen tangiert waren. Er gibt aber zugleich Zeugnis davon, daß die Gründungspläne Ottos hinsichtlich Magdeburgs erst durch die Lechfeldschlacht konkreter wurden, denn sonst hätte der König die erst 954 erfolgte Investitur seines Sohnes Wilhelm in Mainz sicher dazu benutzt, die Zustimmung zu einer Minderung der Rechte dieser Diözese zur Bedingung der Investitur zu machen, wie er es 968 bei Wilhelms Nachfolger dann praktizierte.

Die massive Intervention des Sohnes hat die Pläne des Vaters trotz der päpstlichen Unterstützung auf Eis gelegt. Erst 961 scheint der Herrscher Wilhelms Zustimmung zu seinen Plänen gewonnen zu haben, wie man aus der Tatsache gefolgert hat, daß Wilhelm nun häufiger als Intervenient in Urkunden begegnet, mit denen das Moritzkloster in Magdeburg reich bedacht und so die Umwandlung in ein Erzbistum vorbereitet wurde. Wie sich zeigen sollte, waren die Gründungspläne in der Zwischenzeit im Mainzer Interesse ganz erheblich modifiziert worden.

Angesichts dieses erneuten Ausbruchs von Gegensätzen innerhalb des Königshauses ist es fast auffällig, wie ruhig ansonsten das Jahrfünft nach der Lechfeldschlacht verlief. Otto trat nämlich – in für ihn fast untypischer Art – in den Hintergrund, wofür eine schwere Erkrankung im Jahre 958 kaum hinreichender Grund gewesen sein dürfte. Vieles hat er in diesen Jahren delegiert, so die Bekämpfung Berengars in Italien an seinen Sohn Liudolf, so die Vermittlung in lothringischen, westfränkischen und burgundischen Angelegenheiten an seinen Bruder Brun, der in den endenden 50er Jahren mit beträchtlichem Erfolg seine Stellung als *archidux* ausfüllte.

Den imperialen Zuschnitt von Ottos Königtum verdeutlichen in dieser Zeit allenfalls Gesandtschaften, die ihn aufsuchten, aber auch von ihm abgesandt wurden. So die des Mönches Johannes aus dem Reformkloster Gorze an den Kalifen Abdarrahman in Cordoba, die zwar bereits 953 begann, sich jedoch mehrere Jahre hinzog, da der Begleitbrief Ottos eine Schmähung des Islam enthielt, was den Gesandten das Leben gekostet hätte, hätte er ihn öffentlich verlesen. Den Inhalt vertraulich vorweg zur Kenntnis zu nehmen, sah der Kalif offensichtlich nicht als problematisch an. In langjährigen Bemühungen erreichte man schließlich den Ersatz des Briefes durch einen anderen, denn schließlich war der Zweck der Gesandtschaft, ein Freundschaftsbündnis zwischen Otto und dem Kalifen zustande zu bringen. Seine Zeit des erzwungenen Aufenthalts am Kalifenhof nutzte der Mönch übrigens zu Disputen mit dem Kalifen über die Macht König Ottos, die in der Vita des Johannes wiedergegeben werden. Der Kalif zeigte sich gut informiert und wenig beeindruckt vom imperialen Königtum

Ottos, der kaum in der Lage sei, mit den eigenen Verwandten fertig zu werden und diesen überdies zu viel Einfluß zubilligen müsse.

Ein anderer Gesandter Ottos, der in dieser Zeit quasi in die entgegengesetzte Richtung ging, hatte ebenfalls große Schwierigkeiten, seinen Auftrag zu erfüllen, und scheiterte. Es war Adalbert, der spätere Erzbischof von Magdeburg, der Otto für eine Reise zur Großfürstin Olga von Kiew von Wilhelm von Mainz empfohlen wurde. Diese hatte Otto um die Übersendung eines Bischofs und mehrerer Priester gebeten, um ihr Volk im christlichen Glauben zu unterweisen. Sie selbst hatte einige Jahre zuvor in Byzanz die Taufe empfangen. Adalbert selbst hat die Empfehlung Wilhelms interessanterweise eher negativ aufgenommen und von der Nutzlosigkeit und Gefährlichkeit dieser Reise in seiner Geschichtsschreibung später Zeugnis gegeben, ohne konkret zu sagen, daß er selbst der zum Missionsbischof geweihte Adalbert gewesen sei. In der Tat rettete er nur mit Mühe sein Leben, während einige seiner Begleiter auf der Rückreise erschlagen wurden.

Im Jahre 960 kündigte sich dann der zweite Italienzug Ottos an, als Abgesandte des Papstes sowie vertriebene italienische Bischöfe und Große Otto bedrängten, endlich der Tyrannei Berengars in Italien ein Ende zu bereiten. Dieses neuerliche Engagement in Italien hat Otto gründlich vorbereitet und mit allen politischen Kräften abgestimmt. Kern dieser Vorbereitung war die Erhebung seines minderjährigen Sohnes Ottos II. zum Mitkönig, die auf einem großen Hoftag in Worms im Mai 961 stattfand. Anschließend wurde Otto II. nach Aachen geleitet, dort huldigten ihm die Lothringer, und er wurde von den drei rheinischen Erzbischöfen Brun von Köln, Wilhelm von Mainz und Heinrich von Trier zum König gesalbt. Daß Otto mit einer längeren Abwesenheit rechnete, macht auch die Tatsache deutlich, daß er mehrere Stellvertreter bestimmte: Sachsen sollte unter der Aufsicht (*procuratio*) von Hermann Billungs stehen, der so immer mehr in eine herzogsgleiche Stellung hineinwuchs. Zu Stellvertretern im Reich scheinen sowohl Wilhelm von Mainz als auch Brun von Köln bestellt worden zu sein, mit denen der junge Otto II. nördlich der Alpen verblieb. Er stand insbesondere unter dem Einfluß Wilhelms von Mainz, wie die Interventionen dieses Erzbischofs in den Urkunden des königlichen Kindes wahrscheinlich machen.

Im August 961 sammelte sich dann ein großes Heer in Augsburg, das seinen Weg über den Brenner und Trient nach Italien nahm. Ziel war zunächst Pavia, wo Otto auch das Weihnachtsfest feierte. Berengar und seine Anhänger zogen sich in Burgen zurück und vermieden den offenen Kampf. Otto hat sich durch diese Probleme nicht aufhalten lassen, sondern ist unverzüglich nach Rom weitergezogen. Voraus hatte er eine Gesandtschaft geschickt, die erfolgreicher als diejenige des Jahres 951 war. Sie hat offensichtlich eine Einigung über die Modalitäten des Empfangs und der Kaiserkrönung erreicht, die schon drei Tage nach Ottos Eintreffen in Rom am 2. Februar durchgeführt werden konnte. Dem Papst Johannes XII. gab die Gesandtschaft im Namen Ottos das eidliche Versprechen, Otto werde die römische Kirche und den Papst nach besten Kräften zu „erhöhen" bestrebt sein; er werde nie etwas gegen Leben, Leib und die Ehrenstellung (*honor*) des Papstes unternehmen, ohne Rat des Papstes in Rom keine Amtshandlungen vornehmen, die den Papst oder seine Römer tangierten und dem Papst zurückgeben, was ihm an Gebieten des hl. Petrus übereignet werde; jeder seiner Stellvertreter im italischen Reich solle überdies schwören, ein Helfer zu sein beim Schutz des hl. Petrus.

Die inhaltlichen Zusagen betrafen im wesentlichen Fragen, die seit der Karolingerzeit den Päpsten wichtig waren: Auf der territorialen Seite die Gebiete des sog. Kirchenstaates, wichtiger aber noch die Formen der Kooperation von Kaiser und Papst unter Wahrung des jeweiligen *honor*. Die Zusagen waren, wie spätere auch, so allgemein gehalten und mit salvatorischen Klauseln durchsetzt, daß sie in konkreten Streitfragen kaum weiterhalfen.

Immerhin gelang auf dieser Basis die Kaiserkrönung Ottos, zu der er gut vorbereitet mit neuen und bewunderungswürdigen Insignien erschien, wie Liudprand bemerkt. Man hat diskutiert, ob damit auch die sog. ‚Wiener Reichskrone' gemeint sein könnte, deren Datierung bis heute strittig ist. Einzelheiten über das Zeremoniell dieser Krönung sind kaum überliefert, so daß man den Ablauf nach dem sog. Mainzer Ordo rekonstruiert, der in das römische Pontifikale aufgenommen wurde. Gesalbt und gekrönt wurde Otto zusammen mit seiner Gemahlin Adelheid am Samstag, dem 2. Februar 962, dem Feste Maria Lichtmeß, nachdem ihm der Papst persönlich entgegengegangen und ihn in die Peterskirche geführt hatte. Folgerichtig nannte Otto seine Gemahlin in Urkunden seit dieser Zeit auch *consors imperii*.

Eine durch Thietmar von Merseburg überlieferte Anekdote verdeutlicht am besten, daß den Teilnehmern dieser Feier durchaus bewußt war, wie viele Unwägbarkeiten die nun begonnene Zusammenarbeit begleiteten. Otto habe seinen Schwertträger, den Grafen Ansfried, angewiesen, behauptet die Anekdote, während der ganzen Krönungszeremonie das Schwert gezückt über seinem Haupt zu halten, denn er kenne die Treue der Römer. Beten könne der Schwertträger später auf dem Monte Mario, so viel er wolle. Einbezogen in dieses Mißtrauen war wohl auch Papst Johannes XII., bei dem es sich um einen Sohn jenes Stadtpräfekten Alberich handelte, der Otto ein Jahrzehnt zuvor die Aufnahme in Rom verwehrt hatte. Der Papst leistete nach der Krönung jedoch gleichfalls einen Eid, niemals von der Treue zum Kaiser abfallen zu wollen.

Papst und Kaiser bekräftigten den geschlossenen Bund durch den Austausch reicher Geschenke, Otto gab Gold und Silber in Fülle, Johannes XII. dagegen Reliquien. Daß sie in der Tat zur Zusammenarbeit entschlossen waren, bewiesen beide auf einer Synode, die gleich in den Tagen nach der Kaiserkrönung stattgefunden haben muß. Sie ist vor allem durch ein herausragendes Ergebnis zu fassen: Johannes XII. erhob nämlich das Moritzkloster in Magdeburg zum Erzbistum. Bereits am 12. Februar konnte der Papst dieses Ergebnis seinen erzbischöflichen und bischöflichen Mitbrüdern und allem Klerus und Volk nördlich der Alpen durch eine Papsturkunde mitteilen lassen. In der Narratio der Urkunde läßt Johannes XII. noch einmal die Verdienste Ottos Revue passieren, die seine Erhebung zum Kaiser rechtfertigten: vor allem den Sieg über die Ungarn, aber auch die Bemühungen um die Bekehrung der Slawen. Um den Erfolg der Mission sicherzustellen, erhebt der Papst das Moritzkloster zum Erzbistum, unterstellt ihm das neu zu gründende Bistum Merseburg und fordert die Erzbischöfe von Mainz, Trier, Köln, Salzburg und Hamburg auf, den Neugründungen ihre Unterstützung zukommen zu lassen. Sie sollten bei der Einsetzung und

Zuordnung weiterer Bischöfe mitwirken, die der Erzbischof von Magdeburg vorzunehmen habe, wenn der Kaiser oder seine Nachfolger weitere Slawenstämme dem Christentum gewonnen hätten. Damit hatte Johannes XII. sich Ottos Vorstellungen vollständig zu eigen gemacht und ihm die größtmögliche Unterstützung gewährt. Inwieweit sie ausreichen würde, war aber aus mehreren Gründen fraglich.

Einfach dekretieren konnte nämlich auch ein Papst die Gründung eines Bistums nicht. Und ob die in Rom tagende Synode, über deren Teilnehmerkreis nichts bekannt ist, ohne die Anwesenheit der betroffenen Bischöfe und Erzbischöfe so etwas beschließen konnte, ist auch mehr als zweifelhaft. Neben der Zustimmung der Erzbischöfe wurde auf Grund der geänderten Pläne vor allem die Mitwirkung des Halberstädter Bischofs Bernhard unverzichtbar, da dieser beträchtliche Teile seines Diözesangebietes an die Neugründungen abtreten mußte. So etwas aber konnte nur freiwillig geschehen und nicht verfügt werden. Die päpstliche Urkunde war daher gewiß als Hilfe gedacht, die Unterstützung der Bischöfe zu erreichen. Ersetzen konnte sie diese jedoch nicht.

Einen Tag später – und dies wohl nicht zufällig – hat Otto seinerseits das sog. Ottonianum ausgestellt (13. Februar 962). Er anerkannte damit die päpstlichen Besitzrechte und -ansprüche, erneuerte damit aber nicht mehr als die Versprechungen seiner karolingischen Vorgänger, wie die teils wörtlichen Übernahmen aus karolingischen Vorurkunden deutlich machen, von denen allerdings nur diejenige Ludwigs des Frommen erhalten ist. Anerkannt wird der päpstliche Besitz über Stadt und Dukat von Rom, den Exarchat von Ravenna, die Herzogtümer von Spoleto und Benevent und eine Fülle weiterer Besitzungen. Wie diese entfremdeten Besitzungen dem Papst wiedergewonnen werden sollten, sagt die Urkunde dagegen nicht. Die Formulierung „wenn Gott sie in unsere Hände gibt", die mit Bezug auf Besitzungen in Kalabrien und Sizilien gebraucht wird, zeugt nicht davon, daß Otto eine aktive Rekuperationspolitik für den päpstlichen Stuhl versprach. Durch das Ottonianum geregelt wird überdies die Papstwahl, die von Klerus und Volk von Rom durchgeführt werden soll. Geweiht werden darf der Papst aber erst nach der Ableistung eines Treueides auf den Kaiser.

Schon einen Tag nach der Ausstellung des Ottonianum verließ der Kaiser Rom, um Berengar in Norditalien zu bekämpfen. So belagerte er zwei Monate lang dessen Gemahlin Willa in S. Giulio im Orta-See. Der Kaiser erlaubte ihr jedoch nach dem erfolgreichen Ende der Belagerung in der gewohnten Milde, dorthin zu gehen, wohin sie wolle. Sie begab sich zu niemand anderem als zu ihrem Gemahl Berengar, den Otto den ganzen Sommer 963 erfolglos belagerte. Die Schwierigkeiten, die Herrschaft in Italien effektiv zur Geltung zu bringen, wurden schon bei diesen ersten Versuchen unübersehbar.

Daß andererseits die Zusammenarbeit zwischen Papst und Kaiser keineswegs auf solider Basis stand, zeigt eine fast unerklärliche Kursschwenkung, die Johannes XII. bereits im Frühjahr 963 vollzog. Der Papst empfing Berengars Sohn Adalbert in Rom und schloß mit ihm ein Bündnis gegen den Kaiser. Überall sollen Johannes wie Adalbert um Hilfe gegen Otto nachgesucht haben: der Papst in Byzanz und sogar bei den Ungarn, die er angeblich veranlassen wollte, noch einmal ins Reich einzufallen, um Otto so zur Rückkehr zu zwingen; Adalbert dagegen bei den Sarazenen und auf Korsika. Diese Wendung der Dinge veranlaßten Otto, erneut mit seinem Heer vor Rom zu erscheinen, wo ihn der Papst zunächst in voller Rüstung an der Spitze eines römischen Heeres erwartete. Zum Kampf kam es jedoch nicht, vielmehr flohen Johannes und Adalbert. Die in ihrer Parteinahme gespaltenen Römer nahmen Otto in die Stadt auf. Wir können hier Vorgänge beobachten, die sich in späteren Jahrhunderten der deutschen Kaiserzeit in Rom nicht selten wiederholten.

Eine große Synode in Rom saß im Beisein des Kaisers über den Papst zu Gericht, den Klerus und Volk von Rom wegen unzähliger Verbrechen anklagten. Stimmt auch nur ein Bruchteil dieser Anklagen, muß der 18jährige Papst ein Ausbund an Verworfenheit gewesen sein. Otto und die Synode beachteten jedoch penibel die Gewohnheiten der Prozeßführung. Man richtete einen Brief an den geflohenen Papst, machte ihm die Anklagen bekannt – darunter die Vorwürfe des Mordes, des Meineids, des Inzests, der Anrufung heidnischer Götter und des Trinkens der Teufelsminne –, bat ihn unter Zusicherung eines kanonischen Verfahrens, nach Rom zu kommen, um sich von den Anklagen zu reinigen. Papst Johannes XII. antwortete brieflich mit der Androhung des Bannes gegen alle, die es wagen sollten, ihn abzusetzen. Erneut ging ein Brief an den Papst, der sich in Tivoli, unfern Roms, aufhielt. Dieser Brief enthielt noch einmal eindringliche Mahnungen. Angeblich trafen die Boten den Papst nicht an, weil er „mit Köcher und Bogen auf die Felder gegangen war", also Zeit zur Jagd gefunden hatte. Daraufhin kam die hl. Synode auf die Frage des Kaisers zu einer Entscheidung. „Die römischen Bischöfe, die Geistlichkeit und das gesamte Volk" richteten eine Bitte an Otto: „Wir bitten daher die Herrlichkeit Eurer kaiserlichen Würde, jenes Ungeheuer, dessen Laster durch keine Tugenden aufgewogen werden, aus der hl. römischen Kirche auszustoßen und an seine Stelle einen anderen zu setzen ..." (Liudprand, De Ottone, cap. 15).

So geschah es und man erhob mit Leo VIII. einen neuen Papst. Da ungefähr zur gleichen Zeit die Gefangennahme Berengars und Willas gelang, die nach Bamberg ins Exil geschickt wurden, schien Ende des Jahres 963 die Rückkehr zu stabileren Verhältnissen in Italien und Rom erreicht. Diese Lagebeurteilung veranlaßte Otto, einen Großteil des Heeres in die Heimat zu entlassen, da sich die Krieger nun immerhin schon mehr als zwei Jahre südlich der Alpen befanden. Diese Maßnahme erwies sich jedoch als verfrüht, denn dem abgesetzten Papst gelang es, einen ‚Aufstand' der Römer gegen Otto und Leo VIII. zu entfesseln, dessen der Kaiser zwar zunächst Herr wurde. Nach seiner Abreise aus Rom nahmen die Römer, ihre neuerlichen Treueide vergessend, jedoch Johannes XII. wieder in die Stadt auf, und Leo VIII. blieb nichts als die Flucht zum Kaiser. Otto wiederum sah sich gezwungen, militärische Kräfte aus dem Reich anzufordern, um sich erneut kriegerisch in Rom durchzusetzen. Noch bevor es hierzu kam, starb der junge Johannes XII. überraschend, und die Römer wählten trotz kaiserlichen Verbots mit Benedikt V. einen neuen Papst.

Im Juni 964 belagerte das kaiserliche Heer Rom, wobei Benedikt V. offensichtlich von der Höhe der Stadtmauern den Kaiser und sein Heer exkommunizierte. Dies nützte jedoch nichts, die Stadt ergab sich. Otto inthronisierte Leo VIII. erneut und ließ Benedikt nach Hamburg ins Exil bringen. Zuvor hatte sich dieser Papst auf einer Synode zu verantworten, warf sich dort vor dem Kaiser und Leo VIII. zu Boden und bekannte, ein Sünder und Eindringling zu sein. Er wurde förmlich devestiert, sein Hirtenstab von Leo VIII. zerbrochen. Auf Fürsprache Ottos ließ man ihm die Würde des Diakons. Als Otto kurz darauf mit seinem Heer Rom erneut verließ und nach Norden abzog, brach in der Sommerhitze in seinem Heer eine Seuche aus, die eine große Zahl Opfer forderte, unter ihnen der Erzbischof Heinrich von Trier und der Herzog Gottfried von Lothringen.

Wie im Zeitraffer hatten Otto und seine Begleiter schon auf diesem Romzug alle die Unwägbarkeiten erfahren müssen, die in der Rom- und Italienpolitik der Kaiser später immer wieder begegnen. Untreue und politischer Wankelmut der Römer; zwiespältige Papstwahlen; das Problem, das Heer nicht beliebig lange in Italien halten zu können; und nicht zuletzt die Seuchengefahr, namentlich in den Sommermonaten. So brachte der Gewinn der Kaiserkrone neben neuen Möglichkeiten auch neue Probleme. Doch für Otto den Großen und auch seine Zeitgenossen wäre ein solches Abwägen politischer Vor- und Nachteile der Italienpolitik, wie sie in der Forschung lange und kontrovers angestellt und mit Problemlagen der jeweiligen Gegenwart vermengt wurden, sicherlich unverständlich gewesen, hatte ihn doch Gott selbst mit Siegen und Erfolgen überhäuft und ihn vor seinen Feinden beschützt, so daß er die Aufgabe, weltlicher Verteidiger und Schützer der Kirche zu sein, kaum abschlagen konnte. Ein wirksames Konzept, Rom und Italien zu beherrschen, hat Otto aber weder mitgebracht noch entwickelt. Dies gelang auch seinen vielen Nachfolgern nicht, obwohl sie immer wieder die gleichen Erfahrungen machten wie ihre Vorgänger.

5. Zwischen Rom und Magdeburg. Die letzten Jahre

Es liegt im dunklen, was Otto Ende 965 veranlaßte, relativ überraschend ins Reich zurückzukehren. Im Herbst hatte er genügend Zeit gehabt, in Oberitalien ausgiebig zu jagen und sogar das Weihnachtsfest noch in Pavia zu feiern. Mitten im Winter überquerte er jedoch über den Lukmanier die Alpen, erreichte am 13. Januar Chur und kam wenig später halb erfroren in St. Gallen an. Die erreichte Ruhe in Italien war trügerisch, wie sich schon im gleichen Jahre zeigte, denn die Römer nahmen Papst Johannes XIII. gefangen und sperrten ihn in Campanien ins Gefängnis. Adalbert, der Sohn Berengars, kämpfte erneut um die Königskrone Italiens, so daß Otto den Herzog Burkhard von Schwaben gegen ihn entsenden mußte, eine Aufgabe, die dieser erfolgreich erledigte. Angesichts dieser Ereignisse fragt es sich, warum Otto überstürzt in die Heimat zurückkehrte – und bereits anderthalb Jahr später wieder nach Italien aufbrach.

Von Problemen im Reich ist in den Quellen nicht explizit die Rede: Man empfing – allen voran die Erzbischöfe Wilhelm und Brun sowie Otto II. – den zurückkehrenden Kaiser mit allen Ehren und aller Freude und feierte Ostern in Ingelheim. Ein großer Hoftag in Köln hatte fast den Charakter eines Familientreffens, denn auch die westfränkischen Verwandten, die Königin Gerberga mit ihren Söhnen Lothar und Karl, waren zugegen. Die Königin Mathilde sah hier zum letzten Mal ihre versammelten Kinder und Enkel, über die der alte Bischof Balderich von Utrecht, der einst Brun erzogen hatte, seinen Segen sprach. Wilhelm von Mainz fehlte als einziger der engeren Königsfamilie, hielt sich jedoch in Ottos Umgebung auf, als dieser nach Sachsen weiterzog. In der Jahresmitte 965 blieb Otto dann längere Zeit in Magdeburg, Quedlinburg und Merseburg. Doch das, was man nach den römischen Verhandlungen des Jahres 962 eigentlich zwingend erwarten mußte, geschah nicht: die Gründung des Erzbistums Magdeburg. Es muß also Probleme und Hindernisse gegeben haben, die in den Quellen nicht erwähnt werden.

In diesem Zusammenhang fällt auf, was der bisherigen Forschung weitgehend entgangen ist, daß die gesamte Historiographie dieser Jahre – und das sind immerhin fünf Autoren – mit keinem Wort auf die Bemühungen Ottos eingeht, das Erzbistum Magdeburg einzurichten. Hrotswith, Widukind, Liudprand, Adalbert und der Verfasser der Vita Brunonis machen keine Andeutung über die Pläne Ottos des Großen und die Schwierigkeiten ihrer Realisierung. Dieses Schweigen ist auffällig und schmerzlich, denn aus den vielen Schenkungen Ottos an das Magdeburger Moritzkloster in dieser Zeit können wir zwar seine fortdauernden Initiativen ableiten, das geplante Erzbistum ausreichend auszustatten. Wir erfahren aber nichts darüber, warum die Sache sich immer wieder hinauszögerte und nicht vollendet wurde. Man muß dieses Schweigen der Historiographie jedoch wohl als ein sehr beredetes einstufen. Es spricht jedenfalls nichts dafür, daß sich die Dinge nach der päpstlichen Enzyklika von 962, die ja die Einrichtung des Erzbistums auf Bitten Ottos angeordnet hatte, problemlos entwickelt hätten. Die Probleme zu thematisieren, haben die Geschichtsschreiber aber ganz offensichtlich vermieden.

Dies jedoch mit einer Ausnahme, die bisher zu Unrecht als eine spätere Stimme angesehen und deshalb vernachlässigt wurde. In der Bistumschronik von Halberstadt steht nämlich eine Geschichte, die Auskunft über massive Probleme um die Frage der Einrichtung des Erzbistums gibt. Bereits Thietmar von Merseburg hat sie am Beginn des 11. Jahrhunderts benutzt. Sie bietet also zeitgenössische Nachrichten. Es handelt sich um nichts anders als die so dringend benötigte Halberstädter Sicht der Dinge, die ganz anders als Thietmar von Merseburg die Meinung der Gegner Ottos zu Gehör bringt.

Bei einem Osterfest in Quedlinburg, so erzählt die Bistumschronik, habe Bischof Bernhard von Halberstadt hartnäckig gegen die Einrichtung des Erzbistums Magdeburg protestiert. Bei diesem Osterfest aber kann es sich nur um dasjenige des Jahres 966 gehandelt haben, als Otto der Große alle Erzbischöfe und Bischöfe des Reiches nach Quedlinburg rief, damit sie an der Weihe seiner Tochter Mathilde zur Äbtissin des Damenstiftes teilnähmen. Es dürfte angesichts einer so illustren Zusammenkunft außer Frage stehen, daß in diesem Zusammenhang auch die Magdeburg-Fragen behandelt wurden. Der Protest Bernhards, wie ihn die Bistumschronik festhält, wäre also an der richtigen Stelle vorgebracht worden.

Kaum glaublich sind die Einzelheiten, die man in Halberstadt über die Ereignisse in Quedlinburg niederschrieb: Otto habe den Halberstädter Bischof wegen seines Protestes in Haft nehmen lassen. Am Gründonnerstag habe Bischof Bernhard aus seiner Haftzelle nach dem Kaiser und den Bischöfen rufen lassen. Diese seien zu ihm geeilt in der Erwartung, er wolle nun einlenken, doch habe Bernhard, angetan mit den bischöflichen Gewändern, den Ort mit dem Interdikt belegt und den Kaiser gebannt. Zunächst habe man ihn als einen verwirrten Greis verlacht, dann aber sei er aus der Gefangenschaft befreit und nach Halberstadt entlassen worden. Kaiser Otto sei ihm mit allen Bischöfen nachgezogen, doch habe Bischof Bernhard ihm und den Bischöfen den schuldigen Empfang und jegliche Ehre verweigert. Daraufhin sei der Kaiser durch göttliche Eingebung als Büßer mit bloßen Füßen in Halberstadt eingezogen, habe sich Bischof Bernhard zu Füßen geworfen und sei von diesem vom Bann gelöst worden. Danach habe Otto das Versprechen abgegeben, zu Lebzeiten des Bischofs nicht mehr auf seine Gründungspläne zurückzukommen.

Aus dieser Geschichte zu ermitteln, was in Quedlinburg und dann in Halberstadt genau geschehen ist, dürfte schwierig, wenn nicht unmöglich sein. Dennoch ist diese Geschichte nicht wertlos, denn sie ist ein Zeugnis für das Bewußtsein der Halberstädter, ihr Bischof habe mit allen Mitteln gegen die Einrichtung Magdeburgs gekämpft. Und er habe bei diesem Kampf weder spektakuläre Anlässe noch spektakuläre Maßnahmen gescheut. Das Halberstädter Bewußtsein von der Rechtmäßigkeit dieses Kampfes ist so uneingeschränkt, daß der Autor seine weitere Schilderung mit der Bewertung verbindet, Gottes Rache habe Otto den Großen und alle seine Helfer mit einem plötzlichen Tod für die mit der Gründung Magdeburgs verbundene Schädigung Halberstadts gestraft. Vor dem Hintergrund dieser Geschichte erscheint die Quedlinburger Versammlung in neuem Licht. Man wird gewiß die Hypothese wagen dürfen, daß Otto der Große die Quedlinburger Feier mit der Äbtissinnenweihe seiner Tochter und der Einladung aller Bischöfe auch geplant hatte, um hier die Gründung Magdeburgs entscheidend voranzutreiben. Schließlich war es seine erste Begegnung mit der Gesamtheit der Reichsbischöfe nach seiner Kaiserkrönung und nach der förmlichen Erhebung Magdeburgs zum Erzbistum durch die römische Synode des Jahres 962. Dieses Vorhaben aber hat Bischof Bernhard zum Scheitern gebracht. Das auffällige und eigentlich unerklärliche Schweigen aller anderen Geschichtsschreiber wird vor diesem Hintergrund verständlicher. Viel Zeit, sich auf diese neue Lage einzustellen, blieb Otto nicht, denn ein Hilferuf Johannes XIII. rief ihn erneut nach Italien.

In Worms traf man sich im August 966 zu einem Hoftag, der die Vertretung des Kaisers im Reich während seiner Abwesenheit regelte: Erzbischof Wilhelm sollte für das Reich, Herzog Hermann für Sachsen verantwortlich sein. Zwei Todesfälle hatten im Jahre 965 den Kreis derjenigen, die während der Abwesenheit des Herrschers für Stabilität sorgen konnten, empfindlich verkleinert. Am 20. Mai war der Markgraf Gero ohne Erben verstorben, der seit 937 die Hauptlast der Kämpfe an der Slawengrenze getragen hatte. Er gründete das Familienstift Gernrode, in dem er sein Grab fand. Welch wichtige Position mit Geros Tod vakant geworden war, verdeutlicht am besten die Tatsache, daß nicht weniger als sechs Markgrafen an seine Stelle traten. Otto hat es mit anderen Worten vermieden, nur eine Person mit der Stellung zu betrauen, die Gero innegehabt hatte. Und in der Tat war Gero namentlich in den Auseinandersetzungen des Königs mit Liudolf und seinen Helfern mehr als Vermittler denn als bedingungsloser Helfer des Königs hervorgetreten. Seine entscheidende Leistung aber war wohl, daß er dem König durch seine Position an der Slawengrenze den Rücken für andere Unternehmungen freigehalten hatte, auch wenn er dabei in der Wahl seiner Mittel alles andere als zimperlich war. So ließ Gero an die dreißig Fürsten der Slawen, die nach einem großen Gastmahl betrunken schliefen, töten. Widukind von Corvey, der dies ohne Tadel berichtet, stuft solches Verhalten als List ein, mit der Gero den Listen der Slawen zuvorgekommen sei.

Noch schmerzlicher war für Otto gewiß der zweite Todesfall, der ihm am 11. Oktober seinen Bruder Brun, den Kölner Erzbischof, raubte. Seit seinen Anfängen in der Hofkapelle hatte sich Brun, soweit erkennbar, immer loyal als Helfer seines königlichen Bruders verstanden und war bereit gewesen, eine Fülle weltlicher Aufgaben zu übernehmen, so daß in seiner Lebensbeschreibung diese neuartigen Aufgaben auch mit neuen Begriffen umschrieben werden: Brun habe der Herrschaft seines Bruders ein „königliches Priestertum" an die Seite gestellt. Er habe überdies die Stellung eines *archidux* ausgefüllt. Es verdient hervorgehoben zu werden, daß diese rühmende Beschreibung der Stellung Bruns deutlich defensiven Charakter hat. Ruotger, der Biograph, mußte die im Wirken Bruns vollzogene Vermischung geistlicher und weltlicher Aufgaben rechtfertigen und entschuldigen. Andere kirchliche Würdenträger der Zeit, allen voran die Mainzer Erzbischöfe Friedrich und Wilhelm, besaßen eine deutlich andere Auffassung von ihren Pflichten als ihr Kölner Amtsbruder.

Mittelbar bewirkte der Tod Bruns eine Veränderung, die sich als ausgesprochen folgenreich erweisen sollte. Brun hatte zu seinen Lebzeiten damit begonnen, bevorzugt Kleriker aus seinem Kölner Domklerus auf Bischofssitze in Lothringen zu promovieren. Und er hatte mit ihrer Loyalität gute Erfahrungen gemacht. Eine Reihe von Kölner Klerikern trat nach seinem Tod nun in die königliche Hofkapelle Ottos über und seit dieser Zeit ist zu beobachten, daß der König bei seinen Bischofsernennungen bevorzugt auf Hofkapelläne zurückgriff. Dieser Trend verstärkte sich unter den Nachfolgern Ottos und machte die Hofkapelle zu einer zentralen Institution der Königsherrschaft. Die übliche Karriere jüngerer Adelssöhne, die von ihren Familien für den geistlichen Stand bestimmt wurden, führte nun von der Ausbildung in einer der berühmteren Domschulen über die Hofkapelle auf einen der Bischofssitze des Reiches. Dieser Karriereweg hat gewiß dazu beigetragen, dem König die Loyalität seiner Bischöfe zu sichern und sicherzustellen, daß sie bereit waren, sich im Dienste des Reiches zu engagieren. Doch wurden sie durch diese persönlichen Bindungen an den jeweiligen König gewiß keine willfährigen Werkzeuge seiner Politik.

Das Weihnachtsfest 966 feierte Otto bereits in Rom. Dort hatte man auf die Nachricht von der bevorstehenden Ankunft des Kaisers Johannes XIII. bereits aus der Haft entlassen, so daß die Rückführung des Papstes nach Rom ohne Probleme gelang. Dennoch blieb ein Strafgericht über die Anführer der Erhebung nicht aus, deren teils schon verstorbene Rädelsführer noch posthum dadurch bestraft wurden, daß man ihre Gebeine aus den Gräbern riß und zerstreute. Andere wurden zunächst im Auftrage des Papstes mißhandelt und dann ins Exil geschickt. Wie üblich, wurden ferner Beteiligte aus den sozial niederen Schichten mit dem Tode bestraft und aufgehängt. Die Urteile über diese Strafmaßnahmen waren zwiespältig, und einzelne Stimmen verurteilten namentlich die Rachsucht des Papstes als unangemessen.

Die ersten Aktivitäten des Kaisers nach der Rückführung des Papstes galten den Gebieten südlich Roms. Otto unternahm einen Zug nach Capua, wo ihn der *princeps* Pandulf, der bereits Johannes XIII. vor seinen römischen Gegnern Zuflucht gewährt hatte, freundlich aufnahm und ihm huldigte. Gleiches tat Landulf von Benevent, so daß Otto auch bei diesen weitgehend unabhängigen langobardischen Fürstentümern in Mittelitalien erfolgreich das karolingische Erbe antrat. Mit diesen Schritten rief er jedoch in neuer Weise Byzanz auf den Plan, das Mittel- und Süditalien als seine Interessenssphäre betrachtete.

Spätestens mit der Übernahme der Kaiserwürde war Otto ja gezwungen, sein Verhältnis zu Byzanz zu regeln, das natürlich wenig Neigung zeigte, den neuen westlichen Kaiser als gleichberechtigten zu akzeptieren. Mit inneren Schwierigkeiten beschäftigt, fand man in Byzanz zunächst nicht die Kraft, auf die neuen Entwicklungen im Westen zu reagieren – wenn man sie denn überhaupt ernst nahm. Dies änderte sich jedoch, als Nikephoros Phokas, ein Feldherr und Usurpator, der vom Heer zum Kaiser ausgerufen wurde, den Thron bestieg, die Witwe seines Vorgängers heiratete und auch die Kaiserrechte ihrer beiden purpurgeborenen Söhne zu achten versprach. Wir sind über die Kontaktaufnahmen zwischen dem westlichen und östlichen Kaisertum in höchst detaillierter und höchst ungewöhnlicher Weise informiert, denn einer der Gesandten Ottos war der Bischof und Geschichtsschreiber Liudprand von Cremona, der für Otto eine Art Rechenschaftsbericht über seine Gesandtschaft verfaßte. Es handelt sich um eines der gewiß polemischsten und von persönlichen Animositäten und Rechtfertigungen durchsetzten Schriftstücke des 10. Jahrhunderts, das dennoch angesichts der dürftigen anderen Nachrichten von unschätzbarem Wert ist.

Nikephoros Phokas nahm Otto vor allem seine Kontaktaufnahme mit den Herzögen von Capua und Benevent übel: „Meine Knechte – so ließ er den Gesandten wissen – nimmt dein Herr unter seine Schutzherrschaft; solange er sie daraus nicht entläßt in ihr früheres Dienstverhältnis (also das zu Byzanz), wird es für deinen Herrn keine Freundschaft mit uns geben" (Legatio, cap. 27). Dennoch scheint der Byzantiner zunächst bereit gewesen zu sein, Frieden und Freundschaft mit dem westlichen Kaiser einzugehen, woran auch Otto gelegen war, der überdies nach einer Braut für seinen Sohn und Nachfolger suchte und hierbei an eine purpurgeborene byzantinische Prinzessin dachte. Eine Einigung scheiterte jedoch an den mittel- und süditalienischen Fragen, und die Lage spitzte sich sogar so zu, daß Nikephoros Phokas zu einem Heereszug gegen Otto und die abtrünnigen Fürsten von Capua und Benevent aufbrach. Ottos Gesandter Dominicus, der Vorgänger Liudprands, konnte diesen Heereszug nur dadurch stoppen, daß er dem Basileus sehr weitgehende Zugeständnisse machte. Die gingen jedoch Otto zu weit, und er unternahm Anfang 968 seinerseits einen Kriegszug nach Unteritalien, der in einer erfolglosen Belagerung Baris gipfelte. In diesen Kontext gehört auch die Gesandtschaft Liudprands zu Nikephoros Phokas, die ebenfalls keine Einigung brachte. Wenn Liudprand in seinem Bericht nicht schamlos lügt, hat ihn der Basileus in der Tat seine *indignatio* über das Verhalten seines Herrn spüren lassen und ihn sehr unehrenhaft behandelt. Die Lage änderte sich jedoch schlagartig, als Nikephoros 969 durch Johannes Tzimiskes ermordet und ersetzt wurde. Dieser erklärte sich bald bereit, dem Sohne des westlichen Kaisers eine byzantinische Braut zu senden, die allerdings ‚nur' seine Nichte und keine purpurgeborene Prinzessin war.

In Italien hatte Otto im Jahre 967 nach einem gemeinsam mit Johannes XIII. gefeierten Osterfest in Ravenna eine Synode versammelt, die neben anderen ein altes Thema hatte: die Magdeburg-Frage. Besucht war die Synode außer von Kaiser und Papst so gut wie ausschließlich von italienischen Bischöfen, so daß Zweifel an ihrer Zuständigkeit für die Verhältnisse nördlich der Alpen nicht unbegründet sind. Ihre Entscheidung war jedoch eindeutig. In einer Papsturkunde bestimmte Johannes XIII. mit Zustimmung der Synode und des Kaisers, daß Magdeburg *metropolis*, also Erzbistum, sein solle. Weil überdies, so weiter der Papst, Kaiser Otto die römische Kirche als dritter nach Konstantin am meisten vergrößert habe – als zweiter in dieser Reihe ist Karl der Große gedacht –, solle Magdeburg „erste mit den ersten und alt mit den alten sein". Mit dieser Formel wird Magdeburg den anderen Erzbistümern des Reiches gleichberechtigt an die Seite gestellt. Auch wurde dem Erzbistum nun ein größerer Sprengel zugewiesen als noch 962, denn es sollten ihm die Bistümer Brandenburg und Havelberg aus der Mainzer Diözese zugeordnet und außerdem in Merseburg, Meißen und Zeitz neue Bistümer eingerichtet werden. Natürlich war auch dem Papst klar, daß diese Beschlüsse der Zustimmung des Mainzer und Halberstädter Bischofs bedurften, die beide nicht an der Synode teilnahmen. Von der Notwendigkeit ihrer Zustimmung ist in der Urkunde dennoch nicht die Rede. Wir hören erst aus einer ein gutes Jahr später angefertigten Niederschrift, der sog. Narratio de erectione ecclesiae Magdeburgensis, daß dieses Problem den Teilnehmern der Synode von 967 durchaus bewußt war.

Es fällt schwer, den Stellenwert zu ermessen, den Papst und Kaiser diesem Beschluß der Synode und diesem Schriftstück zubilligten. Vielleicht sollte es lediglich dem unbeirrbaren Willen beider Ausdruck geben, das einmal begonnene Vorhaben auch zu einem erfolgreichen Ende zu bringen. Sie werden kaum der Auffassung gewesen sein, mit dieser Entscheidung von Ravenna seien alle Probleme gelöst. Otto machte denn auch keine Anstalten, ins Reich zurückzukehren – im Gegenteil. Im Herbst 967 forderte er vielmehr seinen Sohn und Mitkönig Otto II. in einem gemeinsamen Schreiben mit dem Papst auf, nach Italien zu kommen und mit ihnen in Rom Weihnachten zu feiern. Es scheint so, als sei diese Einladung bereits in der Hoffnung ausgesprochen worden, die byzantinische Braut Ottos II. werde bald in Italien eintreffen, was sich als Irrtum erweisen sollte.

In jedem Fall aber dürfte die Erhebung zum Mitkaiser beschlossene Sache gewesen sein, als Papst und Kaiser gemeinsam den jungen Otto nach Italien einluden. Der Vater reiste ihm immerhin bis Verona entgegen, wo sich neben zahlreichen italienischen Großen auch König Konrad von Burgund, der Bruder der Kaiserin Adelheid, einfand. In Verona feierte man das Allerheiligenfest und erließ nach einem *colloquium* mit den Großen *capitula*, die den gerichtlichen Zweikampf als zulässiges Beweismittel anerkannten. Hier scheint auch zum ersten Mal seit der Karolingerzeit wieder ein ständiger Königsbote für eine Grafschaft, in diesem Falle Mailand, ernannt worden zu sein. Doch bald strebte man zu Land und zu Schiff über Ravenna nach Rom, und fand lediglich Zeit, einen immerwährenden Frieden zwischen Venedig und seinen Nachbarn vertraglich zu vereinbaren, der auch eine jährliche Tributzahlung der Venetianer vorsah. Drei Meilen vor der Stadt wurden Otto und sein Sohn am 21. Dezember von den Römern feierlich eingeholt und am Weihnachtstag erhob Johannes XIII. Otto II. zum Mitkaiser.

Wie beim Königtum hatte Otto auch beim Kaisertum bereits zu seinen Lebzeiten die dynastische Kontinuität gesichert und so gewiß einen beträchtlichen Erfolg erzielt.

Die ersten Monate des Jahres 968 brachten neue Möglichkeiten, das festgefahrene Vorhaben der Gründung Magdeburgs zu vollenden. Eröffnet wurden diese Möglichkeiten durch eine Reihe von Todesfällen. Zunächst einmal erreichte Otto wohl zu Anfang des Jahres in Italien die Nachricht, daß der Billunger Wichmann in Kämpfen gegen Mieszko von Polen, einen Freund des Kaisers, im September 967 gefallen war. Das Gewicht dieses Wichmanns erhellt sich am besten aus der Tatsache, daß Widukind von Corvey sich in seiner Sachsengeschichte nach der Schilderung der Lechfeldschlacht (III, 49) so gut wie ausschließlich in rund zwanzig Kapiteln (III, 50–70) mit dem Geschick dieses Wichmann und damit zusammenhängenden Fragen befaßt. Die Widmungsfassung des Werkes an die Tochter Ottos des Großen, Mathilde, die 966 zur Äbtissin von Quedlinburg geweiht worden war, endete mit dem Tode Wichmanns. Man hat bis heute nicht überzeugend begründen können, warum der Corveyer Mönch der Kaisertochter so ausführlich und durchaus anteilnehmend die Geschicke eines der hartnäckigsten Rebellen gegen ihren Vater nahebrachte. Man wird dies wohl am ehesten dadurch erklären können, daß Wichmann und sein Bruder Egbert sowie ihre Helfer trotz ihres Kampfes gegen ihren Onkel Hermann Billung und gegen den König in Sachsen alles andere als Verfemte waren.

Erstaunlich ist an den Erfolgen Wichmanns in diesen jahrelangen Auseinandersetzungen, daß er es immer wieder schaffte, unter den heidnischen Elbslawen viele Anhänger und Gefolgsleute zu gewinnen. Aber auch unter den Sachsen fanden er und sein Bruder immer wieder einflußreiche Personen, die bereit waren, sich für sie zu verwenden: unter diesen immerhin den Erzbischof Brun und den Markgrafen Gero. Letzterer scheint sich für Wichmann sogar bis an die Grenze seiner Loyalität zu Otto dem Großen eingesetzt zu haben. Mit den elbslawischen Kriegern fühlte sich Wichmann immerhin stark genug, um erfolgreiche Angriffe auf den Polenherrscher Mieszko zu unternehmen, den er zweimal militärisch bezwang. In den Kämpfen mit Mieszkos Kriegern fand Wichmann schließlich den Tod, wobei er darauf verzichtete, sich mit seinem Pferd durch die Flucht zu retten. Er blieb bei seinen Leuten und wurde mit ihnen erschlagen. Widukind überliefert sogar letzte Worte, mit denen Wichmann sein Schwert dem Vornehmsten seiner Feinde übergeben habe: „ ... überbringe es deinem Herrn, damit er es zum Zeichen des Sieges nehme und seinem Freunde, dem Kaiser, übersende, auf das dieser wisse, er könne nun eines erschlagenen Feindes spotten oder einen Blutsverwandten beweinen" (III, 69).

Für die aktuellen Probleme Ottos wichtiger als der Tod Wichmanns aber waren drei Todesfälle, die sich in den Monaten Februar und März des Jahres 968 ereigneten. In diesem Zeitraum verstarben nämlich der Bischof Bernhard von Halberstadt, der Erzbischof Wilhelm von Mainz und die Königin Mathilde. Es verstarben mit anderen Worten genau diejenigen, die den Plänen der Errichtung des Erzbistums Magdeburg den heftigsten Widerstand entgegengesetzt hatten. Dies ist für die beiden Bischöfe gut bezeugt, kann jedoch auch für die Königin trotz fehlender expliziter Belege erschlossen werden. Mit seinen üblichen Vorbehalten gibt denn auch Widukind von Corvey Zeugnis von einem Gerücht, daß die Nähe der Königin Mathilde zu Bernhard von Halberstadt illustriert: „Wir haben nämlich von einem Einsiedler gehört, er habe, ich weiß nicht, ob im Geiste oder in einer offenbaren Vision, die Seelen der Königin Mathilde und des Bischofs (Bernhard) gesehen, wie sie von einer unendlichen Menge von Engeln mit unaussprechlicher Glorie himmelwärts getragen wurden" (III, 74). Für kundige Zeitgenossen war der Zusammenhang dieses Hinweises mit den Auseinandersetzungen um die Gründung Magdeburgs gewiß deutlicher zu erkennen, als er es heute noch ist.

In jedem Fall aber war mit dem Tod der beiden Bischöfe für den Kaiser die Möglichkeit gegeben, ihre Nachfolger vor ihrer Investitur auf die Zustimmung zu seinen Plänen zu verpflichten. Und Otto hat diese Chance genutzt. Zwar wählte das Domkapitel in Halberstadt sehr schnell den Vertrauten Bernhards, Hildiward, zu dessen Nachfolger, und Herzog Hermann Billung soll ihn auf einem Stammestag in Werla auch bereits zum Halberstädter Bischof eingesetzt haben. Otto bestellte den neuen Halberstädter Bischof jedoch zunächst zu sich nach Rom und erreichte von ihm die Zustimmung, daß Teile der Halberstädter Diözese an Magdeburg, andere an Merseburg abgetreten werden sollten. Erst nach diesem Zugeständnis soll er Hildiward den Bischofsstab mit den Worten überreicht haben: „Empfange das Wergeld für deinen Vater." Hildiwards Vater Erich war 941 nach einer Verschwörung gegen Otto erschlagen worden; der Kaiser gab dem Sohn durch die Promotion auf den Bischofssitz also symbolisch Genugtuung.

Konkreten Einfluß auf die Nachfolge Wilhelms von Mainz nahm der Kaiser dadurch, daß er den Abt Egilolf von Hersfeld aus Italien zunächst nach Fulda sandte mit dem Auftrag, den Konvent zu veranlassen, anstelle Hattos den Mönch Wernher zum Abt zu wählen. Dann sorgte Egilolf in Mainz dafür, daß Hatto von Klerus und Volk zum Mainzer Erzbischof erhoben wurde. Auch den neuen Erzbischof Hatto aber beschied Otto nach Italien, und es besteht Grund zu der Annahme, daß auch er hier auf seine Zustimmung zu den Magdeburger Plänen verpflichtet werden sollte. Im Beisein der neuen Bischöfe von Mainz und Halberstadt konnte im Oktober 968 erneut eine Synode in Ravenna tagen, die zustimmend die Abtretung Halberstädter Gebiets durch Bischof Hildiward an Magdeburg zur Kenntnis nahm. Diese Abtretung wurde durch eine Schenkung des Kaisers an Halberstadt zumindest symbolisch kompensiert. Desgleichen gab Erzbischof Hatto schriftlich seine Zustimmung zu der Unterstellung seiner Diözesen Brandenburg und Havelberg unter das neue Erzbistum Magdeburg. Alle Hindernisse gegen Ottos Pläne schienen nun endlich beseitigt. Dennoch gab es erneut ein Problem, als es um die Frage ging, wer erster Magdeburger Erzbischof werden sollte. Otto favorisierte als Kandidaten den Abt des Moritz-Klosters in Magdeburg, Richar, und hatte ihn aus diesem Grunde gleichfalls nach Italien beordert. Doch wurde dem Kaiser heimlich ein Brief überbracht, in dem die Absender forderten, den Russenmissionar und Abt von Weißenburg, Adalbert, zum Erzbischof zu erheben. Otto hat dieser Forderung entsprochen, was noch einmal verdeutlicht, daß der Kaiser auch jetzt alles andere als frei in seinen Magdeburg betreffenden Entscheidungen war. Wer ihn auf diese Weise zur Sinnesänderung veranlassen konnte, ist nicht überliefert.

Otto hat in einem Brief die in Ravenna gefallenen Entscheidungen zusammengefaßt. Er richtete ihn an alle Bischöfe, Grafen und Getreuen in Sachsen. Hierin teilte er den Adressaten mit, daß er nach dem Rat der Bischöfe Hatto von Mainz und Hildiward von Halberstadt und seiner übrigen Getreuen Adalbert zum Metropoliten über alle Slawen jenseits der Elbe und Saale bestellt habe. Man solle der Wahl dieses Erzbischofs, der nun nach Sachsen kommen werde, einstimmig beitreten und zur Einsetzung der Bischöfe von Merseburg, Zeitz und Meißen als Zeugen erscheinen. Dann spricht der Kaiser die drei Markgrafen Wigbert, Wigger und Gunther direkt an und ermahnt sie bei der ihm geschuldeten Treue, sich in keiner Weise dem Erzbischof zu widersetzen, vielmehr davon auszugehen, daß das, was sie vom Erzbischof hören werden, der Wille des Kaisers sei. Überdies sollten sie dafür Sorge tragen, daß die neuen Bischöfe nicht für Arme und Bauern gehalten würden, sondern mit dem Erzbischof und den übrigen sächsischen Bischöfen und Grafen über ihre Ausstattung beraten. Man sieht an diesem Schreiben, wie viele Einzelheiten in Sachsen noch zu regeln waren.

Daß solche Briefe mit dem Versuch einer Regelung anstehender Fragen aus der Ferne ein durchaus problematisches Unterfangen waren, hatte Otto ein Jahr vorher erfahren müssen, als er sich brieflich aus der Campania an die sächsischen *duces* Hermann und Thiadrich wandte. Nach einer kurzen Schilderung der günstigen Entwicklung der Verhältnisse in Mittelitalien hatte er den Sachsen befohlen, keinen Frieden mit den Redariern zu schließen, sondern sie auch nach deren großer Niederlage mit allen Kräften zu bekriegen. Wenn es nötig wäre, würde er nach seiner Rückkehr selbst gegen diese ziehen. Als dieser Brief auf einer sächsischen Stammesversammlung in Werla verlesen wurde, entschied man kühl, den den Redariern inzwischen längst gewährten Frieden beizubehalten, um die Kräfte nicht zu zersplittern, da auch ein Krieg gegen die Dänen drohe. Befehle aus der Ferne gehörten im 10. Jahrhundert nicht eben zum etablierten Instrumentarium der Herrschaftsausübung.

In Magdeburg ist die Inthronisation Adalberts und der anderen neuen Bischöfe jedoch gelungen. Es scheint, als habe man die feierliche Inthronisation Adalberts am Weihnachtsfest des Jahres 968 vorgenommen, als jedenfalls Adalbert die neuen Bischöfe Boso von Merseburg, Burkhard von Meißen und Hugo von Zeitz weihte. Die Mönche von St. Moritz waren bereits zuvor in das Kloster Berge vor den Toren der Stadt gezogen und hatten den Kanonikern Kirche, Gebäude, liturgisches Gerät und Bücher überlassen. Auch wenn sie vom Kaiser reich mit Ersatz versehen wurden, hielten sie die Erinnerung an diesen Exodus noch lange durch eine jährliche, barfüßige Trauerprozession an ihren früheren Sitz wach. Ihr Abt Richar soll sich dagegen über die ihm entgangene Würde des Erzbischofs so gegrämt haben, daß er bald darauf verstarb. Erst die weitere Entwicklung läßt erkennen, daß auch ansonsten nicht alle Probleme für alle zufriedenstellend gelöst waren.

Es kennzeichnet den Stellenwert, den die italienischen Probleme für Otto in dieser Zeit hatten, daß er den Erfolg der nach endlosen Schwierigkeiten geglückten Gründung des Erzbistums nicht persönlich miterlebte, sondern nur brieflich begleitete. Während man in Magdeburg die Einsetzung der neuen Bischöfe feierte, befand sich der Kaiser auf dem Heereszug nach Apulien und Kalabrien. Durchschlagende Erfolge gelangen ihm hier im ganzen Jahr 969 jedoch nicht; sein Vasall Pandulf von Capua geriet sogar in byzantinische Gefangenschaft. Wie entschlossen er jedoch gemeinsam mit dem Papst eine Neuordnung der Verhältnisse in Süditalien anstrebte, macht die 969 gemeinsam vollzogene Erhebung Benevents zum Erzbistum deutlich, wodurch neben der lehnrechtlichen Abhängigkeit des dortigen *princeps* eine kirchliche von Rom gefestigt wurde.

Eine neue Lage schuf erst die Thronbesteigung des Johannes Tzimiskes in Byzanz nach der Ermordung des Nikephoros Phokas, die Otto im Jahre 970 zunächst zu einem neuen Kriegszug nach Süditalien veranlaßte. Der neue Basileus zeigte jedoch seinen Willen zur Verständigungsbereitschaft schnell dadurch, daß er Markgraf Pandulf aus der Gefangenschaft entließ und ihn ehrenvoll zu Kaiser Otto zurückschickte. Damit war der Grundstein für erneute Verhandlungen gelegt, über deren Inhalte wir jedoch nur ungenügend informiert sind. Als Ergebnis brachten sie aber immerhin hervor, daß der gerade erhobene Kölner Erzbischof Gero nach Byzanz reiste und mit

Theophanu, einer Nichte des neuen Basileus, als Braut für Otto II. heimkehrte. Dies geschah aber erst nach dem Osterfest des Jahres 972.

Es mag auf den ersten Blick überraschend erscheinen, daß in dem seit 966 den Herrscher entbehrenden Reich nördlich der Alpen nur wenige Probleme auftauchten, die ohne Beteiligung Ottos nicht gelöst werden konnten. Nach dem Tode der älteren Mitglieder der Königsfamilie lebte seit 968 ja nur die junge Äbtissin Mathilde von Quedlinburg in den angestammten Herrschaftsgebieten. Gravierende Schwierigkeiten scheinen sich aus dieser Situation jedoch nicht ergeben zu haben – zumindest sind sie nicht überliefert. Wir hören allenfalls von einer ausgeprägten Bereitschaft Ottos, auf Forderungen und Wünsche seiner Getreuen einzugehen.

So verweigerte er zunächst die Bestätigung des 969 von Klerus und Volk Kölns gewählten Erzbischofs Gero. Dieser stammte aus der Verwandtschaft des berühmten gleichnamigen Markgrafen und war ein Bruder des Markgrafen Thietmar, dem Otto aus unbekannten Gründen zürnte. Dies war für Otto zunächst Grund genug, Gero in einer Art Sippenhaftung das Amt des Erzbischofs vorzuenthalten. Thietmar von Merseburg und Magdeburger Quellen überliefern die Gerüchte, die in Sachsen darüber umliefen, wie es zu einem Sinneswandel des Kaisers und zur Bestätigung Geros kam, der immerhin Kapellan in der königlichen Hofkapelle war. Am Osterfest sei Otto, als er gerade im Schmuck der Krone zur Kirche gehen wollte, ein Engel mit bloßem Schwert erschienen und habe ihm gedroht: „Wenn du heute nicht Geros Wahl vollziehst, wirst du dieses Haus nicht heil verlassen." Dieses göttliche Eingreifen habe Otto sofort zum Einlenken bewogen.

Auf nicht ganz legale Wünsche eines langjährigen Vertrauten ging Otto ein, als ihn 971 Bischof Ulrich von Augsburg in Ravenna aufsuchte. Er erlaubte dem greisen Bischof, die Verwaltung des Bistums bereits zu seinen Lebzeiten in die Hände seines Neffen zu legen, der ihm nach seinem Tod als Bischof nachfolgen sollte. Dieses Zugeständnis machte allen Beteiligten nach Ottos Rückkehr noch schwer zu schaffen.

Zum Jahre 972 sind dann aber zwei Ereignisse zu notieren, die auf gravierendere Differenzen schließen lassen. Zunächst empfing ausgerechnet in Magdeburg Erzbischof Adalbert den Herzog Hermann Billung und *procurator* Sachsens wie einen König. Der Stellvertreter saß an der Tafel auf dem Platz des Königs inmitten der Bischöfe und schlief sogar in Ottos Bett. Widersetzt hat sich dieser demonstrativen Usurpation des königlichen Empfangszeremoniells nur der Markgraf Heinrich von Stade, der ein Verwandter des Herrschers war. Er wurde daraufhin von Herzog Hermann zu Otto nach Italien geschickt, um diesem den Vorfall zu melden. Das Geschehen sollte also gar nicht vor dem Kaiser verheimlicht werden. Otto erzürnte ob der Nachricht und befahl Erzbischof Adalbert, ihm soviel Pferde nach Italien zu senden, wie er Hermann Glocken habe läuten und Kronleuchter anzünden lassen. Was diese Demonstration bezweckte, sagt der Gewährsmann Thietmar nicht. Zu denken ist an eine deutliche Mahnung an Otto, daß ein abwesender König keiner ist. Die Demonstration zielte in diesem Verständnis vor allem darauf, Otto endlich zur Rückkehr zu bewegen.

Noch gravierender war ein zweiter Vorfall aus dem Jahre 972, den Thietmar anschließend an die Magdeburger Geschichte erzählt. Der Markgraf Hodo griff nämlich mit anderen Sachsen Mieszko von Polen an, obgleich dieser dem Kaiser treu und überdies dessen Freund war. Bis auf die beiden Anführer wurden alle Krieger der Sachsen im Kampf erschlagen, so daß die Sache sich schnell hätte ausweiten können. Otto befahl jedoch aus Italien beiden bei seiner Huld, solange Frieden zu halten, bis er selbst kommen und die Sache untersuchen könne.

Da die Lage im Reich also trotz der langen Abwesenheit Ottos im wesentlichen stabil und ruhig blieb, mußte der Kaiser seine Entscheidung, sich vorrangig um eine Klärung der süditalienischen Verhältnisse zu bemühen, nicht revidieren. Durch das Bündnis mit dem byzantinischen Herrscher, das die Heirat Ottos II. mit Theophanu besiegelte, entspannte sich die Situation in den südlichen Teilen Italiens jedoch, ohne daß wir etwas über eine konkrete Neuordnung der dortigen Verhältnisse hören. Es scheint, als habe die Übersendung der Braut, die mit einer unermeßlichen Fülle von Gold und Silber als Brautschatz von Erzbischof Gero begleitet und von Bischof Dietrich von Metz in Benevent empfangen wurde, Otto bereits bewogen, auf weitere militärische Unternehmungen im Süden zu verzichten und es beim Status quo zu belassen. Auch die Stimmen, die ihn zu bewegen versuchten, die Braut zurückzuschicken, weil sie nicht die richtige, d. h. purpurgeborene sei, überhörte er. Vielmehr wurde die Hochzeit in Rom mit allem Aufwand gefeiert. Als Bestandteil der Trauungszeremonie wird eine Krönung Theophanus durch Papst Johannes XIII. erwähnt, für die es byzantinische wie abendländische Vorbilder gibt. Überdies stellte Otto II. seiner Gemahlin wie üblich eine Dotalurkunde aus, durch die ihr umfangreiche Ländereien im Reich und in Italien als ‚Morgengabe' (*dos*) zugewiesen wurden. Diese Urkunde ist zurecht berühmt, weil sie in einer Prunkausfertigung überliefert ist, bei der der Text in Goldschrift auf einem mit Tierornamenten gemusterten, purpurfarbenen Grund steht. Die intensive Diskussion darüber, ob es sich bei diesem heute in Wolfenbüttel befindlichen Exemplar um eine spätere Abschrift oder das Original handelt, dauert bis heute an. Durch die Heirat, die Krönung und eine von Papst Johannes vorgenommene *benedictio* wurde Theophanu zur *consors imperii*, ja zur *coimperatrix*, wie es Otto II. 974 in einer Urkunde zum Ausdruck brachte.

Es dauerte nach diesen Hochzeitsfeierlichkeiten nur wenige Monate, bis die kaiserliche Familie im August ins Reich nördlich der Alpen zurückkehrte. Auf einen Umweg an die Côte d'Azur nach Garde-Frainet zur Bekämpfung des dortigen Stützpunkts der Sarazenen, den Otto einige Jahre zuvor brieflich angekündigt hatte, verzichtete er. Im September 972 fand in Ingelheim das Wiedersehen Ottos vor allem mit den Reichsbischöfen in Form einer Synode statt, die überaus gut besucht war. Diese behandelte vor allem ein Thema: die Frage der Nachfolge Bischof Ulrichs von Augsburg, die bereits in Italien mit Otto vereinbart worden war. Die Synode entschied jedoch ganz anders, als sich Ulrich und Otto verständigt hatten. Sie nahm übel auf, daß Ulrichs Neffe bereits offen den Bischofsstab trug, und forderte einen Eid von ihm, daß er nicht gewußt habe, hiermit eine Ketzerei zu begehen. Ulrich aber wurde von der Synode zu dem Verzicht auf sein Vorhaben gebracht, sein Bistum aufzugeben und ins Kloster zu gehen. Als Argument führte man ausdrücklich an, daß solch ein Beispiel schädlichen Einfluß auf die Ambitionen ehrgeiziger Bischofsneffen ausüben würde. Diese Entscheidung desavouierte deutlich die Zustimmung, die Otto der Große zu dem Plan gegeben hatte.

Erst im Frühjahr 973 zeigte sich der Kaiser dann in Sachsen und besuchte die neu eingerichteten Bistümer Magdeburg und Merseburg. In Magdeburg feierte er den Palmsonntag wohl mit dem gleichen Zeremoniell, das im Jahr zuvor Herzog Hermann bei seiner Usurpation für sich in Anspruch genommen hatte. Er ließ sich feierlich zur Messe und Vesper von Bischöfen und Klerikern in seinen Gemächern abholen und ebenso zurückbegleiten, wobei ihm Herzöge und Grafen folgten. Man wird mit einigem Grund vermuten dürfen, daß Herzog Hermann den ihm zustehenden Platz in diesem Gefolge eingenommen hat.

Das Osterfest beging Otto dann wie üblich in Quedlinburg. Auch hier versammelte sich eine unübersehbare Zahl von Großen des Reiches. Überdies kamen Gesandte aus aller Herren Länder. Die Quellen nennen Gesandtschaften der Griechen, Beneventaner, Ungarn, Bulgaren, Dänen und Slawen. Ausdrücklich wird auch Herzog Hermann Billung hervorgehoben, der den Kaiser vor allen anderen durch reiche Geschenke geehrt habe. Ein Zusammenhang mit den Ereignissen in Magdeburg im Jahre zuvor wird in den Quellen nicht hergestellt, dürfte aber auf der Hand liegen. Wenige Tage nach Ostern starb dann Herzog Billung noch in Quedlinburg, was den Kaiser mit tiefer Trauer erfüllte.

Über Merseburg, wo er Christi Himmelfahrt feierte, gelangte Otto dann am 6. Mai ins thüringische Memleben, dem Ort, an dem bereits sein Vater gestorben war. Hier erkrankte er schwer. Widukind schildert das Geschehen am Todestag Ottos, dem 7. Mai 973, ausführlich, hiermit auch Einblick in den gewöhnlichen Tagesablauf des Herrschers gewährend. Wie gewöhnlich habe Otto in der Morgendämmerung dem Chorgesang der Nocturn und Matutin beigewohnt, sich dann ausgeruht, danach die Messe gehört und Almosen verteilt. Nach dem Frühstück habe er sich wieder zu Bett begeben, sei jedoch zur gewohnten Stunde heiter bei der Tafel erschienen. Als er der Vesper beiwohnte, ergriff ihn ein Fieber, und er fiel danach in Ohnmacht. Wieder zu Bewußtsein gekommen, verlangte er nach den Sterbesakramenten und starb dann ohne einen Laut der Klage. Begraben wurde Otto in Anwesenheit der Erzbischöfe

Adalbert von Magdeburg und Gero von Köln im Magdeburger Dom an der Seite seiner ersten Gemahlin Edgith, wie er selbst es bestimmt hatte.

Eine Gesamtbewertung seiner Regierung kommt nicht umhin, seinem Wirken eine ganze Reihe von Erfolgen zuzuschreiben. Ungarnabwehr, Kaisertum, Bistumsgründungen stehen als Stichworte für solche Erfolge. Charakteristischer fast noch als dies aber ist die Zielstrebigkeit und Hartnäckigkeit, mit der er auch größten Widerständen zu begegnen und sie zu überwinden verstand. Dies bewies sich nicht nur in seinem Verhalten gegen die sog. ‚Aufständischen' aus den Anfängen seiner Herrschaft, deren Anführer aus seiner engen Umgebung und Verwandtschaft kamen. Es zeigte sich auch bei der schwierigen Durchführung seines wohl auch sehr persönlichen Anliegens: der Gründung des Erzbistums Magdeburg. Nach den stürmischen Anfangsjahren aber hat er auch eines zu akzeptieren gelernt: daß seine wichtigsten Helfer, die geistlichen wie die weltlichen Großen, Partner waren, deren Interessen und Wünsche man berücksichtigen mußte, die man zu ehren, zu belohnen hatte, mit denen man nur als milder und freigiebiger Herrscher zurecht kam.

IV. Otto II. – des großen Vaters glückloser Sohn?

Am Morgen nach dem Tode Ottos des Großen huldigten die anwesenden Magnaten Otto II. erneut, obgleich er längst zum Mitkönig und -kaiser erhoben war. Es ist nicht leicht zu entscheiden, ob der Sohn ein leichtes oder schwieriges Erbe antrat. Doch wie viele ungelöste Fragen mit den Neuerungen aufgeworfen waren, konnte man 973 allenfalls ahnen. Jeder Wechsel an der Spitze des Herrschaftsverbandes brachte es überdies mit sich, daß die Einflußmöglichkeiten, die Nähe zum neuen Herrscher neu austariert werden mußten, was die Gefahr von Konflikten steigerte. So ist es nicht ganz überraschend, daß Otto schon sehr bald mit Schwierigkeiten konfrontiert war, die ganz augenscheinlich mit dieser Notwendigkeit zusammenhingen. Betroffen hiervon war sein Verhältnis zu den süddeutschen Herzögen, aber auch zu seiner Mutter, der Kaiserin Adelheid.

Wie es bei der Vergabe wichtiger Positionen zugehen konnte, erfahren wir gleich im ersten Jahr nach Ottos des Großen Tod am Beispiel der Nachfolge Ulrichs von Augsburg. Sein Biograph gibt ungewöhnlich tiefe Einblicke in die Konflikte um die Besetzung des Augsburger Bischofssitzes und die daran beteiligten Interessengruppen, und dies nicht zuletzt deshalb, weil die Augsburger und auch Bischof Ulrich mit ihren Vorstellungen übergangen wurden. Er schildert nämlich eine ausgewachsene Intrige, durch die Herzog Burkhard von Schwaben, in dessen Amtsbereich Augsburg lag, einen Verwandten seiner Gemahlin Hathwig, und damit einen Angehörigen der alten bayerischen Herzogsfamilie der Liutpoldinger, auf den Bischofssitz brachte. Hierbei wurden sowohl Otto II. als auch die Augsburger Kleriker mehrfach falsch informiert. Nachdem man zunächst die Augsburger glauben gemacht hatte, der Kandidat Heinrich sei derjenige Ottos II., und so deren Zustimmung bekommen hatte, präsentierte man den Gewählten Otto II. als den Augsburger Kandidaten und erhielt seine Zustimmung.

Es mag mit dieser Erfahrung zusammenhängen, daß Otto nach dem im November des gleichen Jahres 973 erfolgten Tod Herzog Burkhards von Schwaben sich bei dessen Nachfolge nicht nach den Vorstellungen seiner Witwe Hathwig und ihrer Verwandten, vor allem ihres Bruders Herzog Heinrich von Bayern, richtete. Konkret bezeugt ist dies aber nicht. Er erhob jedenfalls Otto, einen Sohn Herzog Liudolfs, zum Herzog von Schwaben. Ob er hiermit bewußt ein Gegengewicht gegen den bayerischen Herzog Heinrich den Zänker setzen wollte, ist nicht so sicher, wie es in der Forschung angenommen wurde. Immerhin gehörte auch dieser Otto zu den Nachkommen Ottos des Großen und konnte Ansprüche auf ein angemessenes Tätigkeitsfeld anmelden; überdies war er mit Otto II. aufgewachsen und die vertraute Freundschaft der beiden wird später mehrfach deutlich. Er war mit anderen Worten in jedem Fall ein aussichtsreicher und naheliegender Kandidat für ein freiwerdendes Amt, wie es die Herzogswürde darstellte.

Wahrscheinlich hätte man diese Herzogserhebung gar nicht hinterfragt, wenn nicht aus dem Jahre 974 gemeldet würde, Herzog Heinrich von Bayern habe sich mit den Herzögen Mieszko von Polen und Boleslaw von Böhmen gegen Kaiser Otto II. verschworen. Als beteiligt an dieser *conspiratio* wird auch Bischof Abraham von Freising genannt. Da nun überdies in der Lebensbeschreibung Ulrichs von Augsburg erzählt wird, Herzog Otto von Schwaben und Herzog Heinrich von Bayern hätten untereinander Streit bekommen, lag es nahe, hier einen inhaltlichen Zusammenhang anzunehmen. Die Verschwörung wäre demnach durch die Personalpolitik Ottos ausgelöst worden, mit der er die Ambitionen der Adelsgruppen um Heinrich den Zänker durchkreuzte.

Man fand überdies Anhaltspunkte dafür, daß noch ein weiterer Konflikt im Königshaus mit diesen Auseinandersetzungen zusammenhängen könnte. Es kam nämlich in den ersten Jahren der Regierung Ottos II. offensichtlich zum Zerwürfnis zwischen den Kaiserinnen Adelheid und Theophanu. Wir sind hierüber vor allem durch die bösen Bemerkungen informiert, die Abt Odilo von Cluny in seiner Lebensbeschreibung der Adelheid über Theophanu machte. Dieser Konflikt trübte auch das Verhältnis der Kaiserin zu ihrem Sohn so sehr, daß Adelheid sich von seinem Hofe zurückzog und in ihre burgundische Heimat zurückkehrte – dies allerdings erst im Jahre 978, als durchaus noch andere Konflikte sie mit ihrem Sohn entzweit haben könnten – so namentlich die bewaffnete Auseinandersetzung zwischen Otto II. und dem westfränkischen König Lothar, der mit einer Tochter Adelheids aus ihrer ersten Ehe verheiratet war.

Was immer Ursache für die Animositäten und Konflikte am Königshof gewesen sein mag, die personellen Konstellationen ähnelten sehr den Zeiten des Liudolf-Aufstandes in den 50er Jahren: der Sohn Liudolfs, Otto, stand gegen den Sohn Heinrichs, der ebenfalls den Namen Heinrich trug. Adelheid schien wie damals mit der Heinrich-Linie verbündet, die im Gegensatz zu früher nun den König bekämpfte; während der Sohn Liudolfs, gleichfalls im Gegensatz zu früher, nun loyal zum regierenden König stand. Kaiser Otto II. reagierte auf die Nachrichten von der bayerisch-slawischen Konspiration sofort. Er sandte nach Beratung mit den Großen des Reiches den Bischof Poppo von Würzburg und den Grafen Gebhard zu Heinrich dem Zänker und lud ihn und alle seine Anhänger zu einem Hoftag. Falls sie sich weigern sollten zu erscheinen, wurde ihnen die Exkommunikation angedroht. Ein deutlicher Unterschied zu den in der Zeit seines Vaters üblichen Verhaltensmustern ist die Drohung mit dem ‚geistlichen Schwert' der Exkommunikation. Es wird nirgendwo angedeutet, warum man in diesem Fall auf dieses Mittel verfiel, das in den vielfältigen Konflikten der Zeit Ottos des Großen nicht benutzt worden war. Zuvor hatte es zuletzt Konrad I. und die Synode von Hohenaltheim gegen die schwäbischen ‚Kammerboten' Erchanger und Berthold angewendet.

Gewirkt hat es aber offensichtlich, denn Heinrich der Zänker stellte sich sofort mit allen Anhängern und bot dem Kaiser an, „daß er mit ihnen mache, was ihm gefiele" (Annales Altahenses a. 974). Damit benutzte er eine Formel, wie sie bei Unterwerfungsakten mehrfach bezeugt ist. Er unterwarf sich Otto also, noch bevor die Auseinandersetzung zu bewaffneten Aktionen geführt hatte. Dennoch fand Heinrich nicht die Verzeihung seines Vetters, er wurde vielmehr in Ingelheim in Haft gegeben, den Bischof Abraham von Freising schickte Otto nach Corvey, andere Helfer an andere Orte. Thietmar von Merseburg deutet sogar an, daß die Haft Heinrichs des Zänkers keine ehrenvolle war, er vielmehr sorgfältig bewacht wurde. Diese Maßnahmen nehmen sich vor dem Hintergrund vergleichbarer Handlungsweisen Ottos des Großen in ähnlicher Situation als ungewöhnlich aus. *Clementia* scheint hier nicht die oberste Richtschnur herrscherlichen Handelns gewesen zu sein.

Wir hören erst zum Jahre 976 davon, daß Heinrich der Zänker nach Bayern zurückgekehrt war – ob aus der Haft entlassen oder entflohen, ist nicht bekannt – und daß er gleich den Konflikt fortführte. Die Altaicher Annalen nennen nun als Grund für sein Verhalten: er habe die Herrschaft Ottos II. beansprucht. Ob dieser Vorwurf gerechtfertigt ist oder eine Diffamierung darstellt, können wir nicht entscheiden. Otto jedenfalls zog sofort mit einem Heer nach Bayern, belagerte Regensburg, wo sich Heinrich zu verteidigen suchte. Die Bischöfe im kaiserlichen Heer schleuderten nun den Bann gegen Heinrich und seine Helfer, von denen immerhin 27 genannt werden. Ihre Namen lassen sie vorrangig als Angehörige des bayerischen Adels erkennen, mit Markgraf Gunther von Merseburg und seinem Sohn Ekkehard wird die Liste aber von zwei sächsischen Hochadeligen angeführt. Ergänzend hören wir davon, daß auch der Billunger Egbert sowie der Bischof Heinrich von Augsburg zu den Anhängern des Zänkers gehörten. Wie zu Zeiten Ottos des Großen fand der Widerstand gegen den König auch Unterstützung im sächsischen Adel.

Heinrich dem Zänker ist von Regensburg aus die Flucht zum Böhmenherzog Boleslaw gelungen, während Otto II. an seiner Stelle den Schwabenherzog Otto auch als bayerischen Herzog einsetzte. Die beiden süddeutschen Herzogtümer waren somit in einer Hand vereinigt, was bis dato noch nicht praktiziert worden war. Allerdings wurde Kärnten von Bayern getrennt und zum Herzogtum erhoben, das Otto einem Liutpoldinger, Heinrich dem Jüngeren, übertrug. Ein Versuch des Kaisers zu einem Feldzug nach Böhmen nahm zwar zunächst ein kläliches Ende, doch gelang es Otto im Jahre 977 durch einen erneuten Zug nach Böhmen, den dortigen Herzog Boleslaw zum Versprechen der Unterwerfung zu bewegen. Danach belagerte er Heinrich den Zänker in Passau, zu dem erstaunlicherweise sein gleichnamiger Verwandter gestoßen war, den Otto doch gerade mit dem Herzogtum Kärnten bedacht hatte. Nach langer Belagerung zwang der Kaiser seine Gegner zur Unterwerfung und nahm sie wieder in Gnaden auf, wie der gut informierte Autor der Altaicher Annalen berichtet

Damit war die Angelegenheit jedoch noch nicht erledigt: Zum nächsten Osterfest kam Boleslaw von Böhmen in der Tat nach Quedlinburg zur versprochenen Unterwerfung. Er wurde ehrenvoll empfangen, gelobte Treue und wurde, mit königlichen Geschenken geehrt, in Frieden nach Hause entlassen. Seine Unterstützung Heinrichs des Zänkers hatte also keine Konsequenzen. Dieser selbst, Herzog Heinrich von Kärnten, Bischof Heinrich von Augsburg und Graf Ekbert wurden jedoch zur gleichen Zeit – wohl in Magdeburg – angeklagt und zum Exil verurteilt. Heinrich der Zänker wurde zu Bischof Folcmar von Utrecht geschickt, Bischof Heinrich ins Kloster Werden, die anderen an unbekannte Orte. Freigelassen wurde Bischof Heinrich schon nach vier Monaten, Heinrich der Zänker kam jedoch bis zum Tode Ottos II. nicht mehr frei. Er wurde wohl als ‚Wiederholungstäter' eingestuft. Nimmt man hierzu die Nachrichten, daß sein ältester Sohn, der spätere Kaiser Heinrich II., von seinen Eltern für den geistlichen Stand bestimmt und in Hildesheim erzogen wurde, dann spricht viel dafür, daß Otto II. die weltliche Herrschaft des Heinrich-Zweiges der Ottonen bei dieser Gelegenheit endgültig beenden wollte. Nach den Erfahrungen seines Vaters und den eigenen war dies wohl kein ganz unverständlicher Entschluß.

Schon vor den Konflikten im Süden war es im Westen des Reiches zu Unruhen gekommen, die zu ernsteren Auseinandersetzungen mit dem westfränkischen König Lothar führten. Zwei Brüder aus der alten lothringischen Herzogsfamilie der Reginare, Reginar und Lambert, die sich lange im Exil in Westfranken aufgehalten hatten, hatten nämlich 973 den Kampf um ihr väterliches Erbe aufgenommen und einen bewaffneten Überfall auf Niederlothringen verübt. Sie wiederholten diesen Versuch im Jahre 976, dieses Mal mit Unterstützung des Bruders des westfränkischen Königs Lothar, der den Namen Karl trug und im Westen keine selbständige Herrschaftsposition innehatte. In mehreren Kämpfen mit lothringischen Amtsträgern gab es keine eindeutige Entscheidung, so daß Otto den Konflikt schließlich dadurch beizulegen versuchte, daß er den beiden Brüdern den väterlichen Besitz soweit möglich zurückgab und überdies den Bruder des westfränkischen Königs zum Herzog von Niederlothringen ernannte. Dies war aus verschiedenen Gründen ein Affront gegen dessen Bruder König Lothar, nicht zuletzt deshalb, weil Karl die Königin Hemma, eine Tochter der Kaiserin Adelheid, offen des Ehebruchs mit Bischof Adalbero von Laon bezichtigt hatte.

Ob es nun die überraschende Ernennung seines Bruders Karl zum Herzog im Nachbarreich oder ein anderer Grund war: König Lothar fiel jedenfalls 978 mit einem Heer überraschend in Niederlothringen ein. Auf die Kunde, daß sich Otto II. und die Kaiserin Theophanu in Aachen aufhielten, wandte er sich gegen diesen Ort. Es wird berichtet, Otto II. sei so überrascht von diesem Angriff gewesen, daß er sich selbst zu Pferd von dem herannahenden Heer König Lothars überzeugte. Nur mit knapper Not konnte das Kaiserpaar entkommen und nach Köln fliehen. Die Krieger Lothars aber drehten einen auf der Pfalz Karls des Großen angebrachten Adler in die entgegengesetzte Richtung. Nach dieser Demonstration zog sich Lothars Heer nach Westen zurück, sei es, daß man von vorne herein nichts anderes geplant hatte, sei es, daß die Reaktion Ottos auf den Affront dies geraten sein ließ.

Otto sammelte nämlich noch im gleichen Jahr ein großes Heer und fiel nun seinerseits in das Westreich ein, hier bedeutende Orte verwüstend: so Attigny, Soissons, Compiègne. Im Unterschied zu Lothar kündigte er seinen Einfall aber für den 1. Oktober an: „das Reich *(imperium)* käme, das *regnum* (Lothars) hart zu strafen". Seinen Höhepunkt hatte dieser Zug in der Belagerung von Paris, das Herzog Hugo für König Lothar verteidigte. Der Einbruch des Winters verhinderte jedoch eine längere Belagerung, so daß das Heer Ottos sich wieder zurückzog. Zuvor ließ Otto jedoch alle Kleriker auf dem Montmatre aufstellen und aus voller Kehle ein Halleluja anstimmen, das durch ganz Paris schallte. Auch die Tatsache, daß es beim Rückzug des Heeres noch zu Kampfhandlungen kam, die für das Heer Ottos unglücklich ausgingen, hat nichts daran geändert, daß man den Zweck des Zuges als erfüllt ansah. In die Flucht geschlagen, wie es spätere Mythen wollten, hatte Lothar Otto zweifellos nicht. So konnten beide Herrscher auch bereits im Jahre 980 in Margut-sur-Chiers zusammentreffen und den Frieden durch den Abschluß einer *amicitia* wiederherstellen. Ob es bei diesen Konflikten wirklich um die Rückgewinnung bzw. Verteidigung des Herzogtums Lothringen gegangen war und nicht um Rache für wechselseitig empfundene Brüskierungen, ist nicht so sicher, wie es die moderne Geschichtsschreibung im Banne deutsch-französischer Gegensätze lange dargestellt hat.

Nachdem auch dieser Konfliktherd beseitigt schien, rüstete Otto zu seinem ersten Italienzug nach dem Tode des Vaters. Hier war es seit 972, dem Jahr des Abzugs der beiden Kaiser, im wesentlichen ruhig geblieben. Markgraf Pandulf, genannt der Eisenkopf, hatte großen Anteil daran, daß im Süden Italiens Auseinandersetzungen um die Herrschaft in Salerno nicht eskalierten. Er etablierte dort die Mitherrschaft seines gleichnamigen Sohnes neben dem bedrängten Herzog Gisulf. In Rom kam es zwar nach dem Tode Johannes XIII. zu Kämpfen um die päpstliche Würde, bei denen der Nachfolger Benedikt VI. sogar erdrosselt wurde. Doch ein kaiserlicher Funktionsträger, Graf Sikko, vertrieb einen von einer römischen Adelsfraktion erhobenen Papst und zwang ihn zur Flucht nach Byzanz. Auf dem Stuhl Petri setzte sich als Benedikt VII. der Bischof von Sutri durch, der ein Anhänger der Kirchenreform war. Doch wie auch sonst häufig, wurde er von dem aus Byzanz zurückgekehrten Papst Bonifaz VII. verdrängt und wandte sich an den Kaiser um Hilfe.

Nach Italien reiste der Kaiser mit seiner Gemahlin Theophanu und dem im gleichen Jahr geborenen Thronfolger Otto III., jedoch ohne ein größeres Heer. Dies läßt Rückschlüsse auf seine Beurteilung der Lage in Rom und Italien zu. Stellvertreter im Reich wurde der Mainzer Erzbischof Willigis, dem Papst Benedikt VII. im Jahre 975 gerade die Präeminenz vor allen Erzbischöfen des Reiches verliehen hatte. Überdies war 976 das Bistum Prag eingerichtet und dem Mainzer Metropolitanverband zugeordnet worden. Man hat dies wohl zu Recht als eine Entschädigung für die von Mainz abgegebenen Bistümer Brandenburg und Havelberg angesehen.

In Pavia traf die Kaiserfamilie mit der Kaiserin Adelheid zusammen, die Otto durch den Abt Maiolus von Cluny um Versöhnung gebeten hatte. Odilo von Cluny beschreibt die Begegnung zwischen Mutter und Sohn sehr eindringlich: Weinend hätten sich beide voreinander zu Boden geworfen. An den Kaiserhof gekommen war auch Erzbischof Adalbero von Reims und in seinem Gefolge einer der berühmtesten Gelehrten seiner Zeit, aber auch eine der schillernsten und durchaus nicht unumstrittenen Persönlichkeiten, wie sich später erweisen sollte: Gerbert von Aurillac, zu dieser Zeit Domscholaster in Reims. Der Hof reiste mit seinen Gästen zu Schiff nach Ravenna, wo man das Weihnachtsfest feierte. Hier fand der Kaiser Zeit, einem wissenschaftlichen Streitgespräch zwischen Gerbert und dem ehemaligen Leiter der Magdeburger Domschule, Ohtrich, der in dieser Zeit in der Hofkapelle Dienst tat, beizuwohnen. Thema war die Einteilung der Wissenschaften, und es scheint, als habe Gerbert seinem Gegner das Leben sehr schwer gemacht, bis der Kaiser beendigend in den Disput eingriff und seinem Kapellan so die Beschämung einer Niederlage ersparte. Zwar war Gerbert den Ottonenkaisern schon ein Jahrzehnt zuvor vorgestellt worden; durch diesen Disput aber hatte er die Achtung Ottos II. gewonnen, der ihm einige Zeit später die Abtswürde der reichen Abtei Bobbio übertrug.

Das Osterfest feierte Otto mit seiner ansehnlichen Begleitung, zu der noch eine ganze Reihe von Reichsbischöfen und -fürsten gehörten, dann in Rom. Es bereitete auch ohne Heer offensichtlich keine Schwierigkeiten, Benedikt VII. nach Rom zurückzuführen; der Gegenpapst floh erneut nach Byzanz. Zu den Teilnehmern der österlichen Feiern gehörte neben dem burgundischen Königspaar Konrad und Mathilde auch der westfränkische Herzog Hugo Capet. Dessen Besuch hatte eine erhebliche politische Dimension, war doch Hugos Verhältnis zu König Lothar, mit dem Otto kurz zuvor Frieden und Freundschaft geschlossen hatte, in dieser Zeit durchaus gespannt. Otto gewährte jedoch auch Hugo freundliche Aufnahme und intensive Gespräche, die zum Abschluß einer *amicitia* führten.

Probleme aus der sächsischen Heimat holten Otto dann im Sommer des Jahres 981 ein, als in Magdeburg der erste Erzbischof Adalbert verstarb. Nichts hatte seit 968 darauf hingedeutet, daß die Schwierigkeiten nach der Einrichtung der neuen Bistümer fortdauerten. Jetzt aber offenbarten sich diese sehr abrupt, denn Otto II. erhob den Merseburger Bischof Giselher zum Nachfolger Adalberts in Magdeburg und nutzte diese Gelegenheit zugleich, das Bistum Merseburg aufzuheben. Seine Besitzungen wurden teils Halberstadt zurückgegeben, teils dazu benutzt, die neuen Bistümer Zeitz und Meißen zu stärken. Einige Burgen gingen mit Giselher in den Besitz Magdeburgs über.

Thietmar von Merseburg, der nicht zuletzt deshalb seine Chronik niederschrieb, damit die Zerstörung Merseburgs und ihre Folgen der Erinnerung gegenwärtig blieb und sich nicht wiederholen konnte, hat überaus detailliert und genauso parteiisch den Hergang beschrieben und die Beteiligten an dem aus seiner Sicht frevelhaften Tun mehr oder weniger deutlich benannt und angeklagt. Die einschlägigen Kapitel geben tiefe Einblicke in die Methoden, mit denen solche Entscheidungen vorbereitet wurden, und lassen das Kräftespiel der Einflußnahme wie die Gerüchte ahnen, die sich um diesen Vorgang rankten. Nach dieser Schilderung wurden beim Tode Adalberts in Magdeburg sofort Klerus und Volk aktiv und wählten Ohtrich, den ehemaligen Leiter der Domschule, zu seinem Nachfolger. Feierlich hatte Otto II. selbst kurz zuvor (980) den Magdeburgern dieses Wahlrecht verbrieft. Ohne weitere Kommentare fügt Thietmar diesem Wahlbericht an, daß Erzbischof Adalbert sich zu Lebzeiten in sehr spektakulärer Form gegen eine Nachfolge Ohtrichs in Magdeburg gewandt hatte. Selbst nach seinem Tode sei er noch dem Dompropst Walthard erschienen und habe diesem versichert, daß Ohtrich niemals sein Nachfolger würde.

Den Sinn dieser Nachrichten versteht der Leser erst nach der Lektüre der nächsten Kapitel. Die Magdeburger schickten nämlich nach ihrer Wahl wie üblich eine Delegation nach Italien, um den Kaiser zur Zustimmung zu ihrer Entscheidung zu bitten. Sie näherten sich, gleichfalls wie es üblich war, dem Kaiser jedoch nicht direkt, sondern wählten sich als ihren Fürsprecher den Bischof Giselher von Merseburg aus, der am Hofe Ottos in Italien weilte. Er sollte Otto II. ihr Anliegen vortragen und sich für sie verwenden. Giselher versprach auch, dieses zu tun, „doch nur sich selbst erwies er sein äußerstes Wohlwollen in der ganzen Angelegenheit. Als er nämlich seine Kenntnis dem Caesar zu

Gehör brachte, warf er sich ihm flehend zu Füßen, erbat den versprochenen und lange fälligen Lohn für seine langjährigen Bemühungen und erlangte ihn mit Gottes Willen sofort" (Thietmar, III, 13).

Nachdem er so den Kaiser auf seine Seite gezogen hatte, habe Giselher dann alle Fürsten und insbesondere die römischen Richter bestochen, um sein Vorhaben ins Werk zu setzen. Auch die Hilfe Papst Benedikts VII. habe er erlangt. Man habe in Rom eine Synode abgehalten, auf der der Papst diese Richter – womit stadtrömische Bischöfe gemeint sind – gefragt habe, „ob Giselher zum Erzbischof von Magdeburg befördert werden dürfe; einen festen Sitz habe er ja nicht, vielmehr sei der seine (also Merseburg) dem Bischof Hildiward von Halberstadt unrechtmäßig entzogen worden, wie dieser immer geklagt habe" (ebd. III, 14).

Die Antwort war, daß eine solche Erhebung den kanonischen Bestimmungen nicht widersprechen würde. Das war in der Tat richtig, wenn die Voraussetzung stimmte, daß nämlich die Gründung Merseburgs ein Unrecht an Halberstädter Rechten bedeutete. Mit dieser Entscheidung trat die römische Synode in eklatanten Widerspruch zur Synode von Ravenna im Jahre 968, die von der Zustimmung Hildiwards zur Gründung Merseburgs und von seiner Bereitschaft ausgegangen war, freiwillig Teile seiner Diözese abzutreten.

Die Entscheidung wurde auch sogleich in die Tat umgesetzt, wozu des Kaisers Vertrauter, Bischof Dietrich von Metz, den neuen Erzbischof Giselher nach Magdeburg begleitete. Dietrich von Metz sorgte offensichtlich dafür, daß die Aufteilung Merseburgs unter die verbleibenden Bistümer reibungslos vonstatten ging. Für ihn hatte Thietmar nur Verachtung: „Dieser war ein einflußreicher Freund des Caesar und gehörte zu den Bestochenen; 1000 Pfund Gold und Silber hatte er für die Verdunkelung der Wahrheit vom Erzbischof erhalten. Einmal bot ihm einer auf Geheiß des Kaisers scherzhaft den Morgengruß: Gott sättige dich im Jenseits mit Gold, wir hier können es alle nicht" (ebd. III, 16). Was Thietmar bei aller Empörung ungesagt sein läßt, wenn er es denn klar durchschaute, ist die Tatsache, daß sich hier eine Zusammenarbeit der Bischöfe Adalbert von Magdeburg, Hildiward von Halberstadt und Giselher von Merseburg mit Otto II.

und seinen engsten Ratgebern abzeichnet, die eine wesentliche Revision der Gründungskonzeption Ottos des Großen zum Ziel hatte. Die Entscheidung zu dieser Revision dürfte schon zu Lebzeiten Adalberts gefallen sein, worauf dessen Stellungnahmen gegen seine potentiellen Magdeburger Nachfolger hindeuten. Der Grund für diese Revision dürfte gewesen sein, daß die materiellen Grundlagen für die vielen neuen und alten Bistümer als unzureichend angesehen wurden. Den kanonisch zureichenden Grund für die Revision aber lieferte Hildiward von Halberstadt mit seiner Behauptung, die Diözese Merseburg sei unrechtmäßig dem Bistum Halberstadt entzogen worden. Ausgerechnet das Bistum, das Otto der Große dem Tagesheiligen der Lechfeldschlacht, Laurentius, gelobt hatte, fiel damit der Neuordnung zum Opfer.

Selten jedoch hat die Entscheidung eines Herrschers nach mittelalterlichen Vorstellungen so unmittelbar den Zorn Gottes heraufbeschworen wie die Aufhebung des Bistums Merseburg. Fast triumphierend beginnt denn auch Thietmar seine diesbezüglichen Schilderungen mit dem Hinweis: „Doch nun beachte die Folgen dieser Zerstörung, lieber Leser" (III, 16). Dann schilderte er in falscher chronologischer Reihenfolge, was nach der Auflösung Merseburgs passierte: den großen Slawenaufstand (983), den unglücklichen Feldzug Ottos II. nach Süditalien mit der verlustreichen Niederlage bei Cotrone (982) und schließlich den überraschenden Tod des 28jährigen Herrschers. Dies alles waren für Thietmar – und gewiß nicht nur für ihn – Folgen der „Sünde" Ottos II., Merseburg aufzulösen. Und in der Tat konnte die dichte Folge der Katastrophen nachdenklich machen. Doch der Reihe nach.

Einen Grund zum Eingreifen in Süditalien gaben Otto in ihrer Intensität zunehmende Angriffe der Sarazenen unter der Führung des Emirs Abul Kassim auf das süditalienische Festland. Sie wurden erleichtert durch eine Herrschaftskrise in Byzanz nach dem Tode des Johannes Tzimiskes (976), die Byzanz als Abwehrkraft gegen die arabischen Angriffe einige Zeit ausfallen ließ. Die von den Sarazenen ausgehende Gefahr vergrößerte sich gewiß durch den 981 erfolgten Tod des Pandulf ‚Eisenkopf', dem zuletzt die Fürstentümer in Capua und Benevent sowie das Herzogtum Spoleto übertragen waren. In der Nachfolgefrage kam es zu einigen Wirren, so daß die Anwesenheit des Kaisers sicherlich hilfreich, wenn nicht erforderlich war. Otto II. hat sich auf dieses Unternehmen sorgfältig vorbereitet, wie wir nicht zuletzt aus jenem Heeresaufgebot wissen, mit dem er geistliche und weltliche Große mit einer jeweils exakt genannten Zahl an Panzerreitern zu sich nach Italien bestellte: „Bischof Erkenbald (von Straßburg) soll 100 Panzerreiter schicken; der Abt von Murbach führe 20 mit sich; der Bischof Balzo (von Speyer) schicke 20; der Bischof Hildebald (von Worms) führe 40 ...". Insgesamt wurden so 2100 Panzerreiter aufgeboten, die entweder von ihren Herren persönlich angeführt oder nach Italien geschickt werden sollten. Sie sollten aus allen Teilen des Reiches mit Ausnahme Sachsens kommen, das mit der Abwehr der Slawen offensichtlich genügend beschäftigt war. Rund 80 Prozent der Kontingente stellten die geistlichen Institutionen, was ihre Bedeutung auch für die militärische Stärke der ottonischen Herrschaft deutlich zum Ausdruck bringt. Da die angeforderten Kontingente sich mit denjenigen Kriegern vereinigten, die bereits in Italien waren, ohne daß wir deren Größenordnung kennen, ist davon auszugehen, daß Otto II. ein großes Heer für den beabsichtigten Zug zur Verfügung stand.

Man kann also gewiß nicht sagen, daß der Zug Ottos nach Kalabrien überstürzt und schlecht vorbereitet durchgeführt worden wäre. Dennoch war sein Verlauf desaströs. Zwar gelang zunächst die Einnahme von Salerno, wo Otto das Weihnachtsfest 981 feierte und den weiteren Zug des Jahres 982 plante. Ostern feierte er in Tarent, während der Emir von Sizilien aus auf das Festland übersetzte und entschlossen war, den Kampf um Süditalien aufzunehmen. Am 15. Juli kam es am Cap Colonne in der Nähe von Cotrone (heute Crotone) zur Schlacht zwischen den beiden Heeren, die zunächst für das ottonische Heer siegreich verlief. Der Emir fiel sogar in dieser Schlacht. Dann aber griffen sarazenische Reserven überraschend in die Kämpfe ein, und das Blatt wandte sich völlig. Die Truppen Ottos wurden vollständig geschlagen; zum ersten Mal seit den verheerenden Ungarneinfällen zu Beginn des Jahrhunderts hatte man wieder unzählige Tote zu beklagen, unter ihnen mehrere Bischöfe und viele Grafen aus allen Teilen des Reiches. Die Memorialverzeichnisse verschiedener geistlicher Institutionen nennen lange

Namenreihen der Gefallenen und fügen noch hinzu: „getötet mit vielen anderen".

Der Kaiser selbst geriet in höchste Lebensgefahr und rettete sich schließlich schwimmend auf ein byzantinisches Schiff, was die Gefahr jedoch nur verlagerte. Der Kapitän des Schiffes bemerkte nämlich, welch wertvollen Passagier er an Bord genommen hatte und plante, mit dem Kaiser nach Byzanz zu segeln, wohl um sich eine hohe Belohnung für den Gefangenen zu verdienen. Durch eine List gelang es Otto schließlich, vor Rossano vom Schiff zu springen und schwimmend das rettende Ufer zu erreichen. Das für ihn persönlich glückliche Ende änderte jedoch nichts daran, daß an eine Fortführung des Feldzugs nicht zu denken war und Otto sich über Capua nach Rom zurückziehen mußte. Auch auf diesem Wege rissen die Hiobsbotschaften nicht ab, denn den Kaiser erreichte die Nachricht vom Tode Herzog Ottos von Schwaben und Bayern sowie des fuldischen Abtes Werinher, die wohl nicht mehr in unmittelbarem Zusammenhang mit der Schlacht von Cotrone standen. Mit Herzog Otto war dem Kaiser jedoch die wichtigste weltliche Stütze genommen und wohl auch ein ihm persönlich nahestehender Verwandter verstorben.

Die im Reich verbliebenen Großen sandten nach Erhalt der Unglücksbotschaft ein Schreiben an den Kaiser, in dem sie dringend ein Treffen verlangten. Und in der Tat kam Otto im Mai nach Verona zu einem Hoftag, auf dem eine Reihe wichtiger personeller Entscheidungen fielen. Die Herzogtümer Bayern und Schwaben wurden neu besetzt: In Bayern trat mit Heinrich jener Angehöriger des alten liutpoldingischen Herzogsgeschlechts die Nachfolge an, der als Herzog von Kärnten an der Erhebung Heinrichs des Zänkers teilgenommen hatte und deshalb abgesetzt worden war. Er wurde jetzt also rehabilitiert, während der Zänker weiter in Utrecht in Haft blieb. Schwaben erhielt Konrad aus dem Geschlecht der Konradiner, ein Bruder des bei Cotrone gefallenen Grafen Udo. Wie so häufig erfahren wir kein Wort darüber, welche Kräftegruppen sich für die beiden neuen Herzöge eingesetzt haben, und wir erfahren auch nicht, ob überhaupt die Frage thematisiert wurde, Heinrich den Zänker in den Herrschaftsverband zu reintegrieren.

In Verona fiel aber noch eine andere personelle Entscheidung, die gerade im Zusammenhang dieses Hoftages ein wenig überraschend ist. Die Großen wählten nämlich den dreijährigen Otto III. zum König, und das Kind wurde von Verona aus auch gleich nach Aachen geleitet, wo es von Erzbischof Willigis von Mainz und dem Erzbischof Johannes von Ravenna zum König gesalbt und gekrönt werden sollte. Wir haben keine nähere Erklärung dafür, warum gerade zu dieser Zeit die Sicherung der Thronfolge des minderjährigen Königssohnes auf der Tagesordnung stand. Wie wichtig diese Entscheidung werden sollte, war in Verona gewiß nicht abzusehen. So bleiben politische Reaktionen der Großen des Reiches auf die Katastrophe von Cotrone, wie sie die Forderung nach einem Zusammentreffen mit dem Kaiser anzudeuten scheinen, in den faßbaren Ergebnissen des Hoftages eher verborgen. Der Kaiser kehrte nach diesem Hoftag denn auch nach Süditalien zurück, ohne daß sicher zu sagen wäre, was mit dieser Rückkehr in den Süden eigentlich bezweckt war. Ein größeres Heer scheint ihn nicht begleitet zu haben. Wir wissen von dieser Reise überhaupt nur auf Grund einiger Königsurkunden, und Otto wandte sich nach Rom zurück, als der Tod Papst Benedikts VII. seine Anwesenheit in Rom ratsam erscheinen ließ.

In der Zwischenzeit hatte sich jedoch in Sachsen die nächste Katastrophe ereignet. Die slawischen Stämme östlich der Elbe hatten sich in konzertierter Aktion erhoben und die dortigen Grundlagen der sächsisch-ottonischen Herrschaft mit einem Schlage erschüttert. Der Abodritenfürst Mistui überfiel Hamburg und zerstörte es, Liutizen und Heveller griffen die Bischofsstadt Havelberg an und töteten am 29. Juni Bischof Dudo; wenig später eroberten sie die Brandenburg mit dem zweiten Bischofssitz im Slawenland. Hier floh der Bischof, doch die Slawen rissen seinen Vorgänger aus dem Grabe und plünderten die Leiche aus. Es scheint, als seien mit einem Schlage alle Erfolge der Missions- und Ostpolitik der vergangenen Jahrzehnte zunichte gemacht worden.

Unsicher ist, ob die Niederlage in Süditalien als Auslöser des slawischen Angriffs angesehen werden darf. Thietmar, unsere Hauptquelle, nennt die „Überheblichkeit" des Markgrafen Dietrich als Ursache der Erhebung. Adam von Bremen und Helmold von Bosau erzählen eine Geschichte, die diesen Vorwurf konkretisiert. Dem Slawenfürsten Mistui sei eine Eheverbindung zwischen seinem Sohn und einer Nichte des sächsischen Herzogs Bernhard in Aussicht gestellt worden. Daraufhin habe er 1000 Reiter zum Italienzug Ottos II. gestellt, die dort alle umgekommen seien. Gegen die Ehe habe der Markgraf Dietrich dann dennoch Einspruch erhoben mit der Bemerkung, man dürfe die Verwandte des Herzogs nicht einem Hunde geben. Unabhängig von der Faktizität dieser Geschichte gibt sie einen guten Einblick in Vorurteile und Dünkel, wie sie gewiß nicht nur auf sächsischer Seite bestanden. In einer solchen Atmosphäre konnte schon die Nachricht der Katastrophe in Unteritalien die Funktion des Funkens übernehmen, der das Pulverfaß zur Explosion brachte. Jedenfalls spricht die Dynamik des slawischen Angriffs gegen die Einschätzung, die Erhebung der Slawen sei lediglich durch die Überheblichkeit eines Markgrafen ausgelöst worden.

Den vereinigten weltlichen und geistlichen Großen Sachsens, unter ihnen Erzbischof Giselher und Bischof Hildiward von Halberstadt, gelang es insgesamt lediglich, einen Einbruch der Slawen in die Gebiete westlich der Elbe zu unterbinden. Ein sächsischer Heerbann schlug die Slawen in der Altmark und trieb sie in die Flucht. Dennoch waren die Konsequenzen dieser slawischen Erhebung gravierend. Es genügt zu bemerken, daß es bis ins 12. Jahrhundert dauerte, ehe die Bistümer Brandenburg und Havelberg von ihren Bischöfen wieder aufgesucht werden konnten. Das Erzbistum Magdeburg hatte nach der Aufhebung Merseburgs nun das zweite und dritte Suffraganbistum verloren und war selbst zur Bischofsstadt an einer gefährdeten Grenze geworden. Thietmar von Merseburg bringt diesen Slawenaufstand als erste Konsequenz der Aufhebung des Bistums Merseburg – und er dürfte nicht der einzige gewesen sein, der diesen Zusammenhang annahm.

Noch im gleichen Jahr folgte die dritte Katastrophe: Otto II. starb am 7. Dezember 983 in Rom. Er hatte eine Erkrankung durch eine Gewaltkur zu bezwingen versucht, was mißlang. Es blieb ihm lediglich noch Zeit, sein Geld aufzuteilen: einen Teil schenkte er den Kirchen, einen den Armen, einen seiner Schwester Mathilde, den vierten seinen Dienern und Kriegern. Dann beichtete er seine Sünden in lateinischer Sprache dem Papst und den anwesenden Bischöfen und Priestern, erhielt die Absolution und verschied. Begraben wurde er als einziger der vielen Kaiser in Rom im Atrium der Peterskirche. Thietmar von Merseburg nahm die gerade zitierte Schilderung seines Todes zum Anlaß, ein Gebet anzufügen: „Nun aber flehe ich demütig ... zu Gott und zum Herrn des Himmels und der Erde, er möge ihm gnädig nachsehen, was er jemals hier gegen meine Kirche gesündigt hat ... kraft der mir unverdient übertragenen Vollmacht spreche ich ihn los, bitte auch dich, meinen Nachfolger, inständig: Verzeih ihm immer von ganzem Herzen, wie es in der letzten Not keinem verweigert werden darf" (III, 25). So formuliert wohl nur jemand, der zutiefst davon überzeugt war, daß die „Sünde" der Aufhebung Merseburgs die Strafe Gottes nach sich gezogen hatte.

Zehn Jahre waren dem Sohn Ottos des Großen vergönnt zu regieren. Konfrontiert wurde er im wesentlichen mit Problemen, die ihm die Politik seines Vaters überlassen hatte: mit den Machtverhältnissen in Unteritalien, mit den Folgen der Gründung des Erzbistums Magdeburg, mit Herrschaftsansprüchen der Königsverwandten und mit den heidnischen Elbslawen. Fortüne kann man ihm gewiß nicht bescheinigen, doch besteht auch wenig Anlaß, ihn der Unfähigkeit zu zeihen, ein großes Erbe zu bewahren. Sein früher Tod als 28jähriger läßt ein Urteil über seine ‚Lebensleistung' kaum zu.

V. Otto III.

1. Die Krise der Nachfolge und die Zeit der Vormundschaft

Der Tod eines Herrschers brachte für mittelalterliche Reiche immer eine Situation der Unsicherheit und Unwägbarkeit mit sich, weil Herrschaft in dieser Zeit personal begründet war. Dies bedeutet konkret, daß mit dem Wechsel an der Spitze des Herrschaftsverbandes auch Wechsel auf den nächsten Rängen verbunden waren, denn der neue Herrscher baute in aller Regel seine engste Umgebung neu auf. Es gab mehr oder weniger große Veränderungen in den Personenkreisen, die seine Gunst und Zugang zu ihm hatten. Besonders gefährdet war die Stabilität eines Reiches jedoch dann, wenn es bei der Frage der Nachfolge verschiedene Optionen gab. Genau dies aber war 983 der Fall.

Zwar hatte Otto II. Pfingsten 983 seinen dreijährigen Sohn Otto in Verona zum Mitkönig erheben lassen, das Kind war anschließend nach Aachen geleitet und von den Erzbischöfen Johannes von Ravenna und Willigis von Mainz zum König geweiht worden. Mitten in diese Weihe soll der Bote mit der Trauernachricht vom Tode Ottos II. geplatzt sein und dem Fest so ein abruptes Ende bereitet haben. Es zeigte sich schnell, daß diese Schritte keine Gewähr für eine reibungslosen Übergang der Herrschaft boten. Mehrere Gründe sind plausibel, die Magnaten – unter ihnen vor allem Bischöfe – veranlaßten, vor der längeren Herrschaft eines Minderjährigen zurückzuschrecken. Für eine solche Haltung gab es schon alttestamentliche Schützenhilfe: „Wehe dem Land, dessen König ein Kind ist, und dessen Fürsten in der Frühe tafeln" (Prediger 10, 16). Die ungelösten und drängenden Probleme der Gegenwart – allen voran die Situation an der Slawengrenze, aber gewiß auch die in Italien – verlangten nach einer tatkräftigen Regierung, wie es eine Vormundschaft von wem auch immer kaum gewährleisten konnte.

Die Frage der Vormundschaft aber potenzierte gerade in diesem Fall das Problem: Der nächste männliche Verwandte war nämlich Heinrich der Zänker, seit fünf Jahren in Utrecht in Haft. Wie selbstverständlich wurde er auf die Nachricht vom Tode des Kaisers von Bischof Folcmar freigelassen und machte sofort seine Rechte geltend. Nach Verwandtschaftsrecht *(ius propinquitatis)* ließ er sich den jungen Otto von Erzbischof Warin von Köln aushändigen, was dieser auch tat ohne Schwierigkeiten zu machen. So befremdlich es für den modernen Beobachter sein mag, nach den Vorstellungen der Zeit war es keine Frage, Heinrich der Zänker konnte nach dem Tode Ottos II. wieder einen angemessenen Platz im Herrschaftsverband beanspruchen. Welcher das war, stand gewiß nicht fest, sondern hing davon ab, wieviel Unterstützung Heinrich für seine Pläne erhalten würde. Daß damit ein Konflikt drohte, kann man lediglich aus einem überraschenden Verhalten der weiblichen Mitglieder des Herrscherhauses folgern: die Kaiserinnen Theophanu und Adelheid wie die Äbtissin Mathilde von Quedlinburg blieben nach dem Tode Ottos II. nämlich ein halbes Jahr in Italien und kehrten erst ins Reich zurück, als sich eine Vermittlungslösung in der Frage der Thronfolge abzeichnete. Sie haben mit anderen Worten zunächst Heinrich dem Zänker das Feld überlassen. Und dies gewiß nicht, weil sie in ihm von vornherein den geeigneten Vormund für das königliche Kind sahen.

Was dieser nach seiner Freilassung plante oder im Schilde führte, ist bis heute strittig. Unzweifelhaft zielten seine Pläne auf aktive Teilhabe an der Königsherrschaft. Unsicher ist jedoch noch immer, ob er seinen jungen Verwandten, dem viele Große bereits gehuldigt hatten und der auch in Aachen zum König geweiht worden war, aus dem Amt verdrängen wollte, oder ob er sich lediglich als Mitregent zu etablieren trachtete. Die Quellenaussagen bezüglich der Ziele Heinrichs sind nicht ganz klar, es gibt Anhaltspunkte für die eine wie für die andere Annahme. Unstrittig ist jedoch, daß er sehr zielstrebig zu Werke ging und direkt nach seiner Freilassung umfangreiche Aktivitäten entfaltete.

Durch Boten vereinbarte er nämlich mit dem westfränkischen König Lothar, der ja in gleichem Grade wie er mit dem jungen Otto III. verwandt war, ein Treffen in Breisach, um dort mit ihm ein Freundschaftsbündnis zu schließen. Angeblich soll er ihn mit dem Versprechen geködert haben, er sei bereit, ihm Niederlothringen (Belgica) zu überlassen, wo zu dieser Zeit ja Lothars Bruder Karl als Vasall des Reiches herrschte. Aus ungeklärten Gründen hat Heinrich dann jedoch den Weg in den Süden gescheut und sich nach Sachsen begeben. In Lothringen kam es danach zur ersten definitiven Entscheidung wichtiger Großer für Otto III. Die westfränkischen Könige Lothar und Ludwig trafen sich in Lüttich mit lothringischen Großen, unter ihnen Herzog Karl von Niederlothringen, Erzbischof Egbert von Trier und Bischof Dietrich von Metz. Man legte sich eidlich fest, das Königtum Ottos III. zu unterstützen und Heinrich entgegenzuwirken.

In Sachsen hat Heinrich jede Gelegenheit wahrgenommen, seine Ansprüche auf die Königswürde öffentlich deutlich zu machen und die Großen zur Anerkennung dieser Ansprüche zu bewegen. Thietmar von Merseburg hat unter Benutzung der Quedlinburger Annalen diese Aktivitäten des Zänkers ausführlich gewürdigt, so daß wir die Art und Weise gut nachvollziehen können, auf die er versuchte, seine Anerkennung als König durchzusetzen. Thietmars Ausführungen lassen nicht den Schluß zu, es sei bei diesen Aktivitäten nur um eine Mitherrschaft neben Otto III. gegangen.

Gleich zu Beginn seiner Schilderung notiert Thietmar einen gravierenden Fehler Heinrichs: Bereits in Corvey seien dem Zänker die beiden sächsischen Grafen Dietrich und Siegbert, zwei Brüder, entgegen gekommen und hätten ihn barfüßig um Verzeihung gebeten. Er jedoch habe ihnen diese verweigert. Nicht gesagt wird, wofür die Grafen um Verzeihung baten. Heinrich scheint mit dieser Verhaltensweise eine Chance vertan zu haben, denn auf herrscherliche Milde (*clementia*) erhoben Adlige im 10. Jahrhundert geradezu Anspruch. Viele Konfliktfälle sind mittels der Bitte um und der Gewährung von Verzeihen beendet worden. Dieser Praxis erteilte Heinrich hier eine demonstrative Absage, was nicht ohne Konsequenzen blieb. Die Grafen zogen die Konsequenz, von nun an alle ihre „Verwandten und

Freunde dem Dienste des Herzogs abspenstig zu machen" (Thietmar, IV, 1). Was Heinrich zu seinem politisch gewiß nicht klugen Verhalten veranlaßte, bleibt leider ungesagt. Thietmar erzählt diese Begebenheit sachlich und ohne Parteinahme für die eine oder die andere Seite, wie er überhaupt – im Unterschied zu den Quedlinburger Annalen – mit negativen Bewertungen des Zänkers überaus zurückhaltend ist. Diese nicht unfreundliche Neutralität erklärt sich nicht zuletzt daraus, daß der Sohn des Zänkers, Kaiser Heinrich II., Merseburg wieder eingerichtet und Thietmar zum Bischof erhoben hatte.

In Sachsen lud Heinrich alle Großen zur Feier des Palmsonntags nach Magdeburg ein, ganz wie es Brauch der ottonischen Könige war. Dabei versuchte er in Verhandlungen, ihre Zustimmung zu seiner Königserhebung zu bekommen. Die Mehrzahl der Großen soll diese Zustimmung mit dem Argument verzögert haben, sie müßten erst die Erlaubnis des Königs, dem sie bereits geschworen hätten, einholen. Als Heinrich bei diesen Verhandlungen den Zögernden seinen Unwillen (*indignatio*) zeigte, entfernten sich diese und berieten insgeheim darüber, wie man sein Vorhaben vereiteln könne. Heinrich hat in Magdeburg also offen um Unterstützung für sein Königtum geworben – dies jedoch nicht mit durchschlagendem Erfolg. Immerhin war seine Anhängerschaft so zahlreich, daß Heinrich zum Osterfest Quedlinburg aufsuchen konnte, damit wiederum die Tradition der Festgewohnheiten der ottonischen Könige aufnehmend. Viele Große des Reiches seien zu diesem Fest in Quedlinburg erschienen. Andere entsandten Beobachter, um nicht zur Teilnahme an den Ritualen genötigt zu werden, die man von Heinrich bei dieser Gelegenheit erwarten durfte. Und in der Tat wurde er „während dieses Festes von den Seinen öffentlich als König bezeichnet und durch kirchliche Lobgesänge geehrt" (Thietmar, IV, 2). Anwesende waren bei solchen Akten zum Mitmachen genötigt, so daß Fernbleiben eine notwendige Reaktion derjenigen war, die in der Frage der Thronfolge eine andere politische Auffassung hatten.

Es fällt auf, wie zurückhaltend Thietmar ist, wenn es um die Nennung derjenigen geht, die Heinrich zu unterstützen bereit waren. Er nennt nämlich nur drei Namen: Die Herzöge Mieszko von Polen und Boleslaw von Böhmen und den Slawenfürsten

Mistui. Sie alle hätten Heinrich als ihrem Herrn und König eidlich Unterstützung zugesagt. Letzterer der drei Genannten hatte noch ein Jahr zuvor Hamburg überfallen und in Brand gesteckt; die beiden Ersteren waren Teilnehmer an Heinrichs *conspiratio* gegen Otto II., für die er exkommuniziert und in Haft genommen worden war. Ohne es expressis verbis zu sagen, geht Thietmar mit der Nennung der drei Namen doch auf deutliche Distanz zur Partei Heinrichs des Zänkers. Geradezu redselig wird er gleich anschließend, als es darum geht, diejenigen aufzuzählen, die entweder gar nicht nach Quedlinburg gekommen waren oder sich jetzt davonmachten und mit Gleichgesinnten auf der Asselburg trafen, um sich gegen die Bestrebungen Heinrichs des Zänkers zusammen zu tun: „aus dem Osten außer Herzog Bernhard und Markgraf Thiedrich die Grafen Ekkehard, Binizo, Esiko, der Graf und Priester Bernward, Siegfried und sein Sohn und die Brüder Friedrich und Ziazo; aus der dortigen Gegend die Brüder Dietrich und Siegbert, Hoiko, die Brüder Ekkehard und Bezecho, Brunning und die Seinen, ferner auf Veranlassung des Erzbischofs Willigis die Ritter des hl. Martin, denen eine beträchtliche Zahl aus dem Westen Folge leistete" (Thietmar, IV, 2). Mit dieser Schilderung unterstreicht Thietmar, daß die Ablehnung Heinrichs durch den sächsischen Adel allgemein war, während er Unterstützung nur von Fürsten erhielt, zu denen die Sachsen ein durchaus prekäres Verhältnis hatten. Ungesagt bleibt, wie es angesichts solcher Kräfteverhältnisse dazu kommen konnte, daß Heinrich in Magdeburg wie in Quedlinburg ‚die Szene beherrschte', während seine Gegner den Ort verließen. Ungesagt bleibt auch, wie viele Bischöfe in dieser Zeit bereit waren, Heinrich den Zänker zu unterstützen, unter ihnen auch der Erzbischof Giselher von Magdeburg.

Das Treffen seiner Gegner auf der Asselburg hatte ein sehr konkretes und für Heinrich unangenehmes Ergebnis: Man schloß sich zu einer Schwureinung zusammen, um das Vorhaben des Zänkers zu vereiteln. Auf die Nachricht von dieser Schwureinung (*coniuratio*) reagierte Heinrich sofort und in der üblichen Weise: Er versuchte durch militärische Drohgebärden seine Gegner entweder zu zersprengen oder Vereinbarungen mit ihnen zu treffen. Zu diesem Zweck zog er mit einem starken Trupp seiner Anhänger nach Werla in die Nähe seiner Gegner und schickte gleichzeitig den Bischof Folcmar von Utrecht zu ihnen, um in Verhandlungen nach einer Lösung des Problems zu suchen. Zu diesen Verhandlungen kam es jedoch deshalb nicht, weil Heinrich erneut seine Pläne abrupt geändert zu haben scheint und ohne Klärung der sächsischen Situation nach Bayern zog. Hier fand er die Unterstützung der bayerischen Bischöfe und auch einiger Grafen und eilte weiter, um sich in Bürstadt mit Vertretern der Franken und der Schwaben zu treffen. In diesen Verhandlungen wurde jedoch unmißverständlich deutlich, daß diese nicht bereit waren, „von der ihrem König geschworenen Treue abzulassen" (IV, 4).

Was wir mit Hilfe der Schilderung Thietmars beobachten konnten, war der Umritt eines Kandidaten für das Königsamt durch das Reich, auf dem er offen seine Ambitionen kundtat und um Unterstützung warb. Er erhielt sie von einigen in Sachsen und von mächtigen Nachbarn im Osten, breit in Bayern, jedoch verweigerten sich die Franken und Schwaben vollständig. Sie hielten wie viele der Sachsen eine Unterstützung der Pläne Heinrichs für unvereinbar mit dem Eid, den sie Otto III. geleistet hatten. Auch diese Haltung der fränkischen und schwäbischen Großen spricht nicht dafür, daß es Heinrich lediglich um ein Mitkönigtum gegangen sein soll. So hatte Heinrich nach diesem Umritt einen Überblick über die Kräfteverhältnisse und konnte entscheiden, ob er weiter an seiner Kandidatur festhalten und das hieß, den bewaffneten Kampf wagen wollte. Heinrich hat in dieser Situation nicht dem Kampf gesucht, sondern schon in Bürstadt eidlich zugesichert, das königliche Kind seiner Mutter zurückzugeben. Dieses Zugeständnis bedeutete die Aufgabe seiner Bemühungen um den Königsthron. Es verdient an dieser Stelle hervorgehoben zu werden, daß Heinrich selbst großen Anteil daran hatte, daß der Konflikt nicht eskalierte. Er hat mit den in dieser Zeit üblichen Mitteln um Unterstützung und Anerkennung geworben, dazu gehörte neben Versprechungen auch die Drohung mit der Größe seines Anhangs. Als sich erwies, daß die Unterstützung nicht ausreichen würde, traf er selbst die Entscheidung, den Griff nach der Königswürde zu beenden.

Nun erst kehrten die Kaiserinnen, „die bisher in Pavia in Demut göttlichen Trostes geharrt hatten" (IV, 8), ins Reich zurück und übernahmen im thüringischen Rohr das königliche Kind aus den Händen Heinrichs des Zänkers, der damit seine Versprechungen einlöste. Zusammen mit den Kaiserinnen kam König Konrad von Burgund zu den Verhandlungen, der Bruder der Kaiserin Adelheid und zugleich Schwiegervater Heinrichs des Zänkers war. Man dürfte ihn als Vermittler für die diffizilen Probleme bemüht haben, die noch zu lösen waren: vor allem gewiß die Frage der zukünftigen Stellung Heinrichs des Zänkers nach seinem Einlenken. Es irritiert den modernen Leser der Quellen, wenn diese nicht solche politischen Aspekte des Geschehens in den Vordergrund stellen, sondern von ganz anderen Dingen sprechen. Ein Stern habe sich am Firmament gezeigt, als man zur Versammlung in Rohr zusammenkam. Durch dieses Zeichen – das erkennbar seine biblische Entsprechung im Stern von Bethlehem hat, der die heiligen drei Könige leitete –, sei die ungerechte Partei erschreckt zur Einsicht gekommen und habe ihr Vorhaben aufgegeben. Solche Zeichen und ihre Deutungen verhinderten jedoch nicht, daß auch um die Einzelheiten des politischen Ausgleichs zäh gerungen wurde.

Weder in Rohr noch beim nächsten Treffen in Bürstadt gelang in diesen Fragen eine Lösung, die alle zufriedenstellte. Nicht zufällig kam es im Gegenteil zu ernsten Auseinandersetzungen zwischen Heinrich dem Zänker und seinem gleichnamigen Nachfolger im bayerischen Herzogtum, der begreiflicherweise nicht zu einem Verzicht auf dieses Amt bereit gewesen sein dürfte. Es hat mehr als ein Jahr gedauert, bis nach weiteren Verhandlungen und dem Einsatz anderer Vermittler, so eines Grafen Hermann, ein Kompromiß in der entscheidenden Frage gelang: wer in Zukunft das bayerische Herzogsamt innehaben sollte. Heinrich der Jüngere hat sich lange gesträubt, dem Zänker wieder Platz zu machen. Letztendlich wurde er jedoch hierzu gebracht, ohne daß wir wüßten, mit welchen Argumenten oder Mitteln. Er nahm wieder seinen Kärtner Herzogssitz ein und Heinrich der Zänker wurde als bayerischer Herzog restituiert. Es kann kaum zweifelhaft sein, daß dies letztlich die Gegenleistung war für seine Bereitschaft, auf Gewaltanwendung bei der Durchsetzung seiner Ansprüche zu verzichten. König Konrad von Burgund und die anderen Vermittler scheinen hier erfolgreiche Arbeit geleistet zu haben, und es darf nicht überraschen, daß die Quellen keine Einzelheiten über die Absprachen berichten: die Tätigkeit des Vermittlers geschah nicht-öffentlich, ihre Vertraulichkeit war nicht nur in diesem Fall Voraussetzung ihres Erfolges.

Nicht die Mittel und Wege, mit denen der Ausgleich und Kompromiß erreicht wurde, breitete man öffentlich aus, sehr wohl aber wurde die Tatsache der Einigung und die damit erreichte neue Situation in spezifischen Ausdrucksformen der Öffentlichkeit bekannt gemacht. Für diese Formen ist der Begriff der ‚Inszenierung' und der ‚Aufführung' durchaus angebracht, denn man führte der Öffentlichkeit das neue Verhältnis vor, indem alle Beteiligten und Betroffenen ‚Rollen' spielten, durch die sie die übernommenen Verpflichtungen sinnfällig machten. Der Öffentlichkeit kam bei diesem Geschehen die Funktion des Zeugen und damit des Garanten für die Einhaltung des Gezeigten zu. Zwei diesbezügliche ‚Aufführungen' sind in den Quellen beschrieben.

Zunächst einmal traf man sich in Frankfurt, wo nach den Quedlinburger Annalen (a. 985) folgendes geschah: „Als das königliche Kind Otto III. nach Frankfurt kam, da kam auch er (sc. Heinrich) dorthin und erniedrigte sich nach Gebühr, um der Strafe für seine ungerechte Erhebung zu entgehen. Demütig in Aufzug und Haltung, beide Hände gefaltet, errötete er nicht, vor den Augen der gesamten Menge und in Gegenwart der kaiserlichen Frauen, welche die Regierung besorgten, der Großmutter, Mutter und Tante des Kindes, sich dem königlichen Knaben als Lehnsmann zu ergeben, den er als Waise gefangen genommen und dessen Reich er gewaltsam an sich gerissen hatte. In wahrhafter Treue versprach er ihm ferner zu dienen, forderte nichts für sich als das Leben und bat nur um Gnade. Die Frauen aber, durch deren Sorge das Reich und die Jugend des Königs geleitet wurde, nahmen ihn, gar sehr erfreut durch die demütige Ergebung eines so hohen Mannes, mit verdienter Ehre auf – denn das ist der Milden Sitte, nicht Böses zu vergelten, sondern sogar für Böses Gutes zu erzeigen –, und als er begnadigt und zur herzoglichen Würde wieder erhoben war, waren sie ihm nicht nur unter den Freunden, sondern unter den Befreundetsten in schuldiger Liebe zugetan, wie das Recht der Verwandtschaft es fordert."

Hier wird das Ritual beschrieben, mit dem man die gefundene Lösung quasi noch einmal nachspielte. Heinrich bat demütig um Leben, Verzeihung und Gnade, kommendierte sich dem königlichen Kind als Vasall und wurde von den kaiserlichen Damen ehrenvoll aufgenommen, wieder in seine herzogliche Würde eingesetzt, und man war sich von nun an in Liebe zugetan, wie es die Verwandtschaftsmoral forderte. Dieses Ritual scheint für die spezielle Situation eigens gestaltet worden zu sein, denn man findet einmal die normalen rituellen Akte der Lehnsnahme, entdeckt aber auch Handlungen, die eigentlich zum Ritual der deditio, der Unterwerfung, gehören: so der Auftritt demütig in Haltung und Kleidung, so die Bitte um Leben und Gnade. Es scheint, als habe man für den besonderen Zweck zwei gebräuchliche Rituale miteinander kombiniert. So gelang ein in der Tat suggestiver Ausdruck des Kompromisses, der zudem das Gesicht beider Seiten so weit wie möglich wahrte.

Dabei aber ließ man es nicht bewenden. Vielmehr feierte man das nächste Osterfest (986) in Quedlinburg, und damit vielleicht nicht zufällig an dem Ort, an dem sich Heinrich zwei Jahre zuvor öffentlich als König hatte feiern lassen. Hier griff man zu einem Ritual, das schon bei der Aachener Königserhebung Ottos des Großen 936 oder derjenigen Ottos II. 961 benutzt worden war. Thietmar erwähnt es als einziges Detail der Feier: „hier dienten vier Herzöge: Heinrich (der Zänker) als Truchseß, Konrad als Kämmerer, Heinrich der Jüngere als Mundschenk, Bernhard als Marschall" (IV, 9). Dieser Dienst der Herzöge bei der Festfeier symbolisierte ihre Dienstbereitschaft gegenüber dem jungen König und damit versprachen sie dieses Verhalten auch für die Zukunft. Die Königsherrschaft des Kindes war so demonstrativ und öffentlich von allen Herzögen anerkannt worden; Heinrich der Zänker hatte seinen ererbten Platz in der Rangordnung wieder eingenommen.

Von 985 bis 994 dauerte die Zeit der Regentschaft für Otto III., die zunächst von seiner Mutter Theophanu und nach deren Tod (991) von seiner Großmutter Adelheid geführt wurde. So wie jeder König für seine Entscheidungen den Konsens seiner Getreuen benötigte, waren natürlich auch die Regentinnen darauf angewiesen, die Herrschaft des Kindes durch einen möglichst breiten Konsens der wichtigsten geistlichen und weltlichen Herrschaftsträger abzustützen. Dies haben beide Kaiserinnen ganz augenscheinlich geschafft, denn das Jahrzehnt ihrer Regentschaft ist im Vergleich mit den vorausgegangenen als ausgesprochen ruhig und stabil zu charakterisieren, was dafür spricht, daß beide Kaiserinnen ihre Aufgabe meisterten. Leicht war dies gewiß nicht, denn es sind genügend Hinweise überliefert, daß der Hof auch in dieser Zeit von Eifersüchteleien, Anmaßungen und Intrigen nicht verschont blieb, die sich jedoch nicht zu größeren Konflikten auswuchsen. Auch das Verhältnis der beiden Herrscherinnen selbst scheint wieder schnell so getrübt worden zu sein, daß Adelheid sich zum zweiten Mal vom ottonischen Königshof zurückzog, nach Burgund und Italien ging, und ihrer Schwiegertochter die Regentschaft überließ.

Zu Lehrern des jungen Königs bestellte Theophanu zwei Sachsen, die schon auf der Asselburg als Teilnehmer jener *coniuratio* genannt werden, die sich für das Königtum Ottos III. einsetzte: den Grafen Hoico und den „Priester und Grafen" Bernward, den späteren Bischof von Hildesheim. Ersterer sollte Otto wahrscheinlich vor allem im Waffengebrauch und anderen höfisch-ritterlichen Fertigkeiten unterrichten, letzterer war dagegen für seine geistige Bildung und Erziehung verantwortlich. Wir kennen nur das Ergebnis: Otto verfügte über eine umfassende und ausgezeichnete Bildung, die jedem Anspruch genügte, und weit über das hinaus ging, was für einen Herrscher bis dahin üblich war. Wieviel davon auf das Konto Bernwards ging, ist kaum zu entscheiden, da die Beteiligung weiterer Lehrer an der Ausbildung Ottos zumindest vermutet werden kann. Überdies hat sich der heranwachsende Otto selbst weiter um herausragende Lehrer bemüht, unter denen Gerbert von Aurillac der bekannteste ist.

Unbekannt ist auch, welchen persönlichen Anteil die Mutter an der Bildung und Formung des Kindes hatte. Dies ist angesichts vielfältiger Versuche zu betonen, Ottos spätere Politik auf den Einfluß und die Vorgaben der Mutter zurückzuführen. Solchen Einfluß erwähnen die Quellen nur in einer einzigen, wenn auch nicht unwichtigen Angelegenheit: Theophanu habe Otto eindringlich ermahnt, das Bistum Merseburg wiederherzustellen. Es ist natürlich Thietmar von Merseburg, der dies erzählt, somit ein nicht unproblematischer Gewährsmann. Er gibt interessanter Weise genau Rechenschaft darüber, wie er an seine Informationen gekommen ist. „Wie Meinswind (wohl eine ansonsten unbekannte Hofdame und Vertraute der Theophanu) mir später berichtete, hatte sie (sc. Theophanu) nach ihrer eigenen Erzählung folgendes Traumgesicht gehabt: In der Stille der Mitternacht erschien ihr mit verstümmeltem rechten Arm Laurentius, der hl. Streiter Christi, und sprach: ‚Warum fragst du nicht, wer ich bin?' ‚Herr, ich wage es nicht', entgegnete sie; er aber fuhr fort: ‚Ich bin' – und nannte seinen Namen. ‚Was du jetzt an mir bemerkst, das hat dein Herr (also Otto II.) getan, irregeleitet durch die Worte eines Mannes, dessen Schuld viele Auserwählte Christi entzweit'. Daraufhin legte sie ihrem Sohn ans Herz, für die ewige Ruhe der Seele seines Vaters beim Jüngsten Gericht zu sorgen durch Erneuerung des Bistums, schon bei Lebzeiten Giselhers oder nach dessen Tod" (Thietmar, IV, 10).

Leicht ist man geneigt, solche Erzählungen als frommes Geschwätz beiseite zu schieben. Und in der Tat ist nicht zu beweisen, was an ‚Wirklichkeit' in dieser Geschichte steckt. Es scheint aber auch nicht ausgeschlossen, daß man die tatsächlichen Bemühungen der Theophanu um eine Revision der Entscheidung ihres Gatten in der wirkungsvollsten Form erinnerte, die man hatte: In der Anweisung einer himmlischen Stimme, des hl. Laurentius, von der Theophanu selbst einer Vertrauten berichtet habe. Für die Existenz einer solchen Technik, brisante Aussagen durch die Anbindung an Träume und Visionen zum unschlagbaren Argument zu formen, finden sich gerade bei Thietmar viele Hinweise.

Mutter, Lehrer und Erzieher bildeten jedoch nur den innersten Kreis der Umgebung des königlichen Kindes. Für das Funktionieren der Regentschaft noch wichtiger war gewiß die Beratung durch die wichtigsten Amtsträger. Man sieht vor allen an den Interventionen in den Königsurkunden des Kindes, daß beide Regentinnen bemüht waren, Entscheidungen mit anderen Amtsträgern gemeinsam vorzubereiten. Es finden sich nämlich erheblich mehr Intervenienten genannt, Personen also, die bei der jeweiligen Entscheidungsfindung beteiligt waren, als in Zeiten erwachsener Könige üblich. Vor allem der Erzkanzler, Erzbischof Willigis von Mainz, und der Kanzler, Bischof Hildebold von Worms, intervenierten so häufig, daß sie als Mitträger der Regentschaft anzusehen sind. Aber auch andere Bischöfe und namentlich die Herzöge erweisen sich so regelmäßig durch Interventionen als beteiligt an bestimmten Entscheidungen, daß daraus sicher abgeleitet werden kann: Die Regentschaft hat die Verpflichtung, Entscheidungen im Konsens mit den Getreuen zu fällen, ernst genommen und diese angemessen an den fälligen Entscheidungen beteiligt.

Wieder sei mit einer der wenigen konkreten Geschichten aus dieser Zeit verdeutlicht, daß dies ein durchaus schwieriges Unterfangen darstellen konnte, wenn, was gewiß nicht selten der Fall war, unterschiedliche Interessen und Ansprüche aufeinanderprallten. In der Zeit der Regentschaft der Theophanu brach der sog. Gandersheimer Streit aus, bei dem es um die Frage ging, ob Gandersheim zur Hildesheimer oder Mainzer Diözese gehörte, woraus naturgemäß Rechte der jeweiligen Bischöfe abzuleiten waren. Entzündet hatte sich der Streit aber an der Frage, wer die Kaisertochter Sophia, die Schwester Ottos III., in Gandersheim als Nonne einkleiden dürfe. Diese hatte sich an Erzbischof Willigis gewandt, da sie es angeblich verschmähte, den Nonnenschleier ‚nur‘ vom Hildesheimer Bischof zu empfangen. Daraufhin geschah folgendes: „Als man nun an diesem Tag zusammenkam, widersetzte sich Bischof Osdag (von Hildesheim) mit ganzer Kraft in Gegenwart König Ottos III. und seiner kaiserlichen Mutter Theophanu sowie der Bischöfe Rethar von Paderborn, Milo von Minden, Hildebald von Worms und anderer Fürsten, die zur feierlichen Einkleidung der Jungfrauen erschienen waren. Da sich ein langer Streit erhob, ließ der Herr Osdag, offen und einfach wie er war, auf göttliche Eingebung seinen Bischofsstuhl neben dem Altar aufstellen, um auf diese Weise den Ort und sein Herrschaftsrecht zu verteidigen. Fast alle waren ihm wohlgesinnt, da ihnen die anmaßende Art des Erzbischofs mißfiel, auch wenn sie es aus Furcht vor ihm nicht offen zeigten. So sah sich der Erzbischof von der Gunst der Mehrheit im Stich gelassen. Er, der zuvor alles für sich beansprucht hatte, konnte nur mit Mühe, und indem er selbst in schier unglaublicher Weise darum bat, erreichen, daß Theophanu und die Bischöfe für ihn eintraten, und daß er an diesem Tage am Hauptaltar die Messe feiern durfte. Die Einkleidung der Sophia sollten jedoch beide Bischöfe zugleich vornehmen, während die Einkleidung der übrigen von Herrn Osdag allein besorgt werden sollte. So geschah das Ungewöhnliche und von uns bisher noch nie Gesehene, daß zwei Bischöfe, festlich gekleidet in ihren bischöflichen Ornat, gleichzeitig an der Seite des Altares thronten" (Vita Bernwardi, cap. 13).

Die Geschichte läßt mindestens zwei Dinge erkennen: Einmal, wie kompromißlos und konfliktbereit Bischöfe ihre vermeintlichen Rechte verteidigten bzw. zu welch subtilen Mitteln sie griffen, um sich in Streitfragen durchzusetzen. Die Form der dringenden Bitte, die Erzbischof Willigis gegenüber Theophanu erfolgreich anwandte, war letztlich nichts anderes als eine Form der Erpressung, denn er warf mit seiner Bitte sein gesamtes Prestige in die Waagschale und nahm der Kaiserin so jede Möglichkeit, die Bitte abzuschlagen. Mit solchen Methoden dürfte am Königshof auch in anderen strittigen Fragen gearbeitet worden sein, was Entscheidungen nicht einfach machte, gleichgültig ob sie Herrscher oder Regentinnen zu fällen hatten. Zweitens wird aber auch deutlich, daß trotz der starren Haltung der beiden Protagonisten ein Kompromiß gelang, mit dem immerhin etwas bis dahin in der Liturgie nie Gesehenes praktiziert wurde. Dies spricht gewiß dafür, daß sich Theophanu selbst schwierigen Aufgaben gewachsen gezeigt hatte, auch wenn der Hildesheimer Autor ihre Nachgiebigkeit gegenüber Willigis beklagt. Ein halbes Jahrhundert später eskalierte ein ganz vergleichbarer Streit in der Zeit der Minderjährigkeit Heinrichs IV. zu einer wilden Schlacht in der Kirche mit Toten und Verwundeten, was andeutet, wie die Auseinandersetzung in Gandersheim auch hätte enden können.

Neben der Aufgabe, eine gerade mühsam erreichte Stabilität im Inneren aufrecht zu erhalten, sah sich die Regentschaft in diesem Jahrzehnt vor allem mit Problemen und Entwicklungen im Osten und im Westen des Reiches konfrontiert. An der Ostgrenze war es in den Monaten des Thronstreits mit Heinrich dem Zänker zwar ruhig geblieben, doch konnte es kaum im sächsischen und ottonischen Sinne sein, den Status quo zu akzeptieren, der ja nichts anderes bedeutete, als daß die Slawen ihre alte Unabhängigkeit zurückerobert hatten. Folgerichtig führten sächsische Heere denn auch in den Jahren 985, 986 und 987 Feldzüge gegen die Elbslawen. Den zweiten Zug begleitete der sechsjährige König. Der Polenherzog Mieszko unterstützte mehrfach mit einem großen Heer die Sachsen. Auf dem zweiten Zug soll er Otto III. gehuldigt und ihn durch das Geschenk eines Kamels geehrt haben. Die Quellen sprechen nur davon, daß das Land auf diesen Zügen verwüstet und entvölkert wurde, danach zogen sich die Heere wieder zurück. Man wird daher vermuten dürfen, daß es sich um Rachefeldzüge für die slawischen Angriffe des Jahres 983 handelte.

Während Mieszko in dieser Zeit eng mit den Sachsen kooperierte, ging der böhmische Herzog Boleslaw einen anderen Weg. Er hatte während der Wirren um Heinrich den Zänker die Gelegenheit benutzt, die Burg Meißen zu besetzen. Bischof Folkold von Meißen mußte seinen Sitz verlassen und fand in Mainz bei Erzbischof Willigis Aufnahme. Erst der nach 985 eingesetzte Markgraf Ekkehard von Meißen erreichte es, daß sich Boleslaw zu einem nicht näher bekannten Zeitpunkt wieder aus Meißen zurückzog. Im Jahre 990 kam es dann jedoch zu ernsten Kämpfen zwischen Boleslaw und Mieszko um den Besitz von Schlesien und Kleinpolen. Beide suchten Bundesgenossen: Mieszko fand sie im Reich, Boleslaw bei den Liutizen, seinen „alten Freunden". Theophanu schickte dem Polenherzog zur Unterstützung ein kleines sächsisches Heer unter der Führung von Erzbischof Giselher und einigen Grafen, unter ihnen Markgraf Ekkehard. Als die Sachsen auf Boleslaw und die mit ihm verbündeten Liutizen stießen, kämpfte man jedoch nicht, sondern schloß nach Verhandlungen Frieden. Die sächsischen Anführer vertrauten so fest auf diese Abmachung, daß sie ihr Heer nach Hause entließen und Boleslaw versprachen, selbst für ihn bei Mieszko als Vermittler vorstellig zu werden. Gemeinsam zog man dann Richtung Oder und trat in Verhandlungen mit Mieszko ein. Als dieser zu keinen Zugeständnissen bereit war, drohte ihm Boleslaw, die sächsischen Großen, seine Verbündeten, zu töten, wenn er nicht einlenke. Aus Vermittlern waren so plötzlich Geiseln geworden. Doch erweichte auch diese Drohung Mieszko nicht, worauf Boleslaw sie jedoch nicht wahr machte, sondern im Gegenteil dafür sorgte, daß die Sachsen unbehelligt von seinen liutizischen Verbündeten in ihre Heimat zurückkehren konnten.

In die Jahre zwischen 990 und 992 ist schließlich ein Vorgang zu datieren, der nur in Regestenform überliefert und in seiner Zielsetzung schwer einzuschätzen ist: Ein Dagome *iudex* und seine Frau Oda (*senatrix*) übertrugen mit ihren Söhnen Misica und Lambert zur Zeit Papst Johannes XV. nämlich ihr Herrschaftsgebiet, das genau umschrieben ist, dem hl. Petrus. Es kann kein Zweifel daran bestehen, daß es sich um den Polenherrscher Mieszko handelt, dessen älterer Sohn und späterer Nachfolger Boleslaw aus einer früheren Ehe des Vaters in dem Regest jedoch nicht erwähnt wird. Man deutet diese Übertragung wohl richtig als einen Versuch, sowohl den Schutz des Papstes zu bekommen als auch eine eigene Kirchenorganisation aufzubauen. Damit könnte man in diesem Schritt einen Emanzipationsversuch von zu großem Einfluß des Reiches sehen. Da ansonsten kein Anzeichen für eine Trübung des engen bundesgenossenschaftlichen Verhältnisses faßbar ist, bleibt bis heute umstritten, ob diese Schenkung gegen, ohne oder sogar unter Mithilfe der Regentschaft vorgenommen wurde.

Im Westen überschlugen sich gerade in der Regentschaft der Theophanu die Ereignisse, doch war man dort im wesentlichen mit sich selbst beschäftigt. Durch das Briefbuch Gerberts von Aurillac, der die von ihm für mehrere Große geschriebenen Briefe sammelte, sind wir über viele Kontakte und Initiativen aus der fraglichen Zeit informiert. Hierdurch wird deutlich, wie aktiv sich gerade die Frauen der Herrscher und Herzöge in die Bemühungen um den friedlichen Ausgleich der vielen Gegensätze einschalteten. Im Jahre 985 hat man sogar allem Anschein nach ein ‚Damentreffen' geplant, auf dem die anstehenden Probleme besprochen und nach Möglichkeiten für friedliche Lösungen gesucht werden sollte.

Zunächst ging es für Theophanu und ihre Berater um die Konsequenzen eines Überfalls König Lothars auf Verdun, der zur Einnahme der Bischofsstadt und zur Gefangenschaft mehrerer lothringischer Grafen geführt hatte. Unter ihnen war mit Graf Gottfried von Verdun auch der Bruder des Reimser Erzbischofs Adalbero, der mit diplomatischen Mitteln für seinen Bruder agierte, wovon die Briefe seines Klerikers Gerbert eindrücklich Zeugnis geben. Eigentlich notwendige Reaktionen von Seiten Theophanus erübrigten sich dadurch, daß im März 986 König Lothar verschied und sein Sohn Ludwig V. nachfolgte. Es schien zunächst so, als ob Erzbischof Adalbero nicht zuletzt über die Mutter des jungen Königs, Hemma, Einfluß auf dessen Politik gewinnen würde, was er zu einer friedlichen Lösung der offenen Fragen hätte nutzen können, doch veränderte sich die Lage ganz plötzlich. Ludwig V. wiederholte nämlich den Vorwurf, den schon Herzog Karl von Niederlothringen gegen Hemma und Erzbischof Adalbero erhoben hatte: Er beschuldigte sie des ehebrecherischen Verhältnisses. Hemma wurde vom Hof des Sohnes vertrieben, ging zunächst nach Reims, dann nach Paris zu Herzog Hugo Capet. Ludwig plante unterdessen, Erzbischof Adalbero den Prozeß wegen Hochverrats zu machen. Doch auch in dieser zugespitzten Lage entschloß man sich noch einmal, durch Vermittler einen Ausgleich zu versuchen. Hierzu sollten neben den Hauptbetroffenen, Ludwig V., seiner Mutter Hemma und Erzbischof Adalbero, die Kaiserin Adelheid als Mutter Hemmas und damit Großmutter Ludwigs, sowie Herzog Hugo Capet und Herzog Konrad von Schwaben zusammenkommen. König Ludwig stürzte im Mai 987 auf der Jagd jedoch so unglücklich, daß er verstarb. Es war nicht zuletzt der Parteinahme Erzbischof Adalberos von Reims zu danken, daß in Senlis nicht Karl von Niederlothringen, der letzte agnatische Karolinger, zum Nachfolger gewählt wurde, sondern die Großen sich für Herzog Hugo Capet entschieden. Hugo Capet hat nach seiner Erhebung Verdun räumen lassen und den Grafen Gottfried aus der Gefangenschaft frei gegeben.

Mit diesen Schritten schien das Verhältnis zum Westen weitgehend entspannt. Daß dem nicht so war, zeigt ein von Gerbert als Kaplan Hugos verfaßter Brief nach Byzanz, in dem um die Hand einer oströmischen Prinzessin für Hugos Sohn und Mitkönig Robert geworben und zugleich ein Verteidigungsbündnis gegen das Ottonenreich angeboten wird. Ob die Kenntnis dieses Briefes es war – von dem nicht einmal gesichert ist, daß er abgeschickt wurde – oder andere politische Entwicklungen, jedenfalls griff Theophanu nicht in den fortdauernden westfränkischen Thronstreit zwischen Hugo und Karl von Niederlothringen ein. Dieser erreichte eine neue Dimension, als nach dem Tode Adalberos von Reims König Hugo mit Arnulf einen neuen Reimser Erzbischof erheben ließ, der jedoch zu seinem Gegner Karl abfiel, der auch nach der Wahl Hugos seine Ansprüche auf die Nachfolge im Königtum nicht aufgegeben hatte. Als Karolinger konnte er solche Ansprüche nach geblütsrechtlichen Vorstellungen zwar durchaus erheben, er war von den westfränkischen Großen jedoch deshalb übergangen worden, weil er Vasall des ostfränkischen Königs war.

Durch einen Verrat des Bischofs Adalbero von Laon gerieten dann sowohl Karl von Niederlothringen als auch Erzbischof Arnulf in die Gefangenschaft Hugo Capets. Nicht einmal die friedenstiftende Aura des Mahles scheint diesem Bischof heilig gewesen zu sein, denn er ließ seine Gäste gefangennehmen, nachdem er mit ihnen Minne getrunken hatte. Seine Gefangenen übergab er dann König Hugo. Nach dem baldigen Tode Karls ließ König Hugo Erzbischof Arnulf von einem Konzil 991 absetzen und machte Gerbert zum Reimser Erzbischof. In all diesen Auseinandersetzungen hat Theophanu abwartend und zurückhaltend, wenn möglich vermittelnd, agiert. Dies war gewiß eine vernünftige Politik, doch ist es mit einiger Wahrscheinlichkeit überzogen, daraus zu folgern, sie habe so den drohenden Verlust Lothringens verhindert.

Neben ihren Reichsgeschäften hat Theophanu erst relativ spät Zeit zu einem Italienzug gefunden, den sie im Jahre 989 antrat, ohne ihren königlichen Sohn mitzunehmen. Ob es durch diese Abwesenheit bedingt ist oder programmatischen Charakter besaß: In Italien stellte Theophanu jedenfalls Urkunden im eigenen Namen aus, in denen sie als *divina gratia imperatrix augusta* firmierte. In einer Ravennater Urkunde wurde ihr Name sogar maskulinisiert: *Theophanius gratia divina imperator augustus*; ferner wird in der Urkunde nach ihren eigenen Herrscherjahren datiert, die von ihrer Kaiserkrönung im Jahre 972 an gezählt werden. Hier scheint byzantinischer Brauch kopiert worden zu sein, wie er in Ravenna als von Byzanz beanspruchter Region gewiß nicht unbekannt war. In jedem Fall geben diese Belege Zeugnis davon, wie Theophanu ihre Stellung als Mitglied im *consortium imperii* gerade in der Zeit der Minderjährigkeit ihres Sohnes interpretierte. Es ist wohl mehr als Zufall, daß sie hierbei in Italien am weitesten ging, denn für ein „weibliches Hauptkaisertum" nach byzantinischem Muster fehlten im Westen doch wohl die Voraussetzungen. Über dieser selbstbewußten Demonstration ihrer Stellung sollte aber auch nicht vergessen werden, daß sie auf dieser Reise einem traditionellen Rollenverständnis der Witwe durchaus gerecht wurde. Sie weilte nämlich am Todestag ihres Gatten, dem 7. Dezember, in Rom an dessen Grab und sorgte unter anderem dadurch für sein Seelenheil, daß sie dem Bischof Adalbert von Prag, den sie in Rom auf einer Pilgerfahrt nach Jerusalem traf, reiche Geschenke machte. Dieser sollte als Gegenleistung des verstorbenen Kaisers in seinen Gebeten gedenken. Schwieriger zu beurteilen ist eine andere Maßnahme Theophanus auf dieser Italienreise. Sie übergab nämlich ihrem Günstling Johannes Philagathos, den sie schon zum Erzbischof von Piacenza erhoben hatte, die Aufsicht über die königliche Zentralverwaltung in Pavia. Ob dies ein sinnvoller Eingriff war, muß wiederum offenbleiben; in Pavia jedenfalls hielt man ihn für den Anfang allen Übels und beschimpfte Johannes als Teufel, Apostaten und Häretiker. Unklar ist nicht zuletzt, ob und wie diese Maßnahme mit dem vorherigen Aufenthalt der Kaiserin Adelheid in Pavia zusammenhängt, die sich jedoch schon vor dem Erscheinen ihrer Schwiegertochter nach Burgund begeben hatte.

Noch bevor Otto III. volljährig wurde, verstarb seine Mutter am 15. Juni 991 in Nimwegen. Auf eigenen Wunsch wurde sie im Kloster Pantaleon in Köln begraben; sie begab sich damit wieder unter den Schutz des Heiligen, dessen Reliquien sie schon auf ihrer Brautfahrt von Byzanz in den Westen begleitet hatten. Das Echo in den zeitgenössischen Quellen auf ihre Person und ihr Auftreten ist zwiespältig. Reserve gegenüber Fremden ist gewiß keine Erscheinung erst der Moderne. So haben einige Quellen Reaktionen festgehalten, die ihr ein ungewöhnliches Auftreten zum Vorwurf machten: Sie habe die westlichen Frauen zum Luxus verführt. Andere sprechen von zu großer Einmischung in die Politik. Auch Lob, das ihr zuteil wurde, wie das von Thietmar von Merseburg, verrät noch die Vorurteile, gegen die sie als Frau wie als Fremde ankämpfen mußte: „Wohl war sie vom schwachen Geschlecht, doch eignete ihr Zucht und Festigkeit und ein trefflicher Lebenswandel, was in Griechenland selten ist; so wahrte sie ihres Sohnes Herrschaft mit männlicher Wachsamkeit in ständiger Freundlichkeit gegenüber Rechtschaffenen, in furchtgebietender Überlegenheit gegenüber Aufsässigen" (Thietmar, IV, 10).

Für die letzten Jahre der Minderjährigkeit Ottos übernahm die Großmutter Adelheid die Regentschaft, anscheinend ohne den geringsten Widerspruch. Ein wichtiger Unterschied zwischen beiden Regentinnen war wohl der, daß Theophanu die „Sünde" ihres Gatten, die Aufhebung Merseburgs, rückgängig machen wollte, während Adelheid hierzu nicht bereit gewesen zu sein scheint. Folgerichtig stand bei ihr auch der Erzbischof Giselher von Magdeburg wieder in hohem Ansehen, der zu Theophanu ein durchaus kühles Verhältnis hatte, wie die Interventionen in den Urkunden Ottos III. bzw. ihr Fehlen wahrscheinlich machen. Unter der Regentschaft der Adelheid aber kam es 992 zu einer großen Feier in Sachsen. Anlaß hierzu bot die Halberstädter Kirchweihe, zu der drei Erzbischöfe und 16 Bischöfe sowie viele weltliche Würdenträger in Halberstadt zusammenströmten. Auch die kaiserliche Familie nahm an dieser Feier teil und zwar die Kaiserin Adelheid, die Äbtissin Mathilde von Quedlinburg, und nicht zuletzt der junge König, von dem gesagt wird, daß er zu dieser Gelegenheit feierlich mit den königlichen Gewändern bekleidet ‚unter der Krone ging'. Noch wichtiger aber ist ein anderes Detail aus dem ausführlichen Bericht der Halberstädter Bischofschronik: Otto habe bei dieser Gelegenheit in größter Verehrung und Demut der Halberstädter Kirche sein goldenes Szepter geschenkt. Eine solche Szepter- oder Stabübergabe war aber in dieser Zeit der übliche symbolische Akt, um etwas zu garantieren. Und das konnte von Seiten des Königs zu dieser Gelegenheit nur die Integrität des Halberstädter Bistums und seines Besitzes sein. Unter der Schirmherrschaft seiner Großmutter hat Otto III. 992 mit anderen Worten feierlich und öffentlich versprochen, Halberstadt nicht anzutasten und das konnte nach Lage der Dinge nur heißen, Merseburg nicht wieder einzurichten.

2. Die ersten Jahre der selbständigen Herrschaft

Im Jahre 994 wurde Otto III. vierzehn Jahre alt und somit nach den Vorstellungen der Zeit erwachsen. Im Hochmittelalter bildete sich hierfür ein ritueller Akt aus: die Schwertleite. Im Falle Ottos ist von einem Akt dieser Art, der das Ende der Regentschaft und den Beginn der selbständigen Herrschaft markiert hätte, nichts bezeugt. Der Übergang scheint sich vielmehr gleitend vollzogen zu haben, denn in den Jahren 994 und 995 weilten die älteren weiblichen Mitglieder des Königshauses weiterhin in der Umgebung des Herrschers und wurden von ihm mit Privilegien und Schenkungen bedacht, wie die erhaltenen Urkunden sowohl für Mathilde, seine Tante, als auch für seine Großmutter Adelheid verdeutlichen. Die von der Forschung angenommene ‚Wehrhaftmachung' Ottos III. im Herbst 994 auf einem Hoftag im niedersächsischen Sohlingen muß daher eine Vermutung bleiben. Auch kann die Bemerkung Thietmars, Otto habe seine Großmutter Adelheid, „verführt vom frechen Rat junger Leute, zu ihrem Kummer" von seiner Seite verwiesen, nicht in diese Anfangsphase seiner selbständigen Entscheidungen fallen.

Aus diesen Jahren sind vielmehr wenig spektakuläre Dinge, dafür aber einige Initiativen und Personalentscheidungen überliefert, die ein wenig von der künftigen Handschrift des Herrschers und den Schwerpunkten seiner Politik erkennen lassen. Bereits im Herbst 994 reiste Abt Hatto von Fulda im Auftrage Ottos nach Rom, was nur bedeuten kann, daß ein Zug zur Kaiserkrönung zu den vorrangigen Zielen des Königs gehörte. Im Herbst des nächsten Jahres befand sich eine Gesandtschaft mit den Bischöfen Johannes (Philagathos) von Piacenza und Bernward von Würzburg auf dem Wege nach Byzanz. Ihr Auftrag dürfte neben den immer relevanten Fragen des grundsätzlichen Verhältnisses zum oströmischen Kaiserreich gewesen sein, die Chancen für ein Heiratsbündnis mit Byzanz auszuloten. Ottos erste Personalentscheidungen verraten dagegen durchaus Eigenwilligkeit und den Mut zu Veränderungen: Schon 994 bestellte er mit seinem Vertrauten Heribert, der vielleicht auch zu seinen Lehrern gehörte, einen Deutschen zum Leiter der italienischen Abteilung der Kanzlei. Das war neu, denn bisher waren immer Geistliche aus dem italienischen Reichsteil mit dieser Aufgabe betraut worden. Heribert war überdies ein enger Vertrauter des deutschen Kanzlers und Wormser Bischofs Hildebald, so daß Otto hier durchaus Vorstellungen des bewährten Leiters der Kanzlei mit eigenen verbunden haben dürfte. Die weitere Karriere Heriberts zeigt deutlich, daß diese Entscheidung eine gute war. Als im gleichen Jahr Bischof Wolfgang von Regensburg verstarb, ließ Otto sich weder vom Wunsch des Verstorbenen noch von der Wahl der Regensburger beeindrucken, sondern erhob anstelle des gewählten Regensburger Klerikers Tagino – von Heinrich II. immerhin später zum Magdeburger Erzbischof promoviert – seinen Kapellan Gebhard auf den Bischofssitz. Dies dürfte ein programmatischer Eingriff gewesen sein, denn an der Regensburger Besetzung mußte ganz gewiß auch Heinrich der Zänker herausragendes Interesse haben, betraf sie doch den Vorort seines bayerischen Herzogtums. Von einer Reaktion des Zänkers auf diesen Eingriff des jungen Königs ist jedoch nichts bekannt.

Auch die alten Probleme der West- wie der Ostpolitik scheinen den jungen König gleich in der ersten Zeit seiner Selbständigkeit eingeholt zu haben; nur sind die diesbezüglichen Zeugnisse auf je eigene Art eine harte Nuß, die bisher nicht geknackt ist. Der Reimser Geschichtsschreiber Richer erzählt über den Fortgang des Streits um die Besetzung des Erzstuhls von Reims eine kaum glaubliche Geschichte. Papst Johannes XV. habe zur Lösung der strittigen Frage seinen Legaten Leo in den Norden geschickt, um auf einer Synode west- und ostfränkischer Bischöfe unter Beteiligung der Herrscher die Sache zu verhandeln. Eine solche Synode sei für den Juni 995 in Mouzon in Aussicht genommen worden. Bischof Adalbero von Laon habe jedoch mit Hilfe Ottos III. geplant, die westfränkischen Könige Hugo und Robert bei diesem Treffen gefangenzunehmen und an ihrer Stelle Otto III. auch zum westfränkischen König zu erheben. Da dieser Plan jedoch verraten worden sei, hätten Hugo und Robert es vermieden, zu diesem Treffen zu erscheinen. Von Ottos konkreter Beteiligung an etwaigen Plänen dieser Art wissen wir nichts. Wir hören lediglich davon, daß er einen der Reimser Anwärter auf das Amt des Erzbischofs, Gerbert von Aurillac, in dieser Zeit aufforderte, sich schriftlich zu rechtfertigen, was dieser auch tat. Es liegt daher nahe, diese Geschichte, wie andere von Richer erzählte, als „Räuberpistole" abzutun und ihr jeden historischen Quellenwert abzusprechen. Doch vergibt man damit auch Chancen. Die Geschichte ist ja zumindest ein Zeugnis dafür, was man im Reims in dieser Zeit für denkbar hielt und glaubte, als Argument verwenden zu können. Selbst wenn die

Geschichte also nur einen Blick in die ‚Gerüchteküche' der Zeit erlauben sollte, ist dies von einigem Wert.

Im Sommer 995 war Otto III. überdies mit einem kriegerischen Unternehmen beschäftigt, das sich gegen die Elbslawen richtete und Ottos Heer bis zur Mecklenburg, der Hauptburg der in den nördlichen Regionen siedelnden Obodriten führte. Zu seiner Unterstützung waren sowohl Kontingente des Polenherzogs Boleslaw Chrobry als auch des Böhmenherzogs Boleslaw gekommen. Trotz des offensichtlich hohen Aufwandes scheint der Zug insofern erfolglos geblieben zu sein, als es nicht gelang, den slawischen Widerstand wirklich zu beenden. Noch im Herbst des gleichen Jahres machten Slawen vielmehr Einfälle nach Sachsen. In diese Zeit dürfte auch die Machtübernahme des Slawen Boliliut in der Brandenburg fallen, die zuvor ein vornehmer Sachse namens Kizo, der mehrfach die Fronten zwischen Sachsen und Slawen wechselte, innegehabt hatte. Von allgemeinerem Interesse wird dieser Feldzug aber nicht zuletzt dadurch, daß sich im böhmischen Aufgebot Vertreter der beiden rivalisierenden Adelsgeschlechter der Premysliden und Slavnikiden befanden, während gleichzeitig der in Böhmen verbliebene Herzog Boleslaw II. die Burg seiner Gegner überfallen und alle dortigen Mitglieder der Slavnikiden hatte töten lassen. Angehöriger dieser Adelsfamilie war auch Bischof Adalbert von Prag, der sein Bistum mehrfach verließ, was in diesen Auseinandersetzungen seinen politischen Hintergrund haben dürfte. Zuflucht und Unterstützung fanden die überlebenden Mitglieder der unterlegenen Slavnikiden aber bei Boleslaw Chrobry, dessen späterer Eroberungszug nach Prag (1003) bereits in den Ereignissen des Jahres 995 seine Ursachen hat.

Auf den 6. Dezember 995 datiert eine bemerkenswerte Königsurkunde Ottos III., die in Zusammenhang mit diesen böhmischen Konflikten stehen könnte. Die Urkunde dekretiert eine erhebliche Erweiterung des Bistums Meißen, verbunden mit einer Vervielfachung seiner Zehnteinkünfte. All dies geschieht auf Kosten des Bistums Prag und des Erzbistums Magdeburg. Betroffen sind überdies Gebiete, auf die Boleslaw Chrobry Ansprüche erhob und die sein Vater dem hl. Stuhl überwiesen hatte. Damit bezieht die Urkunde, deren Echtheit immer wieder angezweifelt, aber auch immer wieder behauptet wurde, nachdrücklich Stellung und ordnet eine Region kirchenpolitisch völlig neu, die in politischer Hinsicht in der gleichen Zeit einen Krisenherd darstellte. Ein Echo der verschiedenen von dieser Regelung Betroffenen gibt es nicht. Wir hören von der ganzen Sache überhaupt nur durch diese Urkunde. Da es nach den Erfahrungen mit Magdeburg und Merseburg sattsam bekannt gewesen sein dürfte, daß ein König solche Veränderungen nicht ohne Synode und Zustimmung der betroffenen Bischöfe realisieren konnte, bleiben erhebliche Zweifel, ob diese Urkunde etwas mit den historischen Realitäten des Jahres 995 zu tun hat. Da sie aber im Original erhalten ist und allen kritischen Prüfungen der Diplomatiker standgehalten hat, beunruhigt die Unfähigkeit, sie überzeugend historisch einzuordnen.

Gleichfalls im Jahre 995 hatte Otto ein Hilferuf Papst Johannes XV. erreicht, der vom römischen Stadtpräfekten Crescentius und seiner Partei bedrängt wurde und Rom hatte verlassen müssen. So gab es neben der römischen Kaiserkrönung auch politische Notwendigkeiten, die einen baldigen Italienzug Ottos ratsam scheinen ließen. Immerhin war Italien ja nach Cotrone mehr als ein Jahrzehnt sich selbst überlassen geblieben, wenn man vom Romzug der Theophanu und vom Aufenthalt Adelheids in Pavia einmal absieht. Im März 996 brach Otto denn auch von Regensburg aus zu diesem Italienzug auf. Beim Auszug aus der Stadt hören wir von demonstrativen Akten, mit denen Otto sein herrscherliches Selbstverständnis zum Ausdruck brachte. Er ließ sich und seinem Gefolge nämlich die hl. Lanze voraustragen, und stellte sich damit einerseits unter den Schutz dieser siegbringenden Reliquie, machte auf der anderen Seite aber auch seinen Anspruch auf die Kaiserwürde deutlich, der durch den Bezug der Lanze auf den Heidenkampf gegeben war.

Bereits auf dem Weg nach Rom beschäftigten Otto Probleme des kaiserlichen Amtes. In Verona ging er mit dem Dogen von Venedig ein Bündnis der ‚geistlichen Verwandtschaft' ein, indem er der Firmpate eines Sohnes des Dogen Petrus II. Orseolo wurde. In Pavia stellte sich dann eine noch wichtigere Aufgabe. Eine Gesandtschaft der Römer meldete nämlich den Tod Papst Johannes XV. und bat um die Bestimmung eines Nachfolgers, wie es Vorrecht des Kaisers war. Die Gesandtschaft war keinesfalls Ergebnis römischer Einmütigkeit, vielmehr Reaktion auf die Versuche der Partei des Crescentius, ohne Information des Kaisers einen der Ihren als Papst Johannes XVI. zu inthronisieren, was mißlang. Ottos Wahl verrät den Willen, Zeichen zu setzen: Er nominierte nämlich seinen Verwandten und Hofkapellan Brun, einen Sohn Herzog Ottos von Kärnten, und ließ ihn von Erzbischof Willigis von Mainz und Bischof Hildebald von Worms, den Vorstehern der Kanzlei und Kapelle, nach Rom geleiten, wo er als erster ‚Deutscher' zum Papst erhoben wurde und den Namen Gregor V. annahm. Mit dieser Entscheidung überschritt Otto III. die Befugnisse, die das Ottonianum seines Großvaters hinsichtlich der Papstwahl formuliert hatte. Er begnügte sich nicht mit der Zustimmung zu einer Wahl, sondern lenkte sie aktiv in Richtung auf einen eigenen Kandidaten. Man wird diesen Versuch, das päpstliche Amt so aus den Rivalitäten der römischen Adelsgruppen herauszuhalten, gewiß als mutig bezeichnen, doch bedeutete eine solche Personalentscheidung auch, daß der Papst des Rückhalts in Rom selbst entbehrte und um so dringender auf die Hilfe des Kaisers angewiesen war.

Die so erhöhte Notwendigkeit zur Zusammenarbeit zwischen höchster geistlicher und höchster weltlicher Gewalt trug schnell Früchte. Schon einen Tag nach seiner Ankunft vor Rom wurde Otto am 21. Mai 996, dem Feste Christi Himmelfahrt, von Gregor V. zum Kaiser gekrönt. Daß man entschlossen war, drängende Probleme gemeinsam anzugehen, bezeugt eine Synode, die sich direkt an die Krönungsfeierlichkeiten anschloß. Dieser Synode präsidierten Papst und Kaiser gemeinsam, wie sie auch in Urkunden ihre Gemeinsamkeit zum Ausdruck brachten: Der Papst trat in mehreren Königsurkunden als Intervenient auf, Otto III. unterzeichnete sogar eine Papsturkunde für den Frauenkonvent von Vilich bei Bonn.

Die Themen der Synode waren einigermaßen brisant: Man verhandelte den Fall des Prager Bischofs Adalbert, der wohl nicht zuletzt auf Grund der politischen Schwierigkeiten seiner Verwandten mit Herzog Boleslaw sein Bistum seit mehreren Jahren verlassen und sich im römischen Kloster SS. Bonifatio e Alessio aufgehalten hatte. Kein Geringerer als Erzbischof Willigis von Mainz trat auf der Synode nachdrücklich dafür ein, daß Adalbert in sein Bistum zurückkehren müsse. Die Synode schloß sich seiner Meinung an, doch eröffnete sie auch Adalbert einen Ausweg aus seinem Dilemma: Falls sich die Prager weiterhin seinen seelsorgerischen Bemühungen widersetzen sollten – was immer man sich unter diesem Widerstand vorzustellen hat –, sollte dem Bischof erlaubt sein, sich der Missionsarbeit zuzuwenden.

Es gibt einige Indizien dafür, daß auf dieser Synode die Haltung und Persönlichkeit des Prager Bischofs Otto III. stark beeindruckt hat. Nach der römischen Synode ist es in der Tat zu Kontakten zwischen beiden gekommen, die auf ein engeres persönliches Verhältnis deuten. Bischof und Kaiser haben im Herbst 996 nämlich mehrere Wochen zusammen in Mainz verbracht, wie wir aus den Lebensbeschreibungen des hl. Adalbert erfahren. Man wüßte gerne, wie Willigis von Mainz diesen Aufenthalt bewertet hat, denn er macht deutlich, daß der Prager Bischof es keineswegs eilig hatte, dem Beschluß der Synode gemäß in sein Bistum zurückzukehren. Neben dem Mainzer Aufenthalt hat Adalbert sogar noch Zeit gefunden, eine Reise in den Westen zu unternehmen, und dort die berühmtesten Klöster zu besuchen.

Wie in andere Fällen, in denen persönliche Vorlieben und individuelle Wesenszüge Ottos III. faßbar zu werden scheinen, ist jedoch auch bei einer kritischen Bewertung des Verhältnisses der „Freunde" Otto und Adalbert darauf zu verweisen, daß wir von diesem Verhältnis fast ausschließlich durch hagiographische Zeugnisse zum Leben Adalberts informiert werden. Und es gehört zur Topik der Hagiographie zu zeigen, welchen Einfluß die Heiligen auf die Mächtigen dieser Welt hatten. Und dies tun die Lebensbeschreibungen in aller Eindringlichkeit. Von Adalbert wird etwa erzählt, daß er wie ein „geliebter Kammerdiener" im Schlafgemach des Kaisers gelebt, sich aber in Demut des Nachts hinausgeschlichen habe, um den Höflingen die Schuhe zu putzen. Auch der Inhalt der vertrauten und vertraulichen Gespräche mit dem Kaiser und die Belehrungen, die Adalbert Otto zuteil werden ließ, entsprechen genau dem, was man erwarten darf, wenn Heilige und Herrscher miteinander sprechen. Es sind die traditionellen Herrschermahnungen der christlichen Tradition: Stets solle der Kaiser daran denken, daß er ein sterblicher Mensch sei, der sich vor Gottes Richterstuhl zu verantworten habe; den Witwen solle er sich als Gatte, den Armen als Vater erweisen, Gott fürchten und gerecht richten. Man wird solchen Angaben wohl nur schwer eine persönliche Qualität des Verhältnisses von Herrscher und Heiligem entnehmen können.

Durch ein zweites Thema der römischen Synode von 996 trat Otto III. in Kontakt zu einem Mann, der seinen weiteren Weg ohne Zweifel erheblich beeinflußte: Gerbert von Aurillac. Auch dieser befand sich auf der Synode in einer schwierigen Position, denn seine Wahl zum Reimser Erzbischof hielt kirchenrechtlichen Kriterien nicht stand. Zu allem Überfluß hatte Gerberts Partei im Jahre 991 auf einer westfränkischen Synode das Papsttum in unerhörter Weise angegriffen. Zwar vertagte die Synode eine endgültige Entscheidung bis zur Anhörung Arnulfs, Gerberts Kontrahenten im Kampf um den Reimser Erzstuhl, doch stand es schlecht um Gerberts Position. Nichtsdestotrotz beauftragte ihn Otto im direkten zeitlichen Zusammenhang mit der Synode, einen Brief an seine Großmutter Adelheid zu verfassen, um dieser seine Kaiserkrönung anzuzeigen und ihr in der Stunde des Triumphes Dank abzustatten.

Als Gerberts Stellung in Reims sich wenig später dann in der Tat als unhaltbar erwies, erreichte ihn ein Schreiben Ottos mit dem Angebot, in seinen Dienst zu treten. Das Schreiben ist deshalb berühmt, weil der Kaiser Gerbert bittet, ihm als Lehrer dabei zu helfen, seine „sächsische Rauheit" (*rusticitas*) abzulegen und an ihrer Stelle griechischen ‚Schliff' (*subtilitas*) zu erwerben. Spätere Forschung hat dies gern als Beweis dafür genommen, daß der ‚schwärmerische Jüngling' sich seiner Herkunft schämte und wegen dieser und anderer ‚Phantastereien' den Stab über ihm gebrochen. Ganz so einfach scheint die Sache jedoch nicht zu sein: Es kann sich auch um die ein wenig spielerische Anwendung eines Bescheidenheitstopos handeln, da Gerbert ja zweifelsohne von der beachtlichen Bildung Ottos Kenntnis hatte. Es ist nicht einmal ausgeschlossen, daß der Kaiser hier ironisch auf Gerberts Bildungsdünkel anspielt. Wie dem auch sei, die Wege der beiden Männer trennten sich von 997 an nicht mehr.

Im Frühjahr 996 lösten Kaiser und Papst noch ein diffiziles Problem gemeinsam: die Frage der Behandlung des römischen Stadtpräfekten Crescentius, der gewiß kein Verbündeter des von Otto eingesetzten Papstes war. Durch den Versuch, einen eigenen Kandidaten auf den päpstlichen Stuhl zu bringen, hatte er dies genügend deutlich gemacht. Otto ließ denn auch Crescentius zunächst zum Exil verurteilen, begnadigte ihn jedoch auf Fürsprache Gregors V. Dieser Akt von Milde entbehrte nicht des politischen Kalküls, denn auf Milde konnte man nach den Gewohnheiten der Zeit nur einmal hoffen. Die Begnadigung verpflichtete Crescentius also zum Wohlverhalten in der Zukunft.

Aus Gesundheitsgründen hat Otto Rom dann sehr bald verlassen und mit dem Schutze und der Unterstützung Papst Gregors den Markgrafen Hugo von Tuszien und den Grafen Konrad von Spoleto beauftragt. Es zeigte sich jedoch sofort, daß dies nicht ausreichte. Aus einem Abschiedsbrief Ottos an Gregor, der aus der Feder Gerberts stammt, hat man ein Zerwürfnis auch zwischen Kaiser und Papst gefolgert. In dem Brief ist nämlich von acht Grafschaften die Rede, über die es Streit gäbe. Was immer der Grund für diesen Streit und wer die Streitenden waren, es ist kaum gerechtfertigt, aus diesem Halbsatz auf einen Bruch zwischen Kaiser und Papst zu schließen, der zu Ottos Aufbruch aus Rom geführt habe. Wie sehr Gregor V. in Rom vielmehr als Papst des Kaisers galt, zeigt nicht zuletzt die Tatsache, daß er bald nach dem Abzug des Kaisers – noch im Herbst 996 – aus Rom vertrieben wurde. Bis zum Jahre 998 mußte er in Oberitalien warten, ehe ihn ein Heer Ottos nach Rom zurückführte.

Dieser erste Italienzug Ottos III. verrät noch wenig von der Intensität seiner späteren Italienpolitik. Nach der Kaiserkrönung kehrte der Herrscher ins Reich zurück. Die Tatsache, daß sich Otto vom Dezember 996 bis April 997 am Niederrhein und vor allem in Aachen aufhielt, ohne daß wir etwas von Hoftagen oder vergleichbaren Aktivitäten hörten, spricht nicht dafür, daß seine Rückkehr unaufschiebbar gewesen wäre. Im Sommer 997 war er dann an der Slawengrenze aktiv und unternahm Verwüstungszüge, nachdem die Slawen durch erneute Einfälle den vereinbarten Frieden gebrochen hatten. Beteiligt an diesen militärischen Unternehmungen war auch der Magdeburger Erzbischof Giselher, der hierbei durch ein eigenartiges Verhalten auffiel: Er verließ mit seinen Truppen nämlich die Arneburg, deren Bewachung er übernommen hatte, obgleich seine Ablösung, der Markgraf Liuthar, noch nicht erschienen war. Die Slawen nutzten die Gelegenheit und steckten die Burg in Brand. Giselher verweigerte in dieser Situation auch Markgraf Liuthar jede Hilfe und zog heim.

Fragt man nach möglichen Gründen für dieses unerklärliche Verhalten des Magdeburger Erzbischofs, stößt man auf überraschende Befunde: Scheinbar aus heiterem Himmel hatte nämlich im Februar 997 der aus Rom vertriebene Papst Gregor V. auf einer Synode in Pavia die Rechtmäßigkeit der Aufhebung Merseburgs thematisieren lassen. Wir sind über diesen Sachverhalt durch einen Brief informiert, den der Papst selbst an Erzbischof Willigis von Mainz sandte. Man war übereingekommen, Giselher, den der Papst als Bischof, nicht als Erzbischof bezeichnet, nach Rom zu zitieren, wo er zu dem Vorwurf Stellung nehmen sollte, er habe gegen die kirchlichen Bestimmungen seinen Sitz verlassen und sei in einen anderen eingedrungen. Falls er die Romreise verweigern sollte, drohte man ihm die Suspendierung vom priesterlichen Amt an. Diese Initiative einer italienischen Synode ohne Beteiligung von Reichsbischöfen und Kaiser und ihre dezidierte Haltung bezüglich der Aufhebung Merseburgs wirft einige Fragen auf. Die wichtigste ist wohl die, ob die Synode im Einvernehmen mit Otto III. oder ohne dessen Einverständnis oder gar Wissen handelte. Konkrete Äußerungen hierzu gibt es in den Quellen nicht. Es gab aber um die Jahreswende 996/7 einen sehr triftigen Grund, die Frage der Aufhebung Merseburgs erneut zu erörtern: Im November 996 war nämlich der Halberstädter Bischof Hildiward verstorben. Dieser war einer der Drahtzieher der Aufhebung Merseburgs gewesen. Die Vakanz auf dem Bischofsstuhl bot wie so oft die Gelegenheit, dem Nachfolger vor seiner Erhebung Auflagen zu machen und Zugeständnisse abzuringen. Im Halberstädter Fall überging Otto III. denn auch die Wahl des dortigen Domklerus, die auf Hildiwards Vertrauten Hitto gefallen war, und oktroyierte dem Bistum seinen Kapellan Arnulf, einen Bayern, als neuen Bischof. Da der Kaiser später als Protagonist einer Wiedererrichtung Merseburgs in Erscheinung trat, spricht viel dafür, daß schon 997 die Initiative Papst Gregors V. mit ihm abgesprochen bzw. von Otto verlangt worden war. Erfolgreich war Otto III. bei seinen

Bemühungen jedoch nicht, denn Giselher verschleppte bis zu seinem Tode (1004) mit immer neuen Manövern die Entscheidung der Angelegenheit.

3. Die ‚Erneuerung' Roms und die neue Ostpolitik

Im Dezember 997 fand Otto dann Zeit für seinen zweiten Italienzug, der ein vorrangiges Ziel haben mußte: die Rückführung Gregors V. nach Rom und die Vertreibung des Gegenpapstes Johannes XVI., den der Stadtpräfekt Crescentius dort inzwischen hatte einsetzen lassen. Bei diesem Gegenpapst handelte es sich um niemand anderen als Johannes Philagathos, den Erzbischof von Piacenza und Günstling der Theophanu, der gerade erst von einer Gesandtschaft im Auftrage Ottos III. nach Byzanz zurückgekehrt war. Er ließ sich aus unbekannten Gründen auf diesen Parteiwechsel ein, bei dem ein byzantinischer Gesandter namens Leo eine dubiose Rolle spielte, wie wir aus dessen Briefen wissen. Als das kaiserliche Heer im Februar 998 vor Rom erschien, reagierten bestimmte Gruppen der römischen Bevölkerung wie auch sonst häufig: Sie einigten sich mit dem Kaiser gütlich und erlaubten ihm den Einzug in Rom ohne die Anwendung von Waffengewalt. Sie distanzierten sich damit von ihrem Stadtpräfekten Crescentius und seinem Anhang, der sich in der Engelsburg verschanzte. Der Gegenpapst flüchtete aus Rom und versuchte, sich in der Umgebung zu verstecken. Er war der erste, dessen Krieger Ottos unter Anführung des alemannischen Grafen Bezelin habhaft wurden. Sie blendeten ihn und verstümmelten seine Nase und Zunge, ehe er nach Rom zu Kaiser und Papst Gregor V. gebracht wurde. Letzterer ließ den Verstümmelten von einer Synode noch förmlich devestieren, indem man ihn der päpstlichen Kleider beraubte und ihn dann, rückwärts auf einem Esel reitend und dessen Schwanz als Zügel benutzend, durch Rom trieb. Noch brutaler verfuhr Otto III. selbst mit Crescentius, als man diesen unter ungeklärten Umständen bei der Belagerung der Engelsburg gefangen nehmen konnte. Er wurde zunächst enthauptet, dann von den Zinnen der Engelsburg herabgestürzt und schließlich mit zwölf Gefährten auf dem Monte Mario an den Beinen aufgehängt und so öffentlich zur Schau gestellt. Es ist angesichts solcher Praktiken wenig überraschend, daß dieser Italienzug in der modernen Historiographie als „Rachefeldzug" apostrophiert wurde. Otto III. scheint der Erbitterung, die hinter diesen Maßnahmen stand, selbst Ausdruck zu geben, wenn er in der Datierungszeile einer Urkunde für das Kloster Einsiedeln formulieren ließ: „Gegeben an dem Tag, an dem Crescentius geköpft aufgehängt wurde."

Schon mittelalterliche Zeitgenossen haben an der für das 10. Jahrhundert in der Tat unüblichen Grausamkeit Anstoß genommen und Kaiser wie Papst zum Teil vehement kritisiert. Hervorzuheben ist vor allem das Urteil der Lebensbeschreibung des italienischen Einsiedlers Nilus, eines zu dieser Zeit fast 90jährigen Greises, der sich bereits auf die Nachricht von der Verstümmelung des Gegenpapstes nach Rom aufmachte, um den Geblendeten zu sich in sein Kloster zu nehmen, was ihm Gregor V. und Otto III. jedoch verweigerten. Eindringlich ist die Mahnung, die er in diesem Zusammenhang an Kaiser und Papst gerichtet haben soll: „Wenn ihr nicht dem Verzeihung gewährt, den Gott Euren Händen überantwortet hat, so wird auch Euch der himmlische Vater Eure Sünden nicht vergeben" (Vita S. Nili, cap. 91). Um aber zu verstehen, warum die Rückführung Gregors V. nach Rom diese Konsequenzen für seine Gegner hatte, ist es ratsam, sich daran zu erinnern, daß Otto III. bzw. Gregor V. bereits zuvor einen Konflikt mit Crescentius gütlich beigelegt hatten. Auf Fürsprache Gregors V. hatte der Kaiser im Jahre 996 die Verbannung des Crescentius zurückgenommen und ihn in seiner früheren Stellung belassen. Im Jahre 998 war Crescentius also ein ‚Wiederholungstäter', der die Milde, die man ihm erwiesen hatte, mit Undank vergolten und den Konflikt fortgeführt bzw. neu eröffnet hatte. Auf Milde konnte man in dieser Zeit aber nur einmal hoffen. Aus dieser Konstellation erklärt sich, daß der Kaiser jedwede erneuten Verhandlungsversuche des Crescentius zurückweisen ließ; aus dieser Sachlage erklärt sich aber wohl auch die überaus grausame Behandlung der gegnerischen Protagonisten, eine Behandlung, die in sonstigen Konflikten des 10. Jahrhunderts nicht begegnet. Diese Aussagen gelten zunächst nur für den Crescentius, bei Johannes Philagathos ist der Tatbestand einer Wiedereröffnung eines gütlich beigelegten Konfliktes nicht gegeben. Bei ihm scheint jedoch der Tatbestand des Verrats die Härte bedingt zu haben, der in seinem Fall wohl deshalb als besonders verwerflich eingeschätzt wurde, weil er durch die Gunst der Ottonen sozusagen aus dem Nichts in höchste Höhen aufgestiegen war. Nicht wilde Rachsucht eines gereizten Kaisers und seiner Krieger tobte sich also bei dem zweiten Italienzug aus, die Gegner hatten vielmehr eine Behandlung zu erdulden, die in Einklang mit den üblichen Regeln der Konfliktführung stand. Zu einer solchen Bewertung paßt, daß gerade Graf Bezelin, der für die Blendung und Verstümmelung des Johannes Philagathos verantwortlich war, sich in dieser Zeit nachweislich der besonderen Huld Ottos III. erfreute: Er durfte nämlich wenig später nicht nur in Vertretung des Kaisers dessen Schwester Adelheid in Quedlinburg als Äbtissin investieren, sondern erhielt auch ein Marktprivileg für seinen Ort Villingen im Schwarzwald, der diesen mit den Märkten in Konstanz und Zürich gleichstellte. Kritik an der Verhaltensweise von Kaiser und Papst kommt denn auch von keiner Quelle aus dem Reich, sondern interessanter Weise nur aus Italien. Dort nahm man Otto aber mit dem Argument in Schutz, er habe nicht alles gewußt, was dort passiert sei, überdies habe er durch eine Bußwallfahrt versucht, seine Beteiligung an dem Geschehen zu sühnen.

Ausgerechnet an der Urkunde Ottos III. für das Kloster Einsiedeln, die in der Datierungszeile drastisch auf die Hinrichtung des Crescentius aufmerksam macht, erscheint nun zum ersten Mal eine Bleibulle mit dem auf einem Thron sitzenden Kaiser auf der Vorderseite und mit einer viel diskutierten Devise auf der Rückseite: *Renovatio imperii Romanorum*. Sie umrahmt die gewappnete Frauenbüste der Roma und ist gewiß der Kaiserdevise Karls des Großen verpflichtet: *Renovatio Romani imperii*. Die neue Devise begegnet an den Kaiserurkunden kontinuierlich bis in die Zeit der Rückkehr Ottos III. aus Gnesen und wurde seit Januar 1001 durch die Formulierung *Aurea Roma* ersetzt. In beiden Devisen war nach Meinung der Forschung, die lange Zeit von der Sicht Percy E. Schramms geprägt wurde, das ‚Regierungsprogramm' Ottos III. auf den Punkt gebracht. Im Zusammenwirken mit seinen gelehrten Ratgebern, namentlich mit Gerbert von Aurillac und Leo von Vercelli, habe der Kaiser das Konzept einer

Erneuerung des alten Römerreiches entworfen, das verschiedenste Vorhaben verklammerte: so auf herrschaftlich-institutionellem Sektor die Wiederaufrichtung einer von Rom aus agierenden Kaiserherrschaft ausgerichtet am Vorbild der antiken Imperatoren, so auf religiös-kirchlichem Sektor die konzertierte Zusammenarbeit von Papst und Kaiser namentlich auf den Gebieten der Mission und der innerkirchlichen Reformen. Viele der ungewöhnlichen und bereits von Zeitgenossen mit Kritik bedachten Handlungsweisen und Entscheidungen Ottos konnten als Konsequenzen dieser Konzeptualisierung begriffen und, je nach politischem Standpunkt, als ‚undeutsch' und nationalen Interessen zuwiderlaufend verurteilt oder als kühnes Renaissance-Konzept bewundert werden.

Erst eine in jüngerer Zeit vorgenommene Kritik der Grundlagen dieser Vorstellungen (K. Görich) hat ihre Problematik deutlich werden lassen. Das vermeintliche Projekt einer ‚Erneuerung des Römerreiches' durch Otto III. und seine geistlichen Ratgeber ist nämlich aus sehr heterogenen Anhaltspunkten rekonstruiert worden. Neben den zitierten Devisen nutzte man literarische Reminiszenzen, panegyrisch-gelehrte Anspielungen auf die Antike und bildliche Darstellungen. Herangezogen wurden vor allem Ausführungen Gerberts, wie sie sich an Otto III. gerichteten Briefen und Prologen fanden, in denen der Kaiser etwa daran erinnert wurde, daß er durch das Kaisertum Römer sei, und die in dem Ausruf zu gipfeln schienen: *Nostrum, nostrum est Romanum imperium*, dem das „früchtereiche Italien", das „männerreiche Gallien und Germanien" und die „tapferen Reiche der Skythen" zu dienen hätten. Dieser verbalen Reverenz an die Bedeutung des römischen Kaiserreiches und Ottos Kaiserwürde scheinen Herrscherdarstellungen Ottos III. zu entsprechen, der in auf der Reichenau hergestellten Prachthandschriften thronend zwischen geistlichen und weltlichen Würdenträgern dargestellt wird, wobei sich ihm, auf der vorhergehenden Verso-Seite dargeboten, dienende Frauengestalten mit Gaben nähern. Sie symbolisieren die der Herrschaft des Kaisers unterworfenen Länder und sind jeweils mit Namen bezeichnet. Angeführt werden sie von einer als Roma bzw. Italia bezeichneten Person. Es dürfte leicht einsichtig sein, daß es schwierig ist, von derartiger verbaler oder bildlicher Herrscherpanegyrik auf politische Konzeptionen eben dieses Herrschers zu schließen. Inhaltlich differenziert ausgeformte Renovatio-Ideen Ottos III. und seines Beraterkreises, die an antike Verhältnisse anknüpfen, den Schwerpunkt der Herrschaft nach Italien verlegen und die Herrschaftspraxis antiker Imperatoren zur Richtschnur kaiserlichen Handelns machen wollten, hätten zudem einen so massiven Bruch mit den Rahmenbedingungen der Herrschaftsausübung im 10. Jahrhundert bedeutet, daß sie kaum konsensfähig gewesen wären. Sie müssen daher wohl als Konstrukte moderner Forschung bezeichnet und ad acta gelegt werden. Davon ist allerdings unbenommen, daß Otto und seine Berater mit beträchtlicher Energie versuchten, der päpstlichen wie der kaiserlichen Autorität in Rom und Italien wieder größere Geltung zu verschaffen. Daß die Devise *Renovatio imperii Romanorum* ein gutes Motto für ein solches Vorhaben darstellte, dürfte einsichtig sein. Von einer ‚Erneuerung' Roms spricht auch ein Gedicht, in dem der kaiserliche Ratgeber und Vertraute Leo von Vercelli das Zusammenwirken von Kaiser und Papst besingt. Dieses Gedicht beginnt allerdings mit einer Anrufung Christi, der auf „sein" Rom blicken und es erneuern möge, damit es unter der Herrschaft des dritten Otto erblühe. An eine Erneuerung antiker Herrschaftsverhältnisse hat Leo dabei wohl nicht gedacht, sondern die neue Blüte Roms von der Hilfe Christi und vom Zusammenwirken von Kaiser und Papst erwartet. Und in der Tat gibt es nach der erfolgreichen Rückführung Gregors V. nach Rom einige Hinweise darauf, daß Papst und Kaiser gemeinsam und erfolgreich bemüht waren, Mißstände im kirchlichen Bereich in Italien abzustellen. Ein vorrangiges Ziel scheint gewesen zu sein, entfremdeten Kirchenbesitz wieder der Verfügungsgewalt der geistlichen Institutionen zuzuführen. Zeugnis hiervon gibt nicht zuletzt das sog. Capitulare Ticinense, das festlegte, alle Pachtverträge, die Bischöfe oder Äbte mit Laien abschlossen, sollten nur für ihre Lebenszeit gelten. Hiermit gab man neu erhobenen Bischöfen und Äbten die Möglichkeit, bei Amtsantritt die Verfügungsgewalt über den Besitz ihrer Institution zu demonstrieren, auch wenn es kaum realistisch sein dürfte anzunehmen, sie hätten real die Möglichkeit gehabt, Pachtverträge in großem Umfang nicht zu erneuern. Wie ernst Papst und Kaiser ihre Ziele jedoch nahmen, mag die Tatsache verdeutlichen, daß sie einen Grafen der Sabina persönlich und mit Heeresmacht zwangen, dem Kloster Farfa geraubtes Gut zurückzugeben.

Weit über Italien hinaus griffen die Themen, die Kaiser und Papst auf römischen Synoden der Jahre 998 und 999 behandelten. So beschloß man in der Frage der Nahehe des westfränkischen Königs Robert energische Maßnahmen, indem man ihn zur Aufgabe dieser Ehe aufforderte und ihm sieben Jahre Kirchenbuße auferlegte. Sollte er sich weigern, drohte die Synode ihm die Exkommunikation an. Den Konsecrator dieser Ehe, den Erzbischof von Tours, Erchanbald, und alle der Eheschließung beiwohnenden Bischöfe schloß man aus der kirchlichen Gemeinschaft aus, bis sie zur Satisfaktion nach Rom gekommen seien. Nicht weniger bestimmt war das Vorgehen der Synode in der Merseburger Frage: Das Bistum Merseburg, vom hl. Stuhl und Otto dem Großen durch ein Universalkonzil eingerichtet und vom hl. Stuhl und Otto II. ohne Konzil zerstört, d.h. aufgehoben, solle wieder errichtet werden. Das Konzil wie Otto III. distanzieren sich hiermit deutlich von der Maßnahme Ottos II., die durchaus durch eine römische Synode gebilligt worden war. Für Giselher, den ehemaligen Merseburger Bischof und jetzigen Magdeburger Erzbischof, bestimmte die Synode ein unterschiedliches Schicksal, je nachdem, wie er zu seinem neuen Sitz gekommen sei. Habe er diesen durch Ehrgeiz und Begierde selbst angestrebt, solle er beide Sitze verlieren. Angesichts dieser entschiedenen Initiative in der Merseburg-Frage spricht alles dafür, daß bereits der erste Schritt Gregors V. in diese Richtung, den er 997 auf der Synode von Pavia unternommen hatte, mit dem Kaiser abgestimmt gewesen sein dürfte, der jetzt vor einer deutlichen Kritik an der Handlungsweise seines Vaters nicht zurückschreckte. All diese Beobachtungen sind geeignet, einen Eindruck davon zu geben, auf welchen Feldern und bei welchen Themen Otto III. und Gregor V. besonderen Handlungsbedarf sahen und das Gewicht ihrer Autoritäten in die Waagschale warfen. Einen Versuch der Erneuerung antiker Kaiserherrschaft sollte man dahinter jedoch nicht vermuten.

Es sollte überdies nicht der Eindruck erweckt werden, als seien die Jahre 998 und 999 von allzu hektischen Aktivitäten des Kaisers in Italien erfüllt gewesen. Vielmehr fand er durchaus Zeit zu Dingen, die nur wenig mit einem römischen Erneuerungskonzept zu tun haben. So unternahm er eine Bußwallfahrt von Rom zum Monte Gargano in Benevent, zu der er nach dem Zeugnis der Vita Romualds mit bloßen Füßen in Rom aufgebrochen sei, da ihm Romuald diese Fahrt als Sühne für seine Behandlung des Crescentius und Johannes Philagathos auferlegt habe. Diese Nachricht wird ergänzt durch eine ganz ähnliche aus der Vita Burkhards von Worms, nach der Otto III. in dieser Zeit zusammen mit dem Bischof Franco von Worms in einer Höhle nahe der Kirche S. Clemente in Rom vierzehn Tage im Büßergewand und mit bloßen Füßen fastend und betend verbracht hätte. Der moderne Rezipient solcher Nachrichten tut sich schwer, sie für eine Bewertung der persönlichen Religiösität des Kaisers zu nutzen. In jedem Fall hatten seine Vorgänger solch demonstrative und öffentliche Bekundung von Bußfertigkeit noch nicht praktiziert – wenn man nicht an eine gravierende Überlieferungslücke glauben will. Wir fassen hier also Neuerungen und Veränderungen der Gewohnheiten, die übrigens durchaus Schule machten, denn für Ottos Nachfolger sind vergleichbare Akte ebenfalls bezeugt. In die Zeit des mehrjährigen Italienaufenthalts des Herrschers 997–999 fallen aber auch eine ganze Reihe von Personalentscheidungen, bei denen man unschwer die persönliche Handschrift des Herrschers diagnostiziert, die gleichfalls vor unkonventionellen Lösungen nicht zurückschreckte. Die wichtigste war sicher die Regelung der Nachfolge Papst Gregors V., der im Februar 999 plötzlich und wohl noch nicht dreißigjährig verstarb. Otto entschied sich für seinen Vertrauten Gerbert, den er schon zum Erzbischof von Ravenna erhoben hatte, der aber während des Reimser Erzbistumsstreits als massiver Kritiker des römischen Papsttums und der römischen Verhältnisse überhaupt hervorgetreten war. Gerbert nahm den Namen Sylvester II. an und ehrte Otto so implizit als neuen Konstantin. Wie kaum anders zu erwarten, setzten der neue Papst und Otto III. ihre konzertierten Bemühungen um die rechte Ordnung kirchlicher und weltlicher Angelegenheiten unvermindert fort. Erzbischof Giselher von Magdeburg wurde vor eine römische Synode geladen, um sich wegen der gegen ihn erhobenen Vorwürfe in der Merseburg-Frage zu verantworten. Er ließ sich jedoch wegen Krankheit entschuldigen und durch einen Kleriker verteidigen. Den Markgrafen Arduin von Ivrea zitierte man dagegen erfolgreich vor eine römische Synode des Jahres 999 und verurteilte ihn zur Kirchenbuße, weil seine Leute mit seiner Duldung den Bischof Petrus von Vercelli getötet hatten. Unter anderem wurde dem Grafen auferlegt, daß er die Waffen ablegen und keine zwei Nächte an einem Ort verbringen dürfe, wenn es seine Gesundheit erlaube. Als Alternative zu dieser Bußleistung hat man ihm den Eintritt in den Mönchsstand freigestellt. Otto III. hatte das Bistum Vercelli überdies mit seinem Vertrauten Leo besetzt. Dennoch wüßte man gern, ob der Markgraf die Auflagen der Kirchenbuße tatsächlich erfüllt hat. Immerhin ließ sich Arduin nach dem Tode Ottos in Italien zum König erheben, was nicht unbedingt dafür spricht, daß er sich den Auflagen der Synode willig fügte. Den frei gewordenen Kölner Erzstuhl überließ Otto seinem Kanzler und Vertrauten Heribert. Dessen Vita überliefert die kurze briefliche Mitteilung, die Otto Heribert nach seiner Entscheidung habe zukommen lassen: Er entbiete ihm seine Huld, Köln und eine Elle vom Pallium. Derart vertraulich-humorvolle Art von Kommunikation zwischen Herrschern und Vertrauten ist durchaus selten überliefert, und schon deshalb ist diese Notiz von Gewicht. Erhöhtes Interesse darf sie allerdings dann beanspruchen, wenn ein jüngst gemachter Interpretationsvorschlag (E. Hehl) treffend ist. Mit der Elle vom Pallium habe der Kaiser die Tatsache umschrieben, daß er das Gebiet des Erzbistums Köln zu verkleinern gedachte, um in Aachen ein Bistum zu gründen, dem Ort, an dem er sein Grab finden wollte.

Nur durch einen Überlieferungssplitter aus dem Herbst 999 werden wir dann auf Vorgänge aufmerksam, die von eminenter Bedeutung für die weitere Geschichte des östlichen Europa wurden und im Grunde bis heute nachwirken. Eine Urkunde Ottos III. vom 2. Dezember 999, die einen Rechtsstreit des Klosters Farfa zum Thema hat, nennt unter den Zeugen der Gerichtssitzung einen Gaudentius und bezeichnet ihn als ‚Erzbischof des hl. Märtyrers Adalbert' *(archiepiscopus sancti Adalberti martyris)*. Dieser Gaudentius war ein Bruder des hl. Adalbert und wurde im folgenden Jahr der erste Erzbischof des neu gegründeten Erzbistums Gnesen. Die Urkunde bietet den ersten und nahezu einzigen Hinweis darauf, daß im Jahre 999 weitreichende kirchenpolitische Entscheidungen in Rom vorbereitet und durch die Gnesen-Reise Ottos III. im folgenden Jahre realisiert wurden. Dem Herrschaftsbereich Boleslaw Chrobrys wurde mit der Einrichtung einer Kirchenprovinz die kirchenpolitische Selbständigkeit zugestanden. Wer in diesen Fragen die Initiative ergriff und wer sich durch solche Pläne düpiert fühlte, ist dagegen in den Quellen nicht erkennbar. Dennoch existieren in der modernen Forschung durchaus unterschiedliche Versionen von den Konzeptionen und Vorstellungen, die zu der gewiß ungewöhnlichen Reise Ottos III. führten. Die Reise wurde einerseits mit dem Renovatio-Konzept Ottos III. verbunden, der wie der byzantinische Kaiser Haupt einer ‚Familie von Königen' habe sein wollen und daher den östlichen Nachbarreichen die kirchen- wie die politische Selbständigkeit zugebilligt habe. Auch die Eigeninitiative Boleslaws wurde in den Vordergrund gestellt, dessen Ziel die Unabhängigkeit vom Reich gewesen sei, ein Ziel, dem schon die Übertragung des Herrschaftsgebiets an den hl. Stuhl in den Jahren 990/992 gedient habe. Als Gegner des Konzeptes machte man vor allem Magdeburg und seinen Erzbischof Giselher aus, da durch die Entscheidung die östlichen Missionsinteressen Magdeburgs tangiert worden seien. Dieser Gegner sei jedoch abgelenkt und beschäftigt worden, indem Kaiser und Papst die Frage der Wiedererrichtung Merseburgs forciert hätten. Vieles an solchen Überlegungen und Hypothesen ist plausibel, nur sollte immer bewußt bleiben, daß gerade bei komplexeren Vorgängen in der Regel eine ganze Reihe von Hypothesen plausibel sind. Es scheint daher geboten, in Erinnerung zu rufen, auf wie wenigen Anhaltspunkten die Rekonstruktion der Geschehnisse beruht, die durch die Gnesen-Reise Ottos III. ausgelöst wurden oder mit ihr intendiert waren.

Als Grund für die aufsehenerregende Reise eines Kaisers, der sich eigentlich nicht aus seinem Herrschaftsgebiet entfernte, sondern die anderen zu sich kommen ließ, nennen die Quellen einmal religiöse Motive: Er habe am Grabe seines Vertrauten Adalbert beten wollen, sagt Thietmar von Merseburg. Hagiographische Texte über das Leben und Martyrium Adalberts akzentuieren, Otto habe die Reliquien Adalberts übernehmen wollen, was durch die Bevölkerung Gnesens verhindert worden sei. Seine missionspolitischen Absichten dokumentierte Otto selbst nicht zuletzt dadurch, daß er für die Zeit der Gnesen-Fahrt in den Urkunden seine Kaisertitulatur erweiterte: Er ergänzte sie auf der Hinreise um die Bezeichnung *servus Jesu Christi* und auf der Rückreise um *servus apostolorum*. Mit diesen Devotionsformeln stellte sich der Herrscher in die Tradition der Ausbreitung des christlichen Glaubens, denn es handelt sich um Titulaturen, mit denen die Apostel belegt wurden. Aber auch die politische Dimension der Reise klingt in den Quellen durchaus an. Nie sei ein Auszug eines Kaisers aus Rom glänzender gewesen, nördlich der Alpen sei die ganze Gallia, Francia und Suevia dem Kaiser entgegen gezogen, überall sei der Empfang dem Kaiser angemessen gewesen. Alles übertroffen habe aber derjenige, den ihm Boleslaw Chrobry in Eulau am Bober bereitet habe, der ihm von dort auch ein glänzendes Geleit bis nach Gnesen gab. Aus diesen Angaben wird deutlich, daß die Reise in der Tat mit Boleslaw abgestimmt war. Bei der Ankunft in Gnesen standen dagegen zunächst wieder die religiösen Motive der Reise im Vordergrund. Barfuß ließ sich Otto vom zuständigen Ortsbischof Unger von Posen zum Grab Adalberts geleiten und bat unter Tränen im Gebet den Märtyrer um seine Vermittlung bei Christus. Dann aber kam es zu der kirchenpolitisch umstrittenen Gründung des Erzbistums Gnesen, dem die Bischöfe von Kolberg, Krakau und Breslau unterstellt wurden und dessen Sitz der schon in Rom geweihte Gaudentius einnahm. Thietmar von Merseburg erzählt dies mit dem Zusatz, er hoffe, es sei rechtmäßig gewesen. Diese Skepsis war begründet, denn der Ortsbischof von Posen, Unger, in dessen Diözese Gnesen lag, hatte seine Zustimmung verweigert. Gerade angesichts der Parallelen zu den Problemen um die Gründung Magdeburgs und Merseburgs wußte Thietmar ganz genau, daß niemand befugt war, die Grenzen und Räume eines Bistums ohne die Zustimmung des betroffenen Bischofs zu ändern. In der Hoffnung kam also seine Kritik an der kaiserlichen Handlungsweise zum Ausdruck. Kaiser, Papst und auch Boleslaw haben sich jedoch wenig um den Protest Ungers von Posen geschert, von anderen Gegenstimmen hören wir gar nichts.

Mit dieser kirchenpolitischen Entscheidung sind die Probleme, die das Geschehen in Gnesen bis heute aufgibt, jedoch noch nicht beendet. Eine ausführliche Würdigung der Ereignisse bietet nämlich auch die erst im 12. Jahrhundert verfaßte Geschichte Polens des sog. Gallus Anonymus, die sich als Quelle auf eine verlorene Leidensgeschichte des hl. Adalbert beruft. Sie akzentuiert gleichfalls den glanzvollen Empfang des Kaisers wie seine Absicht, am Grabe des Märtyrers zu beten, berichtet knapp auch von den kirchenpolitischen Entscheidungen. Zudem erzählt sie aber mit vielen Einzelheiten, daß Otto III. Boleslaw zum König erhoben habe. An der Historizität dieser Nachrichten sind aus mehreren Gründen Zweifel erlaubt. Einmal ist nicht einzusehen, warum die sächsischen Quellen diese Königserhebung hätten verschweigen sollen. Zum anderen sind die Details, die der Autor zu erzählen weiß, einigermaßen merkwürdig. Otto habe angesichts der Macht und des Reichtums Boleslaws auf Rat seiner Magnaten entschieden, so ein Mann dürfe nicht Herzog oder Graf genannt, sondern müsse auf einen Königsthron erhoben werden. „Und er nahm das kaiserliche Diadem seines Hauptes, setzte es zum Freundschaftsbund (*in amiciciae fedus*) auf Boleslaws Haupt und gab ihm anstelle des Triumphbanners einen Nagel vom Kreuz des Herrn mit der Lanze des heiligen Mauritius zum Geschenk, wofür ihm Boleslaw seinerseits einen Arm des heiligen Adalbert schenkte. Und sie haben sich an jenem Tage in solcher Hochschätzung vereint (*couniti*), daß ihn der Kaiser als Bruder und Mithelfer des Reiches (*fratrem et cooperatorem imperii*) einsetzte und Freund und Bundesgenosse des Römischen Volkes (*populi Romani amicum et socium*) nannte" (I, 6). Die hier beschriebene Königserhebung bestand eigentlich nur aus einem Akt: Der Kaiser setzte seine Krone Boleslaw aufs Haupt und als Zweck wird angegeben, dies sei geschehen, um den Freundschaftsbund zu besiegeln. Damit scheint nicht ausgeschlossen, daß der ursprüngliche Abschluß eines Freundschaftsbündnisses mit seinen feierlichen Akten, zu denen auch Reliquiengeschenke, feierliche Gelage und die demonstrative Bezeichnung als Freund gehörten, durch spätere Verformungen in eine Königserhebung umgedeutet worden sein könnte. Sicherheiten in diesen Fragen bieten die erhaltenen Überlieferungssplitter jedoch keineswegs. Allem Anschein nach gab es in Gnesen jedenfalls keinerlei Trübung im Verhältnis zwischen Otto und Boleslaw, die beiderseitigen Erwartungen an die Zusammenkunft scheinen vielmehr voll erfüllt worden zu sein, denn Boleslaw gab Otto III. auf dem Rückweg ins Reich ein glanzvolles Geleit, und begleitete den Kaiser auch noch über Magdeburg bis nach Aachen, wo ihm Otto nach der Öffnung des Karlsgrabes sogar den Thronsessel des Karolingers geschenkt haben soll. Von seinem Königtum aber nahm nach dieser Reise keine Quelle Notiz; vielmehr berichten mehrere Zeugnisse zum Jahre 1025 mit Empörung, Boleslaw habe sich nach dem Tode Heinrichs II. angemaßt, sich zum König erheben zu lassen.

So sind die kurz- wie die langfristigen Konsequenzen dieser Gnesen-Fahrt nicht leicht zu formulieren: Gewiß hatte Otto Boleslaws Stellung aufgewertet, er hatte ihn, wie Thietmar von Merseburg kritisch formuliert, vom *tributarius* zum *dominus* gemacht. Die eigene Kirchenprovinz förderte diese Aufwertung sicher nachhaltig. Derartige Ehrung von Getreuen aber gehörte zu den Aufgaben und Verpflichtungen des Herrschers im 10. Jahrhundert – und auch Otto der Große war bereits der ‚Freund' Mieszkos gewesen. Daß Otto III. in Gnesen einen Ausverkauf nationaler Interessen betrieben habe, wie ihm die historische Forschung der Moderne nicht selten vorwarf, ist eine gewiß anachronistische Sicht wie auch das Urteil, sein Nachfolger Heinrich II. habe die Gefahr dieser Politik gesehen und sei deshalb auf Konfrontationskurs zu Boleslaw gegangen. Vielmehr scheint eine Mischung aus religiösen und politischen Motiven Auslöser dieser Reise nach Gnesen gewesen zu sein, die auch für die Zeitgenossen gewiß ungewöhnlich war, dies jedoch aus ganz anderen Gründen als für die späteren Bewertungen, die in sie schon Probleme der Staaten Deutschland und Polen projizierten, die im endenden 10. Jahrhundert ganz gewiß nicht absehbar waren.

4. Die Rückkehr nach Rom und der frühe Tod

Nach der Rückkehr ins Reich setzte Otto sofort seine Bemühungen um die Regelung der Merseburg-Frage mit beträchtlicher Energie fort, ohne jedoch Erzbischof Giselher zum Einlenken bewegen zu können. Weder Synoden in Quedlinburg noch in Aachen fällten Entscheidungen, da dieser seine Verzögerungstaktik mit einigem Geschick praktizierte. Zunächst war er wieder krank und erschien in Quedlinburg nicht, in Aachen verlangte er, sich vor einem allgemeinen Konzil verantworten zu dürfen, was man ihm offensichtlich nicht verwehren konnte. So hatte er noch einmal Zeit gewonnen. In den Aachener Tagen ergriff Otto aber auch in einer Angelegenheit die Initiative, deren Zielrichtung und Hintergründe bis heute strittig sind: Heimlich suchte er nämlich mit wenigen Begleitern nach dem angeblich nicht mehr bekannten Ort des Karlsgrabes, fand und öffnete es, erwies dem kaiserlichen Vorgänger seine Reverenz, entnahm einige Dinge und ließ das Grab wieder verschließen. Die Faktizität des ausführlichen Berichts im Chronicon Novaliciense, die auf einen Teilnehmer an der Aktion, den Grafen Otto von Lomello, zurückgehen dürfte, ist nicht zuletzt deshalb in einigen Einzelangaben auf Skepsis gestoßen, weil sie von einer Sitzbestattung Karls berichtet, den Otto mit Gewändern, Szepter und Krone auf einem Thron sitzend angetroffen habe. Unklar sind die Beweggründe, die den Kaiser zu diesem Schritt bewogen, der schon von Zeitgenossen als ‚Freveltat', von späterer Forschung als ‚Grabschändung' charakterisiert und als Beleg für kindliche oder kindische Neugier gegen Otto verwendet wurde. Auch als Erneuerung antiker Bräuche ließ sich der Vorgang verstehen, denn schließlich war dem Mittelalter bekannt, daß Caesar das Grab Alexanders aufgesucht und Augustus es hatte öffnen lassen. In jüngster Vergangenheit sind jedoch in einer sorgfältigen Untersuchung alle die Hinweise analysiert worden, die darauf deuten, daß das Vorgehen Ottos als Suche nach dem Grab eines Heiligen zu verstehen ist. Es läßt sich begründet vermuten, daß die Aachener Initiative Ottos einen ersten Schritt zur Förderung eines Karls-Kultes darstellt, der in ähnlicher Weise wie der von Otto durch Reliquien-Translation und Kirchengründungen geförderte Adalbert-Kult im ottonischen Reich eine integrierende Wirkung entfalten sollte. Die Tatsache, daß Otto III. Aachen auch zu seinem eigenen Begräbnisort erwählte, bekäme so einen tieferen Sinn.

Von Aachen aus ist Otto III. ohne längere Zwischenaufenthalte nach Rom zurückgekehrt. Trotz des langen Italien-Aufenthalts vor seiner Gnesen-Fahrt hat der Kaiser also wenig Veranlassung gesehen, im Reich präsent zu bleiben. Daß dies nicht allen im Reich gefallen haben dürfte, machen zeitgenössische Stimmen wie Brun von Querfurt deutlich, die nach seinem Tod die übergroße Rom-Liebe Ottos III. als ‚kindliches Spiel' abqualifizierten. Ob allerdings die knappe Nachricht Thietmars von Merseburg, vor Ottos Tod hätten „viele unserer Herzöge und Grafen nicht ohne Mitwissen von Bischöfen" gegen Otto III. konspiriert, denen sich nur Herzog Heinrich von Bayern eingedenk der Ermahnungen seines Vaters verweigert habe, als Votum gegen die intensive Italienpolitik Ottos aufzufassen ist, muß angesichts des Fehlens weiterer Anhaltspunkte fraglich bleiben. Immerhin hatte Otto III. auf Anraten Ekkehards von Meißen den sächsischen Grafen Heinrich von Katlenburg mit Geißelhieben bestrafen lassen, was später einer der Anlässe für die Tötung des Markgrafen war, und gewiß auch als Grund für eine Schwureinung gegen Otto III. ausgereicht hätte. Die Aufmerksamkeit Ottos galt jedenfalls auch nach Gnesen weiterhin Italien, etwaige Mißstimmung im Reich über die fehlende Präsenz des Herrschers wurde jedoch, ehe sie sich stärker artikulieren konnte, durch den Tod Ottos III. obsolet. Zuvor aber hatte ein erneut und verschärft ausbrechender Konflikt schlagend gezeigt, daß ein Herrscher seine Aufgaben der Friedenswahrung und Vermittlung nicht aus der Ferne wahrnehmen konnte sondern präsent sein mußte. Zwischen den Bischöfen von Mainz und Hildesheim brach nämlich erneut der Streit um das Stift Gandersheim aus, als der Anlaß der Kirchweihe eine Entscheidung unvermeidbar machte, welcher der Bischöfe nun für Gandersheim zuständig sei. Dem Hildesheimer Bischof Bernward warfen Gandersheimer Nonnen die Opfergaben bei seiner Meßfeier vor die Füße, um so zu verhindern, daß er eigenmächtig zur Weihe der Kirche schritt. Aber auch Willigis von Mainz mußte auf Grund des Protestes bischöflicher Amtsbrüder von einer Weihe Abstand nehmen und die Entscheidung der Streitfrage einer Synode überlassen. Bischof Bernward nutzte die Zeit zu einer Romfahrt, und ließ seinen Standpunkt von Otto III. und einer römischen Synode bestätigen. Die schickten einen päpstlichen Legaten, angetan mit päpstlichen Gewändern, „als ob der Papst selber käme", unter dessen Vorsitz eine Synode in Pöhlde den Streit regeln sollte. Willigis und seine Partei reagierten jedoch mit Verwünschungen und anderen massiven Zeichen des Unwillens, sprengten die Versammlung und reisten heimlich ab. Es blieb dem Legaten keine andere Möglichkeit, als Willigis aufzufordern, sich einer römischen Synode zu stellen und nach Italien zurückzukehren. Noch ehe diese jedoch zusammentreten konnte, hat der Tod Ottos III. die weitere Behandlung der Sache verzögert. Sie ist aber ein Lehrstück für das Verhalten auch geistlicher Würdenträger, wenn es um Ansprüche ihrer Institutionen ging. Zur Schlichtung solchen Streits war Anwesenheit ganz offensichtlich unverzichtbar. Der Gandersheimer Streit aber hatte den unbeabsichtigten Nebeneffekt, daß wir auch über die römischen Vorgänge der letzten Jahre Ottos III. ungewöhnlich gut informiert sind, weil sich mehrfach sächsische Bischöfe oder deren Gesandte in Rom aufhielten und Zeugen der dortigen Vorgänge wurden.

Die Zusammenarbeit von Kaiser und Papst Silvester II. setzte sich in Rom ungebrochen fort. So übernahm Silvester zusammen mit Bernward von Hildesheim die Vermittlerrolle, als sich die Bewohner Tivolis gegen Ottos Herrschaft empörten und der Kaiser die Stadt in der Nähe Roms belagerte. Sie erreichten die Bereitschaft der Bürger zur Unterwerfung, die in den üblichen Formen der *deditio* praktiziert wurde, und die den Bürgern die Milde des Kaisers sicher in Aussicht stellte. Otto verzichtete denn auch auf jede Bestrafung. In die gleiche Zeit fällt die Ausstellung einer Kaiserurkunde für Papst Silvester II., mit der dem hl. Petrus jene acht Grafschaften übertragen wurden, über die es wenige Jahre zuvor noch Dissens gegeben hatte (D OIII, 389). Der Wert dieser Urkunde liegt jedoch vor allem in den ausführlichen Darlegungen, die das Verhältnis von Kaisertum und Papsttum betreffen. Man hält Leo von Vercelli für den Autor dieser Ausführungen und geht auch davon aus, daß Papst Silvester II. selbst auf den Diktat Einfluß nahm. Treffend wurde die Urkunde eine ‚Philippika in Diplomform' genannt, denn sie rechnet schonungslos mit der bisherigen Politik der Päpste ab, die durch Sorglosigkeit und Inkompetenz ihrer eigenen Besitzungen verlustig gegangen seien, und sich unrechtmäßig Rechte des Imperiums anzueignen versucht hätten. Die von den Päpsten vorgelegten Beweismittel wie das Constitutum Constantini und Urkunden seiner kaiserlichen Vorgänger weist Otto zurück, schenkt dann aber dem hl. Petrus allein auf Grund seiner kaiserlichen Freigebigkeit das, was nur ihm, dem Kaiser, gehört. Diese Betonung der Kaiserrechte geht einher mit der hier zum ersten Male benutzten Titulatur *servus apostolorum*, und mit dem Bekenntnis, daß Rom das ‚Haupt der Welt' und die römische Kirche die ‚Mutter aller Kirchen' sei. In einer gleichzeitigen Urkunde für Hildesheim, deren Kaisertitulatur auf den Herrscher selbst zurückgehen dürfte, ist das Selbstverständnis Ottos in ähnlicher Weise programmatisch zum Ausdruck gebracht: *Otto tercius Romanus Saxonicus et Italicus, apostolorum servus, dono dei Romani orbis imperator augustus.* Auch diese Trias verdeutlicht noch einmal schlagend, welchen Stellenwert Rom und Italien im Selbstverständnis des Kaisers einnahm.

Daher dürfte es den Kaiser gewiß getroffen haben, als sich die Römer in dieser Zeit zu einem ‚Aufstand' gegen ihn zusammenfanden und ihn in seiner römischen Pfalz offensichtlich mehrere Tage belagerten. Als Ursache für diese Erhebung wird die Unzufriedenheit der Römer über die milde Behandlung Tivolis genannt. Dieser ‚Aufstand' ist von der bisherigen Forschung mehrfach als ein ‚Stoß ins Herz' der Renovatio-Politik Ottos und ihrer auf Rom bezogenen Komponenten bewertet worden. Dementsprechend wurde die Reaktion des Herrschers charakterisiert, der von nun an nur noch von dem Gedanken beseelt gewesen sei, sich an den Römern für die angetane Schmach zu rächen. Die Quellen bewerten die Intensität und die Gefährlichkeit dieses ‚Aufstandes' jedoch sehr unterschiedlich und gerade diejenigen, die ausführlich berichten wie die Vita Bernwards von Hildesheim, lassen Zweifel aufkommen, ob dieser ‚Aufstand' sich wirklich grundsätzlich gegen Ottos Kaiserherrschaft in Rom richtete. Immerhin gelang es nach wenigen Tagen durch Verhandlungen, die Erhebung friedlich beizulegen, was nicht eben für eine erbitterte und grundsätzliche Konfrontation spricht. Im Zuge dieser Verhandlungen aber soll Otto jene berühmte Rede an die Römer gehalten haben, in der er seine Vorliebe für Rom und die Vernachlässigung seiner sächsischen Bindungen selbst thematisiert habe. Sie ist immer wieder als unmittelbares Zeugnis für die ‚undeutsche' Gesinnung dieses Kaisers herangezogen und verwertet worden. Doch muß man zu ihrem adäquaten Verständnis gewiß berücksichtigen, in welcher Situation sie gehalten wurde und welche Funktion sie dort hatte. In der Auseinandersetzung hatte Otto nämlich mit den Römern vereinbart, beide Seiten sollten zu Friedensgesprächen zusammentreffen, was auch geschah. Die Rede ist sozusagen die Eröffnung dieser Friedensverhandlungen und sie hat die Funktion, die Friedensbereitschaft des Kaisers zum Ausdruck zu bringen. Hierzu benutzte Otto folgende Argumentation: „Vernehmt die Worte eures Vaters, merkt auf und bewahrt sie gut in eurem Herzen! Seid ihr nicht meine Römer? Euretwegen habe ich mein Vaterland und meine Verwandten verlassen, aus Liebe zu euch habe ich meine Sachsen und alle Deutschen insgesamt, mein eigenes Blut, verschmäht. Euch habe ich in die fernsten Teile unseres Reiches geführt, wohin eure Väter, als sie den Erdkreis unterwarfen, niemals den Fuß gesetzt haben. So wollte ich euren Namen, euren Ruhm bis an die Grenzen der Erde ausbreiten. Euch habe ich an Kindes statt angenommen, euch habe ich allen anderen vorgezogen. Euretwegen habe ich mich bei allen unbeliebt und verhaßt gemacht, weil ich euch allen anderen vorgezogen habe. Und dafür habt ihr jetzt euren Vater verstoßen und meine Freunde grausam umgebracht. Mich habt ihr ausgeschlossen, obwohl ihr mich gar nicht ausschließen könnt, denn nie lasse ich zu, daß ihr, die ich mit ganzer väterlicher Liebe umfange, aus meinem Herzen verbannt seid ..." Besser als mit dieser geschickten Selbstkritik konnte Otto den Römern wohl kaum die Ungerechtigkeit ihres Tuns klar machen und zugleich seine ungebrochene Friedensbereitschaft signalisieren. Der Tenor der Rede könnte sich also sehr gut aus der Funktion erklären, die diese Rede bei den Verhandlungen hatte. Andererseits bündelt und verstärkt sie sozusagen die Kritik an der Rompolitik Ottos, wie sie sich auch bei anderen zeitgenössischen Kritikern wie Brun von Querfurt findet, und daher fragt sich, ob sie dem Kaiser nicht in den Mund gelegt worden sein kann. Dem Hildesheimer Bischof Bernward und seinem Kapellan Thangmar, dem Autor dieser Passage, ist eine solche Fiktion eher schwer zuzutrauen, da es sich ja um Vertraute Ottos III. handelt, die gerade in dieser Zeit unmittelbar auf die kaiserliche Hilfe angewiesen waren. Man wird daher der Annahme, daß Otto bei den Verhandlungen mit den Römern in der Tat ihm bekannte Vorwürfe gegen seine Politik strategisch geschickt einsetzte, als plausibler ansehen, doch dies in dem Bewußtsein, letzte Sicherheiten hier nicht bieten zu können.

Ihre Wirkung auf die Römer verfehlte die Rede jedenfalls nicht – immer nach der Version, wie sie Thangmar bietet –, „durch die Worte des Kaisers zu Tränen gerührt, versprachen sie Genugtuung, ergriffen zwei Männer, Benilo und einen anderen, schlugen sie grausam zusammen, schleiften sie an den Füßen nackt über die Treppen und legten sie halbtot dem Kaiser zu Füßen". Mit dieser Antwort zeigten die Römer ihre Bereitschaft zum Einlenken und zum Frieden. Sie brachten ihren Gesinnungswandel nonverbal ähnlich deutlich zum Ausdruck, wie Otto es verbal getan hatte, indem sie sich von denen distanzierten, die sie zu diesem ‚Aufstand' verleitet hatten. Die tumultuarisch wirkende Szene ist also alles andere als ein Beleg für irrationale Wankelmütigkeit des römischen ‚Volkes', man nutzte vielmehr das reichhaltige Repertoire demonstrativer Ausdrucksformen, um die eigene Friedensbereitschaft nachdrücklich kund zu tun. Ganz getraut hat Otto III. dem Frieden dennoch wohl nicht, denn er entfernte sich mit seinem Gefolge und in Begleitung Papst Silvesters II. aus Rom und begab sich nach Ravenna. Dieser Auszug war allerdings alles andere als eine überstürzte Flucht, denn der anwesende Bischof Bernward fand noch genügend Zeit, in römischen Kirchen Abschied nehmend zu beten.

Das Bild, das die Quellen uns von den Aktivitäten des Kaisers in seinem letzten Lebensjahr zeichnen, ist nicht ohne innere Widersprüche. Das liegt nicht zuletzt an der Tatsache, daß man Gründe für sein frühes und plötzliches Ableben suchte, die nach den Anschauungen der Zeit in seinem vorherigen Verhalten liegen mußten. Wen Gott mit einem frühen Tod bestrafte, der mußte zuvor Gottes Zorn auf sich gezogen haben. So hören wir denn einerseits von Aktivitäten, die ganz auf der Linie seiner Politik der vorherigen Jahre liegen. Er empfing Gesandtschaften Boleslaw Chrobrys, die um Entsendung von Mönchen für die Mission baten und suchte unter einigen Schwierigkeiten, solche zu finden; er vereinbarte mit einer ungarischen Gesandtschaft die Einrichtung einer Kirchenprovinz mit dem Erzbistum Gran als Metropole und sorgte maßgeblich dafür, daß der neue Erzbischof Askericus, der bereits die Vorverhandlungen geführt hatte, Stephan von Ungarn zum König erhob. Und nicht zuletzt festigte er die freundschaftlichen Beziehungen zum Dogen von Venedig auf spektakuläre Weise. Er besuchte nämlich heimlich und inkognito Venedig und den Dogen, übernahm das Patenamt bei der Taufe von dessen jüngster Tochter, wies die Geschenke des Gastgebers wie in Polen zurück und erließ den Venezianern den Tribut bis auf einen symbolischen Betrag. Erst nach dem Ende der Reise machte man sie öffentlich bekannt. Während durch diese Nachrichten sozusagen ein Bild normaler Regierungstätigkeit gezeichnet wird, sprechen mehrere Hagiographen von ganz anderen Gedanken und Taten Ottos in diesem Jahr. Er habe die im Sumpfgebiet der Pomündung lebenden Eremiten um Romuald aufgesucht und sich dort mit Fasten und Bußleistungen kasteit, unter den kaiserlichen Gewändern habe er ein Büßergewand getragen, ja er habe Romuald versprochen, der Welt zu entsagen und Mönch zu werden. Allerdings habe er sich noch drei Jahre Zeit als Kaiser ausbedungen, um Fehler seiner bisherigen Regierung zu korrigieren. Ob mit diesen Fehlern darauf angespielt wird, daß er sich noch an den Römern für die ihm angetane Schmach rächen wollte, ist nicht sicher, genau so wenig natürlich, ob die Otto unterstellten Absichten wirklich die seinigen waren oder schon Ergebnisse des Versuchs der Bewertung seines frühen Todes sind.

Jedenfalls zog er gegen Ende des Jahres 1001 mit den Kontingenten einiger Reichsbischöfe, die sehr langsam in Italien eingetroffen waren, auf Rom zu und erkrankte plötzlich am morbus Italicus, was sich in Fieberanfällen äußerte. In der Burg Paterno unweit Roms ist Otto III. am 23. Januar 1002 noch vor der Vollendung des 22. Lebensjahres verstorben. Mehrere Berichte betonen, daß er gefaßt und im Beisein seiner Getreuen in christlicher Weise nach Beichte und Empfang der Eucharistie verschieden sei. Es war sein letzter Wille gewesen, in Aachen begraben zu werden, den seine Begleitung zu erfüllen suchte. Man hielt deshalb seinen Tod zunächst geheim, bis die eigenen Kräfte gesammelt und bereit zur Rückreise waren. Es kennzeichnet die unsichere Situation der ottonischen Herrschaft in Italien, daß man auf dieser Rückreise ständig von Feinden bedrängt war und in Italien mit dem von Otto zur Kirchenbuße verurteilten Markgrafen Arduin bereits am 15. Februar ein neuer König erhoben wurde mit dem unzweifelhaften Ziel, die ottonische Herrschaft über Italien so abzuschütteln. Am deutlichsten hat Brun von Querfurt, ein enger Vertrauter Ottos III., der noch 1001 zum Missionserzbischof für das Slawenland ernannt worden war und von Otto selbst stets durch die Anrede *anima mea* ausgezeichnet worden sein soll, von den „Sünden des Königs" gesprochen, die seinen frühen Tod bewirkten: „Der gute Kaiser befand sich nicht auf dem rechten Weg, als er die gewaltigen Mauern der übergroßen Roma zu stürzen gedachte; denn wenn auch deren Bürger seine Wohltaten nur mit Bösem vergolten hatten, so war doch Rom der von Gott den Aposteln gegebene Sitz. Und selbst da brach die Liebe zu seinem Geburtslande, dem Sehnsucht weckenden Deutschland, nicht in ihm durch; das Land des Romulus, vom Blute seiner lieben Getreuen durchtränkt, gefiel in seiner buhlerischen Schönheit dem Kaiser immer noch mehr. Wie ein alter Heidenkönig, der sich in seinem Eigenwillen verkrampft, mühte er sich zwecklos ab, den erstorbenen Glanz des altersmorschen Roms zu erneuern." Dies ist nur ein Auszug aus dem langen Sündenkatalog, den dieser Vertraute nach dem Tod des Herrschers formulierte, und zahllose Autoren nach ihm haben diese und ähnliche Wertungen nachgeschrieben und über Otto III. den Stab gebrochen. Wir können nicht sagen, wieviel von dieser Wertung sich erst dem Schock verdankt, den der frühe Tod des Kaisers auslöste. In jedem Falle ist sie als Stimmung und Bewertung der Zeitgenossen ernst zu nehmen, zumal sie ein Vertrauter niederschrieb.

Dennoch kann sie gewiß nicht die einzige Basis eines Urteils über Otto III. sein. Dieser Kaiser hat in den wenigen Jahren seiner Herrschaft Bereitschaft zu Neuerungen bewiesen, die in einer auf Gewohnheiten fixierten Zeit als sehr ungewöhnlich auffielen. Ob man die demonstrativen Äußerungen seiner persönlichen Frömmigkeit, die eigenwilligen Personalentscheidung gerade bei der Besetzung der päpstlichen Würde, die vielen intensiven und persönlichen Kontakte zu Gelehrten, Asketen oder Einsiedlern, die Reisen ins ‚Ausland' nach Gnesen oder Venedig, die langen, für Zeitgenossen auch überlangen Italienaufenthalte als Beispiele nimmt: Immer wieder begegnet man einem durchaus individuellen Profil, das im 10. Jahrhundert ansonsten selten ist. Daß über solches Verhalten „Verschiedene Verschiedenes" dachten, wie es Thietmar von Merseburg zurückhaltend ausdrückt, kann nicht überraschen. Doch als ‚kindliches Spiel' ist Herrschaftsstil und -praxis Ottos III. auch falsch charakterisiert. Ein gerechtes Urteil über seine Lebensleistung wäre wohl nur dann zu fällen, wenn ihm mehr Zeit zur Gestaltung eingeräumt worden wäre.

VI. Heinrich II.

1. Die Krise der Nachfolge

Das Reich war in keiner Weise auf diesen frühen Herrschertod vorbereitet, und Otto III. hat vor seinem Tod offensichtlich auch durch keine Designation Einfluß auf seine Nachfolge zu nehmen versucht. So war es nicht verwunderlich, daß sich wie in Italien auch im Reich die Lage schnell krisenhaft zuspitzte. Erforderlich war die Einigung der Großen auf einen Nachfolger, ein Prozeß, bei dem durchaus unterschiedliche Ansprüche und Interessen miteinander kollidierten. Bis in die jüngste Zeit herrscht in der Forschung keine Einigkeit über die Kriterien, die die Ansprüche auf die Königsherrschaft in dieser Zeit begründeten. Zur Frage steht, ob für eine Nachfolge die Verwandtschaft mit dem Vorgänger unabdingbare Voraussetzung war, ob also das Geblüts- oder Erbrecht die Auswahl entscheidend bestimmte oder ob den Großen die Möglichkeit einer freien Entscheidung orientiert an der Eignung der Kandidaten gegeben war. Ansprüche auf die Nachfolge erhoben bald drei Kandidaten: Herzog Heinrich von Bayern, Herzog Hermann von Schwaben, Markgraf Ekkehard von Meißen. Von den beiden letzteren ist in den Quellen nicht expressis verbis bezeugt, daß sie Angehörige oder Verwandte der ottonischen Dynastie gewesen wären. Es ist jedoch versucht worden, die Tatsache dieser Verwandtschaft auf indirektem Wege zu erschließen und sie als Nachfahren von früh verstorbenen Brüdern König Heinrichs I. zu erweisen.

Als erster der Thronbewerber wurde Heinrich von Bayern aktiv, der den Leichenzug Ottos III. im bayerischen Polling empfing und ihn über Augsburg bis Neuburg an der Donau geleitete. Hierbei sorgte er in Augsburg für die würdige Bestattung der Eingeweide des Herrschers in der Ulrich-Kapelle des Afra-Klosters und stiftete aus seinem Erbgut reich für das Seelenheil seines Verwandten, gleichzeitig ersuchte er aber die Begleiter des Leichenzuges einzeln und unter großen Versprechungen dazu zu überreden, ihn zum Nachfolger zu wählen. Dieses Vorhaben mißlang, und es kam zu einem Eklat, als er Erzbischof Heribert von Köln durch eine Art Beugehaft, in die er dessen Bruder nahm, die Herausgabe der hl. Lanze abpreßte, die Heribert heimlich voraus gesandt hatte. Fast alle Begleiter des Leichenzuges, bei denen es sich wohl um die vertraute Umgebung Ottos III. handelte, seien damals nicht für die Nachfolge des bayerischen Herzogs zu gewinnen gewesen, erzählt der Hauptzeuge für diese Vorgänge, Thietmar von Merseburg. Es bedurfte schließlich schon der eindringlichen Mahnungen seines Schwagers, ehe Heinrich den Leichenzug zu seinem Bestimmungsort Aachen weiterziehen ließ.

In Aachen wurde Otto III. am Ostersonntag mitten im Chore des Münsters beigesetzt, nachdem die Leiche zuvor in der Karwoche in verschiedenen Kölner Kirchen aufgebahrt und von den Gläubigen mit Gebeten unterstützt worden war. Beim Begräbnis in Aachen kam es zu einer politischen Entscheidung der meisten Anwesenden: Sie versprachen, die Bewerbung des Schwabenherzogs Hermann um das Königsamt zu unterstützen, da Heinrich hierzu aus vielen Gründen ungeeignet sei. Der dritte Kandidat machte in Sachsen seine Ansprüche geltend, wo sich die Großen zunächst in Frohse zur Beratung der Nachfolge getroffen hatten. Hier zeichnete sich schnell ab, daß Ekkehard von Meißen bei seiner Kandidatur selbst in Sachsen nicht auf ungeteilte Unterstützung rechnen konnte. Man verabredete eine Stammesversammlung in Werla, vor der niemand eine Entscheidung treffen sollte. Einzelne sächsische Große wie Ekkehards Hauptgegner, der Markgraf Liuthar, hatten bis zu dieser Versammlung aber durchaus schon Kontakte zu Heinrich geknüpft, so daß dieser einen Gesandten zu der Versammlung in Werla schickte, der allen großen Lohn versprach, die seine Kandidatur zu unterstützen bereit seien. Sogleich habe eine große Mehrheit entschieden: „Heinrich solle mit Christi Hilfe und nach Erbrecht König sein" und diese Entscheidung durch die erhobene rechte Hand bekräftigt. Danach aber kam es zum Eklat, denn Ekkehard machte mit seinem Anhang drastisch klar, daß er sich dieser Entscheidung nicht beugen wollte. Er okkupierte nämlich mit Herzog Bernhard von Sachsen und Bischof Arnulf von Halberstadt die festliche Tafel, die den Schwestern Ottos III. und den anderen Großen in der Pfalz bereitet war, und sie verspeisten das Festmahl. Die Helfer Ekkehards bei dieser Provokation machen schlagend deutlich, daß hier Ansprüche in symbolischen Akten manifestiert wurden. Gleich anschließend empfing Bischof Bernward in Hildesheim Ekkehard wie einen König und machte hierdurch seine Stellungnahme ebenfalls unmißverständlich klar. Ekkehard wandte sich danach zum Westen, um in Lothringen weitere Unterstützung für seine Kandidatur zu gewinnen, doch wurde er bereits in Pöhlde von sächsischen Adligen erschlagen. Schon Thietmar wußte nicht, ob private Rache der Grund für diesen Angriff war oder die Provokation von Werla die Ursache bot. Die Zahl der Kandidaten hatte sich jedenfalls auf zwei reduziert, doch sollte Heinrich mit der Regelung der Nachfolge Ekkehards noch erhebliche Schwierigkeiten bekommen.

Schon wenige Wochen nach Ekkehards Tod schuf Herzog Heinrich in ungewöhnlicher Weise Fakten, indem er sich, wohl am 7. Juni 1002, von seinen bayerischen und fränkischen Anhängern in Mainz zum König erheben und von Erzbischof Willigis salben und krönen ließ. So war er seinen Widersachern, die wohl auf eine gemeinsame Wahl aller ‚Stämme' des Reiches gesetzt und gewartet hatten, mit Hilfe des Mainzer Erzbischofs zuvorgekommen. Hermann von Schwaben gab sich auch nach diesem Schritt nicht geschlagen und bekämpfte Anhänger Heinrichs in Schwaben, insbesondere den Bischof Werner von Straßburg. Die Kathedrale der Bischofsstadt wurde in diesem Zusammenhang von Kriegern Hermanns geplündert und in Brand gesteckt. Heinrich zog daraufhin mit Heeresgefolge nach Alemannien bis zum Bodensee, um Hermann zum Einlenken zu bewegen. Herzog Heinrich soll Ratschlägen widerstanden haben, die Bischofsstadt Konstanz anzugreifen, um damit den Angriff Hermanns auf Straßburg zu vergelten. Schließlich soll er sogar durch die Klagen der Armen, die die Auseinandersetzung am meisten in Mitleidenschaft zog, zum Abbruch des Unternehmens bewogen worden sein. Er verfolgte vielmehr einen anderen Weg, Hermann zur Aufgabe zu bewegen, und suchte diejenigen Teile des Reiches auf, deren Große ihm noch nicht gehuldigt hatten.

Über Thüringen kam er so am 24. Juli nach Merseburg, wo ihn die versammelten weltlichen und geistlichen Großen Sachsens und auch der Polenherzog Boleslaw Chrobry erwarteten. Die Situation war einigermaßen prekär, weil die Sachsen die Mainzer Königserhebung für sich nicht als verbindlich ansahen, Heinrich aber mit allen königlichen Insignien den Sachsen in Merseburg entgegentrat. Auch in seinen Königsurkunden hat er immer den Mainzer Tag als Beginn seiner Regierung gerechnet. Herzog Bernhard unterzog jedoch als Vertreter des Stammes Heinrich zunächst einer Prüfung, indem er ihm die Situation des sächsischen Stammes und insbesondere der sächsischen Rechtsgewohnheiten darlegte und vor der Versammlung die Frage stellte, was er ihnen diesbezüglich versprechen oder gleich gewähren wolle. Erst nachdem Heinrich in seiner Antwort den sächsischen Erwartungen entsprochen und versprochen hatte, ihr Recht zu achten und ihre Wünsche nach besten Kräften zu erfüllen, nahm Herzog Bernhard die hl. Lanze und betraute Heinrich mit der Sorge um das Reich, worauf die anwesenden Großen dem neuen König ihre Huldigung leisteten. Auf diese Weise hatten die Sachsen ihre Anerkennung und ‚Nachwahl' Heinrichs vollzogen.

Obgleich es durchaus Anlaß zu längerem Aufenthalt in Sachsen gegeben hätte, weil sich massive Schwierigkeiten mit Boleslaw Chrobry abzeichneten, setzte Heinrich seinen ‚Umritt' durchs Reich fort, auf dem in Paderborn seine Gemahlin Kunigunde von Erzbischof Willigis zur Königin geweiht, in Duisburg die Anerkennung lothringischer Bischöfe und vor allem, nach Zögern, die des Kölner Erzbischofs Heribert erreicht wurde. So konnte am 8. September, dem Feste Mariä Geburt, in Aachen die Huldigung der Lothringer stattfinden, die ihn „nach der Sitte der Vorfahren" auf den Thron Karls des Großen und Ottos des Großen setzten. Durch diese Erfolge waren nun weitere Fakten geschaffen, die die Gegenkandidatur Hermanns von Schwaben aussichtslos machten. Der präsentierte sich Heinrich denn auch am 1. Oktober in Bruchsal demütig und barfüßig als reuiger Sünder, erlangte nach Bitten von Fürsprechern die Verzeihung des Königs und behielt seine frühere Stellung, er wurde nach der Wiedergutmachung des Straßburger Schadens nicht nur Lehnsmann, sondern sogar Freund des Königs. Hier führte also wie zu Beginn des 10. Jahrhunderts die demonstrative Geste der Unterordnung zum Verzicht auf eine Bestrafung, ja zur Freundschaft mit dem König. Solche ‚Spielregeln' erleichterten zweifelsohne das Einlenken in Konflikten und trugen zur Stabilität der Ordnungen bei. Am Beginn seiner Regierung hat Heinrich sein Verhalten noch an ihnen ausgerichtet.

Mit Heinrich war ein Vertreter der bayerischen Linie der Ottonen an die Herrschaft gelangt, die sich lange Zeit erbitterte Auseinandersetzungen mit der sächsischen Linie geliefert hatte. Diese Auseinandersetzungen hatten Spuren im Herrschaftsverband hinterlassen, da Adlige wie Bischöfe die eine oder die andere Seite unterstützt hatten. Auch Heinrich II. selbst muß hiervon geprägt worden sein, war er doch während der Haft seines Vaters in Utrecht nach Hildesheim zur Erziehung und damit zur geistlichen Laufbahn gegeben worden. Dies stellte wohl den konsequentesten Versuch dar, mit den Ansprüchen der Seitenlinie auf die Königswürde oder die Beteiligung an ihr fertig zu werden. Es mag mit diesen Schwierigkeiten zusammenhängen, daß Heinrich II. und seine Umgebung nicht müde wurden zu betonen, daß ihm der Thron nach Erbrecht zustehe. Von einem ‚Erbthron' (*solium hereditarium*) spricht sein Biograph Adalbold von Utrecht. Heinrich selbst hat in einer Königsurkunde für Straßburg (D HII, 34) seine verwandtschaftliche Nähe zu Otto III. und ihre von Kindheit an gepflegte Vertrautheit (*familiaritas*) als den Grund angegeben, der die meisten Fürsten überzeugt habe, ihm die Wahl (*electio*) und die erbliche Nachfolge (*hereditaria successio*) ohne irgendeine Teilung zukommen zu lassen. Die Bedeutung der Vorfahren ist auch in der Beischrift eines Krönungsbildes im Regensburger Sacramentar angesprochen: „Siehe, es wird gekrönt durch göttliche Autorität und geheiligt der milde (*pius*) König Heinrich, emporgehoben durch das Geschlecht seiner Ahnen". Durch die Betonung seines Erbrechts mag kompensiert worden sein, daß über seine Vorfahren im Reich Spottverse gesungen worden waren wie dieser: „Herzog Heinrich wollt regieren, Gott der Herr wollt's leider nicht". In jedem Fall hatten sich viele Große in der Zeit der Krise nicht entscheidend von dem Erbrecht Heinrichs II. beeindrucken lassen und andere Kandidaten unterstützt. Nachdem er sich aber durchgesetzt hatte, war eine seiner vorrangigsten Aufgaben, der Integrationsfunktion des Königs gerecht zu werden und den Herrschaftsverband unter seiner Führung zu einen, was mit der Reintegration des Gegenkandidaten Hermann auch erfolgversprechend begonnen wurde.

Bis in die jüngste Zeit hat man sich in der Forschung vielfach gefragt, wie groß das Ausmaß an Veränderungen gewesen sei, das der Herrschaftsantritt Heinrichs II. mit sich brachte. Häufig wurde betont, daß nach den hochfliegenden und unrealistischen Plänen Ottos III. mit Heinrich der Sinn für Realpolitik, ja für ‚nationale Interessenpolitik‘ (C. Brühl) wieder Einzug gehalten habe. Die Veränderung der Devise auf den Bullen der Königsurkunden Heinrichs *Renovatio regni Francorum* schien dies programmatisch zum Ausdruck zu bringen. Er wurde als die ideale Verkörperung des Königstypus apostrophiert (H. Hoffmann), den die Herrschaftsform des ‚ottonisch-salischen Reichskirchensystems‘ benötige: Durchdrungen vom Bewußtsein seiner göttlichen Berufung und der aus ihr resultierenden Aufgaben förderte er kirchliche Belange in allen Bereichen, intensivierte aber auch den Reichsdienst der Kirchen und Klöster nach dem Prinzip, „wem viel gegeben wird, von dem wird auch viel gefordert". Gerade unter den Reichsbischöfen, die er sorgfältig aussuchte und gezielt auf Bischofssitze promovierte, fand er viele profilierte Mitstreiter, was man in Bezug auf den weltlichen Adel nicht in gleicher Weise konstatieren kann. So ist denn auch gleichfalls charakteristisch, daß Heinrichs Versuche einer ‚Zentralisierung‘ seiner Herrschaftsgewalt (St. Weinfurter) eine Veränderung eingelebter Gewohnheiten intendierten, die zu langwierigen Konflikten des Königs mit weiten Teilen gerade des hohen Adels führten. Schon bald nach Heinrichs Regierungsantritt hat der Kritiker Ottos III., Brun von Querfurt, auch gegen den neuen König das Wort erhoben und ihn in einem Brief eindringlich gemahnt. In diesen Mahnungen kommt der Vorwurf klar zum Ausdruck, den man wie ein Leitmotiv über die Konflikte des Königs mit unterschiedlichsten Adelsgruppen stellen könnte: „Sei auf der Hut, König, wenn du immer alles mit Gewalt machen willst, niemals aber mit Barmherzigkeit ..." Diese Mahnung bezog sich auf den Konflikt Heinrichs mit Boleslaw Chrobry, dessen Ursachen schon in Vorgängen während der Merseburger ‚Nachwahl' Heinrichs zu sehen sind. Der Konflikt hat fast die gesamte Regierungszeit Heinrichs II. überschattet, weil er alles andere als einen Konflikt mit einem auswärtigen Machthaber darstellte. Vielmehr war Boleslaw vielfältig in die verwandtschaftlichen und freundschaftlichen Netzwerke des Reiches eingebunden und erhielt hierdurch Unterstützung aller Art: durch Informationen, durch Waffenhilfe wie durch Vermittlung, die ihm einen ‚guten Frieden' und die Wahrung seiner Ehre in Aussicht stellte. Heinrich II. hat sich all die Jahre bemüht, diese Netzwerke zu zerreißen und Boleslaw als ‚Reichsfeind' bekämpfen zu lassen – es ist ihm nicht gelungen, und dies hat gewiß nicht wenig zu einer ganzen Reihe von Folgekonflikten mit dem sächsischen Adel und zum grundsätzlichen Mißtrauen gegen den König beigetragen.

2. Königsherrschaft zwischen Milde und neuartiger Härte

Der Konflikt entzündete sich bereits an der Frage, wer in das Erbe des Meißener Markgrafen Ekkehard eintreten sollte, auf das Boleslaw offensichtlich auch als Verwandter der Ekkehardiner Ansprüche erhob. Heinrich belehnte Boleslaw zunächst mit der Lausitz und dem Milzener Land, behielt ihm aber die Mark Meißen vor, die immerhin auf Boleslaws Vorschlag an Ekkehards Bruder Gunzelin ging. Der eigentlich Geschädigte bei dieser Regelung war Ekkehards Sohn Hermann, zugleich Schwiegersohn Boleslaws, der denn auch später eine Fehde gegen seinen Onkel führte. Was Heinrich mit diesen Entscheidungen genau beabsichtigte, ist nicht geklärt. Gravierendere Auswirkungen auf das Verhältnis Boleslaws zum König hatte in Merseburg jedoch wahrscheinlich die Tatsache, daß Krieger Boleslaws in der Hofburg überfallen und angegriffen wurden. Sie konnten nur durch das Eingreifen Herzog Bernhards von Sachsen ihr Leben retten. Betroffen hiervon war auch Markgraf Heinrich von Schweinfurt, der Boleslaw freundschaftlich verbunden, das Geleit hatte geben wollen. Zudem hatte der König ihm das Herzogtum Bayern als Lohn für seine Unterstützung versprochen, sich an dieses Versprechen nach Amtsantritt aber nicht mehr gebunden gefühlt. Mit der fadenscheinig klingenden Bemerkung, er könne dem Recht der Bayern auf die Wahl ihres Herzogs nicht vorgreifen, hatte er die Bitten des Markgrafen um den versprochenen Lohn zurückgewiesen.

Boleslaw vermutete als Anstifter des Übergriffs auf seine Krieger den König und rächte sich nach seiner Abreise durch eine typische Fehdehandlung, er bemächtigte sich der Burg Strehla, setzte sie in Brand und führte viele Bewohner gefangen mit sich fort. Der Konflikt eskalierte im nächsten Jahr, als Boleslaw Thronwirren in Böhmen ausnutzte, um dort selbst die Herrschaft zu übernehmen. Heinrich II. akzeptierte diese beträchtliche Ausweitung von Boleslaws Herrschaft, verlangte jedoch, daß er ihm auch für Böhmen die Lehnshuldigung leiste, die der Pole jedoch verweigerte. Die Antwort Heinrichs auf diese Provokation war sehr grundsätzlicher Natur: Er schloß am Osterfest des Jahres 1003 in Quedlinburg ein Bündnis mit den heidnischen Redariern und Liutizen. Dies hat als Bündnis mit den traditionell feindlichen und heidnischen Stämmen jenseits der Elbe in Sachsen größtes Befremden ausgelöst, stellte es doch nicht zuletzt die bisherigen Koalitionen auf den Kopf, in denen die Polen immer treu an der Seite der Sachsen gestanden hatten. Besser verständlich wird Heinrichs Schritt, wenn man die traditionell guten bayerisch-böhmischen Beziehungen und die Bündnisse der Böhmen mit den Liutizen berücksichtigt. Der König stellte sich mit diesem Bündnis also mehr in die Tradition seiner bayerischen Vorfahren und Vorgänger als in diejenige der ottonischen Ostpolitik.

Dieses Bündnis scheint für Boleslaw Chrobry, aber auch für Markgraf Heinrich von Schweinfurt das Signal zu offenem Widerstand gewesen zu sein, dem sich noch einige andere Große anschlossen, unter ihnen auch Bruno, der Bruder des Königs. König Heinrich bekämpfte zunächst mit seinen Getreuen den Markgrafen Heinrich in der üblichen Weise. Burgen wurden belagert und von den Besatzungen schnell aufgegeben, die Gegner scheinen keineswegs zu einem Kampf auf Biegen und Brechen entschlossen gewesen zu sein. Im Osten verweigerte sich Graf

Gunzelin dem Angebot seines Verwandten Boleslaw, die frühere Freundschaft, die ihn zur Hilfe gegen den König verpflichtet hätte, zu erneuern mit dem Argument, dadurch brächte er seine Lehen und sein Leben in Gefahr. Daraufhin überzog ihn Boleslaw seinerseits mit einer Fehde. Inzwischen hatten ‚vertrauenswürdige Fürsprecher', unter ihnen Erzbischof Tagino und Herzog Bernhard von Sachsen, dafür gesorgt, daß Markgraf Heinrich den Konflikt mit dem König auf gütliche und auf die übliche Weise beenden konnte. In Büßerkleidung unterwarf er sich Heinrich, nachdem ihm zugesichert worden war, daß er und seine Helfer vom König milde behandelt werden würden. In der Tat behielten sie den größten Teil ihrer Güter, und Heinrich wurde nach einer symbolischen Haft begnadigt, wozu der Bischof Gottschalk von Freising den König in einer öffentlichen Predigt eindringlich ermahnte. Diese erste Phase der Auseinandersetzungen blieb damit weitgehend in den üblichen Bahnen der Konfliktaustragung, wie sie seit langem praktiziert wurden. Eine gütliche Einigung mit Boleslaw kam allerdings nicht zustande.

Während dieses Konflikts wurde Heinrich zur Entscheidung einer Frage genötigt, die Otto III. vergeblich zu lösen versucht hatte: der Wiedererrichtung des Bistums Merseburg. Heinrich hatte Erzbischof Giselher, der das Haupthindernis der Wiedererrichtung darstellte, zunächst unbehelligt gelassen und ihm im Gegenteil mit seiner besonderen Huld ausgezeichnet. Als dieser Anfang 1004 jedoch schwer erkrankte, schickte der König Erzbischof Willigis und andere Mitbrüder an das Krankenbett, um ihn zur Rückkehr auf seinen alten Sitz Merseburg aufzufordern. Der erbat sich Bedenkzeit und verschied vor Ablauf der Frist. Nun wiederholte sich das, was schon mehrfach bei Vakanzen in Magdeburg oder Halberstadt passiert war. In Magdeburg wählte man sofort den Dompropst Walthard als Nachfolger Giselhers, um wohl wieder vollendete Tatsachen zu schaffen. Davon ließ sich der König jedoch nicht beirren, sondern erreichte nach intensiven Verhandlungen die Zustimmung der Magdeburger zur Nachfolge Taginos auf dem Magdeburger Erzstuhl. Dieser war als Vertrauter des Königs bereit, seine Zustimmung zur Wiedererrichtung Merseburgs zu geben, als dessen Bischof ein weiterer königlicher Kapellan, Wigbert, eingesetzt wurde. Die notwendigen Besitzrevisionen unterstützte Heinrich durch beträchtliche königliche Schenkungen, die Bischof Arnulf von Halberstadt seine Zustimmung erleichterten. Dieser erfolgreiche Eingriff brachte Heinrich den tief empfundenen Dank Thietmars von Merseburg ein, den dieser nicht nur in einem Preisgedicht am Beginn des sechsten Buches seines Geschichtswerkes zum Ausdruck brachte. Vielmehr scheint er in seiner ganzen Darstellung Heinrich so weit wie eben möglich von Kritik verschont zu haben. Dies übrigens in diametralem Gegensatz zum Tenor der Quedlinburger Annalen, die aus weitgehend ungeklärten Gründen die Taten Heinrichs II. lange Jahre mit scharfer Kritik und beißendem Spott kommentieren.

Nach dem Slawenfeldzug hielt es Heinrich für geraten, endlich zu einem Italienzug aufzurufen und der Herrschaft Arduins in Italien ein Ende zu bereiten, was Herzog Otto von Kärnten in Vertretung des Herrschers im Jahre 1003 nicht gelungen war. Beim hl. Mauritius in Magdeburg bat er um das Gelingen dieses Zuges und trug barfüßig die Reliquien des Heiligen vom Kloster Berge in den Dom. Auch er sparte also so wenig wie Otto III. mit demonstrativen Nachweisen seiner Heiligenverehrung. Das Heer gelangte über Augsburg und den Brenner nach Trient, wo Heinrich mit den geistlichen und weltlichen Führern seines Heeres und einer größeren Anzahl von oberitalienischen Bischöfen eine Gebetsverbrüderung einging. Dieser Gebetsbund führte zu einer Eintragung der Beteiligten in eine liturgische Handschrift der Trienter Domkirche, und er zeigt, wie ernst man die Gebetshilfe angesichts der ungewissen Lage in Italien nahm. Der Gegenkönig Arduin hatte nämlich mit bewaffneten Kräften die Klausen im Gebiet von Trient und Verona gesperrt und versuchte so, dem Heer den Zugang nach Italien zu verwehren. Mit Hilfe der Kärntner gelang es jedoch, die Klausen bei Trient zu überwinden und die von Verona zu umgehen, Arduins Truppen zogen sich kampflos zurück und ermöglichten Heinrich den unbehelligten Einzug in Verona, dann in Brescia, Bergamo und schließlich Pavia, wo er Mitte Mai zum König erhoben und durch feierliche Thronsetzung anerkannt wurde. Die Feiern wurden aber abrupt dadurch gestört, daß sich Bürger Pavias aus unklarer Ursache in der Nacht zusammenrotteten und die wenigen in der Stadt einquartierten Begleiter Heinrichs und ihn selbst angriffen. Diese wußten sich nicht anders zu helfen, als Häuser der Stadt in Brand zu stecken, um die außerhalb der Stadt lagernden Truppen zur Hilfe zu holen. Dieser Übermacht unterlagen die Pavesen, deren Stadt lichterloh brannte und zudem von den Truppen Heinrichs geplündert wurde. Ein wenig verheißungsvoller Auftakt also seines italienischen Unternehmens. Ob es mit der Wirkung dieses Ereignisses zusammenhängt oder durch unbekannte Nachrichten motiviert wurde, jedenfalls hat Heinrich bald nach dieser Erfahrung Italien wieder verlassen, ohne Arduin wirklich besiegt oder auch seine Kaiserkrönung erreicht zu haben. So wirken die Unternehmungen seiner ersten Jahre durchaus sprunghaft, schien es für ihn immer noch Wichtigeres zu geben als das gerade begonnene Unternehmen.

Zurückgekehrt wandte sich Heinrich erneut der Bekämpfung Boleslaw Chrobrys zu. Da er Informanten Boleslaws unter den Sachsen fürchtete, fingierte er zunächst einen Feldzug gegen Polen, wandte sich dann aber überraschend gegen Böhmen und Prag. Hier gelang es ohne Kampf, Boleslaw zu vertreiben und den Premysliden Herzog Jaromir zu restituieren. Der König verfolgte Boleslaw und belagerte die Burg Bautzen, deren Besatzung auf Befehl Boleslaws nach längerer Belagerung unter der Zusicherung freien Abzugs die Burg aufgab. Ermattet kehrte Heinrichs Heer daraufhin nach Sachsen zurück, zweifelsohne als Sieger, geregelt war das Verhältnis zu Boleslaw aber keineswegs. Die weitere Auseinandersetzung hat Heinrich im folgenden Jahr intensiv vorbereitet: Nachdem er ein allgemeines Heeresaufgebot für alle Grafschaften des Reiches erlassen hatte, schloß er in Dortmund mit 15 sächsischen und niederlothringischen Bischöfen sowie mit dem sächsischen Herzog Bernhard zunächst wieder einen Gebetsbund. Während uns aus dem vorherigen Jahr für Trient nur die Namen derer überliefert sind, denen das Gedenken zuteil werden sollte, bietet Thietmar für den Dortmunder Fall auch die Leistungen, die man sich gegenseitig versprach. Der ganze Klerus der Diözesen sollte beim Tode jedes Teilnehmers Messen lesen bzw. Psalterien singen, Arme sollten gespeist und Geld gespendet werden. König und Königin sowie Herzog Bernhard versprachen nur Geldaufwendungen und Armenspeisungen. Man versteht diese Initiative Heinrichs wohl nicht falsch, wenn man der Verbrüderung auch das Ziel unterstellt, die politisch durchaus gespaltenen Kräfte vor der erneuten Auseinandersetzung mit Boleslaw zu einen. So gestärkt zogen Kontingente unter der Führung Heinrichs, unterstützt von bayerischen und böhmischen unter der Führung ihrer Herzöge, bis zur Oder, wo die neuen Bundesgenossen, die Liutizen, zu ihnen stießen. Boleslaw vermied größere Kämpfe und zog sich bis Posen zurück. Dennoch war der Vormarsch des Heeres durchaus schwierig und verlustreich. Durch „treue Vermittler" ließ Boleslaw hier um Frieden nachsuchen und erreichte ihn sofort. Erzbischof Tagino von Magdeburg und andere Vertraute des Königs bekräftigten eidlich diesen Frieden, und das Heer zog nach Hause zurück. Die kritischen Quedlinburger Annalen bewerten ihn als „keinen guten Frieden" und unterstreichen, daß Heinrich mit einem „beweinenswerten Heer" zurückgekehrt sei. In der Tat fällt auf, daß Heinrich und Boleslaw diesen Friedensschluß nicht persönlich bekräftigten. Es fehlt auch jeder Hinweis auf Genugtuungsleistungen, wie sie üblicherweise Boleslaw hätte leisten müssen, etwa durch ein Unterwerfungsritual. Wie wenig tragfähig dieser Frieden denn auch war, zeigt die Tatsache, daß Heinrich ihn bereits im Jahre 1007 aufkündigen ließ. Liutizische und böhmische Gesandte hatten ihn ultimativ hierzu aufgefordert, weil Boleslaw Böses im Schilde führe. Boleslaw reagierte sofort und eröffnete erneut Feindseligkeiten. In Sachsen gab es offensichtlich kaum Bereitschaft, wieder gegen den Polen ins Feld zu ziehen. Selbst von Erzbischof Tagino muß Thietmar berichten, er habe keine ausreichenden Vorbereitungen getroffen, obgleich er über alles informiert gewesen sei. Schließlich, so wird man zur Erklärung anfügen, hatte Tagino mit seinem Eid den Frieden garantiert. Auch der Missionsbischof Brun von Querfurt nahm die Sache immerhin so ernst, daß er 1008 in einem Brief an Heinrich deutlich für Boleslaw Stellung bezog: Der König verlange „Unmögliches", „auf andere Art, als der König will, gibt unser Boleslaw euch Sicherheit". Leider wird nicht gesagt, worin denn die unmögliche Forderung des Königs bestand. Es folgen eindringliche Mahnungen, es anstelle von Grausamkeit und Gewalt doch mit Barmherzigkeit zu versuchen. Hierzu fand sich Heinrich II. jedoch erst erheblich später bereit. In der Zwischenzeit schwelte der Konflikt und vergiftete nicht zuletzt die Atmosphäre zwischen den Sachsen und dem König, weil immer wieder Große der zu vertraulichen Beziehungen zu Boleslaw verdächtigt und vom König zur Verantwortung gezogen wurden. Die Quellen sprechen nicht klar aus, was eigentlich den Frieden zwischen Heinrich und Boleslaw verhinderte. Es scheint im Kern um die Frage ihres grundsätzlichen Verhältnisses gegangen zu sein: Der von Otto III. durch Freundschaft und Besuch Geehrte erwartete von Heinrich offensichtlich eine Respektierung seines honor, die dieser nicht zu leisten bereit war. Dieser Dissens ließ auch ein persönliches Zusammentreffen nicht zu.

Der schnelle Bruch des Friedens im Osten konnte dem König eigentlich gar nicht ins Konzept passen, denn auch im Westen hatten sich in dieser Zeit Probleme aufgehäuft, die nach einem persönlichen Eingreifen Heinrichs verlangten. Der Tod des niederlothringischen Herzogs Otto (1006) brachte Auseinandersetzungen zwischen lothringischen Adelsgruppen mit sich, in die auch Balduin von Flandern eingriff, ein Lehnsmann des westfränkischen Königs Robert, aber mit diesem in Konflikte verwickelt. Wahrscheinlich hängt mit diesen Problemen auch das Treffen Heinrichs mit dem westfränkischen König Robert zusammen, das, deren Gleichrangigkeit streng beachtend, im Jahre 1006 an oder auf dem Grenzfluß, der Maas, stattfand und den Abschluß einer *amicitia* zum Ziel hatte, die vielleicht Grundlage eines gemeinsamen Vorgehens gegen Balduin sein sollte. Heinrich unternahm 1007 jedenfalls einen Verwüstungszug nach Flandern, der nach einigen Schwierigkeiten auch seine Wirkung nicht verfehlte. Er zwang Balduin, nach Aachen zur Unterwerfung zu kommen. Balduin gab Heinrich verschiedene Genugtuungsleistungen und Sicherheiten und erhielt als Ausgleich später sogar Valenciennes, was die Doppelvassallität der flandrischen Grafen als Lehnsleute der west- wie der ostfränkischen Könige begründete. Im Zuge dieser Neuordnung der Kräfteverhältnisse in Niederlothringen blieb die Herzogswürde zunächst unbesetzt, Heinrich förderte die Ardennergrafen durch die Einrichtung der Mark Antwerpen und übertrug dem Bischof von Cambrai die Grafenrechte in seiner Bischofsstadt.

Sehr erfolgreich agierte Heinrich in seinen Anfangsjahren auch in einer Frage, die gleichfalls höchst delikat war. Er plante nämlich, in Bamberg, wo er sein Grab finden wollte, ein Bistum zu errichten. Der Plan ähnelte sehr demjenigen Ottos des

Großen bezüglich Magdeburgs, und die damit verbundenen Probleme waren alles andere als vergessen. Und in der Tat hört man von gleichartigen Schritten und vergleichbaren Reaktionen der Betroffenen. Bamberg lag im Würzburger Diözesangebiet; damit war die Zustimmung Bischof Heinrichs von Würzburg unabdingbar. Es scheint, als habe der König ihm die Zustimmung zunächst dadurch erleichtert, daß er die Erhebung seines Sitzes zum Erzbistum in Aussicht stellte. Das aber war eine massive Schädigung der Mainzer Rechte und mit Erzbischof Willigis nicht zu machen. Auf die am 1. November 1007 in Frankfurt tagende Synode kam daher eine schwere Entscheidung zu, zumal Heinrich von Würzburg nicht persönlich erschien, sondern sich vertreten ließ, wohl um schon dadurch jede definitive Entscheidung zu verhindern. Da der Wunsch des Königs – weil ihm leibliche Nachkommenschaft versagt blieb, Christus zu seinem Erben zu machen – kein kirchenrechtlich ausreichender Grund für eine Bistumsgründung war, akzentuierte man wie in Magdeburg die Notwendigkeit der Missionsarbeit: Der östliche Teil der Würzburger Diözese sei von Slawen bewohnt, die noch kaum dem Christentum gewonnen seien. Dennoch tat sich die Synode schwer mit ihrer Entscheidung, die Heinrich durch ein neues Mittel geradezu erzwang: Er warf sich nämlich immer dann, wenn er in der Verhandlung einen negativen Ausgang fürchtete, vor den Bischöfen zu Boden. „Wärest du zugegen gewesen, hättest auch du Mitleid mit ihm gehabt", schrieb Arnulf von Halberstadt dem abwesenden Würzburger Mitbruder, so das Einlenken der Versammlung entschuldigend. Heinrich erreichte sein Ziel und Papst Johannes XVIII. nahm das neue Bistum unter den besonderen römischen Schutz, was ansonsten nur für Klöster üblich war. Als ersten Bischof bestimmte Heinrich seinen Kanzler Eberhard, einen besonderen Vertrauten. Bamberg hat die ihm von seinem Stifter zugedachte Funktion gewiß mehr als erfüllt und die Memoria Heinrichs so hochgehalten, daß er der einzige der deutschen Könige und Kaiser wurde, der zur Ehre der Altäre aufstieg und heilig gesprochen wurde. Die Gründung Bambergs war jedoch nicht der einzige Erfolg des Königs in diesem Jahr, denn bereits zuvor war es ihm gelungen, den Gandersheimer Streit beizulegen. Wie so häufig bewährte sich Heinrichs gutes Verhältnis zu den Reichsbischöfen und machte den Ausgleich möglich, der die Hildesheimer Rechte auf Gandersheim bestätigte, Erzbischof Willigis aber die Ehre gab, bei der Einweihung der Stiftskirche die Messe zu zelebrieren. Zuvor hatte er durch die Übergabe seines Bischofsstabes an Bischof Bernward die Hildesheimer Rechte förmlich anerkannt.

Die Erfolge Heinrichs in der Zusammenarbeit mit Bischöfen stehen in eigenartigem Kontrast zu den vielen Konflikten, in die ihn Adelsfamilien verwickelten. Und es scheint, als habe hier eine kompromißlose Haltung des Königs mehrfach zur Verschärfung und zur Verlängerung des Streits beigetragen. Milde, wie es Widukind für Otto den Großen postuliert hatte, war im Umgang mit dem Adel gewiß nicht seine hervorstechende Eigenschaft. Dies wird besonders bei zwei Konflikten deutlich, die in den Jahren 1008 und 1009 geführt wurden. Der erste entzündete sich mit seinen Schwägern, den Brüdern der Königin Kunigunde, die aus dem Luxemburger Grafenhaus stammte. Sie hatten versucht, ohne Einverständnis Heinrichs einen Bruder der Königin, Adalbero, auf den Trierer Erzstuhl zu bringen. Heinrich zögerte nicht, gegen diese Anmaßung bewaffnet vorzugehen und belagerte über einen längeren Zeitraum die Pfalz in Trier, in der sich die Luxemburger verschanzt hatten. In höchster Not erreichte es ein anderer der Brüder, der Herzog Heinrich von Bayern, daß der König den Belagerten freien Abzug gewährte. Als dieser später hörte, wie verzweifelt ihre Lage gewesen war, und daß der Vermittler Herzog Heinrich ihm dies verheimlicht hatte, setzte er ihn kurzerhand als Herzog in Bayern ab und behielt das Herzogtum in eigenen Händen. Der Vorwurf, der zu dieser massiven Reaktion führte, dürfte darin bestanden haben, daß Herzog Heinrich seine Vermittlerrolle nicht unparteiisch ausgeübt hatte. Es dauerte fast ein Jahrzehnt, ehe der König den Schwager in sein Amt restituierte, woran man die Erbitterung des Herrschers über diese Bevorzugung der leiblichen Verwandten ablesen mag.

Nicht anders erging es dem Markgrafen Gunzelin, dem Bruder Ekkehards von Meißen, der mit den Söhnen seines verstorbenen Bruders in eine Fehde verwickelt wurde, die ihre Ursache in Erbschaftsstreitigkeiten hatte. Indirekt spielte in diese Auseinandersetzung auch der Konflikt Heinrichs mit Boleslaw Chrobry hinein. Als der König die Angelegenheit untersuchte, wurde schnell deutlich, daß der Markgraf Gunzelin seine Huld nicht besaß. Immerhin wahrte Heinrich zunächst die Form und erbat Rat (*consilium*) von den Fürsten, was in der Sache zu tun sei. Die antworteten ganz gemäß den Gepflogenheiten der Zeit: „Offensichtlich steht er nicht ganz ungerechtfertigt vor euch. Wir sind daher der Meinung, er solle sich ohne jeden Vorbehalt eurer Huld anvertrauen. Euch aber lasse der barmherzige Gott nicht nach dessen Handlungsweise, sondern nach eurer unermeßlichen Milde gegen ihn verfahren, zum Vorbild für jeden, der zu euch zurückkehrt." Hier wird das Zusammenspiel von Unterordnungsgeste und Verzeihen beschworen, das oft Handlungsmaxime der Könige des 10. Jahrhunderts gewesen war. Heinrich nahm Gunzelin denn auch in Gnaden auf, gab ihn jedoch in Haft, in der er ihn nicht weniger als acht Jahre beließ. Das hatten die Fürsten mit ihrem Hinweis auf die „unermeßliche Milde" des Königs wohl kaum raten wollen. Die Entscheidung markiert wie des Königs Verhalten gegenüber seinem Schwager, daß er nicht mehr bereit war, sich an die alten Verpflichtungen zur *clementia* binden zu lassen. Vielmehr bestrafte er Handlungen, die er als Illoyalität auffaßte, unnachgiebiger als seine Vorgänger. Es scheint jedoch, als habe diese fehlende Kompromißbereitschaft nicht zur Stabilisierung seines Verhältnisses zu den Adelskräften beigetragen. Nicht nur Brun von Querfurt sprach mahnend dieses Defizit an Willen zur Barmherzigkeit an, die Quedlinburger Annalen unterstellen in einem Bericht zum Jahre 1013 sogar, Heinrich habe selbst um die Unrechtmäßigkeit seiner Handlungsweise gewußt: „eine plötzliche und gefährliche Krankheit jagte ihm von oben eine solchen Schrecken ein, daß er einige, die er ihrer Würde entkleidet und andere, die er der Süße seiner Gnade zu Unrecht beraubt hatte, mit Vergebung ihrer Vergehen in ihre früheren Stellen zurückversetzte." Genau dies hatte er ohne dieses Zeichen vom Himmel nicht getan.

Der zweite Frieden mit Boleslaw Chrobry im Jahre 1013 ist allerdings auf Initiative des Polen zustande gekommen, der zu den Schwierigkeiten im Westen auch in Auseinandersetzungen mit den Kiever Rus verwickelt wurde. Er schickte seinen Sohn Mieszko zu Heinrich nach Magdeburg, der dort Lehnsmann des Königs wurde und das persönliche Treffen seines Vaters mit

Heinrich vorbereitet haben dürfte, vielleicht auch schon über seine Eheschließung mit der Ezzonin Richenza, einer Königsverwandten, verhandelt hat. Hochgeehrt wurde er nach Hause entlassen, die Bahnen für ein persönliches Treffen von Heinrich und Boleslaw waren geebnet. Dieses fand zu Pfingsten auf einem Hoftag in Merseburg statt, nachdem Heinrich dem Polen immerhin noch Geiseln für dessen Sicherheit gestellt hatte. Auch Gesandte der Liutizen und des neuen Böhmenherzogs Udalrich, dessen vertriebener Vorgänger Jaromir sich im Vorjahre zu Boleslaw geflüchtet hatte, waren in Merseburg anwesend, was einen umsichtig geplanten Friedensschluß wahrscheinlich macht. Boleslaw wurde (erneut) Lehnsmann des Kaisers und diente ihm, während dieser unter der Krone zur Kirche schritt, als Schwertträger. Am nächsten Tag versöhnte er sich mit Heinrich durch die Überreichung großer Geschenke, die der König durch noch größere und bessere erwiderte und ihm überdies sein lang ersehntes Lehen, d.h. die Lausitz und das Milzenerland, übertrug. Macht man sich bewußt, daß ein Friedensschluß in dieser Zeit in aller Regel durch Genugtuungsleistungen und Ehrungen zum Ausdruck gebracht wurde, dann fällt einerseits auf, was nicht berichtet wird: eine Genugtuung in Form einer Unterwerfung hat Boleslaw Heinrich nicht gegeben. Untergeordnet hat er sich aber durchaus durch seinen Lehnseid und auch durch den Dienst des Schwertträgers, der ein Ehrendienst war, aber eben für einen Rangniederen, nicht für einen Gleichrangigen. Auch die Größe der jeweiligen Geschenke machte klar, wie die Rangverhältnisse der beiden Friedenschließenden waren. Dieser Frieden schien eine mehr als zehnjährige Auseinandersetzung zu beenden und beiden Seiten höchst notwendig den Rücken frei zu machen. Boleslaw für seine Kiever Unternehmung, zu der ihn sogar Truppen Heinrichs begleiteten, Heinrich aber zu seinem gewiß überfälligen Romzug, den er denn auch noch im gleichen Jahr antrat. Ihn auf diesem Zug zu begleiten, wie es Pflicht eines Lehnsmannes war, hat Boleslaw aber bereits wieder unterlassen, ohne daß wir seine Motive hierzu erfahren würden. Zunächst aber schien mit dem Merseburger Frieden ein Jahrzehnt beendet, in dem der Konflikt mit dem Polenherrscher ständig geschwelt und überdies das Verhältnis zwischen Heinrich und dem sächsischen Adel belastet hatte.

3. Rom und Italien, der Westen und immer wieder Boleslaw

Auf seinem ersten Italienzug war Heinrich nur bis Pavia gekommen, hatte die Königsherrschaft Arduins nicht überwinden können, und folglich fehlte ihm mehr als ein Jahrzehnt nach seinem Amtsantritt auch immer noch die Kaiserkrönung. Daß ein kaiserliches Auftreten nicht nur in Italien, sondern auch in Rom bitter nötig war, machten nicht zuletzt Auseinandersetzungen um die Papstwürde klar, die 1012 nach dem Tode Papst Sergius IV. zwischen den Adelsparteiungen der Crescentier und der Tuskulaner ausbrachen. In Rom setzte sich mit Waffengewalt der Tuskulaner Kandidat Benedikt VIII. durch, während sein Gegner Gregor (VI.) sich Hilfe suchend zu Heinrich II. nach Sachsen begab. Dieser hatte jedoch bereits mit Benedikt VIII. über die päpstliche Anerkennung des Bistums Bamberg verhandelt, die Benedikt gewährte und so beste Voraussetzungen für seine Anerkennung durch Heinrich schuf. Heinrich untersagte Gregor denn auch das Tragen päpstlichen Ornats bis zu einer Entscheidung der Angelegenheit in Rom. Fast ein Jahr verging über den Vorbereitungen des Romzuges, ehe Heinrich ein zweites Mal über die Alpen zog, wiederum bereits in Trient von lombardischen Bischöfen empfangen wurde und sich und die Großen des Heeres dem Gedenken der Trienter Domkirche anvertrauen ließ. Arduin wagte dieses Mal keinen militärischen Widerstand, bot die Aufgabe der Königswürde an und versuchte, lediglich den Besitz seiner Grafschaft zu bewahren. Heinrich lehnte dessen Angebote jedoch ab. Unbestritten agierte er Anfang des Jahres 1014 in Pavia und Ravenna als König, und es scheint, als habe er mit seinen dortigen Maßnahmen an Reformversuche Ottos III. und der Päpste angeknüpft, indem er Bischöfe und Äbte Italiens anwies, Aufzeichnungen über entfremdetes Kirchengut anzulegen. In Ravenna gelang es ihm auch, seinen Halbbruder Arnulf als Erzbischof zu restituieren, der einem Gegenkandidaten hatte weichen müssen. Der Beginn einer kontinuierlichen Reformpolitik in Italien war dies jedoch nicht. Heinrich zog vielmehr weiter nach Rom, wo er am 14. Februar von Klerus und Volk von Rom sowie von Papst Benedikt feierlich in die Stadt geleitet wurde. Der Papst schenkte Heinrich bei dieser Begegnung einen goldenen Globus und ließ ihn von zwölf Senatoren, von denen sechs bartlos und sechs bärtig waren, in die Peterskirche geleiten. Nachdem Heinrich die Frage bejaht hatte, ob er „immer ein getreuer Schützer und Schirmer der römischen Kirche und ihm (dem Papst) und seinen Nachfolgern immer treu" sein wolle, wurden er und seine Gemahlin Kunigunde zur Kaiserwürde erhoben. Zwar beschloß man die Kaiserkrönung mit einem feierlichen Mahl, das den Frieden und den Willen zur Zusammenarbeit symbolisierte, begann auf einer direkt anschließenden Synode auch mit dieser Zusammenarbeit. Doch führten schon Entscheidungen dieser Synode über Besitzungen des Klosters Farfa zum bewaffneten Konflikt mit der Partei der Crescentier und zu Kämpfen in Rom, die nur mühsam unterdrückt werden konnten. Lange hat sich Heinrich dann weder in Rom noch in Italien aufgehalten. Vielmehr feierte er Ostern bereits in Pavia, Pfingsten in Bamberg, so daß von ernsthaften Bemühungen um herrscherliche Eingriffe in Italien oder gar von einer Neuordnung der Verhältnisse kaum die Rede sein kann. Selbst das Problem Arduin war alles andere als gelöst, und es ist nichts anderes als ein für Heinrich glücklicher Zufall, daß dieser bald schwer erkrankte und sich wohl im Angesicht des Todes ins Kloster Fruttuaria zurückzog, dort die Profeß ablegte und am 14. Dezember 1015 verstarb. Die intensiven, wenn auch erfolglosen Bemühungen seiner Anhänger, in Burgund und im westfränkischen Reich einen Kandidaten für die Nachfolge Arduins als König von Italien zu finden, machen schlagend deutlich, wie es um die Akzeptanz der ottonischen Herrschaft südlich der Alpen weiterhin bestellt war. Leidgeprüfte Anhänger der Ottonen wie der Bischof Leo von Vercelli haben ihrem Unmut über die Zurückhaltung Heinrichs in Italien denn auch deutlichen Ausdruck gegeben. Verständnis fand Heinrich dagegen bei Thietmar von Merseburg, der wohl gängige Vorurteile der Sachsen gegen Italien bündelt: „ ... zu unserer Art stimmen Klima und Menschenschlag jenes Landes nicht. Viel Hinterlist herrscht leider im Römerland und in der Lombardei. Allen, die dorthin kommen, schlägt nur wenig Zuneigung entgegen. Jeder Bedarf der Gäste muß dort bezahlt werden, man wird dazu noch betrogen, und viele kommen dort durch Gift um." Wenige Jahre später mußte sich denn auch Benedikt VIII. selbst über die Alpen bemühen, was kein Papst nach 833 mehr getan hatte, um Heinrich zu einem dritten Italienzug zu bewegen.

Ins Reich zurückgekehrt, beschäftigte Heinrich das Gravamen, daß Boleslaw ihm die Unterstützung auf dem Italienzug verweigert hatte. Gleich nach seiner Rückkehr spielte ein Zufall Mieszko, den Sohn Boleslaws, dem Kaiser in die Hände. Diesen hatte sein Vater nämlich zu Herzog Udalrich von Böhmen geschickt, um ein böhmisch-polnisches Bündnis gegen Heinrich zu Stande zu bringen. Udalrich ließ dessen Begleitung jedoch töten und den Herzogssohn gefangennehmen. Nach eindringlichen Forderungen lieferte er ihn an den Kaiser aus, der nun seinerseits keineswegs gewillt war, ihn frei zu lassen und zurück zu senden, wie es Boleslaw, aber auch sächsische Große verlangten. Diese Fürsten, Erzbischof Gero von Magdeburg an der Spitze, mußten Heinrich mahnend auf das Unrecht hinweisen, daß die Gefangenhaltung Mieszkos bedeutete. Sie erreichten spät, daß er seinem Vater ohne Bedingungen zurückgegeben wurde, doch war die Atmosphäre erneut vergiftet, und Boleslaw dachte nicht daran, vor dem Kaiser zu erscheinen. Er scheint vielmehr gefordert zu haben, daß seine Sache vor seinen Fürsten verhandelt würde. Was Heinrich dagegen vorschwebte, machte er einem Gesandten Boleslaws dadurch klar, daß er ihn der barfüßigen Unterwerfung seiner Luxemburgischen Schwäger beiwohnen ließ – so dachte er sich wohl auch die Genugtuung des Polen, die dieser jedoch nicht zu geben bereit war. So war es nicht verwunderlich, daß Heinrich Boleslaw schon 1015 wegen „Ungehorsams" seine Lehen entzog und einen neuen Kriegszug gegen ihn vorbereitete. Mit drei Heeren plante der Kaiser gegen Polen zu ziehen, deren mittleres er selbst befehligte. Das nördliche führte Herzog Bernhard II. von Sachsen, das südliche Herzog Udalrich von Böhmen. Trotz dieses Aufwandes war dem Heereszug wenig Erfolg beschieden. Herzog Bernhard kehrte eigenmächtig heim, da er Schwierigkeiten hatte, zum kaiserlichen Heer zu stoßen, auch Herzog Udalrich gelang es nicht, sich mit Heinrichs Truppen zu vereinigen. So blieb dem Heer offensichtlich nichts anderes übrig, als sich zurückzuziehen, wobei insbesondere die Nachhut große Verluste erlitt. Polnische Krieger unter Führung Mieszkos überschritten sogar die Elbe und griffen Meißen an.

Trotz dieses blamablen Ausgangs seiner Heerfahrt entfernte sich Heinrich aus dem östlichen Krisengebiet und wandte sich im Jahre 1016 südwestlichen Problemen zu. Der burgundische König Rudolf hatte Heinrich durch einen Erbvertrag bereits 1006 verbindlich als Erben seines Königreiches in Aussicht genommen, und Heinrich hatte hierfür bereits Basel als eine Art Pfand erhalten. Im Jahre 1016 wurde König Rudolf von dem burgundischen Grafen Otto Wilhelm, einem Sohn König Adalberts von Italien, der sich im Norden Burgunds eine dominante Stellung aufgebaut hatte, offensichtlich so bedrängt, daß Rudolf Schutz vor ihm bei Heinrich suchte. Dieser übertrug alles, was ihm Rudolf übertragen hatte, auf dessen beiden Stiefsöhne, die er überdies in seinen Schutz nahm. Auf diese Weise wollte man das Erbe wohl vor dem zu erwartenden Zugriff Otto Wilhelms sichern. Rudolf und die Großen des burgundischen Reiches sicherten Heinrich überdies zu, daß dort nichts ohne seinen Rat geschehe, und der Kaiser verlieh seiner Schutzfunktion dadurch Nachdruck, daß er mit einem Heeresaufgebot im Gebiete des Otto Wilhelm verwüstend auftauchte. Feste Burgen zu bezwingen, war er jedoch nicht in der Lage, so daß selbst der zurückhaltende Thietmar nicht um das Urteil herumkam: „er kehrte unbefriedigt heim, hatte er doch weder dort noch im Osten den Feinden nachhaltigen Schaden zugefügt."

Diese Scharte versuchte Heinrich im folgenden Jahr zumindest im Osten auszuwetzen. Bei der Vorbereitung eines neuerlichen Feldzuges gegen Boleslaw ließ der Kaiser diesen zunächst zum ‚Reichsfeind' (*hostis publicus*) erklären und jeglichen Kontakt mit ihm untersagen. Diese Maßnahme zielte auf die Beendigung vielfältiger Kontakte, die sächsische Große ungebrochen zu Boleslaw unterhalten hatten. Ob sie Erfolg hatte, läßt sich kaum sagen. Im Sommer 1017 zog jedenfalls erneut ein Heer gegen Polen, zu dem auch die Liutizen wiederum Kontingente entsandten. Es wiederholten sich jedoch die Vorkommnisse der Vorjahre. Boleslaw vermied größere Schlachten, bei der Belagerung von Burgen erwies sich das Heer als wenig erfolgreich, so daß es schließlich durch Krankheiten geschwächt erfolglos abziehen mußte. Wie schwierig das Zusammenwirken zwischen

Sachsen und Liutizen immer noch war, zeigt der Vorfall, daß ein sächsischer Krieger mit einem Steinwurf gegen ein Feldzeichen der Liutizen eine Krise auslöste, die Heinrich nur durch die Zahlung einer Buße beenden konnte. Auch auf diesem Feldzug aber waren Unterhändler ständig aktiv, die auf eine friedliche Beilegung des Konfliktes hinarbeiteten. Unter ihnen fällt insbesondere der abgesetzte Bayernherzog Heinrich, ein Bruder der Kaiserin Kunigunde, auf, dem im Unterschied zu sächsischen Bischöfen und anderen Großen in dieser Zeit mehrfach der Zugang zu Boleslaw gestattet wurde, auch wenn seine Verhandlungen letztlich erfolglos blieben. Es scheint, als habe Heinrich seinen Schwager nach ihrer Aussöhnung in Aachen einer Bewährungsprobe unterzogen, ehe er ihn wieder in sein Herzogsamt einsetzte.

Das Jahr 1017 überschattete aber auch ein Krankheitsfall, der tiefe Einblicke in die religiöse Mentalität Heinrichs ermöglicht: seine Gemahlin Kunigunde erkrankte nämlich im Frühjahr schwer. Daraufhin wurde sie selbst und auch Heinrich in sehr charakteristischer Weise aktiv. Sie bemühten sich nämlich durch Stiftungen intensiv um die Sicherung ihrer Memoria, des Gebetsgedenkens zu ihrem Seelenheil. Dotalgüter der Kunigunde wurden zur Stiftung des Klosters Kaufungen verwandt; das Herrscherpaar ließ sich in die Gemeinschaft der Domkleriker von Paderborn aufnehmen, um dort vollständigen Anteil an den immerwährenden Gebeten zu erhalten, wie sie für die Mitglieder des Domkapitels geleistet wurden; und in Merseburg stifteten beide gleichfalls ein Zentrum des Gedenkens an sich und ihre verstorbenen Verwandten und Freunde und transferierten zu diesem Zwecke Namen Verstorbener aus Quedlinburg und anderen Orten nach Merseburg, wo sie Thietmar von Merseburg in eine heute noch erhaltene liturgische Handschrift eintragen ließ, die er auch mit ‚persönlichen' Nachrichten anreicherte. Es mag mit dieser unmittelbaren Erfahrung der Gebrechlichkeit des menschlichen Lebens zusammenhängen, daß Heinrich in dieser Zeit auch Gegnern verzieh, die seit überlanger Zeit seine Ungnade ertragen mußten. So ließ er Kunigunde nach ihrer Genesung ihren Bruder Heinrich wieder als Herzog in Bayern restituieren und begnadigte auch den Markgrafen Gunzelin. Thietmar erzählt, daß diesem in Bamberg nach der Ankunft des Kaisers die göttliche Allmacht die Fußfesseln gelöst habe, ohne daß die Ketten zerbrochen wären. Wenn man dies als einen Hinweis werten darf, wie Heinrich seine Gegner in der Gefangenschaft behandelte, dann bestätigten sich hier andere Vorwürfe über seine unbarmherzige Härte.

Härte und Konsequenz zeigte Heinrich in dieser Zeit auch in einer anderen Angelegenheit, bei der nicht sicher zu entscheiden ist, ob religiös-kirchenreformerische oder vorrangig machtpolitische Motive das Handeln des Königs bestimmten. Bereits 1018 hatte eine Synode unter Vorsitz Erzbischof Erkanbalds von Mainz den Grafen Otto von Hammerstein wegen seiner kanonisch unerlaubten Ehe mit der ihm im vierten Grade verwandten Irmingard gebannt. Der Graf hatte daraufhin zunächst eingelenkt, den Erzbischof dann aber mit einer Fehde überzogen, die den Kaiser zum Eingreifen nötigte. Heinrich belagerte die Burg Hammerstein daraufhin über mehrere Monate, feierte vor der Burg sogar das Weihnachtsfest, bis sich Graf Otto vom Hunger bezwungen ergab. Damit war die Auseinandersetzung jedoch keineswegs beendet, denn das Paar lebte weiter zusammen, wurde erneut exkommuniziert, doch Ottos Gemahlin Irmingard appellierte in der Angelegenheit an Papst Benedikt VIII., der sich in der Tat der Sache annehmen wollte und hierbei auch einen Konflikt mit dem neuen Mainzer Erzbischof Aribo nicht scheute. Er entzog Aribo schließlich sogar das Pallium, ehe Konrad II. dem Mainzer Erzbischof die Verfolgung der Sache endgültig untersagte. Dieser mußte das Thema der Verwandtenehe selbst fürchten, da seine Ehe in dieser Hinsicht gleichfalls zu beanstanden war. Ob Heinrich sich in dieser Angelegenheit aber allein oder vorrangig deshalb engagiert hatte, weil er das Scandalon der Nahehe für untragbar hielt, oder ob er mit diesem Mittel einen politisch unbequemen Gegner in Schach zu halten versuchte, ist eine Frage, über die sich die Historiker bis heute streiten.

Es ist letztlich genauso unklar, ob der im Januar 1018 endlich geschlossene Frieden mit Boleslaw Chrobry noch durch die Krisenerfahrung des Herrscherpaares beeinflußt und ermöglicht wurde. Auffällig ist wie beim ersten der Friedensschlüsse, daß Heinrich nicht persönlich an ihm beteiligt war. Erzbischof Gero von Magdeburg und Bischof Arnulf von Halberstadt und mehrere sächsische Grafen beschworen für Heinrich einen Frieden, den Thietmar mit der bezeichnenden Wertung versah: „so wie er damals zu erreichen war, nicht wie er hätte sein sollen." Boleslaw scheint jedenfalls keine Zugeständnisse gemacht, Einbußen erlitten oder Genugtuung geleistet zu haben. Man einigte sich offensichtlich auf den Status quo ante und festigte den Frieden durch die Heirat Boleslaws mit Oda, der Tochter des Markgrafen Ekkehard von Meißen. Im nächsten Jahre unterstützten 300 sächsische Krieger Boleslaw bei seinem Zug gegen Kiew, nach dessen erfolgreichem Abschluß Boleslaw Heinrich große Geschenke und die Versicherung seines Wohlverhaltens übersenden ließ. Gesehen haben sich Heinrich und Boleslaw jedenfalls trotz des Friedens nicht mehr und die Tatsache, daß Boleslaw den Herrscherwechsel im Reich nach dem Tode Heinrichs II. offensichtlich dazu nutzte, sich zum Könige erheben zu lassen, wirft ein letztes Schlaglicht auf eine Beziehung, deren beide Seiten befriedigende Regelung ebenso wenig gelang wie der militärische Sieg einer Seite.

Dieser nie wirklich gelöste und ständige Anstrengungen erfordernde Konflikt hat auch das Verhältnis des Herrschers zum sächsischen Adel und selbst zu den Bischöfen Sachsens belastet. So bietet die Nachricht, daß im Jahre 1020 der Billunger Herzog Bernhard den ganzen Stamm zu einer Schwureinung gegen den Kaiser brachte, nur ein weiteres Glied in der Kette von Problemen zwischen den Sachsen und dem ‚bayerischen' König. Bereits zuvor war es zu Konflikten zwischen Liutizen und Obodriten gekommen, die augenscheinlich mit den Auseinandersetzungen der Vorjahre zusammenhängen und wohl auch einen Eingriff des Dänenkönigs Knuds des Großen im Jahre 1019 provozierten, der die Obodriten und Wagrier besiegte. In welcher Absicht und ob in Absprache mit seinem Verwandten Boleslaw oder auch mit Heinrich II. der Heereszug durchgeführt wurde, läßt sich nicht erkennen. Auch Hintergründe der Erhebung Herzog Bernhards werden nicht genannt, doch hatte Heinrichs Verhalten bei der Untersuchung eines heimtückischen Mordes zusätzlich dazu beigetragen, Oel ins Feuer zu gießen. Im Oktober 1016 war nämlich der billungische Graf Wichmann III. im Verlaufe einer Fehde am Niederrhein getötet worden. Seine Gegner, Adela von Elten und ihr Gemahl Graf Balderich, waren insofern heimtückisch vorgegangen, als sie ein die Fehde beendendes Friedensmahl dazu benutzt hatten, Wichmann Gift zu verabreichen und ihn dann zu töten. Zwar eilte Heinrich gleich an den Niederrhein, um die Angelegenheit zu untersuchen, doch führte das herrscherliche Eingreifen nicht zu einem energischen Vorgehen gegen Balderich, für den sich wohl vor allem Erzbischof Heribert von Köln verwandte. Der Geduldsfaden der Großen riß, als Heinrich auf einem Hoftag im März 1018 Balderich Gelegenheit geben wollte, sich zu rechtfertigen und Genugtuung zu leisten. Unter Führung der Herzöge Gottfried von Niederlothringen und Bernhard von Sachsen verhinderten die Anwesenden durch einen Tumult, daß Graf Balderich seine Sache vortragen konnte. Dem Kaiser gelang es nur durch persönliches Eingreifen zu verhindern, daß der Graf in die Hände der Wütenden fiel. Es ist wohl keine Spekulation, wenn man unterstellt, daß solche Vorfälle herrscherliches Prestige grundsätzlich tangierten. Dennoch erfahren wir von der ‚Erhebung' Herzog Bernhards und der Sachsen nur, daß es durch die Vermittlung Erzbischof Unwans von Hamburg-Bremen zu einer gütlichen Beilegung kam, ohne Konsequenzen für die Beteiligten. Dieses Fehlen genauerer Nachrichten hängt gewiß auch damit zusammen, daß seit dem Tod Thietmars von Merseburg im Dezember 1018 die Stimme fehlt, die am genauesten die Probleme Heinrichs mit den Sachsen thematisierte.

Hatte Heinrich II. noch im Jahre 1019 seinen Verpflichtungen gegenüber Italien dadurch zu genügen versucht, daß er in Straßburg italienische Bischöfe und Große zu einem Hoftag empfing, auf dem Probleme ihres Landes behandelt wurden, so forderten Entwicklungen in Süditalien im folgenden Jahr größere Aufmerksamkeit, da sie Papst Benedikt VIII. immerhin so wichtig nahm, daß er den Kaiser nördlich der Alpen aufsuchte, was seit 833 keiner seiner Vorgänger mehr für nötig gehalten hatte. Feierlich begingen Papst und Kaiser die Ostertage in Bamberg, besuchten Anfang Mai dann Fulda, wo Heinrich das *pactum* seines Vorgängers Ottos des Großen (das sog. Ottonianum) mit der römischen Kirche erneuerte, es sogar um päpstliche Rechte an Fulda erweiterte. Hauptzweck der Papstreise war jedoch, Heinrich zum Eingreifen in Süditalien zu bewegen. Dort hatten sich lokale Kräfte mit Unterstützung des Papstes gegen die byzantinische Herrschaft aufgelehnt, hierzu auch normannische Krieger ins Land gerufen, doch hatten die Byzantiner im Jahre 1018 bei Cannae einen entscheidenden Sieg gegen ihre Gegner errungen. Die Fürsten von Capua und Salerno hatten sich den Byzantinern unterworfen, so daß der Papst seine territorialpolitischen wie allgemeinen Interessen in Süd- und Mittelitalien bedroht sah und sich an den Kaiser um Hilfe wandte. Er war erfolgreich, denn Heinrich erließ im Juli 1021 das Aufgebot zu einem Feldzug nach Apulien, den er im November antrat. Ohne sich in Oberitalien oder Rom länger aufzuhalten, rückte das große Heer in drei Abteilungen in die Fürstentümer von Capua und Salerno vor, Erzbischof Pilgrim von Köln als einer der Heerführer nahm Pandulf von Capua gefangen und zwang Waimar von Salerno zur Übergabe. Heinrich selbst belagerte die von den Byzantinern stark befestigte Stadt Troia in Apulien, wobei auch Benedikt VIII. in seinem Heerlager weilte. Hier verurteilte ein Fürstengericht Pandulf von Capua zum Tode, auf Fürsprache Pilgrims schickte Heinrich ihn jedoch in die Verbannung ins Reich, Waimar von Salerno wurde Papst Benedikt übergeben. Die Bewohner selbst schickten zweimal die Kinder ihrer Stadt mit einem Priester als Bittsteller zu Heinrich, um Unterwerfung und eine gnädige Behandlung bittend. Erst beim zweiten Mal gewährten man ihnen diese Milde, die Mauern der Stadt wurden lediglich an einer Stelle niedergerissen und durften nach dem Treueid der Bürger und nach Geiselstellung wieder aufgebaut werden. Mit diesen Erfolgen hielt Heinrich den Zweck des Zuges offensichtlich für erreicht, denn er entließ bald darauf das Heer und scheint selbst die Gelegenheit zu einem Besuch des burgundischen Klosters Cluny genutzt zu haben, um dort zu beten und in die cluniacensische Gebetsverbrüderung aufgenommen zu werden. Seine Krone und weitere Schenkungen stellten die angemessene Gegengabe des Herrschers dar.

Angesichts der nahezu unablässigen Folge von Konflikten in seiner Regierungszeit mutet es fast ein wenig überraschend an, daß die letzten Jahre des Herrschers weitgehend konfliktfrei verliefen. Zumindest ist seit dem Jahre 1021 im Reich kein Konflikt mehr überliefert, an dem Heinrich beteiligt gewesen wäre. So fand er Zeit, im Jahre 1023 mit dem westfränkischen König Robert an der Grenze ihrer Reiche zusammenzutreffen und das alte Freundschaftsbündnis zu erneuern. Heinrich ehrte König Robert, indem er zunächst diesen in seinem Lager aufsuchte und erst am nächsten Tag den Gegenbesuch empfing. Die beiden Herrscher vereinbarten überdies die Abhaltung eines allgemeinen Konzils in Pavia, das unter Vorsitz des Papstes über alle wichtigen Probleme der Kirche beraten sollte. Der Tod Heinrichs hat diese Planungen zunichte gemacht. Als Heinrich 52jährig am 13. Juli 1024 in der Pfalz Grone nach längerer Krankheit verstarb, hinterließ er ein Reich ohne größere ungelöste Probleme. Insofern kann man ihm eine zufriedenstellende und erfolgreiche Amtsführung bescheinigen. Rekapituliert man jedoch seine gesamte Regierungszeit, fällt das Urteil differenzierter und zwiespältiger aus. Unzweifelhaft als positiv hervorzuheben ist Heinrichs harmonische Zusammenarbeit mit den Reichsbischöfen, die er größtenteils selbst in ihre Ämter gebracht hatte. Sie und ihre Kirchen leisteten den Dienst, den der Herrscher in einem ganz beträchtlichen Ausmaß forderte, willig und weitestgehend effizient, was auch so mühselige und kostspielige Belastungen wie die Versorgung des Königshofes einschloß. Schon das Verhältnis Heinrichs zu den Klöstern funktionierte dagegen nicht in gleicher Weise. Namentlich verschiedene der alten Reichsklöster wehrten sich gegen ‚Reformen' des Herrschers, die sie als überflüssig ansahen und deren Zweck sie vor allem darin erblickten, die Klöster stärker in den weltlichen Dienst für das Reich einzuspannen. Massivere Schwierigkeiten hatte Heinrich aber vor allem mit weiten Teilen des weltlichen Adels, von denen die Probleme in Sachsen und mit Boleslaw Chrobry dauerhaften Charakter hatten. Hier mehren sich die Stimmen, die dem König zumindest Mitschuld daran geben, daß eine Beendigung der Auseinandersetzungen nicht gelang. Es wird seine Härte, die fehlende Bereitschaft zur Barmherzigkeit und zum Kompromiß angesprochen, womit er vom Idealbild des Königs im 10. Jahrhundert abwich. Erst kürzlich hat man erwogen, ob angesichts solcher Stimmen nicht der Beiname Heinrich ‚der Strenge' angemessen wäre. Und in der Tat scheint hier ein Hauptproblem der Amtsführung Heinrichs II. zu liegen: Orientierte man sich an einem Amtsverständnis, daß dem König, als Gesalbtem des Herrn und *vicarius* Christi, Gehorsam zu leisten und anderenfalls Sanktionen zu fürchten waren. Das Alte wie das

Neue Testament boten Beispiele für dieses Modell der Königsherrschaft. Oder favorisierte man jene Prinzipien der Verwandtschafts- und Freundschaftsmoral, wie sie der hohe Adel praktizierte, nach denen jeder Konflikt auch mit dem König durch geeignete Fürsprecher und Genugtuungsleistungen gütlich und folgenlos aus der Welt geschafft werden konnte. Heinrich hat sehr entschieden die erstere Version propagiert und praktiziert, und eine Fülle seiner Maßnahmen resultieren aus dieser Entscheidung. Dies haben Bischöfe offensichtlich erheblich bereitwilliger akzeptiert und getragen als der weltliche Adel. Immer da, wo Heinrich selbst sein Herrschaftsverständnis und seine Amtsauffassung zum Ausdruck brachte oder seine engere Umgebung es formulierte, begegnen Reflexe dieser Grundsatzentscheidung. Die Arengen und Narrationen der Königsurkunden künden von diesen Ordnungsvorstellungen ebenso wie die Herrscherdarstellungen, die in inhaltlichem Aussagereichtum wie in künstlerischer Brillianz gerade in seiner Regierungszeit Zeichen setzten. Welche Aufgaben und welche Befugnisse der König habe, blieb noch lange Zeit Thema gerade der Geschichte des Reiches – und die Antworten des 11. wie des 12. Jahrhunderts waren kontrovers. Das heißt aber auch, daß in der Zeit Heinrichs – und durch ihn ausgelöst – im Herrschaftsverband über Grundsatzfragen gestritten wurde, was dem letzten ‚ottonischen' Herrscher gewiß kein schlechtes Zeugnis ausstellt.

VII. Strukturelle Eigenheiten ottonischer Königsherrschaft

1. Unterschiede zur Herrschaft der Karolinger

In einer Darstellung wie der vorliegenden, die der Chronologie folgte, werden notwendig Aspekte ausgeblendet, die nur durch systematische Analyse vergleichbarer Phänomene ins Blickfeld rücken. Solche Analysen aber sind für das Verständnis einer Epoche besonders wichtig, denn sie ermöglichen Einblicke in die ‚Logik' von Ereignissen, Prozessen und Entwicklungen, indem die Rahmenbedingungen, die Normen und Regeln erkennbar werden, unter denen das Zusammenleben der Menschen stand. Dieses Zusammenleben wurde im 10. Jahrhundert nicht an schriftlich fixierten Normen ausgerichtet, dennoch vollzog es sich natürlich nicht ungeregelt. Vielmehr beobachtete man Gewohnheiten (*consuetudines*), die Handlungsmuster für alle gängigen Situationen bereitstellten, und ‚fand' neue, wenn eine ungewöhnliche Situation dies erforderte. Solche Gewohnheiten waren nicht deshalb weniger verbindlich, weil sie sich nicht in schriftlich fixierten Normen niederschlugen. In ihrer Summe markierten sie vielmehr wesentliche Rahmenbedingungen, unter denen die Königsherrschaft der Ottonen stand. Durch Gewohnheit waren die Rechten und Pflichten der Könige ebenso festgelegt wie diejenigen ihrer Helfer, der geistlichen und weltlichen Großen. Gewohnheit bestimmte auch die Verfahren, die in den politischen Kräftefeldern praktiziert wurden, seien es solche der Willensbildung, der Konsensherstellung, der Repräsentation, der Friedensstiftung oder auch der Konfliktführung. In den Gewohnheiten kamen christliche Wertevorstellungen ebenso zum Ausdruck wie die einer adligen Kriegergesellschaft. Angesichts eines statischen Elements, das an Gewohnheiten orientiertes Verhalten zweifelsohne besitzt, ist natürlich die Frage nach Veränderungen und der sie verursachenden Faktoren interessant.

Und verändert hat sich vom 9. zum 10. Jahrhundert doch einiges. Was unterscheidet also die Königsherrschaft der Ottonen von ihren Vorgängern und auch von derjenigen nachfolgender Dynastien? Welche Gründe aber waren dafür maßgeblich, daß sich die Rahmenbedingungen von Herrschaft im 10. Jahrhundert änderten?

Die Rahmenbedingungen ottonischer Königsherrschaft werden in ganz entscheidender Weise vom ‚Kräftespiel' zwischen Königtum, Kirche und Adel bestimmt. Dies war in der Karolingerzeit gewiß nicht anders gewesen, doch verschoben sich die Gewichte in diesem Kräftedreieck deutlich. Kann man Adel und Kirche namentlich in der Herrschaftskonzeption und -praxis Karls des Großen als ‚Instrumente' des Königtums beschreiben, so haben sie sich bis zur Ottonenzeit zu Mitträgern und Partnern der Herrschaft entwickelt, was deutlich andere Formen und Inhalte des Umgangs miteinander zur Folge hatte. Staatliche Strukturen, wie sie im wesentlichen Karl der Große und sein Umkreis aufzubauen versuchten, sind im 10. Jahrhundert zugunsten anderer aufgegeben, ein Prozeß, der sicher bald nach dem Tode Karls des Großen einsetzte. Insofern ist es kaum zureichend, ‚die' Karolingerzeit mit ‚der' Ottonenzeit zu vergleichen. Vielmehr bietet die Zeit Karls des Großen und die von ihm ausgehenden Initiativen zur Intensivierung und Modernisierung der Königsherrschaft eine bessere Folie zu verdeutlichen, wie anders die Verhältnisse im 10. Jahrhundert geworden waren. Und auf vielen Feldern kann man auch erkennen, warum sie so anders geworden waren.

Einige der auffälligsten Unterschiede seien knapp skizziert: Im 10. Jahrhundert finden wir keine schriftlichen Anweisungen an den Herrschaftsverband, wie sie die karolingischen Kapitularien darstellen. In diesen Kapitularien manifestierte sich der Reglementierungswille namentlich Karls des Großen und seiner Umgebung: Vorschriften bis ins Detail und in viele Lebensbereiche, Maßnahmen zur Kontrolle der nachgeordneten Herrschaftsträger und die Aufforderungen, Berichte an die Zentrale zu liefern, die dieser den Überblick über die Befolgung bzw. Übertretung der Gebote, ja über die Stimmung im Lande gewährleisten sollte. In dem Herrschaftsinstrument der Kapitularien formulierte ein zentralistisches Königtum seinen Anspruch auf Befolgung seiner Gebote, selbst wenn es diese vom ‚Konsens der Getreuen' bestätigen ließ. Mit den ‚Königsboten' (*missi dominici*) schuf es überdies eine Institution, die vor Ort die Kontrollfunktion über die königlichen Amtsträger ausüben sollte. Ein Bischof und ein weltlicher Großer ‚evaluierten' im Auftrag des Königs die Amtsträger einer Region und meldeten die Ergebnisse dem Herrscher.

Auf Einrichtungen zur Kontrolle ihrer Amtsträger scheinen die Ottonen verzichtet zu haben. Dieser Verzicht erscheint folgerichtig, denn Überprüfung und Kontrolle setzt eine Distanz und ein Unterordnungsverhältnis von Königen und Amtsträgern voraus, wie sie im 10. Jahrhundert nicht mehr gegeben waren. Ein wenig plakativ kann man sagen: Mitträger von Herrschaft diszipliniert man nicht durch Kontrolle und die Androhung von Sanktionen, sondern bindet sie durch angemessene Berücksichtigung ihrer Ratschläge und durch Erfüllung ihrer Wünsche. Dieses neue Verhältnis des Königtums gerade zum weltlichen Adel war nicht zuletzt bedingt durch einen Prozeß, der die Positionen dieses Adels fundamental verändert hatte. Im 10. Jahrhundert waren die weltlichen Ämter wie die Lehen in den erblichen Besitz der Adelsfamilien übergegangen, die sie einmal innehatten. Man wird diese Tendenz der Vererbung von Ämtern wie Lehen als natürliche Entwicklung ansehen, da ein häufigerer Wechsel nach Gutdünken des Königtums das Konfliktpotential gewiß vervielfacht hätte. Schließlich hätte sich ein neuer Besitzer von Amt und Lehen mit den Erben des Vorgängers fast notwendig auseinandersetzen müssen. Die Möglichkeiten der Könige, durch Ämtervergabe verändernd in die Rangordnung des Herrschaftsverbandes einzugreifen, reduzierten sich damit aber zunehmend. Als Otto der Große dies in den Anfangsjahren seiner Regierung noch einmal mit der Vergabe von Ämtern an ‚jüngere Söhne' versuchte, provozierte er bereits breiten Widerstand. Königliche Hulderweise hatten sich an der Rangordnung zu orientieren, während in der Karolingerzeit diese Rangordnung durch königliche Huld gravierend verändert werden konnte. Mehrfach ist im 10. Jahrhundert als huldvolle Tat der Könige bezeugt, daß sie alle Ämter und Lehen einer Familie in Eigen (Allod) umwandelten. Mit solchen Festschreibungen vergaben sich die Könige die Möglichkeit, Dienst auf Grund von Verpflichtungen fordern zu können; wechselseitige Begünstigung und Unterstützung, wie sie etwa Verwandte oder Freunde untereinander praktizierten, bildete die Basis eines so gestalteten Verhältnisses. Nicht zufällig gewann die Freundschaft (*amicitia*) im 10. Jahrhundert denn auch einen hohen Stellenwert bei der Gestaltung politischer Verhältnisse und wurde auch von Königen gezielt eingesetzt, wie man es namentlich am Beispiel Heinrichs I. nachweisen kann. Es ist in diesem Zusammenhang aber auch daran zu erinnern, daß diese Entwicklung weder geradlinig noch konfliktfrei verlief. Mehrfach waren ottonische Könige zu beobachten, die in dieser Hinsicht eher in karolingische Bahnen zurückzulenken versuchten: so Otto der Große mit der Verweigerung von wechselseitig bindenden Abmachungen mit seinen Großen, so aber auch Heinrich II., von dem gleichfalls kein Freundschaftsbündnis mit einem Herrschaftsträger seines Reiches überliefert ist.

Insgesamt wird man den Aufstieg von Kirche und Adel zum Partner und Mitträger der Königsherrschaft als ursächlich dafür ansehen, daß für diese Königsherrschaft im 10. Jahrhundert deutlich andere Rahmenbedingungen galten als für die Herrschaft namentlich Karls des Großen. Unschwer kann man die Krise des Karolingerreiches und die dort gemachten Erfahrungen wiederum als Ursache dafür ansehen, daß sich die Positionen von Kirche und Adel gegenüber dem Königtum verändert hatten. Sie hatten das Königtum beraten und unterstützt, ihre Positionen wirtschaftlich vor allem durch Schenkungen des Königtums arrondiert, ihr Prestige nicht zuletzt durch selbständige Abwehrleistungen in den Notsituationen der Normannen- und Ungarneinfälle erhöht, so daß es in der Summierung solcher Faktoren nicht verwundert, daß die ottonischen Könige ihnen in anderer Weise begegnen mußten als dies früher der Fall gewesen war.

2. Königtum und Kirche im 10. Jahrhundert

Zur Charakteristik des Verhältnisses von Königtum und Kirche in der Ottonenzeit ist seit langem der Begriff ‚ottonisch-salisches Reichskirchensystem' eingeführt, auch wenn man den Systemcharakter dieses Systems heute zu Recht in Zweifel zieht (Th. Reuter). Traditionell unterscheidet man eine ‚dingliche' und eine ‚personelle' Seite dieses Verhältnisses. Die dingliche ist dadurch gekennzeichnet, daß die ottonischen Könige in einer Welle von Schenkungen und Privilegierungen die wirtschaftliche Stellung der Bistümer und Reichsabteien stärkten, wie es vor ihnen auch schon die Karolinger getan hatten. Die Ottonen scheinen das Königsgut jedoch in so großem Umfang der Verwaltung und dem Besitz der Reichskirchen zugestanden zu haben, daß sie auf eine eigene Zentralverwaltung ihrer Güter verzichten konnten. So versetzten sie die Kirchen in die Lage, in größerer Anzahl eigene Vasallen auszustatten, die dann dem König als Kontingente bei seinen Heereszügen zur Verfügung standen, und so den ‚Reichsdienst' der Kirchen ableisteten. Das erhaltene Aufgebot Ottos II. für einen Italienzug mit seiner detaillierten Anforderung von Kontingenten macht an Hand der Größenordnung der Truppen, die von Bistümern, Abteien oder Grafen gestellt wurden, deutlich, daß die militärische Macht des Reiches im endenden 10. Jahrhundert in hohem Prozentsatz durch die kirchlichen Institutionen gesichert wurde. Nicht nur Landbesitz übertrugen die Könige jedoch den Reichskirchen, sie förderten sie auch durch die Verleihung von sog. Regalien, namentlich den Markt-, Münz- und Zollrechten. Hierdurch verzichteten sie einmal auf die Einnahmen, die diese Rechte einbrachten, prädestinierten die Bischöfe und Äbte aber auch zu Förderern einer regionalen Wirtschaftsentwicklung, die sie im Verlaufe des Mittelalters nicht selten in Konflikte mit konkurrierenden adligen Herrschaften brachte. Als am Ende des 10. Jahrhunderts die ottonischen Könige zudem dazu übergingen, freiwerdende Grafschaften in die Hände von Bischöfen zu geben, erreichte die Zusammenarbeit von Königtum und Kirche ihre größte Dichte. Die Könige schienen den Adel als Mitträger der Herrschaft zugunsten der Kirche zurückdrängen zu wollen. Aber diese Förderung mit materiellen Gütern zeitigte auch Konsequenzen, die für die Kirchen nicht unerhebliche Belastungen bedeuteten: Im endenden 10. und beginnenden 11. Jahrhundert gingen die Könige dazu über, sich mit ihrem Hof von den Kirchen beherbergen und beköstigen zu lassen, während sie zuvor ihren Aufenthalt in den Pfalzen genommen und sich dort hatten versorgen lassen. Kritische kirchliche Stimmen, die die Wirkung solcher Besuche mit denen der biblischen Heuschreckenplagen verglichen, machen deutlich, welche Belastungen damit den Reichskirchen aufgebürdet waren. Die Veränderung liegt aber sicher in der Logik und Konsequenz der unablässigen Schenkungen.

Die ‚dinglichen' Dimensionen der Zusammenarbeit zwischen den ottonischen Königen und der Kirche werden jedoch erst verständlich, wenn man die personelle Seite des Verhältnisses in die Betrachtungen einbezieht. Nach kanonischem Recht wurden die Bischöfe von Klerus und Volk ihrer Bischofsstadt gewählt. Im 10. Jahrhundert spielte jedoch der König bei der Einsetzung eine oder die entscheidende Rolle, worin sich Vorstellungen des sog. Eigenkirchenwesens konkretisieren: Die Kirche ‚gehörte' demjenigen, auf dessen Grund und Boden sie errichtet war, und das war bei den Bistümern und Reichsabteien der König. Also setzte er auch den Priester, Bischof oder Abt ein, wenn er dieses Vorrecht nicht delegierte, wie Heinrich I. es im Falle der süddeutschen Herzöge getan hatte. Dieses Recht des Königs, bei der Bestallung der wichtigsten Positionen in der Reichskirche entscheidend mitzuwirken, intensivierte Otto der Große nicht unerheblich dadurch, daß er dazu überging, mehr und mehr solche Kleriker zu Bischöfen zu promovieren, die zuvor Dienst in seiner Hofkapelle getan hatten. Dies kann man so in der Karolingerzeit noch nicht beobachten. Es scheint, als habe Otto diese Gewohnheit von seinem Bruder Brun übernommen, der sie zum ersten Mal praktizierte, als er für die Besetzung der lothringischen Bischofssitze verantwortlich war und die Kandidaten aus dem Kreis seiner Domkleriker nahm. Zu den Aufgaben der Hofkapelläne gehörten neben der Feier des Gottesdienstes, der Sorge um das liturgische Gerät und die Reliquien eine ganze Reihe von herrschaftlichen Tätigkeiten wie die Ausstellung der Urkunden oder die Übernahme von Botendiensten und

Gesandtschaften. Wichtiger noch aber scheint gewesen zu sein, daß diese Kapelläne mit ihrem Eintritt in die Kapelle zum König in ein persönliches Treueverhältnis traten; sie nannten ihn etwa *senior* wie Vasallen ihren Lehnsherrn. Diese Bindung bestimmte ihre Loyalitäten zumeist nachhaltiger als ihre Mitgliedschaft in einem Domkapitel oder ihre Herkunft aus einer Adelsfamilie – Ausnahmen nicht ausgeschlossen. In jedem Fall aber hatte der König Gelegenheit, die Eignung und Zuverlässigkeit der Kandidaten längere Zeit persönlich zu beobachten. Dies bot eine gewisse Gewähr dafür, daß sie ihr Bischofsamt nach den Vorstellungen der Könige auszuüben, und das hieß Reichsdienst zu leisten bereit waren. Und in der Tat ist die Reihe der Hofkapelläne, aber auch die anderer Bischöfe lang, die in der Ottonenzeit diesbezügliche Erwartungen der Könige erfüllten und sich im Reichsdienst wirklich „abschwitzten", wie es in einer Königsurkunde formuliert wird.

Dennoch wäre es gewiß zu eindimensional, wenn man die Bischöfe als willfährige Werkzeuge der Könige charakterisieren wollte. Nach Antritt ihres Amtes haben sie nämlich auch energisch die Belange ihrer Bischofskirche vertreten, die sie nach den Vorstellungen der Zeit ‚geheiratet' hatten. Plante der König Schritte, die als eine Schmälerung der Rechte dieser Bischofskirchen aufzufassen waren, wie es namentlich für die Pläne Ottos des Großen und Heinrichs II. bei der Gründung Magdeburgs und Bambergs gilt, dann haben Bischöfe sehr entschieden die Rechte ihrer Kirchen verteidigt und auch Konflikte mit den Königen nicht gescheut. Immer wieder haben sich Bischöfe auch an Schwureinungen (*coniurationes*) des Adels beteiligt, selbst wenn diese gegen den König gerichtet waren. Oder sie haben sich zumindest als Fürsprecher und Vermittler energisch für solche ‚Verschwörer' eingesetzt und hierbei durchaus auch die Ungnade der Könige auf sich gezogen und in Kauf genommen. Aus solchen Beobachtungen ergibt sich, daß die Bischöfe natürlich nicht losgelöst von den etablierten Netzwerken der ottonischen Führungsschichten agierten, sondern integraler Bestandteil dieser Gruppenbildungen waren, wobei sie ihre Herkunft aus den Adelsfamilien für solche Mittlerrollen geradezu prädestinierte. Denn auch diese Beobachtung gehört wesentlich zur Beurteilung der königlichen Hofkapelle und ihrer Scharnierfunktion zwischen König und Bischofskirchen: Seitdem die ottonischen Könige Bischöfe bevorzugt aus dieser Hofkapelle rekrutierten, mehren sich sprunghaft die Nachrichten, daß die Hofkapelläne hochadliger Herkunft waren. Das bedeutet aber doch wohl auch, daß die Führungsschichten ihre Söhne bewußt an diese Stelle plazierten, wo sozusagen die Karriereleiter der geistlichen Laufbahn begann, und daß die Könige sich solchen Wünschen nicht verweigerten und verweigern konnten, weil dies eine Beleidigung ihrer wichtigsten Getreuen bedeutet hätte.

Ein andere Aspekt ist für das Zusammenwirken von Königtum und Kirche jedoch noch entscheidender: Basis jeder Königsherrschaft im Mittelalter war ihre sakrale Legitimierung. Das Königtum wurde dem Herrscher von Gott verliehen, er regierte in seinem Auftrag und alles, was er vermochte, war abhängig vom Willen und der Hilfe Gottes. Diese sakrale Stellung aber brachte Pflichten mit sich und verwies den Herrscher auf die Zusammenarbeit mit den Priestern. Jeder Herrscher hatte sich an den Anforderungen zu orientieren, die die christliche Herrscherethik an ihn herantrug. Diese war schon in den ‚Fürstenspiegeln' der Karolingerzeit schriftlich fixiert worden, einer literarischen Gattung, die in der Ottonenzeit nicht mehr begegnet. Das Gedankengut dieser Fürstenspiegel war jedoch im 10. Jahrhundert überaus präsent. Es findet sich in Zeugnissen der Herrscherliturgie, etwa den Krönungsordines, ebenso wie in den Darstellungen der Geschichtsschreibung, in den Insignien sowie in den bildlichen Herrscherdarstellungen und ihren Beischriften, in den öffentlichen Auftritten des Herrschers ebenso wie in den urkundlichen Zeugnissen, in denen er die Motive seines Handelns begründete. Geradezu permanent wurde der ottonische Herrscher an die Anforderungen erinnert, denen er gerecht zu werden hatte, oder er betonte seinerseits, daß er ihnen gerecht zu werden sich bemühe. Die Gewißheit der göttlichen Beauftragung wie der Verantwortlichkeit gegenüber Gott scheint ein zentraler Punkt für das Verständnis des ottonischen Königtums. Nur aus dieser Perspektive läßt sich auch das Gewicht ermessen, das dem Rat und der Mahnung der Priester zukam. Andererseits lag es natürlich in der Konsequenz dieses Denkens, daß derjenige, der sich gegen den Herrscher erhob, sich auch gegen Gott wandte. Man muß allerdings sagen, daß dieser Gedanke das Verhalten des weltlichen Adels gegenüber dem König nicht entscheidend bestimmte.

Zwei Herrschertugenden begegnen in allen Zeugnissen in besonderer Dichte und Eindringlichkeit; sie scheinen daher den ottonischen Königen besonders nahegelegt worden und für ihre Herrschaftsausübung besonders prägend gewesen zu sein: die *humilitas* und die *clementia*. In der Demut manifestierte sich das Bewußtsein, nichts aus eigener Kraft zu vermögen, und die daraus resultierende Konsequenz, die Hilfe Gottes durch adäquates Verhalten zu verdienen. Biblische Vorbilder wie Moses, David oder Salomon hatten Beispiele solchen Verhaltens gegeben, nicht zuletzt dadurch, daß sie dem Rat der Priester gefolgt waren. Dies war die Botschaft, die die Emails auf der Reichskrone mit der Darstellung Davids und Salomons ebenso wie das Schriftband verkündigten: *per me reges regnant*. Wenn daher den Herrschern im 10. Jahrhundert ihre sakrale Würde verbal, in Bildern oder in Handlungen attestiert wurde, stand in aller Regel weniger ein panegyrischer als ein bittender oder auch mahnender Gedanke im Vordergrund: Möge der Herrscher den hohen Anforderungen gerecht werden, die diese sakrale Würde an ihn stellt.

Mindestens ebenso prägend für das Erscheinungsbild des ottonischen Königtums wie auch für die konkrete Herrschaftspraxis war die Verpflichtung zur *clementia*. Auch sie erscheint unmittelbar mit dem Gottesgnadentum der Könige verbunden, die Barmherzigkeit, Milde und Verzeihen nicht zuletzt deshalb zur Richtschnur ihres Handelns machen sollten, um dem göttlichen und dem Vorbild Christi gerecht zu werden. Die Verpflichtung zur *clementia* zeitigte in der Herrschaftspraxis der Könige des 10. Jahrhunderts durchaus konkrete Konsequenzen, da die Milde fester Bestandteil der Konfliktregelung wurde. Anders als die *humilitas* gegenüber Gott betraf die *clementia* des Herrschers seine irdischen Getreuen. Es bildeten sich Gewohnheiten heraus, wann und unter welchen Bedingungen man fest mit ihr rechnen konnte. Die Einlösung dieser Herrschertugend im Konflikt wurde zu einem Anspruch adliger Gegner des Königtums, garantiert durch Vermittler, unter denen Bischöfe herausragend vertreten waren. Dennoch dürfte die Verpflichtung des Königs auf *clementia* nicht allein der christlichen Tradition dieser Tugend verdankt werden; starke Impulse verdankt sie gewiß auch Vorstellungen aus dem Bereich der Verwandtschafts- und Freundschaftsmoral, in der das Verzeihen ein höheres Ansehen genoß als das Strafen. Die Kritik an Heinrich II., er versuche alles mit Härte und nichts mit Barmherzigkeit, zeigt die Richtung an, in die sich Könige aus dieser Beschränkung und Bindung ihrer Herrschaft zu befreien suchten. Die heftige Reaktion zeigt aber auch, daß die *clementia* fester Bestandteil der politischen Kultur der Ottonenzeit geworden war. Es dauerte denn auch bis tief in die Stauferzeit, ehe *iustitia* als unnachsichtige Gerechtigkeit gegenüber der nachsichtigen Milde zur zentralen Herrschertugend aufgestiegen war.

3. Königtum und Adel – der Austrag von Konflikten

Man hat schon mehrfach darauf hingewiesen, daß es bei den Forschungen zu den Führungsschichten des 10. Jahrhunderts um einen Kreis von gut 200 Personen gehe, die untereinander in vielfältiger Weise verwandt und vernetzt gewesen seien. Es ist in der Tat hilfreich, sich diese Tatsache bewußt zu machen, denn sie blieb gewiß nicht ohne Einfluß auf die Formen und Verfahren der politischen Interaktion zwischen König und Großen. Diese Abgeschlossenheit resultierte nicht zuletzt aus der Anerkennung der Erblichkeit von Lehen und Ämtern, die sich im Verlauf der Karolingerzeit angebahnt, in der Ottonenzeit unbestritten durchgesetzt hatte. Sie wurde verstärkt durch die Heiratsgewohnheiten des Adels, der ebenbürtige Verbindungen anstrebte und deshalb, wenn eben möglich, die Ehepartner aus diesem kleinen Kreis rekrutierte, die Königsfamilie selbst eingeschlossen. Es ist die logische Konsequenz dieses Verhaltens, daß bald die kanonisch unerlaubte Ehe zu naher Verwandter ein ernstes Problem wurde und schon in der Zeit Heinrichs II. viele Ehen in dieser Hinsicht strengen Anforderungen nicht genügten. Der Zusammenhalt der Führungsschichten, deren Aufteilung in weltliche und geistliche Vertreter unter diesem Aspekt ein wenig künstlich wirkt, verstärkte sich aber noch dadurch, daß der

‚natürliche' Gruppenzusammenhalt durch ‚künstlichen' oder ‚gemachten' verstärkt und gesichert wurde. Den Institutionen der Freundschaft (*amicitia*) und der Schwureinung (*coniuratio*) kam hierbei ein hoher Stellenwert zu, weil sie das Verhalten der Mitglieder solcher Gruppen im Konflikt wie im Frieden prägten. In den politischen Kräftefeldern agierten daher nicht Einzelpersonen, sondern Angehörige komplexer Netzwerke, gebildet aus Verwandten, Freunden und Genossen, die sich Hilfe und Unterstützung in allen Lebensbereichen leisteten. Konkret konnte sich dies in der Waffenhilfe bei einer Fehde realisieren, es konnte aber auch die Fürsprache, die Intervention, die Vermittlung beim König oder anderenorts beinhalten, wenn es um die Vergabe eines Amtes oder um die gütliche Beendigung eines Konfliktes ging. Man kann gewiß davon ausgehen, daß der politische Einfluß eines Mitglieds der Führungsschichten sehr wesentlich davon abhing, in welche dieser Netzwerke es eingebunden war und mit wessen Unterstützung es somit rechnen konnte. Der König kam nicht umhin, solchen Gruppen und ihren Protagonisten seine besondere Nähe (*familiaritas*) und Huld (*gratia*) zu gewähren und diese dadurch zum Ausdruck zu bringen, daß er ihren Rat suchte, sie ehrenvoll vor anderen auszeichnete und ihre Mitglieder materiell wie ideell förderte. In der Karolingerzeit hatten Könige die Rangordnung noch gravierend verändert, es hatte je nach politischer Lage Aufstieg und Abstieg solcher Gruppen gegeben, verursacht durch herrscherliche Maßnahmen. Diese Freiheit, die schon in der Karolingerzeit nicht unumstritten war, besaßen ottonische Könige kaum noch. Sie haben die Gruppen und ihr Ranggefüge vielmehr als Bestandteile der politischen Kultur akzeptiert. Dies markiert insbesondere einen Unterschied zu Karl dem Großen, der eidlich begründete Gruppenbildung noch generell untersagen und auch durch einen Treueid aller auf den König der herrschaftlichen Bindung eine besondere Dignität verschaffen wollte.

Die Mitglieder der Führungsschichten agierten mit der Rückendeckung ihrer Gruppenzugehörigkeiten, wobei sich geistliche und weltliche, verwandtschaftliche und freundschaftliche durchaus überschneiden, aber auch ergänzen konnten. Natürlich können wir im Einzelfall nicht mehr erkennen, welche Fürsprache oder welche Intervention durch eine solche

Gruppenbindung ausgelöst wurde. Doch wenn Erzbischof Brun von Köln, der Markgraf Gero, Bischof Ulrich von Augsburg, die Königin Mathilde, Erzbischof Willigis von Mainz, die Kaiserin Adelheid und viele andere sich erfolgreich für eine Person oder ein Anliegen einsetzten, dann dürften sie häufig als Exponenten solcher Gruppen tätig geworden sein. Der Erfolg ihrer Bemühungen resultierte einmal aus ihrer Nähe zum Herrscher, dann aber auch aus der Tatsache, daß dieser sehr wohl wußte, wessen Exponent die fürsprechende und bittende Person war. Es dürfte nicht unrealistisch sein, davon auszugehen, daß mittels solcher Aktivitäten auch harte politische Forderungen transportiert und durchgesetzt wurden – natürlich in den Formen der Bitte und Fürsprache, die das gnädige Gewähren als einen Akt herrscherlicher Freigebigkeit erscheinen lassen. Die königliche Herrschaftspraxis bestand jedenfalls zu einem guten Teil darin, die unterschiedlichen Interessen solcher Gruppen auszutarieren, den Frieden zwischen ihnen aufrecht zu erhalten und so der Integrationsfunktion des Königs gerecht zu werden (H. Keller).

Am deutlichsten zeigt sich die Wirksamkeit dieser Gruppen und Netzwerke aber im Konflikt. Es sagt gewiß viel über ihre Stärke aus, daß sie die ottonischen Könige dazu brachten, ‚Spielregeln' der Konfliktführung einzuhalten, die einen Verzicht auf Strafe vorsahen und so die gütliche Beilegung von Streit erleichterten. Zugunsten der Reintegration gerade adliger Gegner in den Herrschaftsverband begnügten sich die ottonischen Könige zumeist mit Genugtuungsleistungen in symbolischen Formen der Unterordnung. Der Kontrast dieser Praxis mit dem Beginn des 10. Jahrhunderts, als Konrad I. seine eigenen Schwäger noch hinrichten ließ, ist überdeutlich und dürfte nicht wenig zur grundsätzlichen Stabilität der ottonischen Herrschaft beigetragen haben, die sie trotz aller Konflikte und ‚Aufstände' auszeichnet. Im Konfliktfall akzeptierten die ottonischen Könige grundsätzlich das Recht ihrer adligen Partner, sich bewaffnet gegen vermeintliche Übergriffe des Königs zur Wehr zu setzen. Der König führte in der Ottonenzeit bewaffnete Auseinandersetzungen gegen seine Gegner nach den gleichen Regeln und Gewohnheiten wie jeder andere auch. Die Gegner, seien es Mitglieder der eigenen Verwandtschaft wie zur Zeit Ottos des Großen oder andere Adlige wie zur Zeit Heinrichs II., aktivierten ihre Netzwerke, schlossen etwa eine Schwureinung mit dem Ziel, den König zum Einlenken zu bewegen. Man schädigte den Gegner wie in anderen Fehden auch, belagerte seine Burgen, plünderte und verwüstete seine Ländereien. Der König verhielt sich hierbei nicht anders als seine Kontrahenten.

Frühzeitig begannen aber auch Schritte zur Beilegung der Auseinandersetzung. Hierbei kam Vermittlern besondere Bedeutung zu, hochrangigen Personen, die sich im Kontakt mit beiden Parteien darum bemühten, die Modalitäten festzulegen, unter denen der Konflikt beendet werden konnte. Die Arbeit dieser Vermittler bestand im wesentlichen darin, die Parteien durch Überzeugungsarbeit zu einem Ende der Waffenhandlungen und zu Genugtuungsleistungen zu bringen. Sie entschieden den Streit mit anderen Worten außergerichtlich, fällten dabei keinen Spruch und kein Urteil, sondern sorgten nur für die Bereitschaft der Parteien einzulenken. Als solche Vermittler konnten wir in den unterschiedlichsten Konflikten immer wieder Bischöfe, aber auch Herzöge beobachten: so Friedrich von Mainz und Brun von Köln im sog. Liudolf-Aufstand; so Tagino von Magdeburg bei Boleslaw Chrobry, so Papst Gregor V. und Bernward von Hildesheim vor Tivoli, so Herzog Heinrich von Bayern in der Luxemburger Fehde. Erfahren wir einmal etwas über die Arbeitsweise und Argumentation dieser Vermittler, so steht im Vordergrund, daß sie die Autorität besaßen, verbindliche Zusagen über die Modalitäten des Friedensschlusses zu machen. Sie versprachen milde Behandlung und Verzeihung bis hin zur Wiedererlangung der früheren Stellung – vom König gewährt allerdings erst nach einer eindeutigen Geste der Kapitulation. Diese konkretisierte sich im Ritual der Unterwerfung (*deditio*), das keine Erfindung des 10. Jahrhunderts ist; in dieser Zeit wurde es jedoch die gängige Form gütlicher Konfliktbeilegung. In seinem Kern bestand es in einem Fußfall, mit dem sich der Gegner oder eine ganze Gruppe dem König scheinbar bedingungslos unterwarf und dessen Willkür auslieferte. Garantiert worden war von Vermittlern jedoch zuvor, daß man Verzeihung finden und milde behandelt werden würde. Wir kennen Fälle einer direkten und vollständigen Reintegration in die frühere Stellung, belegt sind aber auch solche, in denen eine kurze Haft vor der endgültigen Rekonziliation stand. So wurden Große in der Ottonenzeit immer wieder zum Objekt herrscherlicher Milde, von Herzog Eberhard von Franken über Ottos des Großen Bruder Heinrich bis hin zu den Schwägern Heinrichs II. oder dem Markgrafen Heinrich von Schweinfurt. Damit diese Milde jedoch nicht mißbraucht wurde, existierte das ungeschriebene Gesetz, daß man sie nur einmal erlangen konnte. Wer nach solchem Friedensschluß den Konflikt neu eröffnete, mußte mit aller Härte rechnen und fand auch wohl nicht die nötige Unterstützung seiner Umgebung.

So zeigt sich die partnerschaftliche Position, die der Adel des 10. Jahrhunderts zum ottonischen Königtum erreicht hatte, mehr noch als in dinglichen Substraten wie Besitz, Burgen oder Ländereien in den Formen des Umgangs mit den Königen, und hier insbesondere im Konflikt. Während man von ersteren bedingt durch die fehlende Schriftlichkeit kaum etwas erfährt, sind die in Konflikten angewandten Verfahren so häufig bezeugt und sich grundsätzlich so ähnlich, daß wir sie als feste Gewohnheiten ansprechen dürfen, die für alle Seiten verpflichtend waren. Milde im Umgang mit adligen Gegnern war nicht in das Belieben der Herrscher gestellt, sondern eine Verpflichtung, der sie gerecht zu werden hatten. Es ist unschwer zu erkennen, daß dies eine signifikante Begrenzung ihrer Macht darstellte, die der Preis für die Zusammenarbeit mit ihren adligen Partnern war.

4. ‚Vorstaatliche' Herrschaftsformen

Die ‚personal' begründete Herrschaft der Ottonen lebte vom Verzicht auf Herrschaftsformen, die die karolingische Staatlichkeit ausgemacht hatten: Gesetzgebung, Verwaltung, Gerichte und Ämter. Man beobachtet statt dieser eigentlich nur das Verfahren der Beratung, mit dem die ‚Umgebung' des Herrschers Konsens herstellte und die Entscheidungen gemeinsam mit dem Herrscher umsetzte. Wir wissen allerdings bis heute nicht, nach welchen Kriterien Lasten, etwa die Kontingente für Italienzüge oder die Kosten der Hofhaltung, verteilt wurden. Manche

Bischöfe begleiteten Herrscher jahrelang in Italien, andere nicht, doch hatte dies kaum erkennbare Konsequenzen. Die Machtvollkommenheit des Herrschers in diesem System war scheinbar groß, seine Getreuen konnten sich lediglich Hoffnungen machen auf Belohnung, auf Hulderweise und Ehrungen; Ansprüche oder gar verbriefte Rechte hierauf scheinen sie nicht gehabt zu haben. Und wenn sie solche besaßen, wie etwa die Kirchen mit ihren Wahlprivilegien, dann scheinen sie häufig das Pergament nicht wert gewesen zu sein, auf dem sie standen, denn der König oktroyierte doch den Bischof, den er wollte. Andererseits aber war die Hoffnung auf Milde, auf Belohnung und ehrenvolle Behandlung gedeckt und gestützt durch die Gewohnheiten, jene Einrichtung, die uns immer wieder begegnete. Und diese legten auch den König auf ein Verhalten fest, von dem er nicht abweichen konnte, ohne Konflikte zu provozieren. Bat also ein ranghohes Mitglied der königlichen Umgebung für sich oder andere um herrscherliche Milde oder Belohnung, dann hatte dieser Vorgang wenig mit Unterwürfigkeit und herrscherlicher Machtfülle zu tun; vielmehr war es eine konziliante Form, Ansprüche durchzusetzen. Es war Teil einer politischen Kultur, die von einer Fülle von Verhaltensmustern geprägt wurde, die der moderne Staat zurückgedrängt, teilweise sogar unter Strafe gestellt hat: Als Bestechung, Begünstigung im Amt, Vorteilsannahme und ähnlich könnte man Verhalten charakterisieren, wie es in den politischen Kräftefeldern des 10. Jahrhunderts üblich war. Die Bewertung wäre jedoch grob anachronistisch.

Ausdruck fand diese Kultur nicht zuletzt in sehr demonstrativem Verhalten, das gerade die öffentlichen Interaktionen der Führungsschichten im 10. Jahrhundert bestimmte. Es wirkt auf moderne Betrachter besonders fremdartig, wenn eine Gesellschaft statt schriftlicher oder verbaler Kommunikation die nonverbale bevorzugt. Mit Handlungen und demonstrativem Verhalten, mittels Zeremoniell und Ritualen informierte man sich gegenseitig und die Öffentlichkeit über eine Fülle von Dingen, die für ein reibungsloses Zusammenleben existentiell wichtig waren. Das Spektrum reicht von Begrüßung und Abschied mit ihren gezielten Akten, die das Verhältnis der Partner und ihren Rang deutlich machten, über vielfältige Formen der Ehrung, über den Gabentausch, die friedenstiftenden Mähler und Feste mit ihren vertrauensbildenden Aktivitäten bis hin zu den Ritualen der Königserhebung, des königlichen Adventus, der Beratung oder auch der Unterwerfung. In der Summe stellt sich die öffentliche Kommunikation als eine nahezu permanente Folge ritueller Akte dar. Das ist zwar auch in anderen Jahrhunderten des Mittelalters der Fall, scheint aber in der Ottonenzeit erstmals eine besondere Intensität zu erreichen. Das eigentliche ‚Regierungshandeln' des Herrschers blieb dagegen einer Sphäre der Vertraulichkeit vorbehalten und dem Einblick der Öffentlichkeit entzogen. Was er dort tat, war gewiß nicht unwichtig. Diese Einschätzung darf aber nicht von der Tatsache ablenken, daß der Herrschaftsverband im 10. Jahrhundert viel Zeit auf öffentliche Handlungen verwendete. Ob damit ‚nur' Repräsentation, Zurschaustellung, ‚leeres' Zeremoniell faßbar wird, die der moderne Betrachter gern von der eigentlichen Politik sondert, steht damit nachdrücklich zur Frage. Nicht zufällig trifft dieser Aspekt denn auch in der modernen Forschung auf zunehmendes Interesse.

Man ist mehr und mehr auf die vielfältigen Funktionen aufmerksam geworden, die solche Akte ritueller Kommunikation erfüllten. Zeichen und Verhaltensweisen gaben Auskunft über den Rang einer Person und ihr Verhältnis zu den anderen Akteuren. Die rituellen Akte, etwa der Begrüßung, der Sitzordnung oder der Beratung, bildeten zuverlässig die bestehende Rangordnung ab, und sie nötigten alle Teilnehmer, durch ihre Handlungen diese Ordnung zu bestätigen. In den Ritualen der Königserhebung kamen die Verpflichtungen des Königs ebenso zum Ausdruck wie diejenigen seiner Getreuen. Rituelles Tun verpflichtete alle Akteure damit auch für die Zukunft, und das war eine ganz wesentliche Funktion. Jeder Hoftag zwang alle Teilnehmer zur Anerkennung der bestehenden Ordnung, weil das Mitmachen bei den öffentlichen Ritualen ihre Zustimmung zu dieser Ordnung signalisierte. Im Falle von Dissens blieb nur die Möglichkeit des Fernbleibens oder des Störens der Rituale, wie wir es in Einzelfällen durchaus beobachten können. Dies aber setzte eine starke Position voraus und signalisierte die Trübung der Beziehungen überdies frühzeitig. So trug die rituelle Kommunikation gewiß zur Stabilisierung der Herrschaftsordnung bei, auch wenn sie kein Allheilmittel zur Befriedung zerrütteter Verhältnisse bot. Das Gelingen bzw. das Scheitern der Rituale ist jedenfalls ein Indikator für den Zustand der Herrschaft, und für die Ottonenzeit kann man gewiß behaupten, daß die Rituale in der Regel gelangen. Es sei erinnert an so prekäre Szenen wie den Salbungsverzicht Heinrichs I., die Krönungsmähler mit dem Dienst der Herzöge in den Jahren 936 und 986, die vielen Rituale der Unterwerfung mit ihren je unterschiedlichen Akten, oder auch die rituellen Mähler (*convivia*) beim Friedensschluß oder bei der Verschwörung. Einige dieser Beispiele erinnern auch daran, daß rituelle Kommunikation in vielen Fällen ohne vorbereitende Planung und Absprache nicht auskommen konnte. Man muß vielmehr bei bestimmten Ritualen damit rechnen, daß die einzelnen Akte zuvor ausgehandelt und verbindlich abgesprochen wurden. In solchen Fällen kann man daher von Inszenierungen oder Aufführungen sprechen. Dies deutet auf einen sehr bewußten Umgang der Akteure mit den Ritualen und setzt auch ein Verständnis beim Publikum für die Aussagen voraus, die rituelles Tun beinhaltete. Die Öffentlichkeit der Rituale, die allgemein zu beobachten ist, hatte aus dieser Perspektive die wichtige Funktion, das Publikum zum Zeugen des Getanen zu machen, und so die Verbindlichkeit des Gezeigten zu erhöhen. Die ‚Aussagen' rituellen Handelns konnten so für sich allein stehen und für sich Verbindlichkeit beanspruchen, sie mußten nicht durch schriftliche oder verbale Äußerungen ergänzt werden. Es fällt dem modernen Beobachter gewiß schwer, der Tatsache, daß ein Herrscher einem Getreuen bei der Begrüßung entgegeneilte, wie es Otto der Große bei Ulrich von Augsburg und Otto III. bei Bernward von Hildesheim tat, die gleiche Aussagekraft zuzubilligen wie einem schriftlichen Privileg. Doch nahmen Zeitgenossen solchen demonstrativen Hulderweis wohl ernster als das Pergament, und das sollte nachdenklich stimmen. Jedenfalls scheint eine Beschreibung der Wesenszüge ottonischer Königsherrschaft ohne eine Verortung der rituellen Kommunikation und ihres Stellenwerts nicht möglich.

Eine letzte Eigenart ottonischer Herrschaft sei angesprochen, die das Vorstaatliche dieser Herrschaft noch einmal unterstreicht: Die Herrschaft der Ottonen erreichte keine große Intensität, und die Könige unternahmen auch kaum Schritte zu einer Intensivierung, wenn man von Ansätzen Heinrichs II. einmal absieht.

Als Aufgabenbereiche des Königs begegnen in zeitgenössischen Zeugnissen vor allem und immer wieder die Verantwortung für Frieden und Gerechtigkeit, der Schutz und die Förderung der Kirchen sowie der Armen, Schwachen und Wehrlosen. Nicht mehr und nicht weniger. Dies sollte bewußt bleiben, denn es warnt davor, den Herrschern des 10. Jahrhunderts Planungen und Konzeptionen in vielen Bereichen der Politik zu unterstellen, die auf eine systematische Organisation, Ausweitung und Intensivierung der Herrschaft gezielt hätten. Davon läßt sich konkret wenig nachweisen, was keineswegs heißen muß, daß die Ottonen keinerlei prospektive Planungen betrieben hätten. Doch gewiß verwandten sie mehr Gedanken darauf, die Hilfe Gottes für ihre Herrschaft zu erlangen, als auf Planungen, die man mit modernen Kriterien der Wirtschafts-, Finanz-, Innen- oder Außenpolitik zuordnen könnte. Auf diesem Gebiet ist die Gefahr anachronistischer Wertung nicht weniger gegeben als bei vielen anderen Themen ottonischer Geschichte, die sich unserem Verständnis nicht leicht erschließen

VIII. Quellen- und Literaturverzeichnis

Vorbemerkung

Da die Literatur zum Gegenstand dieses Buches äußerst umfangreich und überdies in einer ganzen Reihe neuerer Darstellungen aufgeführt ist, bietet das folgende Verzeichnis eine Auswahl, die vor allem Arbeiten aus den letzten zwei Jahrzehnten vermerkt. Nur in wenigen Fällen wurden ältere Arbeiten aufgenommen, wenn deren Thematik für die Ausführungen in diesem Band besonders wichtig waren. Der Verzicht auf viele schon klassische Werke zur Ottonenzeit ist schmerzlich, doch gebot der Umfang eine solche Selbstbeschränkung. Die Zuordnung der Titel zu den einzelnen Kapiteln des Buches mag in manchen Fällen willkürlich wirken; die strukturierte Darbietung bietet jedoch gegenüber einer alphabetisch geordneten auch erhebliche Vorteile.

Abkürzungsverzeichnis

AfD	Archiv für Diplomatik, Schriftgeschichte, Siegel- und Wappenkunde
AHC	Annuarium Historiae Conciliorum
AHR	The American Historical Review
AKG	Archiv für Kulturgeschichte
AMRhKG	Archiv für mittelrheinische Kirchengeschichte
BllfdtLG	Blätter für deutsche Landesgeschichte
DA	Deutsches Archiv für die Erforschung des Mittelalters
EHR	English Historical Review
FMSt	Frühmittelalterliche Studien
FS	Festschrift
FSGA	Freiherr-vom-Stein-Gedächtnisausgabe. Ausgewählte Quellen zur deutschen Geschichte des Mittelalters
GdV	Geschichtsschreiber der deutschen Vorzeit
GGA	Göttingische Gelehrte Anzeigen
GWU	Geschichte in Wissenschaft und Unterricht

HJb	Historisches Jahrbuch
HJbLG	Hessisches Jahrbuch für Landesgeschichte
HZ	Historische Zeitschrift
JbWdtLG	Jahrbuch für westdeutsche Landesgeschichte
JMedH	Journal of Medieval History
MGH	Monumenta Germaniae Historica
	Epp. DK: Briefe (Epistolae) der deutschen Kaiserzeit
	N.S. : Nova Series
	SS rer. Germ.: Scriptores rerum Germanicarum
MIÖG	Mitteilungen des Instituts für Österreichische Geschichtsforschung
MPH N.S.	Monumenta Poloniae historica. Nova Series
NdJbLG	Niedersächsisches Jahrbuch für Landesgeschichte
QFIAB	Quellen und Forschungen aus italienischen Archiven und Bibliotheken
RhVjBll	Rheinische Vierteljahresblätter
SaAn	Sachsen und Anhalt. Jahrbuch der Landesgeschichtlichen Forschungsstelle für die Provinz Sachsen und Anhalt
ZBLG	Zeitschrift für bayerische Landesgeschichte
ZfA	Zeitschrift für Archäologie
ZfGO	Zeitschrift für die Geschichte des Oberrheins
ZfKG	Zeitschrift für Kirchengeschichte
ZfO	Zeitschrift für Ostforschung
ZGW	Zeitschrift für Geschichtswissenschaft
ZSavRG	Zeitschrift der Savigny-Stiftung für Rechtsgeschichte
	GA: Germanistische Abteilung
	KA: Kanonistische Abteilung

Quellen

1. Werke der Geschichtsschreibung

Annales Fuldenses sive annales regni Francorum orientalis, hg. von F. Kurze (MGH SS rer. Germ 9), Hannover 1891. *Annales Hildesheimenses*, hg. von G. Waitz (MGH SS rer. Germ 8), Hannover 1878. *Annales Quedlinburgenses*, hg. von G. H. Pertz, in: MGH SS 3, Hannover 1839, S. 18–90. *Brun von Querfurt*, Epistola ad Henricum regem, hg. von J. Karwasinska, in: MPH N.S. 4.3, Warschau 1973, S. 85–106. *Brun von Querfurt*, Vita quinque fratrum eremitarum, hg. von J. Karwasinska, in: MPH N.S. 4.3, Warschau 1973, S. 1–41. *Brun von Querfurt*, Vita Sancti Adalberti. Redactio longior, hg. von J. Karwasinska, in: MPH N.S. 4.2,

Warschau 1969, S. 3–41. *Flodoard von Reims,* Annales, ed. P. Lauer, Paris 1905. *Flodoard von Reims,* Historia Remensis ecclesiae, hg. von M. Stratmann, Hannover 1998. *Gerbert von Reims,* Epistolae, hg. von F. Weigle (MGH Epp. DK 2), Berlin, Zürich, Dublin 1966. *Gerhard,* Vita Sancti Oudalrici Episcopi Augustani, hg. von G. Waitz, in: MGH SS 4, Hannover 1841, S. 377–419. *Hrotsvithae,* Opera, hg. von P. von Winterfeld (MGH SS rer. Germ. in usum scholarum [34]) Berolini, Turici 1965. *Liudprand von Cremona,* Liudprandi opera, hg. von J. Becker (MGH SS rer. Ger. 41), Hannover, Leipzig 1915. *Odilo von Cluny,* Epitaphium domine Adelheide auguste, hg. von H. Paulhart (MIÖG-Erg.-Bd. 20,2), Innsbruck 1962. *Regino von Prüm,* Chronicon cum continuatione Treverensi, hg. von F. Kurze (MGH SS rer. Germ. 50), Hannover 1890. *Ruotger,* Vita Brunonis archiepiscopi Coloniensis, hg. von I. Ott, Weimar 1951 (MGH SS rer. Ger., N.S., t. X). *Thangmar,* Vita Bernwardi episcopi Hildesheimensis, hg. von. G. H. Pertz, in: MGH SS 4, Hannover 1841, S. 754–782. *Thietmar von Merseburg,* Chronicon, hg. von R. Holtzmann (MGH SS rer. Germ., N.S., t. IX), Berlin 1935. *Vitae Mathildis reginae,* hg. von B. Schütte (MGH SS in usum scholarum 66), Hannover 1994. *Widukind von Corvey,* Rerum gestarum Saxonicarum libri tres, hg. von. P. Hirsch, H.-E. Lohmann (MGH SS rer. Ger. 60), Hannover 1935.

2. Urkunden und Regestenwerke

Diplomata regum et imperatorum Germaniae, t. I. Die Urkunden Konrads I., Heinrichs I., und Ottos I., hg. von T. Sickel, Hannover 1879–1884. Diplomata regum et imperatorum Germaniae, t. II, 1–2. Die Urkunden Ottos II. und Ottos III., hg. von T. Sickel Hannover 1888–1893. Diplomata regum et imperatorum Germaniae, t. III. Die Urkunden Heinrichs II. und Arduins, hg. von H. Bresslau, Hannover 1900–1903. *J. F. Böhmer, E. von Ottental, H. H. Kaminsky,* Regesta Imperii II, 1. Die Regesten des Kaiserreiches unter Heinrich I. und Otto I., Hildesheim 1967. *J. F. Böhmer, H. L. Mikoletzky,* Regesta Imperii II, 2. Die Regesten des Kaiserreichs unter Otto II., Köln 1950. *J. F. Böhmer, M. Uhlirz,* Regesta Imperii II, 3. Die Regesten des Kaiserreiches unter Otto III., Graz, Köln 1956. *J. F. Böhmer, T. Graff,* Regesta Imperii II, 4. Die Regesten des Kaiserreiches unter Heinrich II., Wien, Köln, Graz 1971. *J. F. Böhmer, H. Zimmermann,* Regesta Imperii II, 5. Papstregesten 911–1024, Wien, Köln, Graz 1969. *C. Lübke,* Regesten zur Geschichte der Slaven an Elbe und Oder (vom Jahr 900 an), 5 Bde., Berlin 1984–88.

3. Gedenkbücher und Necrologien

Liber memorialis von Remiremont, hg. v. *E. Hlawitschka, K. Schmid u. G. Tellenbach* (MGH Libri memorialis 1), Hannover 1970. *G. Althoff,* Das Necrolog von Borghorst. Edition und Untersuchung (Veröffentlichungen der Historischen Kommission für Westfalen 40), Münster 1978. *K. Schmid* (Hg.), Die Klostergemeinschaft von Fulda im früheren Mittelalter, 3 Bde. (Münstersche Mittelalter-Schriften 8, 1–3), München 1978. Das Verbrüderungsbuch der Abtei Reichenau, hg. von *J. Autenrieth, D. Geuenich u. K. Schmid* (MGH Libri memoriales et Necrologia NS 1), Hannover 1979. Die Totenbücher von Merseburg, Magdeburg und Lüneburg, hg. von *G. Althoff u. J. Wollasch* (MGH Libri memoriales et Necrologia NS 2), Hannover 1983. Der Liber Vitae der Abtei Corvey, hg. von *K. Schmid u. J. Wollasch,* Teil 1, Einleitung, Register, Faksimile, Teil 2, Studien (Veröffentlichungen der Historischen Kommission für Westfalen 40,2), Wiesbaden 1983/89. *M. Borgolte, D. Geuenich, K. Schmid* (Hgg.), Materialien und Untersuchungen zu den Verbrüderungsbüchern und zu den älteren Urkunden des Stiftsarchivs St. Gallen (Subsidia Sangallensia 1), St. Gallen 1986. *R. Rappmann, A. Zettler,* Die Reichenauer Mönchsgemeinschaft und ihr Totengedenken im frühen Mittelalter (Archäologie und Geschichte 5), Sigmaringen 1998.

4. Die wichtigsten Quellen in Übersetzung

Adalbert, Adalberts Fortsetzung der Chronik Reginos, in: Quellen zur Geschichte der sächsischen Kaiserzeit, übers. von A. Bauer, R. Rau (FSGA 8), Darmstadt 1971, S. 185–231. *Gerhard,* Das Leben des Heiligen Ulrich, Bischofs von Augsburg, in: Lebensbeschreibungen einiger Bischöfe des 10.-12. Jahrhunderts, übers. von H. Kallfelz (FSGA 22), Darmstadt 1973, S. 35–167. *Hrostvitha von Gandersheim,* Gedicht über Gandersheims Gründung und die Taten Kaiser Oddo I., übers. von T. Pfund, neu bearb. von W. Wattenbach (GdV 32), Leipzig 1941. *Die Jahrbücher von Quedlinburg,* übers. von E. Winkelmann (GdV 36), Leipzig 1891. *Liudprand von Cremona,* Werke, in: Quellen zur Geschichte der sächsischen Kaiserzeit, übers. von A. Bauer, R. Rau (FSGA 8), Darmstadt 1971, S. 233–589. *Ruotger,* Leben des heiligen Bruno, Erzbischofs von Köln, in: Lebensbeschreibungen einiger Bischöfe des 10.-12. Jahrhunderts, übers. von H. Kallfelz (FSGA 22), Darmstadt 1973, S. 169–261. *Thangmar,* Leben des heiligen Bernward, Bischofs von Hildesheim, in: Lebensbeschreibungen einiger Bischöfe des 10.-12. Jahrhunderts, übers. von H. Kallfelz (FSGA 22), Darmstadt 1973, S. 263–361. *Thietmar von Merseburg,* Chronik, übers. von W. Trillmich (FSGA 9), Darmstadt 1957. *Widukind von Corvey,* Die Sachsengeschichte des Widukind von Corvey, in: Quellen zur Geschichte der sächsischen Kaiserzeit, übers. von A. Bauer, R. Rau (FSGA 8), Darmstadt 1971, S. 1–183.

Literatur

Sammelbände

S 1   K. *Schmid* (Hg.), Reich und Kirche vor dem Investiturstreit. FS G. Tellenbach, Sigmaringen 1985.
S 2   *A. v. Euw, P. Schreiner.* (Hgg.), Kaiserin Theophanu. Begegnung des Ostens und Westens um die Wende des ersten Jahrtausends, 2 Bde., Köln 1991.
S 3   Il secolo di ferro. Mito e realta del secolo X (Settimane di studio del Centro Italiano di studi sull'Alto Medioevo 38), Spoleto 1991.
S 4   *A. Davids* (Hg.), The empress Theophano. Byzantium and the West at the Turn of the Millennium, Cambridge 1995.
S 5   *B. Schneidmüller, S. Weinfurter* (Hgg.), Otto III. – Heinrich II. Eine Wende?, Sigmaringen 1997.
S 6   *G. Althoff, E. Schubert* (Hgg.), Herrschaftsrepräsentation im ottonischen Sachsen, Sigmaringen 1998.

Übergreifende Darstellungen

L. Bornscheuer, Miseriae regum. Untersuchungen zum Krisen- und Todesgedanken in den herrschaftstheologischen Vorstellungen der ottonisch-salischen Zeit, Berlin 1968. *E. Hlawitschka* (Hg.), Königswahl und Thronfolge in ottonisch-frühdeutscher Zeit, Darmstadt 1971. *H. Ludat*, An Elbe und Oder um das Jahr 1000. Skizzen zur Politik des Ottonenreiches und der slavischen Mächte in Mitteleuropa, Köln, Wien 1971. *W. Störmer*, Früher Adel. Studien zur politischen Führungsschicht im fränkisch-deutschen Reich vom 8. bis 11. Jahrhundert, 2 Bde., Stuttgart 1973. *H. Wolfram*, Lateinische Herrscher- und Fürstentitel im neunten und zehnten Jahrhundert, Wien, Köln, Graz 1973. *K. J. Leyser*, Rule and Conflict in an Early Medieval Society. Ottonian Saxony, London 1979; dt.: Herrschaft und Konflikt. König und Adel im ottonischen Sachsen, Göttingen 1984. *J.-P. Poly, E. Bournazel*, La mutation féodale, X^e-XIIe siècle, Paris 1980. *H. Keller*, Reichsstruktur und Herrschaftsauffassung in ottonisch-frühsalischer Zeit, in: FMSt 16 (1982), S.74-128. *K. J. Leyser*, Medieval Germany and its neighbours (900-1250), London 1982. *R. Pauler*, Das Regnum Italiae in ottonischer Zeit. Markgrafen, Grafen und Bischöfe als politische Kräfte, Tübingen 1982. *G. Rösch*, Venedig und das Reich. Handels- und verkehrspolitische Beziehungen in der deutschen Kaiserzeit, Tübingen 1982. *G. Althoff*, Adels- und Königsfamilien im Spiegel ihrer Memorialüberlieferung. Studien zum Totengedenken der Billunger und Ottonen, München 1984. *A. Angenendt*, Kaiserherrschaft und Königstaufe, Berlin, New York 1984. *H. Fichtenau*, Lebensordnungen des 10. Jahrhunderts.

Studien über Denkart und Existenz im einstigen Karolingerreich, Stuttgart 1984. *K. F. Werner*, Vom Frankenreich zur Entfaltung Deutschlands und Frankreichs. Ursprünge, Strukturen, Beziehungen, Sigmaringen 1984. *G. Althoff, H. Keller*, Heinrich I. und Otto der Große. Neubeginn auf karolingischem Erbe, Göttingen, Zürich 1985. *H. Hoffmann*, Buchkunst und Königtum im ottonischen und frühsalischen Reich, 2 Bde., Stuttgart 1986. *H. Beumann*, Die Ottonen, Stuttgart, Berlin, Köln 1987. *A. Krah*, Absetzungsverfahren als Spiegelbild von Königsmacht. Untersuchungen zum Kräfteverhältnis zwischen Königtum und Adel im Karolingerreich und seinen Nachfolgestaaten, Aalen 1987. *I. Voss*, Herrschertreffen im frühen und hohen Mittelalter, Köln, Wien 1987. *E. S. Duckett*, Death and Life in the Tenth Century, Michigan 1988. *G. Tellenbach*, Die westliche Kirche vom 10. bis zum frühen 12. Jahrhundert, Göttingen 1988. *H. Wolter*, Die Synoden im Reichsgebiet und in Reichsitalien von 916-1056, Paderborn, München, Wien, Zürich 1988. *W. Glocker*, Die Verwandten der Ottonen und ihre Bedeutung in der Politik. Studien zur Familienpolitik und zur Genealogie des sächsischen Kaiserhauses, Köln, Wien 1989. *G. Althoff*, Verwandte, Freunde und Getreue. Zum politischen Stellenwert der Gruppenbindungen im früheren Mittelalter, Darmstadt 1990. *C. Brühl*, Deutschland – Frankreich. Die Geburt zweier Völker, Köln, Wien 1990. *E. Schubert*, Stätten sächsischer Kaiser, Leipzig, Jena, Berlin 1990. *J. Fried*, Die Formierung Europas (840-1046), München 1991. *H. Mayr-Harting*, Ottonian Book Illumination. An Historical Study, London 1991; dt.: Ottonische Buchmalerei. Liturgische Kunst im Reich der Kaiser, Bischöfe und Äbte, Stuttgart, Zürich 1991. *M. Parisse*, Die Frauenstifte und Frauenklöster in Sachsen vom 10. bis zur Mitte des 12. Jahrhunderts, in: S. Weinfurter (Hg.), Die Salier und das Reich, Bd 2. Die Reichskirche in der Salierzeit, Sigmaringen 1991, S.465-501. *T. Reuter*, Germany in the early Middle Ages, c. 800-1056, London 1991. *H. K. Schulze*, Hegemoniales Kaisertum. Ottonen und Salier, Berlin 1991. *U. Swinarski*, Herrschen mit den Heiligen. Kirchenbesuche, Pilgerfahrten und Heiligenverehrung früh- und hochmittelalterlicher Herrscher (ca. 500-1200), Berlin, Bern 1991. *S. Weinfurter*, Idee und Funktion des Sakralkönigtums bei den ottonischen und salischen Herrschern (10. bis 11. Jahrhundert), in: R. Gundlach, H. Weber (Hgg.), Legitimation und Funktion des Herrschers. Vom ägyptischen Pharao zum neuzeitlichen Diktator, Stuttgart 1992, S.99-127. *J. W. Bernhardt*, Itinerant kingship and royal monasteries in early medieval Germany c. 936-1075, Cambridge 1993. *E. Boshof*, Königtum und Königsherrschaft im 10. und 11. Jahrhundert, München 1993. *P. Aufgebauer*, Der tote König. Grablegen und Bestattungen mittelalterlicher Herrscher (10.-12. Jahrhundert), in: GWU 45 (1994), S.680-693. *J. Ehlers*, Die Entstehung des deutschen Reiches, München 1994. *J. Fried*, Der Weg in die Geschichte. Deutschlands Ursprünge bis 1024, Berlin 1994. *K. J. Leyser*, Communications and power in medieval Europe, V. II. The Carolingian and Ottonian centuries, London 1994. *M. Becher*, Rex, Dux und Gens. Untersuchungen zur Entstehung des sächsischen Herzogtums im 9. und 10. Jahrhundert, Husum 1996. *G. Althoff*, Spielregeln der Politik im Mittelalter. Kommunikation in Frieden und Fehde, Darmstadt 1997. *C. Brühl, B. Schneidmüller* (Hgg.), Beiträge zur mittelalterlichen Reichs- und Nationsbildung in Deutschland und Frankreich, München 1997. *E. Schubert*, Geschichte Niedersachsens. Politik, Verfassung, Wirtschaft vom 9. bis zum ausgehenden 15. Jahrhundert, Hildesheim 1997.

I. Der Aufstieg der Liudolfinger

1. Aspekte der Vorgeschichte

H.-W. Goetz, ‚Dux' und ‚Ducatus'. Begriffs- und verfassungsgeschichtliche Untersuchungen zur Entstehung des sogenannten ‚Jüngeren' Stammesherzogtums an der Wende vom 9. zum 10. Jahrhundert, Bochum 1977. *K. F. Werner*, Les duches ‚nationaux' d'Allemagne au IXe et au Xe siècle, in: Les principautés au Moyen Âge, Bordeaux 1979, S.29-46. *F. J. Felten*, Äbte und Laienäbte im Frankenreich. Studie zum Verhältnis von Staat und Kirche im frühen Mittelalter, Stuttgart 1980. *J. Jarnut*, Gedanken zur Entstehung des mittelalterlichen deutschen Reiches, in: GWU 32 (1981), S.99-114. *K. F. Werner*, La genèse des duches en France et en Allemagne, in: Nascita dell'Europa ed Europa Carolingia, Spoleto 1981, S.175-207. *H. Beumann*, Die Hagiographie ‚bewältigt'. Unterwerfung und Christianisierung der Sachsen durch Karl den Großen, in: Christianizzazione ed organizzazione ecclesiastica delle campagne nell'alto medioevo. Espansione e resistenze, V. I, Spoleto 1982, S.129-163. *E. Boshof*, Königtum und adlige Herrschaftsbildung am Niederrhein im 9. und 10. Jahrhundert, in: K. Flink, W. Janssen (Hgg.), Königtum und Reichsgewalt am Niederrhein, Kleve 1983, S.9-41. *J. Fried*, König Ludwig der Jüngere in seiner Zeit, in: Geschichtsbll. f. d. Kreis Bergstraße 16 (1983), S.5-27. *M. Borgolte*, Geschichte der Grafschaften Alemanniens in fränkischer Zeit, Sigmaringen 1984. *A. Heit* (Hg.), Zwischen Gallia und Germania, Frankreich und Deutschland, Trier 1984. *H. Beumann*, Sachsen und Franken im werdenden Regnum Teutonicum, in: Angli e Sassoni al di qua e al di là del mare, Spoleto 1986, S.887-912. *M. Borgolte*, Die Grafen Alemanniens in merowingischer und karolingischer Zeit. Eine Prosopographie, Sigmaringen 1986. *H.-W. Goetz*, Regnum. Zum politischen Denken in der Karolingerzeit, in: ZSavRG GA 104 (1987), S.110-189. *J. Ehlers*, Schriftkultur, Ethnogenese und Nationsbildung in ottonischer Zeit, in: FMSt

23 (1989), S.302-317. *J. Semmler*, Francia Saxoniaque oder Die ostfränkische Reichsteilung von 865/76 und die Folgen, in: DA 46 (1990), S.337-374. *R. Schieffer*, Die Karolinger, Stuttgart, Berlin, Köln 1992. *H. H. Anton*, Synoden, Teilreichsepiskopat und die Herausbildung Lothringens, in: G. Jenal (Hg.), Herrschaft, Kirche, Kultur. FS F. Prinz, Stuttgart 1993, S.257-273. *R. Schieffer*, Karl III. und Arnolf, in: K. R. Schnith, R. Pauler (Hgg.), FS E. Hlawitschka, Kallmünz 1993, S.133-149. *K. F. Werner*, Von den Regna des Frankenreiches zu den ‚deutschen Landen', in: Zeitschrift für Literaturwissenschaft und Linguistik 24 (1994), S.69-81. *J. Ehlers*, Das früh- und hochmittelalterliche Sachsen als historische Landschaft, in: J. Dahlhaus, A. Kohnle (Hgg.), Papstgeschichte und Landesgeschichte. FS H. Jakobs, Köln 1995, S.17-36. *M. Springer*, Fragen zur Entstehung des mittelalterlichen deutschen Reiches, in: ZGW 43/5 (1995), S.405-420. *T. Capelle*, Die Sachsen des frühen Mittelalters, Darmstadt 1998. *R. Svetina*, Zur Bedeutung Karantaniens für die Politik der ostfränkischen Karolinger Arnulf ‚von Kärnten' und Karlmann, in: Carinthia 188 (1998), S.157-183.

2. Die Vorfahren der Ottonen im ostfränkischen Reich

F. Geldner, Neue Beiträge zur Geschichte der ‚alten Babenberger', Bamberg 1971. *E. Hlawitschka*, Zur Herkunft der Liudolfinger und zu einigen Corveyer Geschichtsquellen, in: RhVjBll 38 (1974), S.92-165. *G. Althoff*, Unerkannte Zeugnisse vom Totengedenken der Liudolfinger, in: DA 32 (1976), S.370-404. *H. W. Goetz*, Der letzte ‚Karolinger'? Die Regierung Konrads I., in: AfD 26 (1980), S.56-125. *H. Fuhrmann*, Die Synode von Hohenaltheim (916), in: DA 43 (1987), S.440-468. *D. C. Jackman*, The Konradiner. A study in genealogical methodology, Frankfurt 1990. *G. Althoff*, Gandersheim und Quedlinburg. Ottonische Frauenklöster als Herrschafts- und Überlieferungszentren, in: FMSt 25 (1991), S.123-144. *R. Hiestand*, Preßburg 907. Eine Wende in der Geschichte des ostfränkischen Reiches?, in: ZBLG 57 (1994), S.1-20. *J.-P. Poly, C. Settipani*, Les Conradiens. Un débat toujours ouvert, in: Francia 23 (1996), S.135-166.

II. Heinrich I.

1. Der Übergang der Königswürde auf die Sachsen

H. Lippelt, Thietmar von Merseburg. Reichsbischof und Chronist, Köln, Wien 1973. *M. Rentschler*, Liudprand von Cremona. Eine Studie zum ost-westlichen Kulturgefälle im Mittelalter, Frankfurt a. M. 1981. *E. Karpf*, Von Widukinds Sachsengeschichte zu Thietmars Chronicon.

Zu den literarischen Folgen des politischen Aufschwungs im ottonischen Sachsen, in: Settimane di studio del centro italiano di studi sull'alto medioevo 32,2, Spoleto 1986, S.547-584. G. *Althoff*, ‚Causa scribendi' und Darstellungsabsicht. Die Lebensbeschreibungen der Königin Mathilde und andere Beispiele, in: M. Borgolte, H. Spilling (Hgg.), Litterae Medii Aevi. FS J. Autenrieth, Sigmaringen 1988, S.117-133. *I. N. Sutherland*, Liudprand of Cremona. Bishop, diplomat, historian, Spoleto 1988. *O. Engels*, Ruotgers Vita Brunonis, in: S 2, Bd. 1, S.33-46. *P. C. Jacobsen*, Formen und Strukturen der lateinischen Literatur der Ottonischen Zeit, in: S 3, Bd. 2, S.917-946. *H. Vollrath*, Oral Modes of Perception in Eleventh-Century Chronicles, in: A. N. Doane, C. B. Pasternack (Hgg.), Vox intexta. Orality and Textuality in the Middle Ages, Madison 1991, S.102-111. *G. Althoff*, Widukind von Corvey. Kronzeuge und Herausforderung, in: FMSt 27 (1993), S.253-272. *G. Althoff*, Verformung durch mündliche Tradition. Geschichten über Erzbischof Hatto von Mainz, in: H. Keller, N. Staubach (Hgg.), Iconologia Sacra. Mythos, Bildkunst und Dichtung in der Religions- und Sozialgeschichte Alteuropas. FS K. Hauck, Berlin 1994, S.438-450. *H. Keller*, Machabaeorum pugnae. Zum Stellenwert eines biblischen Vorbildes in Widukinds Deutung der ottonischen Königsherrschaft, in: H. Keller, N. Staubach (Hgg.), Iconologia Sacra. Mythos, Bildkunst und Dichtung in der Religions- und Sozialgeschichte Alteuropas. FS K. Hauck, Berlin 1994, S.417-437. *B. Schütte*, Untersuchungen zu den Lebensbeschreibungen der Königin Mathilde, Hannover 1994. *P. Buc*, Italian hussies and German matrons. Liutprand of Cremona on dynastic legitimacy, in: FMSt 29 (1995), S.207-225. *J. Fried*, Die Königserhebung Heinrichs I. Erinnerung, Mündlichkeit und Traditionsbildung im 10. Jahrhundert, in: M. Borgolte (Hg.), Mittelalterforschung nach der Wende 1989, München 1995, S.267-318. *P. Buc*, Writing Ottonian hegemony. Good rituals and bad rituals in Liutprand of Cremona, in: Majestas 4 (1996), S.3-38. *W. Goez*, Gestalten des Hochmittelalters, Darmstadt 1998.

2. Akzente eines Neubeginns

K.-U. Jäschke, Burgenbau und Landesverteidigung um 900. Überlegungen zu Beispielen aus Deutschland, Frankreich und England, Sigmaringen 1975. *W. Schlesinger*, Die Königserhebung Heinrichs I., der Beginn der deutschen Geschichte und die deutsche Geschichtswissenschaft, in: HZ 221 (1975), S.529-552. *K. J. Leyser*, Die Ottonen und Wessex, in: FMSt 17 (1983), S.73-97. *J. Fleckenstein*, Zum Problem der agrarii milites bei Widukind von Corvey, in: D. Brosius (Hg.), Beiträge zur niedersächsischen Landesgeschichte. FS H. Patze, Hildesheim 1984, S.26-41. *E. Karpf*, Königserhebung ohne Salbung. Zur politischen Bedeutung von Heinrichs I. ungewöhnlichem Verzicht in Fritzlar, in: HJbLG 34 (1984), S.1-24. *K. Schmid*, Unerforschte Quellen aus quellenarmer Zeit. Zur amicitia zwischen Heinrich I. und dem westfränkischen König Robert im Jahre 923, in: Francia 12 (1984), S.119-147. *E. Hlawitschka*, Kontroverses aus dem Umfeld von König Heinrichs I. Gemahlin Mathilde, in: E. D. Hehl, H. Seibert (Hgg.), Deus qui mutat tempora. Menschen und Institutionen im Wandel des Mittelalters. FS A. Becker, Sigmaringen 1987, S.33-54. *G. Althoff*, Amicitiae und pacta. Bündnis, Einung, Politik und Gebetsgedenken im beginnenden 10. Jahrhundert, Hannover 1992. *G. Wolf*, König Heinrichs I. Romzugplan 935/936, in: ZfKG 103 (1992), S.33-45. *W. Giese*, Ensis sine capulo. Der ungesalbte König Heinrich I. und die am ihm geübte Kritik, in: K. R. Schnith, R. Pauler (Hgg.), FS E. Hlawitschka, Kallmünz 1993, S.151-164. *M. Springer*, Agrarii milites, in: NdJbLG 66 (1994), S.129-166. *G. Wolf*, Nochmals zur benedictio Ottonis in regem. 927 oder 929?, in: AfD 40 (1994), S.79-84. *W. Georgi*, Bischof Keonwald von Worcester und die Heirat Ottos I. mit Edgitha im Jahre 929, in: HJb 115 (1995), S.1-40. *R. E. Barth*, Lotharingien 10.-12. Jahrhundert. Gelenkte Teilung oder innere Aufspaltung?, Frankfurt a. M. 1996. *T. Bauer*, Lotharingien als historischer Raum. Raumbildung und Raumbewußtsein im Mittelalter, Köln, Weimar, Wien 1997. *J. Ehlers*, Heinrich I. in Quedlinburg, in: S 6, S.235-266. *F.-R. Erkens*, Der Herrscher als gotes drút. Zur Sakralität des ungesalbten Königs, in: HJb 118 (1998), S.1-39.

III. Otto der Große

1. Die Anfänge – Der Bruch des Konsenses

K. Schmid, Die Thronfolge Ottos des Großen, in: ZSavRG GA 81 (1964), S.80-163. *G. Althoff*, Zur Frage nach der Organisation sächsischer coniurationes in der Ottonenzeit, in: FMSt 16 (1982), S.129-142. *T. Zotz*, Königspfalz und Herrschaftspraxis im 10. und frühen 11. Jahrhundert, in: BllfdtLG 120 (1984), S.19-46. *K. Schmid*, Das Problem der ‚Unteilbarkeit des Reiches', in: S 1, S.1-15. *B. Schneidmüller*, Regnum und Ducatus. Identität und Integration in der lothringischen Geschichte, in: RhVjBll 51 (1987), S.81-114. *W. Störmer*, Zum Wandel der Herrschaftsverhältnisse und inneren Strukturen Bayerns im 10. Jahrhundert, in: F. Seibt (Hg.), Gesellschaftsgeschichte. FS K. Bosl, Bd.2, München 1988, S.267-285. *R. E. Barth*, Herzog in Lotharingien im 10. Jahrhundert, Sigmaringen 1990. *J. Laudage*, Hausrecht und Thronfolge. Überlegungen zur Königserhebung Ottos des Großen und zu den Aufständen Thankmars, Heinrichs und Liudolfs, in: HJb 112 (1992), S.23-71. *H. Hoffmann*, Ottonische Fragen, in: DA 51 (1995), S. 53-82. *H. Keller*, Widukinds Bericht über die Aachener Wahl und

Krönung Ottos I., in: FMSt 29 (1995), S.390-453. *H. Keller*, Die Idee der Gerechtigkeit und die Praxis königlicher Rechtswahrung im Reich der Ottonen, in: La giustizia nell'alto medioevo II, Spoleto 1997, S.91-128. *F.-R. Erkens*, Einheit und Unteilbarkeit. Bemerkungen zu einem vielerörterten Problem der frühmittelalterlichen Geschichte, in: AKG 80 (1998), S.269-295.

2. Ein Jahrzehnt der Konsolidierung

H. Fuhrmann, Die ‚heilige und Generalsynode' des Jahres 948, in: J. Autenrieth (Hg.), Ingelheim am Rhein. Forschungen und Studien zur Geschichte Ingelheims, Stuttgart 1964, S.159-164; wieder in: H. Zimmermann (Hg.), Otto der Große, Darmstadt 1976, S.46-55. *B. Schneidmüller*, Französische Lothringenpolitik im 10. Jahrhundert, in: JbWdtLG 5 (1979), S.1-31. *B. Schneidmüller*, Karolingische Tradition und frühes französisches Königtum. Untersuchungen zur Herrschaftslegitimation der westfränkisch-französischen Monarchie im 10. Jahrhundert, Wiesbaden 1979. *K. J. Leyser*, Ottonian Government, in: EHR 96 (1981), S.721-753. *B. Schneidmüller*, Französisches Sonderbewußtsein in der politisch-geographischen Terminologie des 10. Jahrhunderts, in: Beiträge zur Bildung der französischen Nation in Früh- und Hochmittelalter, Sigmaringen 1983, S.49-91. *J. Ehlers*, Die Anfänge der französischen Geschichte, in: HZ 240 (1985), S.1-44. *T. Zotz*, Grundlagen und Zentren der Königsherrschaft im deutschen Südwesten in karolingischer und ottonischer Zeit, in: Archäologie und Geschichte des ersten Jahrtausends in Südwestdeutschland, Sigmaringen 1990, S.275-293. *W. Huschner*, Kirchenfest und Herrschaftspraxis. Die Regierungszeiten der ersten beiden Kaiser aus liudolfingischem Hause. Teil 1. Otto I. (936-973), in: ZGW 41 (1993), S.24-55. *R. Le Jan*, Entre Carolingiens et Ottoniens. Le voyages de la reine Gerberge, in: O. Redon, B. Rosenberger (Hgg.), Les Assises de pouvoir. Temps médiévaux, territoires africains. Pour J. Devisse, Saint-Denis 1994, S.163-173. *P. Schwenk*, Brun von Köln (925-965). Sein Leben, sein Werk und seine Bedeutung, Espelkamp 1995.

3. Vom Liudolf-Aufstand zum Triumph auf dem Lechfeld

F.-R. Erkens, Fürstliche Opposition in ottonisch-salischer Zeit. Überlegungen zum Problem der Krise des frühmittelalterlichen deutschen Reiches, in: AKG 64 (1982), S.307-370. *K. J. Leyser*, The Battle at the Lech, in: K. J. Leyser, Medieval Germany and its Neighbours (900-1250), London 1982, S.43-67. *H. Ludat*, Böhmen und die Anfänge Ottos I., in: H. Ludat (Hg.), Politik, Gesellschaft, Geschichtsschreibung. FS F. Graus, Köln 1982, S. 131-164. *M. Kantor*, The origins of christianity in Bohemia. Sources and commentary, Evanston 1990. *M. Weitlauff* (Hg.), Bischof Ulrich von Augsburg (890 – 973). Seine Zeit – sein Leben – seine Verehrung, Weißenhorn 1993. *F. Boshof,* Mainz, Böhmen und das Reich im Früh- und Hochmittelalter, in: AMRHKG 50 (1998); S.11-40.

4. Die Erneuerung des Kaisertums

D. Claude, Geschichte des Erzbistums Magdeburg bis in das 12. Jahrhundert, Köln, Wien 1975. *A. Drabek,* Die Verträge der fränkischen und deutschen Herrscher mit dem Papsttum von 754 bis 1020, Wien, Köln, Graz 1976. *H. Beumann,* Imperator Romanorum, rex gentium. Zu Widukind III, 76, in: N. Kamp, J. Wollasch (Hgg.), Tradition als historische Kraft. Interdisziplinäre Forschungen zur Geschichte des frühen Mittelalters, Berlin, New York 1982, S.214-230. *G. Tellenbach,* Zur Geschichte der Päpste im 10. und frühen 11. Jahrhundert, in: L. Fenske, W. Rösener, T. Zotz (Hgg.), Institutionen, Kultur und Gesellschaft im Mittelalter. FS Fleckenstein, Sigmaringen 1984, S.165-177. *A. Carr,* Otto I and the church of S. Mauricius at Magdeburg. A Survey of the evidence of the charters, Cambridge 1986. *S. K. Langenbahn,* Adalbert von Trier. ‚Für die Russen ordinierter Bischof', in: Kurtrierisches Jahrbuch 29 (1989), S.49-64. *D. A. Warner,* The cult of Saint Maurice. Ritual politics and political symbolism in Ottonian Germany, Los Angeles 1989. *G. Ortalli,* Petrus I. Orseolo und seine Zeit, Sigmaringen 1990. *W. Georgi,* Ottonianum und Heiratsurkunde 962/972, in: S 2, Bd. 2, S.135-160. *E. D. Hehl,* Der wohlberatene Papst. Die römische Synode Johannes XII. vom Februar 964, in: K. Herbers, H.-H. Kortüm, C. Servatius (Hgg.), Ex ipsis rerum documentis. FS H. Zimmermann, Sigmaringen 1991, S.257-275. *W. Giese,* Venedig-Politik und Imperiums-Idee bei den Ottonen, in: G. Jenal (Hg.), Herrschaft, Kirche, Kultur. FS F. Prinz, Stuttgart 1993, S.219-243. *E. D. Hehl,* Der widerspenstige Bischof. Bischöfliche Zustimmung und bischöflicher Protest in der ottonischen Reichskirche, in: S 6, S.295-344.

5. Zwischen Rom und Magdeburg. Die letzten Jahre

O. Engels, Die Gründung der Kirchenprovinz Magdeburg und die Ravennater Synode von 968, in: AHC 7 (1975), S.136-158. *E. Boshof,* Köln, Mainz, Trier. Die Auseinandersetzung um die Spitzenstellung im deutschen Episkopat in ottonisch-salischer Zeit, in: Jahrbuch des Kölnischen Geschichtsvereins 49 (1978), S.19-48. *G. Althoff,* Das Bett des Königs in Magdeburg. Zu Thietmar II, 28, in: H. Maurer, H. Patze (Hgg.), FS B. Schwineköper, Sigmaringen 1982, S.141-153. *H. Beumann,* Das Rationale der Bischöfe von Halberstadt und seine Folgen, in: H. Rothe, R. Schmidt, D. Stellmacher (Hgg.), FS R. Oelsch, Köln, Wien 1990, S.39-70. *H. Beumann,* Entschädigungen von Halberstadt und Mainz bei der Gründung des Erzbistums Magdeburg, in: K. Herbers, H.-H. Kortüm, C. Servatius (Hgg.), Ex ipsis rerum documentis.

FS H. Zimmermann, Sigmaringen 1991, S.383-398. *D. Kurze*, Christianisierung und Kirchenorganisation zwischen Elbe und Oder, in: Wichmann-Jahrbuch 30/31 (1990/91), S.11-30. *G. Althoff*, Die Beurteilung der mittelalterlichen Ostpolitik als Paradigma für zeitgebundene Geschichtsbewertung, in: G. Althoff (Hg.), Die Deutschen und ihr Mittelalter, Darmstadt 1992, S.147-167. *H. Beumann*, Magdeburg und die Ostpolitik der Ottonen, in: H. Rothe (Hg.), Die historische Wirkung der östlichen Regionen des Reiches, Köln 1992, S.9-30. *J. Fleckenstein*, Pfalz und Stift Quedlinburg. Zum Problem ihrer Zuordnung unter den Ottonen, in: Nachrichten der Akademie der Wissenschaften in Göttingen I/2 (1992), S.3-21. *H. Mayr-Harting*, The church of Magdeburg. Its trade and town in the tenth and early eleventh centuries, in: D. Abulafia, M. Franklin, M. Rubin (Hgg.), Church and city 1000-1500. Essays in honour of C. Brooke, New York 1992, S.129-150. *S. Scholz*, Transmigration und Translation. Studien zum Bistumswechsel der Bischöfe von der Spätantike bis zum hohen Mittelalter, Köln 1992. *J. Laudage*, Liudolfingisches Hausbewußtsein. Zu den Hintergründen eines Kölner Hoftages von 965, in: H. Vollrath, S. Weinfurter (Hgg.), Köln. Stadt und Bistum in Kirche und Reich des Mittelalters. FS O. Engels, Köln 1993, S.23-59. *H.-W. Goetz*, Das Herzogtum der Billunger – ein sächsischer Sonderweg?, in: NdJbLG 66 (1994), S.167-197. *G. May*, Der Erzbischof von Mainz als Primas, in: Archiv für katholisches Kirchenrecht 164 (1995), S.76-122. *E. Thiele*, Klosterimmunität, Wahlbestimmungen und Stiftervogteien im Umkreis des ottonischen Königtums, in: BllfdtLG 131 (1995), S.1-50. *U. Reuling*, Quedlinburg. Königspfalz – Reichsstift – Markt, in: L. Fenske (Hg.), Deutsche Königspfalzen. Beiträge zu ihrer historischen und archäologischen Erforschung, Bd. 4, Göttingen 1996, S.184-247. *E. D. Hehl*, Merseburg. Eine Bistumsgründung unter Vorbehalt, in: FMSt 31 (1997), S.96-119. *G. Althoff*, Magdeburg – Halberstadt – Merseburg. Bischöfliche Repräsentation und Interessenvertretung im ottonischen Sachsen, in: S 6, S.267-293. *O. Engels*, Metropolit oder Erzbischof? Zur Rivalität der Erzstühle von Köln, Mainz und Trier bis zur Mitte des 11. Jahrhunderts, in: L. Honnefelder, N. Trippen, A. Wolff (Hgg.), Dombau und Theologie im mittelalterlichen Köln, Köln 1998, S.267-294. *W. Georgi*, Zur Präsenz und Tätigkeit der Bischöfe der Magdeburger Kirchenprovinz im slawischen Siedlungsgebiet (10. bis Mitte 12. Jahrhundert), in: C. Lübke (Hg.), Struktur und Wandel im Früh- und Hochmittelalter. Eine Bestandsaufnahme aktueller Forschungen zur Germania Slavica, Stuttgart 1998, S.257-271. *J. Simon*, Rom und die Kirche im deutschen Reich des 10. Jahrhunderts, in: D. R. Bauer (Hgg.), Mönchtum – Kirche – Herrschaft 750-1000. FS J. Semmler, Sigmaringen 1998, S.171-186.

IV. Otto II.

1. Otto II. – des großen Vaters glückloser Sohn?

W. Ohnsorge, Die Heirat Kaiser Ottos II. mit der Byzantinerin Theophanu (972), in: Braunschweigisches Jahrbuch. 54 (1973), S.24-60. J. Knebel, Bemerkungen zur politischen und sozialökonomischen Stellung der Lutizer und Milzener zur Zeit des Lutizenaufstandes im Jahre 983, in: ZfA 18 (1984), S.183-188. M. Last, Vom Lutizenaufstand zum deutsch-liutizischen Bündnis, in: ZfA 18 (1984), S.163-182. G. Billig, Der Slawenaufstand von 983 im Spiegel des Burgenbildes und der urkundlichen Überlieferung, in: Letopis 32 (1985), S.122-138. L. Weinrich, Der Slawenaufstand von 983 in der Darstellung des Bischofs Thietmar von Merseburg, in: D. Berg, H.-W. Goetz (Hgg.), Historiographia Medievalis. Studien zur Geschichtsschreibung und Quellenkunde des Mittelalters. FS F.-J. Schmale, Darmstadt 1988, S.77-87. J. Herrmann, Die Slawen in der Frühgeschichte des deutschen Volkes. Historische Realitäten und Defizite im Geschichtsbewußtsein, Braunschweig 1989. E. Schubert, Magdeburg statt Memleben?, in: Institut für Denkmalpflege der Deutschen Demokratischen Republik (Hg.), Bau- und Bildkunst im Spiegel internationaler Forschung. FS für E. Lehmann, Berlin 1989, S.35-40. N. Gussone, Trauung und Krönung. Zur Hochzeit der byzantinischen Prinzessin Theophanu mit Kaiser Otto II., in: S 2, Bd. 2, S. 161-173. T. Reuter, Otto II. and the Historians, in: History Today 41 (1991), S.21-27. J. Fried, Kaiserin Theophanu und das Reich, in: H. Vollrath, S. Weinfurter (Hgg.), Köln. Stadt und Bistum in Kirche und Reich des Mittelalters. FS O. Engels, Köln 1993, S.139-185. W. Huschner, Kirchenfest und Herrschaftspraxis. Die Regierungszeiten der ersten beiden Kaiser aus liudolfingischem Hause. Teil 2: Otto II. (973-983), in: ZGW 41 (1993), S.117-134. J. Ehlers, Otto II. und das Kloster Memleben, in: SaAn 18 (1994), S.51-82. G. Labuda, Zur Gliederung der Slawenstämme in der Mark Brandenburg (10.-12. Jh.) in: Jahrbuch für die Geschichte Mittel- und Ostdeutschlands 42 (1994), S.103-139. D. Alvermann, La battaglia di Ottone II contro i Saraceni nel 982, in: Archivo storico per la Calabria e la Lucania 62 (1995), S.115-130. D. Alvermann, Königsherrschaft und Reichsintegration. Eine Untersuchung zur politischen Struktur von regna und imperium zur Zeit Kaiser Ottos II. (973-983), Berlin 1998. Z. Hlediková, Prag zwischen Mainz und Rom. Beziehungen des Bistums zu seiner Metropole und zum Papsttum, in: AMRHKG 50 (1998), S.71-88.

V. Otto III.

1. Die Krise der Nachfolge und die Zeit der Vormundschaft

C. *Warnke*, Ursachen und Voraussetzungen der Schenkung Polens an den Heiligen Petrus, in: K.-D. Grothusen, K. Zernack (Hgg.), Europa Slavica – Europa Orientalis. FS H. Ludat, Berlin 1980, S.127-177. P. *Corbet*, Les saints ottoniens. Sainteté dynastique, sainteté royale et sainteté feminine autour de l'an mil, Sigmaringen 1986. T. *Kölzer*, Das Königtum Minderjähriger im fränkisch-deutschen Mittelalter. Eine Skizze, in: HZ 251 (1990), S.291-324. G. *Althoff*, Vormundschaft, Erzieher, Lehrer. Einflüsse auf Otto III., in: S 2, Bd. 2, S.277-289. F. R. *Erkens*, Die Frau als Herrscherin in ottonisch-frühsalischer Zeit, in: S 2, Bd. 2, S.245-259. J. *Fried*, Theophanu und die Slawen. Bemerkungen zur Ostpolitik der Kaiserin, in: S 2, Bd. 2, 1991, S.361-370. J. *Laudage*, Das Problem der Vormundschaft über Otto III., in: S 2, Bd. 2, S.261-275. B. *Schneidmüller*, Ottonische Familienpolitik und französische Nationsbildung im Zeitalter der Theophanu, in: S 2, Bd. 2, S.345-359. N. *Staubach*, Die Rezeption des Griechischen als Element spätkarolingisch-frühottonischer Hofkultur, in: S 2, Bd 1, S.343-367. G. *Wolf* (Hg.), Kaiserin Theophanu. Prinzessin aus der Fremde – des Westreichs große Kaiserin, Köln, Weimar, Wien 1991. R. *Folz*, Les saintes reines du moyen âge en Occident, Brüssel 1992. P. *Hilsch*, Zur Rolle von Herrscherinnen. Emma Regina in Frankreich und Böhmen, in: W. Eberhard, H. Lemberg, H.-D. Heimann, R. Luft (Hgg.), Westmitteleuropa – Ostmitteleuropa. FS Seibt, München 1992, S.81-89. O. *Engels*, Theophanu – die westliche Kaiserin aus dem Osten, in: O. Engels, P. Schreiner (Hgg.), Die Begegnung des Westens mit dem Osten, Sigmaringen 1993, S.13-36. F.-R. *Erkens*, ... more Grecorum conregnantem instituere vultis? Zur Legitimation der Regentschaft Heinrichs des Zänkers im Thronstreit von 984, in: FMSt 27 (1993), S.273-289. W. *Davies* (Hg.), Theophanu and her times, Cambridge 1994. K. J. *Leyser*, Theophanu divina gratia imperatrix augusta. Western and eastern emperorship in the later tenth century, in: S 4, S.1-27. R. *McKitterick*, Ottonian intellectual culture in the tenth century and the role of Theophano, in: S 4, S.169-193. E. *Eickhoff*, Theophanu und der König. Otto III. und seine Welt, Stuttgart 1996.

2. Die ersten Jahre der selbständigen Herrschaft

H. *Beumann*, Otto III., in: H. Beumann (Hg.), Kaisergestalten des Mittelalters, München 1984, S.73-97. H. *Hoffmann*, Eigendiktat in den Urkunden Ottos III. und Heinrichs II., in: DA 44 (1988), S.390-423. G. B. *Ladner*, L'immagine dell'imperatore Ottone III, Rom 1988. M. *Brand*, A. *Eggebrecht* (Hgg.), Bernward von Hildesheim und das Zeitalter der Ottonen. Katalog der Ausstellung Hildesheim 1993, 2 Bde., Hildesheim, Mainz 1993. *F.-R.Erkens*, In tota cunctis gratissimus aula? Egbert von Trier als Reichsbischof, in: F. J. Ronig (Hg.), Egbert, Erzbischof von Trier 977-993, Bd.2, Trier 1993, S.37-52. *H. Kluger*, Propter claritatem generis. Genealogisches zur Familie der Ezzonen, in: H. Vollrath, S. Weinfurter (Hgg.), Köln. Stadt und Bistum in Kirche und Reich des Mittelalters. FS O. Engels, Köln, Weimar, Wien 1993, S.223-258. *G. Wolf*, Die Seelgiftdotationen Kaiser Ottos III. für seine Mutter, Kaiserin Theophanu, und Verwandte, in: AfD 39 (1993), S.1-8. *W. Wagner*, Das Gebetsgedenken der Liudolfinger im Spiegel der Königs-und Kaiserurkunden von Heinrich I. bis zu Otto III., in: AfD 40 (1994), S.1-78. *W. Bleiber*, Ekkehard I., Markgraf von Meißen (985-1002), in: E. Hotz, W. Huschner (Hgg.), Deutsche Fürsten des Mittelalters. Fünfundzwanzig Lebensbilder, Leipzig 1995, S.96-111. *G. Althoff*, Otto III., Darmstadt 1996. *H. Müller*, Heribert, Kanzler Ottos III. und Erzbischof von Köln, in: RhVjBll 60 (1996), S.16-64. *S. Freund*, Das Jahr 1000. Ende der Welt oder Beginn eines neuen Zeitalters?, in: E. Bünz, R. Gries, F. Möller (Hgg.), Der Tag X in der Geschichte. Erwartungen und Enttäuschungen seit tausend Jahren, Stuttgart 1997, S.24-49 und 335-340. *J. Irmscher*, Otto III. und Byzanz, in: E. Konstantinou (Hg.), Byzanz und das Abendland im 10. und 11. Jahrhundert, Köln 1997, S.207-229. *H. Seibert*, Herrscher und Mönchtum im spätottonischen Reich. Vorstellung – Funktion – Interaktion, in: S 5, S.205-266. *P. Engelbert*, Adalbert von Prag zwischen Bischofsideal, Politik und Mönchtum, in: Römische Quartalschrift für christliche Altertumskunde und Kirchengeschichte 92 (1997), S.18-44. *H.Henrix* (Hg.), Adalbert von Prag. Brückenbauer zwischen dem Osten und dem Westen Europas, Baden-Baden 1997.

3. Die ‚Erneuerung' Roms und die neue Ostpolitik

T. E. Moehs, Gregorius V (996-999). A biographical study, Stuttgart 1972. *H. Lowmianski*, Baptism and the early church organisation, in: J. Kloczowski (Hg.), The christian community of medieval Poland, Warschau 1981, S.27-56. *G. Tellenbach*, Kaiser, Rom und Renovatio. Ein Beitrag zu einem großen Thema, in: N. Kamp, J. Wollasch (Hgg.), Tradition als historische Kraft. Interdisziplinäre Forschungen zur Geschichte des frühen Mittelalters, Berlin, New York 1982, S.231-253. *E. Hlawitschka*, Königin Richeza von Polen. Enkelin Konrads von Schwaben, nicht Kaiser Ottos II.?, in: L. Fenske, W. Rösener, T. Zotz (Hgg.), Institutionen, Kultur und Gesellschaft im Mittelalter. FS J. Fleckenstein, Sigmaringen 1984, S.221-244. *A. Nitschke*, Der mißhandelte Papst. Folgen ottonischer Italienpolitik, in: Staat und Gesellschaft in Mittelalter und Früher Neuzeit. FS J. Leuschner, Göttingen 1983, S.40-53. *L. Leciejewicz*, Die Pomoranen und der Piastenstaat im 10.-11. Jahrhundert, in: ZfA 18 (1984), S.107-116. Gerberto. Scienza, storia e mito. Atti del Gerberti Symposium, Bobbio 1985. *A. Gieysztor*, Sylvestre II. et les églises de Pologne et de Hongrie, in: Gerberto. Scienza, storia e mito. Atti del Gerberti Symposium, Bobio 1985, S.733-746. *J.-M. Sansterre*, Les coryphées des apôtres. Rome et la papauté dans les ‚vies' des Saints Nil et Barthélemy de Grottaferrata, in: Byzantion 55 (1985), S.516-543. *H. Zimmermann*, Gerbert als kaiserlicher Rat, in: Gerberto. Scienza, storia et mito, Bobbio 1985, S.235-253. *P. Riché*, Gerbert d'Aurillac. Le pape de l'an mil, Paris 1987. *J. Fried*, Endzeiterwartungen um die Jahrtausendwende, in: DA 45 (1989), S.381-473. *J. Fried*, Otto III. und Boleslaw Chrobry. Das Widmungsbild des Aachener Evangeliars, der ‚Akt von Gnesen' und das frühe polnische und ungarische Königtum. Eine Bildanalyse und ihre historischen Folgen, Wiesbaden 1989. *P. Riché*, Nouvelles vies parallèles. Gerbert d'Aurillac et Abbon de Fleury, in: Media in Francia... Recueil offert à K. F. Werner, 1989, S.419-427. *R. Michalowski*, Les fondations ecclésiastiques dans l'idéologie de la première monarchie piastienne, in: Acta Poloniae Historica 60 (1989), S.133-157. *J.-M. Sansterre*, Otton III et les saints ascètes de son temps, in: Rivista di storia della chiesa in Italia 43 (1989), S.377-412. *K. Görich, H. H. Kortüm*, Otto III., Thangmar und die Vita Bernwardi, in: MIÖG 98 (1990), S.1-57. *J.-M. Sansterre*, Le Monastère des Saints-Boniface-et-Alexis sur l'Aventin et l'expansion du christianisme dans le cadre de la ‚Renovatio Imperii Romanorum' d'Otton III, in: Revue Bénédictine 100 (1990), S.493-506. *K. Görich*, Ein Erzbistum in Prag oder in Gnesen, in: ZfO 40 (1991), S.10-27. *J.-M. Sansterre*, Saint Nil de Rossano et le monachisme latin, in: Bollettino della Badia Greca di Grottaferrata 45 (1991), S.339-386. *W. C. Schneider*, Die Generatio Imperatoris in der Generatio Christi. Ein Motiv der Herrschaftstheologie Ottos III. in Trierer, Kölner und Echternacher Handschriften, in: FMSt 25 (1991), S. 226-258. *G. Weilandt*, Das Huldigungbild im Evangeliar Kaiser Ottos III. in seinem geschichtlichen Zusammenhang, in: GWU 42 (1991), S.535-548. *K. Görich*, Otto III. Romanus Saxonicus et Italicus. Kaiserliche Rompolitik und sächsische Historiographie, Sigmaringen 1993. *E. Eickhoff*, Basilianer und Ottonen, in: HJb 114 (1994), S.10-46. *G. Vitolo*, Les monastère italo-grec de l'Italie méridionale, in: J.-L- Lemaitre, M. Dimitriev, P. Gonneau (Hgg.), Moines et monastères dans les sociétés de rite grec et latin, Genf 1996, S.99-113. *H. Dormeier*, Die ottonischen Kaiser und die Bischöfe im regnum Italiae, Kiel 1997. *P. Schreiner*, Vor 1000 Jahren. Die Gnesener Vereinbarung am Grab des hl. Adalbert und Richeza, eine Rheinländerin auf dem polnischen Königsthron, in: Pulheimer Beiträge zur Geschichte und Heimatkunde 21 (1997), S.269-273. *M. Stumpf*, Zum Quellenwert von Thangmars Vita Bernwardi, in: DA 53 (1997), S.461-496. *J. Fried*, Der hl. Adalbert und Gnesen, in: AMRhKG 50 (1998), S.41-70. *D. A. Warner*, Ideals and action in the reign of Otto III, in: JMedH 25 (1999), S.1-18. *E. Eickhoff*, Kaiser Otto III. Die erste Jahrtausendwende und die Entfaltung Europas, Stuttgart 1999.

4. Die Rückkehr nach Rom und der frühe Tod

K. Bene, Macht und Gewissen im hohen Mittelalter. Der Beitrag des Reformmönchtums zur Humanisierung des Herrscherethos unter Otto III., in: Studia Anselmiana 85 (1982), S.157-174. *G. Györffy,* König Stephan der Heilige, Gyomaendröd 1988. *K. Zeillinger,* Otto III. und die Konstantinische Schenkung. Ein Beitrag zur Interpretation des Diploms Kaiser Ottos III. für Papst Sylvester II. (DO III. 389), in: Fälschungen im Mittelalter. Teil II, Hannover 1988, S.509-536. *G. Györffy,* La christianisation de la Hongrie, in: Harvard Ukrainian Studies 12/13 for 1988/89 (1990), S.61-74. *K. Görich,* Der Gandersheimer Streit zur Zeit Ottos III. Ein Konflikt um die Metropolitanrechte des Erzbischofs Willigis von Mainz, in: ZSavRG KA 79 (1993), S.56-94. *H. Goetting,* Bernward und der große Gandersheimer Streit, in: M. Brandt, A. Eggebrecht (Hgg.), Bernward von Hildesheim und das Zeitalter der Ottonen, Bd.1, Hildesheim, Mainz 1993, S.275-282. *E.-D. Hehl,* Herrscher, Kirche und Kirchenrecht als Ordnungsfaktoren im spätottonischen Reich, in: S 5, S.169-203. *T. Zotz,* Die Gegenwart des Königs. Zur Herrschaftspraxis Ottos III. und Heinrichs II., in: S 5, S.349-386. *K. Görich,* Otto III. öffnet das Karlsgrab in Aachen. Überlegungen zu Heiligenverehrung, Heiligsprechung und Traditionsbildung, in: S 6, S.381-430. *L. Falkenstein,* Otto III. und Aachen, Hannover 1998. *S. Waldhoff,* Der Kaiser in der Krise? Zum Verständnis von Thietmar IV,48, in: DA 54 (1998), S.23-54.

VI. Heinrich II.

1. Die Krise der Nachfolge

W. Schlesinger, Erbfolge und Wahl bei der Königserhebung Heinrichs II. 1002, in: FS Heimpel, Bd. 3, Göttingen 1972, S.1-36. *W. Schlesinger,* Die sogenannte Nachwahl Heinrichs II. in Merseburg, in: F. Prinz, F.-J. Schmale, F. Seibt (Hgg.), Geschichte in der Gesellschaft. FS K. Bosl, Stuttgart 1974, S.350-369. *R. Schneider,* Die Königserhebung Heinrichs II. im Jahre 1002, in: DA 28 (1972), S.74-104. *E. Hlawitschka,* ‚Merkst Du nicht, daß Dir das vierte Rad am Wagen fehlt?' Zur Thronkandidatur Ekkehards von Meißen (1002) nach Thietmar, Chronicon IV c.52, in: K. Hauck, H. Mordek (Hgg.), Geschichtsschreibung und geistiges Leben im Mittelalter. FS H. Löwe, Köln, Wien 1978, S.281-311. *A. Wolf,* Wer war Kuno ‚von Öhningen'? Überlegungen zum Herzogtum Konrads von Schwaben (997) und zur Königswahl vom Jahre 1002, in: DA 36 (1980), S.25-83. *H. Keller,* Schwäbische Herzöge als Thronbewerber. Hermann II. (1002), Rudolf von Rheinfelden (1077), Friedrich von Staufen (1125). Zur Entwicklung von Reichsidee und Fürstenverantwortung, Wahlverständnis und Wahlverfahren im 11. und 12. Jahrhundert, in: ZfGO 131 (1983), S.123-162. *E. Hlawitschka*, Die Thronkandidaturen von 1002 und 1024, in: S 1, S.49-64. *E. Hlawitschka*, Untersuchungen zu den Thronwechseln der ersten Hälfte des 11. Jahrhunderts und zur Adelsgeschichte Süddeutschlands. Zugleich klärende Forschungen um „Kuno von Öhningen", Sigmaringen 1987. *C. Lübke*, Ottonen, Rjurikiden, Piasten. Ergänzende Bemerkungen zum Verwandtenkreis Kunos ‚von Öhningen', in: Jahrbücher für die Geschichte Osteuropas 37 (1989), S.1-20. *A. Wolf*, Königskandidatur und Königsverwandtschaft. Hermann von Schwaben als Prüfstein für das ‚Prinzip der freien Wahl', in: DA 47 (1991), S.45-117. *E. Hlawitschka*, Der Thronwechsel des Jahres 1002 und die Konradiner. Eine Auseinandersetzung mit zwei Arbeiten von A. Wolf und D. C. Jackman, in: ZSavRG GA 110 (1993), S.149-248. *S. Weinfurter*, Der Anspruch Heinrichs II. auf die Königsherrschaft 1002, in: J. Dahlhaus, A. Kohnle (Hgg.), Papstgeschichte und Landesgeschichte. FS H. Jakobs, Köln 1995, S.121-134. *A. Wolf*, ‚Quasi hereditatem inter filios'. Zur Kontroverse über das Königswahlrecht im Jahre 1002 und die Genealogie der Konradiner, in: ZSavRG GA 112 (1995), S.65-157. *G. Rupp*, Die Ekkehardiner, Markgrafen von Meißen und ihre Beziehungen zum Reich und zu den Piasten, Frankfurt a. M. 1996. *A. Wolf*, Die Herkunft der Grafen von Northeim aus dem Hause Luxemburg und der Mord am Königskandidaten Ekkehard von Meißen 1002, in: NdJbLG 69 (1997), S.427-440.

2. Königsherrschaft zwischen Milde und neuartiger Härte

R. Endres, Das Slawenmotiv bei der Gründung des Bistums Bamberg, in: Bericht des Historischen Vereins für die Pflege der Geschichte des ehemaligen Fürstbistums Bamberg 109 (1973), S.161-182. *J. Wollasch*, Geschichtliche Hintergründe der Dortmunder Versammlung des Jahres 1005, in: Westfalen 58 (1980), S.55-69. *G. Althoff*, Gebetsgedenken für Teilnehmer an Italienzügen. Ein bisher unbeachtetes Trienter Diptychon, in: FMSt 15 (1981), S. 36-67. *K. Guth*, Die Heiligen Heinrich und Kunigunde. Leben, Legende, Kult und Kunst, Bamberg 1986. *S. Weinfurter*, Die Zentralisierung der Herrschaftsgewalt im Reich durch Kaiser Heinrich II., in: HJb 106 (1986), S.241-297. *B. Merta*, Die Titel Heinrichs II. und der Salier, in: H. Wolfram (Hg.), Intitulatio III. Lateinische Herrschertitel und Herrschertitulaturen vom 7. bis zum 13. Jahrhundert, Wien, Köln, Graz 1988, S.163-200. *T. Klein*, De Heinrico und die altsächsische Sentenz Leos von Vercelli. Altsächsisch in der späten Ottonenzeit, in: U. Ernst, B. Sowinski (Hgg.), Architectura Poetica. FS J. Rathofer, Köln 1990, S.45-66. *M. Borgolte*, Die Stiftungsurkunden Heinrichs II. Eine Studie zum Handlungsspielraum des letzten Liudolfingers, in: K. R. Schnith, R. Pauler (Hgg.), FS E. Hlawitschka, Kallmünz 1993, S.231-250. *H. Hoffmann*, Mönchskönig und ‚rex idiota'. Studien zur Kirchenpolitik Heinrichs II. und Konrads II., Hannover

1993. *C. Lübke*, Slawen und Deutsche um das Jahr 1000, in: Mediaevalia Historica Bohemica 3 (1993), S.59-90. *D. A. Warner*, Henry II at Magdeburg. Kingship, ritual and the cult of saints, in: Early Medieval Europe 3 (1994), S.135-166. *S. Weinfurter*, Zur ‚Funktion' des ottonischen und salischen Königtums, in: M. Borgolte (Hg.), Mittelalterforschung nach der Wende 1989, München 1995, S.349-361. *W. Störmer*, Heinrichs II. Schenkungen an Bamberg. Zur Topographie und Typologie des Königs- und bayerischen Herzogsguts um die Jahrtausendwende in Franken und Bayern, in: L. Fenske (Hg.), Deutsche Königspfalzen. Beiträge zu ihrer historischen und archäologischen Erforschung, Bd. 4: Pfalzen – Reichsgut – Königshöfe, Göttingen 1996, S.377-408. *I. Baumgärtner* (Hg.), Kunigunde. Eine Kaiserin an der Jahrtausendwende, Kassel 1997. *J. W. Bernhardt*, Der Herrscher im Spiegel der Urkunden. Otto III. und Heinrich II. im Vergleich, in: S 5, S.327-348. *E. Hlawitschka*, Kaiserin Kunigunde, in: K. R. Schnith (Hg.), Frauen des Mittelalters in Lebensbildern, Graz, Wien, Köln 1997, S.72-89.

3. Rom und Italien, der Westen und immer wieder Boleslaw

J. Wollasch, Kaiser und Könige als Brüder der Mönche. Zum Herrscherbild in liturgischen Handschriften des 9. bis 11. Jahrhunderts, in: DA 40 (1984), S.1-20. *S. Künzel*, Denkmale der Herrschaftstheologie Kaiser Heinrichs II., München 1989. *G. Beyreuther*. Die Osterfeier als Akt königlicher Repräsentanz und Herrschaftsausübung unter Heinrich II. (1002-1024), in: D. Altenburg, J. Jarnut (Hgg.), Feste und Feiern im Mittelalter, Sigmaringen 1991, S. 245-253. *B. Schilling*, Zur Datierung einer Synode Heinrichs II., in: JbWdtLG 17 (1991), S.67-73. *M. Woytowitsch*, Die Kanones Heinrici regis. Bemerkungen zur römischen Synode von 1014, in: Hubert Mordek (Hg.), Papsttum, Kirche und Recht im Mittelalter. FS H. Fuhrmann, Tübingen 1991, S.155-168. *I. Voss*, La rencontre entre le roi Robert II et l'empereur Henri II à Mouzon et Ivois en 1023, in: Annales de l'est 44 (ser.5) (1992), S.3-14. *G. Wolf*, Der sogenannte ‚Gegenkönig' Arduin von Ivrea (ca. 955-1015), in: AfD 39 (1993), S.19-34. *D. A Warner*, Thietmar of Merseburg on rituals of kingship, in: Viator 26 (1995), S.53-76. *W. Huschner*, Über die politische Bedeutung der Kanzler für Italien in spätottonisch-frühsalischer Zeit (1009-1057), in: AfD 41 (1995), S.31-47. *S. Weinfurter*, Sakralkönigtum und Herrschaftsbegründung um die Jahrtausendwende. Die Kaiser Otto III. und Heinrich II. in ihren Bildern, in: H. Altrichter (Hg.), Bilder erzählen Geschichte, Freiburg 1995, S.47-103. *P. Schreiner*, Königin Richeza, Polen und das Rheinland. Historische Beziehungen zwischen Deutschen und Polen im 11. Jahrhundert, Pulheim, Posen 1996. *G. Althoff*, Otto III. und Heinrich II. in Konflikten, in: S 5, S.77-94. *K. Görich*, Eine Wende im Osten. Heinrich II. und Boleslaw Chroby, in: S 5, S.95-167. *R. W. Scheller*, Die Seelenwägung und das Kelchwunder Kaiser Heinrichs II., Amsterdam 1997. *B. Schneidmüller*,

Neues über einen alten Kaiser? Heinrich II. in der Perspektive der modernen Forschung, in: Bericht des Historischen Vereins Bamberg 133 (1997), S.13-41. *W. Freitag*, Heinrich II. Ein Kaiser der letzten Tage? Ein Beitrag zur politischen Anthropologie, in: Historische Anthropologie 6 (1998), S.217-241. *P. C. Jacobsen*, Das Totengericht Kaiser Heinrichs II. Eine neue Variante aus dem Echternacher ‚Liber aureus‘, in: Mittellateinisches Jahrbuch 33 (1998), S.53-58. *J. Petersohn*, Über monarchische Insignien und ihre Funktion im mittelalterlichen Reich, in: HZ 266 (1998), S.47-96. *S. Weinfurter*, Autorität und Herrschaftsbegründung des Königs um die Jahrtausendwende, in: S. Weinfurter, F. M. Siefarth (Hgg.), Macht und Ordnungsvorstellungen im hohen Mittelalter. Werkstattberichte, Neuried 1998, S.47-65. *S. Weinfurter*, Kaiser Heinrich II. (1002-1024) – ein Herrscher aus Bayern, in: Oberbayerisches Archiv 1998, S.31-55. *U. Brunhofer*, Arduin von Ivrea und seine Anhänger. Untersuchungen zum letzten italienischen Königtum des Mittelalters, Augsburg 1999. *S. Weinfurter*, Heinrich II. (1002-1024). Herrscher am Ende der Zeiten, Regensburg 1999.

VII. Strukturelle Eigenheiten ottonischer Königsherrschaft

1. Unterschiede zur Herrschaft der Karolinger

K. Brunner, Oppositionelle Gruppen im Karolingerreich, Wien, Köln, Graz 1979. *W. Giese*, Der Stamm der Sachsen und das Reich in ottonischer und salischer Zeit, Wiesbaden 1979. *B. Pätzold*, ‚Francia et Saxonia‘. Vorstufe einer sächsischen Reichsauffassung, in: Jahrbuch für die Geschichte des Feudalismus 3 (1979), S.19-49. *E. Müller-Mertens*, Die Reichsstruktur im Spiegel der Herrschaftspraxis Ottos des Großen, Berlin 1980. *J. Hannig*, Consensus fidelium. Frühfeudale Interpretation des Verhältnisses von Königtum und Adel am Beispiel des Frankenreiches, Stuttgart 1982. *E. Karpf*, Herrscherlegitimation und Reichsbegriff in der ottonischen Geschichtsschreibung des 10. Jahrhunderts, Wiesbaden, Stuttgart 1985. *H. Keller*, Grundlagen ottonischer Königsherrschaft, in: S 1, S.17-34. *H. Keller*, Reichsorganisation, Herrschaftsformen und Gesellschaftsstrukturen im regnum Teutonicum, in: S 3, Bd 1, S.159-195. *H. Keller*, Ottonische Herrschersiegel. Beobachtungen und Fragen zu Gestalt und Aussage und zur Funktion im historischen Kontext, in: K. Krimm, H. John (Hgg.), Bild und Geschichte. Studien zur politischen Ikonographie. FS H.-M. Schwarzmaier, 1997, S.3-51. *H. Keller*, Zu den Siegeln der Karolinger und der Ottonen. Urkunden als ‚Hoheitszeichen‘ in der Kommunikation des Königs mit seinen Getreuen, in: FMSt 32 (1998), S.400-441.

2. Königtum und Kirche im 10. Jahrhundert

F. *Prinz*, Klerus und Krieg im früheren Mittelalter. Untersuchungen zur Rolle der Kirche beim Aufbau der Königsherrschaft, Stuttgart 1971. L. *Auer*, Der Kriegsdienst des Klerus unter den sächsischen Kaisern. Zweiter Teil. Verfassungsgeschichtliche Probleme, in: MIÖG 80 (1972), S.48-70. H. *Maurer*, Konstanz als ottonischer Bischofssitz. Zum Selbstverständnis geistlichen Fürstentums im 10. Jahrhundert, Göttingen 1973. J. *Fleckenstein*, Zum Begriff der ottonisch-salischen Reichskirche, in: Geschichte, Wirtschaft, Gesellschaft. FS C. Bauer, Freiburg 1974, S.61-71. W. *Metz*, Quellenstudien zum Servitium regis (900-1250), Teil 2, in: AfD 24 (1978), S.203-291. T. *Reuter*, The ‚Imperial Church System' of the Ottonian and Salien Rulers. A Reconsideration, in: The Journal of Ecclesiastical History 33 (1982), S.347-374. H. *Zielinski*, Der Reichsepiskopat in spätottonischer und salischer Zeit (1002-1125), Wiesbaden, Stuttgart 1984. J. *Fleckenstein*, Problematik und Gestalt der ottonisch-salischen Reichskirche, in: S 1, S.83-98. H. *Keller*, Herrscherbild und Herrschaftslegitimation. Zur Deutung der ottonischen Denkmäler, in: FMSt 19 (1985), S.290-311. B. *Scherff*, Studien zum Heer der Ottonen und ersten Salier (919-1056), Bonn 1985. O. *Engels*, Der Reichsbischof (10. und 11. Jahrhundert) in: P. Berglar, O. Engels (Hgg.), Der Bischof in seiner Zeit. Bischofstypus und Bischofsideal im Spiegel der Kölner Kirche. FS J. Kardinal Höffner, Köln 1986, S.41-94. J. W. *Bernhardt*, Servitium regis and monastic property in early medieval Germany, in: Viator 18 (1987), S.53-87. O. *Engels*, Der Reichsbischof in ottonischer und frühsalischer Zeit, in: I. Crusius (Hg.), Beiträge zu Geschichte und Struktur der mittelalterlichen Germania Sacra, Göttingen 1989, S.135-175. A. *Finck von Finkenstein*, Bischof und Reich. Untersuchungen zum Integrationsprozeß des ottonisch-frühsalischen Reiches (919-1056), Sigmaringen 1989. R. *Schieffer*, Der ottonische Reichsepiskopat zwischen Königtum und Adel, in: FMSt 23 (1989), S.291-301. H. *Hoffmann*, Grafschaften in Bischofshand, in: DA 46 (1990), S.375-480. A. U. *Friedmann*, Die Beziehungen der Bistümer Worms und Speyer zu den ottonischen und salischen Königen, Mainz 1994. F.-R. *Erkens* (Hg.), Die früh- und hochmittelalterliche Bischofserhebung im europäischen Vergleich, Köln 1998. R. *Schieffer*, Mediator cleri et plebis. Zum geistlichen Einfluß auf Verständnis und Darstellung des ottonischen Königtums, in: S 6, S.345-361. R. *Schieffer*, Der geschichtliche Ort der ottonisch-salischen Reichskirchenpolitik, Opladen, Wiesbaden 1998.

3. Königtum und Adel – der Austrag von Konflikten

J. *Weitzel*, Dinggenossenschaft und Recht. Untersuchungen zum Rechtsverständnis im fränkisch-deutschen Mittelalter, 2 Bde, Köln 1985. G. *Althoff*, Königsherrschaft und Konfliktbewältigung im 10. und

11. Jahrhundert, in: FMSt 23 (1989), S.265-290. *H. Keller,* Zum Charakter der ‚Staatlichkeit' zwischen karolingischer Reichsreform und hochmittelalterlichem Herrschaftsausbau, in: FMSt 23 (1989), S.248-264. *J. Fried* (Hg.), Träger und Instrumentarien des Friedens im hohen und späten Mittelalter, Sigmaringen 1996. *G. Althoff, Das* Privileg der deditio. Formen gütlicher Konfliktbeendigung in der mittelalterlichen Adelsgesellschaft, in: O. G. Oexle, W. Paravicini (Hgg.), Nobilitas. Funktion und Repräsentation des Adels in Alteuropa. FS K. F. Werner, Göttingen 1997, S.27-52. *H. Kamp,* Vermittler in den Konflikten des hohen Mittelalters, in: La giustizia nell'alto medioevo. Secoli IX-XI, Spoleto 1998, S.675-710.

4. ‚Vorstaatliche' Herrschaftsformen

R. Schneider, Mittelalterliche Verträge auf Brücken und Flüssen (und zur Problematik von Grenzgewässern), in: AfD 23 (1977), S.1-24. *J. Nelson,* Politics and Ritual in the Early Medieval Europe, London 1986. *G. Althoff,* Der frieden-, bündnis- und gemeinschaftsstiftende Charakter des Mahles im früheren Mittelalter, in: I. Bitsch, T. Ehlert, X. von Ertzdorff (Hgg.), Essen und Trinken in Mittelalter und Neuzeit, Sigmaringen 1987, S.13-25. *J. Hannig,* Ars donandi. Zur Ökonomie des Schenkens im früheren Mittelalter, in: R. van Dülmen (Hg.), Armut, Liebe, Ehre. Studien zur historischen Kulturforschung, Frankfurt 1988, S.11-37. *J. Bak* (Hg.), Coronations. Medieval and Early Modern Monarchic Ritual, Berkely, Los Angeles, Oxford 1990. *J. C. Schmitt,* La raison des gestes dans l'Occident médiéval, Paris 1990. *K. Schreiner,* „Er küsse mich mit dem Kuß seines Mundes" (Osculetur me osculo oris sui, Cant. 1,1). Metaphorik, kommunikative und herrschaftliche Funktionen einer symbolischen Handlung, in: H. Ragotzky, H. Wenzel (Hgg.), Höfische Repräsentation. Das Zeremoniell und die Zeichen, Tübingen 1990, S.89-132. *D. Altenburg, J. Jarnut.* (Hgg.), Feste und Feiern im Mittelalter, Sigmaringen 1991. *D. Bullough,* Friends, neighbours and fellowdrinkers. Aspects of community and conflict in the early medieval west, Cambridge 1991. *M. de Jong,* Power and Humility in Carolingian society. The public penance of Louis the Pious, in: Early Medieval Europe 1 (1992), S.29-52. *H. W. Goetz,* Der ‚rechte' Sitz. Die Symbolik von Rang und Herrschaft im Hohen Mittelalter im Spiegel der Sitzordnung, in: G. Blaschnitz (Hg.), Symbole des Alltags – Alltag der Symbole. FS H. Kühnel, Graz 1992, S.11-47. *G. Althoff,* Probleme um die *dos* der Königinnen im 10. und 11. Jahrhundert, in: M. Parisse (Hg.), Veuves et veuvages dans le haut Moyen-Âge, Paris 1993, S.123-132. *H. Fuhrmann,* ‚Willkommen und Abschied'. Über Begrüßungs- und Abschiedsrituale im Mittelalter, in: W. Hartmann (Hg.), Mittelalter. Annäherung an eine fremde Zeit, Regensburg 1993, S.111-139. *H. Keller,* Die Investitur. Ein Beitrag zum Problem der ‚Staatssymbolik' im Hochmittelalter, in: FMSt 27 (1993), S.51-86. *K. J. Leyser,* Ritual, Zeremonie und

Gestik. Das ottonische Reich, in: FMSt 27 (1993), S.1-26. *A. Kränzle*, Der abwesende König. Überlegungen zur ottonischen Königsherrschaft, in: FMSt 31 (1997), S.120-157. *G. Althoff*, Ira regis. Prologomena to a history of royal anger, in: Barbara H. Rosenwein (Hg.), Anger's Past. The social uses of an emotion in the middle ages, London 1998, S.59-74. *T. Reuter*, Regemque, quem in Francia pene perdidit, in patria magnifice recepit. Ottonian ruler representation in synchronic and diachronic comparison, in: S 6, S.363-380.

STAMMTAFEL OTTONEN

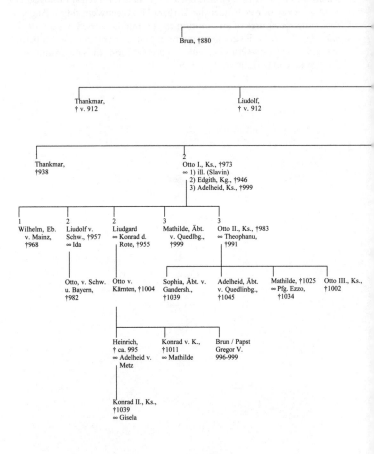

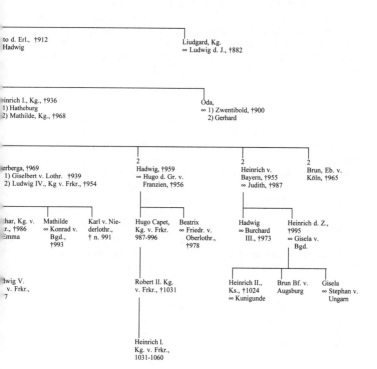

Personen- und Ortsregister

A. = Abt, Ä. = Äbtissin, B. = Bischof, Bm. = Bistum, Br. = Bruder, Eb. = Erzbischof, Ebm. = Erzbistum, F. = Fürst, Fürstin, Gf. = Graf, Gfn. = Gräfin, Gem. = Gemahl, Gemahlin, Hl. = Heiliger, Heilige, Hz. = Herzog, Kan. = Kanoniker, Kl. = Kloster, Kg. = König, Kgn. = Königin, Ks. = Kaiser, Ksn. = Kaiserin, Mgf. = Markgraf, P. = Papst, Pf. = Pfalz, S. = Sohn, Schw. = Schwester, T. = Tochter.

Aachen 69-72, 74f., 90, 112, 142, 150, 153f., 161, 179, 188, 192f., 199, 203, 205, 214, 223
Aarhus, Bm. 94
Abdarrahman, Kalif in Cordoba 111
Abraham, B. v. Freising 138f.
Absalom 103
Abul Kassim, Sarazenen-Emir 147
Adalbold, B. v. Utrecht 206
Adalbero, Eb. v. Reims 144, 167f.
Adalbero, B. v. Laon 142, 169, 173
Adalbero, Br. d. Kgn. Kunigunde 216
Adalbert, B. v. Prag, Hl. 170, 174, 176f., 188-191, 193
Adalbert, S. Kg. Berengars 96, 101, 116, 119
Adalbert, Babenberger 22f., 30
Adalbert, A. v. Weissenburg, Eb. v. Magdeburg (Continuator Reginonis) 37f., 48, 59, 64, 77, 80, 86, 97, 112, 119, 129ff. 133, 136, 144, 146f.
Adaldag, Eb. v. Hamburg/Bremen 94
Adalward, B. v. Verden 34
Adam v. Bremen, Historiograph 150
Adela v. Elten, Gem. Gf. Balderichs 225

Adelheid, Gem. Kg. Lothars v. Italien, Gem. Ks. Ottos I., Ksn. 88, 96f., 101, 114, 137ff., 142f., 154, 159, 161f., 168, 170ff., 175, 178, 241
Adelheid, Schw. Ks. Ottos III., Ä. v. Quedlinburg 183
Aeda, Gem. d. fränk. princeps Billing 16
Aethelstan, engl. Kg. 57
Agapit II., P. 91, 109
Agius, Corveyer Mönch, Historiograph 19
Alberich, Stadtpräfekt in Rom 114
Alexander, Hl. 18
Alexander d. Große 193
Anastasius, P., Hl. 17
Andernach 85
Ansfried, Gf. 114
Ansgar, Eb. v. Hamburg 64
Arduin, Mgf. v. Ivrea, Kg. v. Italien 188, 199, 211f., 219f.
Aribo, Eb. v. Mainz 224
Arneburg 179
Arnulf v. Kärnten, ostfränk. Kg., Ks. 14f., 22
Arnulf, Halbbr. Ks. Heinrichs II., Eb. v. Ravenna 219
Arnulf, Eb. v. Reims 168f., 178
Arnulf, B. v. Halberstadt 180, 204, 211, 215, 224
Arnulf, Hz. v. Bayern 34f., 38, 40ff., 46, 54, 60, 65, 74, 79f., 86

Arnulf, Mgf. v. Flandern 89
Artold, Eb.-Kandidat v. Reims 91f.
Askericus, Eb. v. Gran 198
Asselburg 157, 162
Attigny 142
Augsburg
- Bm. 101, 106, 113, 137, 211
- St. Afra, Kl. 202
Augustus, röm. Ks. 193

Balderich, B. v. Utrecht 57, 119
Balderich, Gf. v. Drenthe, Gem. Adelas v. Elten 225f.
Balduin IV., Gf. v. Flandern 214
Balzo, B. v. Speyer 148
Bamberg, Bm. 117, 214f., 219f., 223, 226, 236
Bardo, thüring. Gf. 32
Bari 125
Basel, Bm. 52, 65, 222
Bautzen, Burg 212
Benedikt V., P. 117
Benedikt VI., P. 143
Benedikt VII., P. 143f., 146, 150
Benedikt VIII., P. 219ff., 224, 226f.
Benilo, Römer 198
Bergamo 211
Berge, Kl. 131, 211
Berengar II., Kg. v. Italien 93f., 96, 99ff., 105, 111ff., 116f.
Bernhard, B. v. Halberstadt 115, 120f., 128
Bernhard I., Hz. v. Sachsen, Billunger 151, 157, 161, 204f., 208, 210, 212
Bernhard II., Hz. v. Sachsen, Billunger 221, 225f.
Bernhard, sächs. ‚Legat' 55, 79
Bernward, B. v. Hildesheim 157, 162, 194-198, 204, 216, 242, 246
Bernward, B. v. Würzburg 172

Berta, Gem. Kg. Rudolfs II. v. Hochburgund u. Kg. Hugos v. Italien 88
Berthold, Hz. v. Bayern 95
Berthold, schwäb. ‚Kammerbote' 35, 139
Bezecho, sächs. Adliger 157
Bezelin, aleman. Gf. 181, 183
Billing, fränk. princeps 16
Binizo, sächs. Gf. 157
Birten 78, 84
Bobbio, Kl. 144
Boleslaw I. Chrobry, Polenf. 167, 174, 189-192, 198, 205, 207ff. 212ff., 216ff., 221-225, 228, 242
Boleslaw II., Hz. v. Böhmen 96, 138, 140f., 156, 166, 174, 176
Boliliut, Slawe 174
Bonifatius, Missionar 11
Bonn 48f., 176
Boso, B. v. Merseburg 131
Boso, Br. d. westfr. Kgs. Rudolf 65
Brandenburg
- Bm. 94, 109, 125, 129, 143, 150f.
- Burg 174
Breisach 84, 155
Brescia, Bm. 211
Breslau, Bm. 190
Bruchsal 205
Brun, Br. Ks. Ottos I., Eb. v. Köln 45, 56f., 92, 102f., 109-112, 119, 122f., 127, 235, 240, 242
Brun v. Querfurt, Hl., Eb. 194, 197, 200, 207, 213, 217
Brun, S. Hz. Ottos v. Kärnten (= Gregor V., P.) 176
Brun, S. Gf. Liudolfs 17, 19ff., 24f.
Bruning, Sachse 79
Brunning, ostsächs. Adliger 157

275

Bruno, Br. Ks. Heinrichs II., B. v. Augsburg 209
Burkhard, B. v. Meißen 131
Burkhard I., Hz. v. Schwaben 35, 38, 40ff., 46, 52
Burkhard II., Hz. v. Schwaben 119, 137f.
Burkhard, thüring. Gf. 32
Bürstadt 158f.
Byzanz 112, 116, 124, 131, 143f., 147, 149, 168ff., 172, 181

Caesar, Gaius Julius 193
Cannae 227
Capua 124, 149, 227
Chur, Bm. 52, 119
Cluny, Kl. 227
Compiègne 142
Cordoba 111
Corvey, Kl. 139, 155
Cotrone 147f., 150, 175
Crescentius (Nomentanus), röm. Senator u. Konsul 175f., 178f., 181ff., 187

Dagome iudex (= Mieszko I.) v. Polen 167
David, bibl. Kg. 238
Dietrich, B. v. Metz 133, 146, 155
Dietrich, sächs. Mgf. 150f.
Dietrich, sächs. Gf. 155, 157
Dingolfing 61
Dionysius, Hl. 50
Dominicus, Gesandter Ks. Ottos I. 125
Dortmund 212
Duderstadt 56
Dudo, B. v. Havelberg 150
Duisburg 205

Eberhard, B. v. Bamberg 215
Eberhard, Hz. v. Franken 32, 35, 38ff., 42f., 46, 49, 51, 59, 74, 77, 79, 81f., 84f., 243

Eberhard, S. Hz. Arnulfs 65
Edgith, Gem. Ks. Ottos I., Kgn. 57f., 69f., 88, 95, 136
Edgiva, Schw. Kgn. Edgiths 57
Egbert, Eb. v. Trier 155
Egbert, sächs. Gf., Billunger 108, 127, 140f.
Egilolf, A. von Hersfeld 129
Einsiedeln, Kl. 182f.
Ekkehard, Mgf. v. Meißen 140, 166, 194, 202ff., 208, 216, 225
Ekkehard, sächs. Gf. 157
Ekkehard, sächs. Adliger 157
Erchanbald, Eb. v. Tours 186
Erchanger, schwäb. ‚Kammerbote' 35, 139
Erfurt 61, 66
Erich, sächs. Adliger 129
Erkanbald, Eb. v. Mainz 224
Erkenbald, B. v. Straßburg 148
Esiko, sächs. Gf. 157
Eulau a. Bober 190

Farfa, Kl. 186, 188, 220
Flodoard, Historiograph 48, 51, 76
Folcmar, B. v. Utrecht 141, 154, 158
Folkold, B. v. Meißen 166
Forchheim 29f.
Franco, B. v. Worms 187
Frankfurt 160, 215
Friedrich, Eb. v. Mainz 82, 84f. 94, 97-102, 104, 123, 242
Friedrich, sächs. Adliger 157
Fritzlar 46f., 72, 75, 102, 104
Frohse a. d. Elbe 203
Fruttuaria, Kl. 220
Fulda, Kl. 35, 62, 129, 226

Gallus Anonymus, Historiograph 191
Gandersheim, Kl. 17-20, 25, 27f., 164, 194, 215f.
Garde-Frainet (Fraxinetum) 134

Gaudentius, Eb. v. Gnesen 188, 190
Gebhard, B. v. Regensburg 173
Gebhard, Gf. 139
Gerberga, T. Kg. Heinrichs I. 58, 90, 119
Gerbert v. Aurillac, Eb. v. Reims u. Ravenna (= Silvester II., P.) 144, 162, 167ff., 173, 178f., 183, 187
Gerhard, Lothringer 22
Gernrode 122
Gero, Eb. v. Köln 132f., 136
Gero, Eb. v. Magdeburg 221, 224
Gero, Mgf. d. sächs. Ostmark 80, 86, 94, 122, 127, 132, 241
Giselbert, Hz. v. Lothringen 38, 47, 49, 51, 58, 74, 77f., 81, 83, 85, 89
Giselher, B. v. Merseburg, Eb. v. Magdeburg 145f., 151, 157, 163, 166, 171, 179ff., 186f., 189, 192, 210
Gisulf, Hz. v. Salerno 143
Gnesen, Ebm. 183, 188-194, 200
Gorze, Kl. 111
Gottfried, Hz. v. Lothringen 118
Gottfried, Hz. v. Niederlothringen 226
Gottfried, Gf. v. Verdun 167f.
Gottschalk, B. v. Freising 210
Gran, Ebm. 198
Gregor V., P. (= Brun v. Kärnten) 176, 179-182, 185ff., 242
Gregor VI., Gegen-P. 219
Grone, Pf. 32ff., 56, 228
Gunther, Mgf. v. Merseburg 130, 140
Guntram (d. Reiche), elsäß. Gf. 101
Gunzelin, Mgf. v. Meißen 208, 210, 216f., 223

Hadamar, A. v. Fulda 94, 109
Halberstadt, Bm. 23, 109f., 120f., 128f., 145, 171, 210
Hamburg, Ebm. 117, 150, 157
Hammerstein, Burg 224
Hartbert, B. v. Chur 98
Hatheburg, Gem. Kg. Heinrichs I. 23, 56, 80
Hathemod, T. Gf. Liudolfs, Ä. v. Gandersheim 17ff., 25
Hathwig, T. Kg. Heinrichs I. 89
Hathwig, Gem. Ottos d. Erlauchten 21
Hathwig, Gem. Hz. Burkhards II. v. Schwaben 137f.
Hatto I., Eb. v. Mainz 15, 22, 29-32
Hatto II., Eb. v. Mainz 129f.
Hatto, A. v. Fulda 172
Havelberg, Bm. 94, 109, 125, 129, 143, 150f.
Heinrich I., Kg. 23-80, 83, 87, 106, 202, 233, 235, 246
Heinrich II., Ks. 141, 156, 173, 192, 202-229, 233, 236, 239, 242f., 246
Heinrich IV., Ks. 165
Heinrich, Eb. v. Trier 112, 118
Heinrich, B. v. Augsburg 137, 140f.
Heinrich, B. v. Würzburg 215
Heinrich I., S. Kg. Heinrichs I., Hz. v. Bayern 56, 76, 78, 82f., 85f., 95, 97-104, 107, 110, 139, 243
Heinrich II., d. Zänker, Hz. v. Bayern 138-141, 149, 154-161, 165f., 173, 194
Heinrich III., d. Jüngere, Hz. v. Kärnten, Hz. v. Bayern 140f., 149, 159, 161
Heinrich V., Br. Ksn. Kunigundes, Hz. v. Bayern 216, 223, 242

Heinrich v. Schweinfurt, Mgf. im Nordgau 208ff., 243
Heinrich v. Stade, Mgf. 133
Heinrich, Gf. v. Katlenburg 194
Heinrich, Babenberger 21
Helmern, Burg 79
Helmold v. Bosau, Historiograph 150f.
Hemma (= Emma), Gem. Kg. Lothars v. Frankreich, Kgn. 94, 142, 168
Heribert, Eb. v. Köln 172, 188, 203, 205, 226
Heribert, Gf. v. Vermandois 50, 65, 89
Heriger, Eb. v. Mainz 43
Hermann I., Hz. v. Schwaben 49, 52, 74f., 86, 93
Hermann II., Hz. v. Schwaben 202-207
Hermann Billung, Hz. in Sachsen 78, 95, 108, 112, 122, 127f., 130, 133, 135
Hermann, S. Mgf. Ekkehards v. Meißen 208
Hermann, Gf. 159
Herold, Eb. v. Salzburg 110
Hersfeld, Kl. 22, 31f.
Hildebald, B. v. Worms 148, 163f., 172, 176
Hildebert, Eb. v. Mainz 72f.
Hildesheim, Bm. 82, 141, 164, 194, 206
Hildeward, B. v. Halberstadt 128ff., 146f., 151, 180
Hitto, Halberstädter Kan. 180
Hodo, sächs. Mgf. 133
Hohenaltheim 34
Hoiko, sächs. Gf. 157, 162
Hrotswith v. Gandersheim, Dichterin 19, 25, 27, 77, 119
Hugo, Kg. v. Italien 88, 93f.
Hugo Capet, Kg. v. Frankreich 142, 144, 168f., 173
Hugo, B. v. Zeitz 131

Hugo, Kandidat als Eb. v. Reims 91f.
Hugo d. Große, Hz. v. Franzien 89-92
Hugo, Mgf. v. Tuszien 179

Ida, Gem. Hz. Liudolfs 95
Ingelheim, Pfalz 91f., 119, 134, 139
Innocentius, Hl. 88
Innozenz I., P., Hl. 17, 24
Irmingard, Gfn. v. Hammerstein 224
Ivois a. d. Chiers 65

Jaromir, Hz. v. Böhmen 212, 218
Jerusalem 170
Johannes d. Täufer 27
Johannes Tzimiskes, byz. Ks. 125, 131, 147
Johannes X., P. 47
Johannes XII., P. 113-127
Johannes XIII., P. 134, 143
Johannes XV., P. 167, 173, 175
Johannes Philagathos, Eb. v. Piacenza (= Johannes XVI., Gegen-P.) 170, 172, 176, 181ff., 187
Johannes XVIII., P. 215
Johannes, Eb. v. Ravenna 150, 153
Johannes, Mönch im Kl. Gorze 111
Judith, Gem. Hz. Heinrichs I. v. Bayern 86, 95

Karl d. Große, Ks. 10f., 16, 18, 27, 72, 75, 95, 99, 125, 183, 193, 205, 231, 233, 240
Karl II., d. Kahle, Ks. 12
Karl III., d. Dicke, Ks. 13f., 22
Karl III., d. Einfältige, westfränk. Kg. 15, 47-51, 90

Karl, Br. d. westfr. Kg. Lothar, Hz. v. Niederlothringen 119, 141f., 155, 168f.
Karl, S. Ks. Karls d. Gr. 11
Karlmann, Kg. v. Bayern 13
Kassel 31
Kaufungen, Kl. 223
Kiew 225
Kizo, sächs. Adliger 174
Knud d. Große, Kg. v. Dänemark 225
Knut, Kg. v. Schweden 64
Köln
- Ebm. 11, 49, 72, 119, 132, 142, 188
- St. Pantaleon, Kl. 170
Kolberg, Bm. 190
Konrad I., ostfränk. Kg. 15, 22-26, 29-42, 46f., 139, 241
Konrad II., Ks. 224
Konrad, Kg. v. Burgund 88, 126, 144, 159
Konrad d. Rote, Hz. v. Lothringen 90, 92, 95, 99-107
Konrad, Hz. v. Schwaben 149, 161, 168
Konrad, Gf. von Spoleto 179
Konrad, Konradiner 49, 85f.
Konstantin, röm. Ks. 125, 187
Konstanz, Bm. 183, 204
Krakau, Bm. 190
Kunigunde, Gem. Kg. Konrads I., Kgn. 34
Kunigunde, Gem. Ks. Heinrichs II., Ksn. 205, 216, 220, 223

Lambert, lothr. Adliger 141
Lambert, S. Mieszkos I. v. Polen 167
Landulf, F. v. Benevent 124
Langenzenn 101, 104
Laon 90
Laurentius, Hl. 106, 147, 163
Lebuin, fränk. Missionar 10
Lechfeld 106f.

Leo VIII., P. 117f.
Leo, B. v. Vercelli 183, 185, 188, 195, 220
Leo, Papstlegat 173
Leo, byzant. Gesandter 181
Liudgard, Gem. Kg. Ludwigs d. Jüngeren 20, 24f.
Liudgard, Gem. Hz. Konrads d. Roten 95
Liudolf, Hz. v. Schwaben 83, 95, 97-105, 111, 122, 138
Liudolf, Großv. Kg. Heinrichs I., Gf. 16f., 19, 24f.
Liudolf, Br. Kg. Heinrichs I. 23
Liudprand v. Cremona, B. u. Historiograph 37f., 40f., 52, 60, 63, 77f., 80, 82, 85, 113, 119, 124f.
Liuthar, sächs. Mgf. 180, 203
Lorsch, Kl. 78
Lothar I. Ks. 12, 18
Lothar, westfr. Kg. 119, 139, 141-144, 155, 167
Lothar, Kg. v. Italien 88, 94, 96
Ludwig I., d. Fromme, Ks. 11f., 16, 56, 115
Ludwig II., d. Deutsche, ostfränk. Kg. 11ff., 20
Ludwig III., d. Jüngere, Kg. 13, 19ff., 25
Ludwig IV., d. Kind, ostfränk. Kg. 15, 22-25, 29ff., 46
Ludwig IV., d. Überseeische, westfränk. Kg. 89-92
Ludwig V., westfränk. Kg. 155, 167f.
Lüttich, Bm. 47, 155

Maastricht,
- St. Servatius, Kl. 47
Magdeburg
- Ebm. 87f., 95, 100f., 108-111, 118-121, 125, 127-136, 144, 151f., 156f., 174f., 189f., 192, 210f., 215, 217, 236

- St. Moritz, Kl. 111, 119, 129, 131
- Mailand 126
- Maiolus, A. v. Cluny 143
- Mainz
  - Ebm. 11f., 49, 72f., 101ff., 112, 129, 143, 164, 166, 177, 194, 204
  - St. Alban, Kl. 105
- Margut-sur-Chiers 143
- Marinus, päpstl. Legat 91, 94
- Markward, B. v. Hildesheim 21
- Mathilde, Gem. Kg. Heinrichs I. 23, 27, 29, 56f., 66, 70, 76, 79, 86f., 119, 128, 241
- Mathilde, Gem. Kg. Konrads v. Burgund 144
- Mathilde, T. Ks. Ottos I., Ä. v. Quedlinburg 30, 120, 127, 132, 151, 154, 171f.
- Mauritius, Hl. 88, 191, 211
- Mecklenburg 174
- Meersen 12
- Meginward, Fuldaer Mönch, Historiograph 18
- Meinswind 162
- Meißen
  - Bm. 126, 130, 145, 174, 208, 222
  - Burg 166
- Memleben 66, 71, 135
- Merseburg,
  - Pf. 64, 119, 126, 205, 208, 218
  - Bm. 106, 114, 126, 129f., 135, 145f., 152, 162, 171, 175, 180, 186f., 189f., 192, 210, 223
- Metz, Bm. 51
- Mieszko I., Polenf. 127f., 133, 138, 156, 165ff., 192
- Mieszko II., Polenf. 217, 221f.
- Milo, B. v. Minden 164
- Misica, S. Mieszkos I. v. Polen 167
- Mistui, Abodritenf. 150f., 157
- Monte Gargano 187
- Moses 78, 238
- Mouzon a. d. Maas 91, 173
- Murbach, Kl. 148

- Neuburg 202
- Nikephoros Phokas, byz. Ks. 124f., 131
- Nilus, Hl., Einsiedler 182
- Nimwegen, Pf. 170
- Nordhausen, Kl. 56

- Oda, Gem. Mieszkos I. v. Polen 167
- Oda, Gem. Boleslaw I. Chobrys v. Polen 225
- Oda, Gem. Gf. Liudolfs 16f., 27
- Oda, T. Ottos d. Erlauchten 22
- Odilo, A. v. Cluny 138, 144
- Ohtrich, Leiter d. Magdeburger Domschule 144f.
- Olga, Großf. v. Kiew 112
- Orléans 90
- Osdag, B. v. Hildesheim 164
- Oswald, Hl. 57
- Otto I., d. Große, Ks. 29, 56-59, 62f., 66, 68, 70-140, 147, 152, 161, 186, 192, 205, 214ff., 226, 232f., 235f., 241, 246
- Otto II., Ks. 59, 69f., 112, 119, 126f., 132ff., 137-154, 157, 161, 163, 186, 234
- Otto III., Ks. 143, 150, 154f., 158-166, 170-207, 210f., 214, 219, 246
- Otto, Hz. v. Kärnten 176, 211
- Otto, Hz. v. Niederlothringen 214
- Otto, Hz. v. Schwaben u. Bayern, S. Hz. Liudolfs 138ff., 149
- Otto, ‚d. Erlauchte‘, Vater Kg. Heinrichs I. 17, 19-25, 29, 31
- Otto v. Lomello, Pfgf. 193

Otto Wilhelm, Gf. v. Burgund 222
Otto, Gf. v. Hammerstein 224

Paderborn, Bm. 205, 223
Pandulf ‚Eisenkopf', Hz. von Capua u. Benevent 124, 131, 143, 147
Pandulf II., Hz. v. Capua 143, 227
Pantaleon, Märtyrer 109
Paris 90, 142, 168
Passau, Bm. 140
Paterno, Burg 199
Pavia 98, 112, 118, 143, 158, 170, 175, 180, 186, 211, 219f., 228
Petrus, Hl. 113, 167, 195f.
Petrus, B. v. Vercelli 188
Petrus II. Orseolo, Doge v. Venedig 175, 199
Pilgrim, Eb. v. Köln 227
Pippin, S. Ks. Karls d. Gr., Kg. in Italien 11
Pöhlde 56, 194, 204
Polling 202
Poppo, B. v. Würzburg 139
Prag, Bm. 143, 174, 212

Quedlinburg 27f., 56, 66, 71, 87f., 119ff., 135, 141, 156f., 161, 183, 192f., 209, 223

Rather, B. v. Lüttich 110
Ravenna 125f., 129f., 132, 144, 146, 169, 198, 219
Regensburg, Bm. 40, 46f., 102ff., 140, 175
Reginar, Vater Hz. Giselberts v. Lothringen 47
Reginar, lothr. Adliger 141
Reginlind, Gem. Hz. Burchards I. v. Schwaben 53
Reichenau, Kl. 21, 57, 62, 184
Reims, Ebm. 90, 168, 173, 178
Remiremont, Lothringen 62
Rethar, B. v. Paderborn 164
Riade a. d. Unstrut 63f., 107
Richar, A. v. Prüm 47
Richar, A. v. St. Moritz, Magdeburg 129, 131
Richenza, Ezzonin 218
Richer, Historiograph 173
Ripen, Bm. 94
Robert I., Hz. v. Franzien, westfränk. Kg. 49ff.
Robert II., S. Kg. Hugo Capets, Kg. v Frankreich 168, 173, 186, 214, 227f.
Rohr (Thüringen) 158f.
Rom 17f., 24, 47, 113, 115-118, 123f., 126, 129, 134, 144, 149-152, 170, 172, 175f., 179-190, 193-200, 218ff., 227
– SS. Bonifatio e Alessio, Kl. 176
Romuald, ital. Eremit u. Hl. 187, 199
Rossano 149
Rudolf II., Kg. v. Burgund 51, 52, 65, 88f.
Rudolf III., Kg. v. Burgund 222
Rudolf, Fuldaer Mönch, Historiograph 18
Ruotbert, Eb. v. Trier 91
Ruotger, Historiograph 45, 122
Ruthard, B. v. Straßburg 84f.

Saalfeld, Burg 83, 98f.
Salerno 143, 148, 227
Salomo, bibl. Kg. 103, 238
Salzburg, Ebm. 11
Schleswig, Bm. 94
Schleswig/Haithabu 64
Seelheim 46
Senlis 90, 168
Sergius II., P. 17
Sergius IV., P. 219
Siegbert, sächs. Gf. 155
Siegbert, sächs. Adliger 157

Siegfried, Mgf. v. Sachsen 76, 80, 82
Sikko, Gf. 143
Soissons 142
Sohlingen a. Solling 172
Sophia, T. Ks. Ottos II., Ä. v. Gandersheim 164
Speyer, Bm. 12
S. Giulio, Orta-See 116
St. Gallen, Kl. 62, 119
Stephan, Kg. v. Ungarn 198
Straßburg 12, 204, 206, 226
Strehla, Burg 209
Silvester II., P. (= Gerbert v. Aurillac) 187, 195, 198

Tagino, Eb. v. Magdeburg 173, 210, 213, 242
Tarent 148
Tassilo, Hz. v. Bayern 10
Thangmar v. Hildesheim, Historiograph 197f.
Thankmar, Br. Kg. Heinrichs I. 23
Thankmar, S. Kg. Heinrichs I. 23, 56, 80ff.
Theophanu, Gem. Ks. Ottos II., Ksn. 132ff., 138, 142f., 154, 161-171, 175, 181
Thiadrich, Mgf. d. sächs. Ostmark 130
Thiedrich, B. v. Minden 20f.
Thiedrich, sächs. Mgf. 157
Thietmar, B. v. Merseburg, Historiograph 87, 114, 120, 132f., 145ff., 150ff., 155-158, 161f., 170, 172, 189f., 192, 194, 200, 203f., 211ff., 220, 222f., 225f.
Thietmar, sächs. Mgf. 132
Thietmar, sächs. Gf. 33f., 41
Thietmar, sächs. Adliger 55
Tivoli 117, 195, 196, 242
Tribur 14
Trient, Bm. 97, 112, 211f., 219

Trier
– Ebm. 49, 51, 72, 92, 216
– St. Maximin, Kl. 87
Troia, Stadt i. Süditalien 227

Udalrich, Hz. v. Böhmen 218, 221
Udo, Gf. i. d. Wetterau u. i. Rheingau 85f.
Udo II., Gf. i. Rheingau 149
Ulrich, B. v. Augsburg 54, 106, 132, 134, 137, 241, 246
Unger, B. v Posen 190
Unni, Eb. v. Hamburg/Bremen 64
Unwan, Eb. v. Hamburg/Bremen 226
Utrecht, Bm. 154, 206

Valenciennes 214
Venedig 126, 199f.
Vercelli, Bm. 188
Verdun, Bm. 12, 91, 167f.
Verona, Bm. 126, 149f., 153, 175, 211
Vilich, Kl. (b. Bonn) 176
Villingen (im Schwarzwald) 183

Waimar IV., F. v. Salerno 227
Walsleben, Burg 55
Waltbert, Enkel d. Sachsenhz. Widukind, Gf. 18
Walthard, Eb. v. Magdeburg 145, 210
Warin, Eb. v. Köln 154
Werden, Kl. 141
Werla, Pfalz 53, 128, 130, 157, 203f.
Werinher, A. v. Fulda 149
Werner, B. v. Straßburg 204
Wernher, A. v. Fulda 129
Wenzel, Hz. v. Böhmen 55
Wichmann d. Ä., sächs. Gf., Billunger 79, 81, 108

Wichmann d. Jüngere, Billunger 108, 127f.
Wichmann III., sächs. Gf., Billunger 225f.
Widukind, Sachsenhz. 10, 18, 23, 27
Widukind v. Corvey, Historiograph 24, 27, 29-34, 37f., 40-43, 50, 54, 60, 63f., 69-86, 90f., 97, 100, 102ff., 107f., 119, 122, 127f., 135, 216
Wigbert, II., B. v. Merseburg 210
Wigbert, Mgf. v. Meißen 130
Wigger, Mgf. v. Zeitz 130
Wildeshausen 18
Wilhelm, Eb. v. Mainz 109, 111f., 119, 122f., 128f.
Wilhelm, Hz. v. d. Normandie 89

Willa, Gem. Kg. Berengars v. Italien 93, 116f.
Willigis, Eb. v. Mainz 145, 150, 153, 157, 163-166, 176f., 180, 194f., 204f., 210, 215f., 241
Wolfenbüttel 134
Wolfgang, B. v. Regensburg 173
Worms, Bm. 12, 48, 51, 53, 104, 112, 122
Würzburg, Bm. 215

Ziazo, sächs. Adliger 157
Zeitz, Bm. 126, 130, 145
Zülpich, Burg 51
Zürich 183
Zwentibold, S. Ks. Arnulfs v. Kärnten 22

Ergänzungen zur zweiten Auflage

Es gibt vier Jahre nach der Abfassung des Textes noch keinen Anlass zu einer grundlegenden Überarbeitung. Mit dieser Einschätzung soll nicht übersehen werden, dass einige der im Buch vertretenen Positionen durchaus nicht von Allen geteilt werden. Die Diskussion scheint jedoch keineswegs zu einem Abschluss gekommen zu sein. Zur Zeit ist es daher wohl angemessen, den Fortgang der Diskussion über das 10. Jahrhundert durch strukturierte Literaturhinweise zu dokumentieren, wie es im Folgenden versucht wird.

Hinweise auf seit dem Jahre 2000 erschienene Literatur:

1) Arbeiten zu allgemeinen Aspekten der ottonischen Geschichte:
- *Gerd Althoff*, Das ottonische Reich als Regnum Francorum?, in: *Joachim Ehlers* (Hg.), Deutschland und der Westen Europas im Hochmittelalter, Stuttgart 2002, S. 235–261.
- *Matthias Becher*, Volksbildung und Herzogtum in Sachsen während des 9. und 10. Jahrhunderts, in: MIÖG 108 (2000) S. 67–84.
- *Helmut Beumann*, Theutonum nova metropolis. Studien zur Geschichte des Erzbistums Magdeburg in ottonischer Zeit, Köln [u. a.] 2000.
- *Helmut Beumann*, Kirche und Reich. Beiträge zur früh- und hochmittelalterlichen Kloster- Bistums- und Missionsgeschichte, hg. von Irmgard Fees, Goldbach 2004.
- *Johannes Burckhardt*, Narrationes in ottonischen Königs- und Kaiserurkunden. Versuch einer Typologie, in: *Erika Eisenlohr / Peter Worm* (Hgg.), Arbeiten aus dem Marburger hilfswissenschaftlichen Institut, Marburg 2000, S. 133–177.
- *Joachim Ehlers*, Die Kapetinger, Stuttgart 2000.
- *Joachim Ehlers* (Hg.), Deutschland und der Westen Europas im Mittelalter, Stuttgart 2002.
- *Stephanie Haarländer*, Vitae episcoporum. Eine Quellengattung zwischen Hagiographie und Historiographie, untersucht an Lebensbeschreibungen von Bischöfen des Regnum Teutonicum im Zeitalter der Ottonen und Salier, Stuttgart 2000.

- *Hagen Keller*, Die Ottonen, München 2001.
- *Hagen Keller*, Ottonische Königsherrschaft. Organisation und Legitimation königlicher Macht, Darmstadt 2002.
- *Ludger Körntgen*, Königsherrschaft und Gottes Gnade. Zu Kontext und Funktion sakraler Vorstellungen in Historiographie und Bildzeugnissen der ottonisch-frühsalischen Zeit, Berlin 2001.
- *Ludger Körntgen*, Ottonen und Salier, Darmstadt 2002.
- *Florentine Mütherich* [u. a.] (Hgg.), Das Evangeliar Ottos III., München / London / New York 2001.
- *August Nitschke*, Karolinger und Ottonen. Von der „karolingischen Staatlichkeit" zur „Königsherrschaft ohne Staat"? in: HZ 273/1 (2001), S. 1–29.
- *Steffen Patzold*, Konflikte im Kloster. Studien zu Auseinandersetzungen in monastischen Gemeinschaften des ottonisch-salischen Reichs, Husum 2000.
- *Pierre Racine*, Les Ottoniens et le monastère de Bobbio, in: FMSt 36 (2002), S. 271–283.
- *Thomas Scharff*, Der rächende Herrscher. Über den Umgang mit besiegten Feinden in der ottonischen Historiographie, in: FMSt 36 (2002), S. 241–253.
- *Bernd Schneidmüller*, Konsensuale Herrschaft. Ein Essay über Formen und Konzepte politischer Ordnung im Mittelalter, in: *Paul-Joachim Heinig* [u. a.] (Hgg.), Reich, Regionen und Europa in Mittelalter und Neuzeit. Festschrift für Peter Moraw, Berlin 2000, S. 53–87.
- *Bernd Schneidmüller*, Wahrnehmungsmuster und Verhaltensformen in den fränkischen Nachfolgereichen, in: *Joachim Ehlers* (Hg.), Deutschland und der Westen Europas im Mittelalter, Stuttgart 2002, S. 263–302.
- *Bernd Schneidmüller / Stefan Weinfurter* (Hgg.), Ottonische Neuanfänge. Symposion zur Ausstellung „Otto der Große, Magdeburg und Europa", Mainz 2001.
- *Przemysław Urbańczyk* (Hg.), The Neighbours of Poland in the 10th Century, Warschau 2000.
- *Thomas Vogtherr*, Die Reichsabteien der Benediktiner und das Königtum im hohen Mittelalter, Stuttgart 2000.
- *Thomas Zotz*, Die ottonischen Schwabenherzöge in Oberitalien, in: *Helmut Maurer / Hansmartin Schwarzmaier / Thomas Zotz* (Hgg.), Schwaben und Italien im Hochmittelalter, Stuttgart 2001, S. 83–108.
- *Thomas Zotz*, Ethnogenese und Herzogtum in Alemannien (9.–11. Jahrhundert), in: MIÖG 108 (2000), S. 48–66.

2) Wichtige Anstöße zur Reflexion des Forschungsstandes und zu neuen Fragen gaben mehrere große Ausstellungen der letzten Jahre; vgl. hierzu die Katalog- und Essaybände:

- Europas Mitte um 1000. Beiträge zur Geschichte und Archäologie, hg. von *Alfried Wieczorek* und *Hans-Martin Hinz*, 3 Bde., Stuttgart 2001.
- Otto der Große, Magdeburg und Europa. Eine Ausstellung im Kulturhistorischen Museum Magdeburg vom 27. August – 2. Dezember 2001. Katalog der 27. Ausstellung des Europarates und Landesausstellung Sachsen-Anhalt, hg. von *Matthias Puhle*, 2 Bde., Mainz 2001.
- Heinrich II. Katalog der Ausstellung Bamberg vom 9. Juli bis 20. Oktober 2002, hg. von *Josef Kirmeier, Bernd Schneidmüller, Stefan Weinfurter* und *Evamaria Brockhoff*, Augsburg 2002.

3) Die grundsätzlichen Diskussionen um Möglichkeiten, Bedingungen und Grenzen der Erforschung der ottonischen Geschichte wurde fortgeführt durch Arbeiten von:

- *Philippe Buc*, Noch einmal 918–919 – Of the ritualized demise of kings and of political rituals in general, in: Gerd Althoff (Hg.), Zeichen – Rituale – Werte. Internationales Kolloquium des Sonderforschungsbereichs 496 an der Westfälischen Wilhelms-Universität Münster, Münster 2004, S. 151–178.
- *Johannes Fried*, Der Schleier der Erinnerung. Grundzüge einer historischen Memorik, München 2004.
- Anhang zur 2. Auflage von *Johannes Fried*, Otto III. und Boleslaw Chrobry. Das Widmungsbild des Aachener Evangeliars, der „Akt von Gnesen" und das frühe polnische und ungarische Königtum, Stuttgart ²2001.
- Gegenpositionen u. a. bei *Gerd Althoff*, Inszenierte Herrschaft. Geschichtsschreibung und politisches Handeln im Mittelalter, Darmstadt 2003, hier insbesondere die Aufsätze:
- Geschichtsschreibung in einer oralen Gesellschaft. Das Beispiel des 10. Jahrhunderts, S. 105–125.
- Das argumentative Gedächtnis. Anklage- und Rechtfertigungsstrategien in der Historiographie des 10. und 11. Jahrhunderts, S. 126–149.

4) Fortgesetzt wurde auch die Diskussion um die Bedeutung symbolischer Kommunikation für das Verständnis ottonischer Herrschaft, s. hierzu:

- *Philippe Buc*, The danger of Ritual. Between early medieval texts and social scientific theory, Princeton (N. J.) 2001.
- *Hagen Keller*, Ritual, Symbolik und Visualisierung in der Kultur des ottonischen Reiches, in: FMSt 35 (2001), S. 23–59.
- *Bernd Schneidmüller*, Wahrnehmungsmuster und Verhaltensformen in den fränkischen Nachfolgereichen, in: *Joachim Ehlers* (Hg.), Deutschland und der Westen Europas im Mittelalter, Stuttgart 2002, S. 263–301.

- *Gerd Althoff*, Die Macht der Rituale. Symbolik und Herrschaft im Mittelalter, Darmstadt 2003.
- allg. die Beiträge in: *Gerd Althoff* (Hg.), Formen und Funktionen öffentlicher Kommunikation im Mittelalter, Stuttgart 2001.

5) Eine wesentliche Verbesserung des Editionsstandes bieten:

- Die Neuausgabe der Annales Quedlinburgenses, hg. von Martina Giese (MGH SS rer. germ. 72), Hannover 2004.
- *Hrotsvit von Gandersheim*, Opera omnia, hg. von Walter Berschin (Bibliotheca scriptorum Graecorum et Romanorum Teubneriana), München / Leipzig 2001.
- *Richer von Saint-Remi*, Historiae, hg. von Hartmut Hoffmann (MGH. SS 38), Hannover 2000.

6) Zu einzelnen Phasen der ottonischen Geschichte sind zu beachten:

Heinrich I.:

- *Gerd Althoff / Joachim Wollasch*, Bleiben die Libri memoriales stumm? Eine Erwiderung auf H. Hoffmann, in: DA 56 (2000), S. 33–53.
- *Roman Deutinger*, Königswahl und Herzogserhebung Arnulfs von Bayern. Das Zeugnis der älteren Salzburger Annalen zum Jahr 920, in: DA 58 (2002), S. 17–68.
- *Johannes Fried*, Recht und Verfassung im Spannungsfeld von Mündlichkeit und kollektiver Erinnerung. Eheschluß und Königserhebung Heinrichs I., in: *Albrecht Cordes / Joachim Rückert / Reiner Schulze* (Hgg.), Stadt – Gemeinde – Genossenschaft. Festschrift für Gerhard Dilcher zum 70. Geburtstag, Berlin 2003, S. 293–320.
- *Hartmut Hoffmann*, Anmerkungen zu den Libri Memoriales, in: DA 53 (1997), S.415–459.
- *Jörg Oberste*, Heilige und ihre Reliquien in der politischen Kultur der früheren Ottonenzeit, in: FMSt 37 (2003), S. 73–98.

Otto I.:

- *Hagen Keller*, Otto der Große urkundet im Bodenseegebiet. Inszenierungen der „Gegenwart des Herrschers" in einer vom König selten besuchten Landschaft, in: *Jürgen Petersohn* (Hg.), Mediaevalia Augiensia. Forschungen zur Geschichte des Mittelalters, Stuttgart 2001, S. 205–245.
- *Hagen Keller*, Oddo imperator Romanorum. L'idea imperiale di Ottone III alla luce dei suoi sigilli e delle sue bolle, in: *Hagen Keller / Werner Paravicini / Wolfgang Schieder* (Hgg.), Italia et Germania. Liber Amicorum Arnold Esch, Tübingen 2001, S. 163–189.

- *Johannes Laudage*, Otto der Große (912–973). Eine Biographie, Regensburg 2001.
- *Werner Maleczek*, Otto I. und Johannes XII. Überlegungen zur Kaiserkrönung von 962, in: *Jürgen Petersohn* (Hg.), Mediaevalia Augiensia. Forschungen zur Geschichte des Mittelalters, Stuttgart 2001, 151–204.

Otto II.:

- *Rudolf Schieffer*, Otto II. und sein Vater, in: FMSt 36 (2002), S. 255–269.
- *Hubertus Seibert*, Eines großen Vaters glückloser Sohn? Die neue Politik Ottos II., in: *Bernd Schneidmüller / Stefan Weinfurter* (Hgg.), Ottonische Neuanfänge. Symposion zur Ausstellung „Otto der Große, Magdeburg und Europa", Mainz 2001, S. 293–320.

Otto III.:

- *Amalie Fößel*, Die Königin im mittelalterlichen Reich. Herrschaftsausübung, Herrschaftsrechte, Handlungsspielräume, Stuttgart 2000.
- *Thilo Offergeld*, Reges pueri. Das Königtum Minderjähriger im frühen Mittelalter, Hannover 2001.
- *Jürgen Petersohn*, König Otto III. und die Slawen an Ostsee, Oder und Elbe um das Jahr 995. Mecklenburgzug – Slavnikidenmassaker – Meißenprivileg, in: FMSt 37 (2003), S. 99–139.
- *Ekkehard Eickhoff*, Kaiser Otto III. Die erste Jahrtausendwende und die Entfaltung Europas, Stuttgart 1999.
- *Michael Borgolte* (Hg.), Polen und Deutschland vor 1000 Jahren. Die Berliner Tagung über den „Akt von Gnesen", Berlin 2002.
- *Christian Lübke*, Machtfaktoren im Osten des ottonischen Reiches in der Zeit Boleslavs II., in: *Petr Sommer* (Hg.), Boleslaw II. Der tschechische Staat um das Jahr 1000. Internationales Symposium, Praha, 9.–10. Februar 1999, Prag 2001, S. 385–395.
- *Steffen Patzold*, Omnis anima potestatibus sublimioribus subdita sit. Zum Herrscherbild im Aachener Otto-Evangeliar, in: FMSt 35 (2001), S. 243–272.
- *Petr Sommer* (Hg.), Boleslaw II. Der tschechische Staat um das Jahr 1000. Internationales Symposium, Praha, 9.–10. Februar 1999, Prag 2001.
- *Nicolangelo D'Acunto*, Nostrum Italicum regnum. Aspetti della politica italiana di Ottone III, Mailand 2002.
- *Karl Kroeschell*, Zum Problem der Vormundschaft über Otto III., in: Rechtsbegriffe im Mittelalter, hg. von *Albrecht Cordes / Bernd Kannowski*, Frankfurt 2002, S. 63–77.

- *Gerard Labuda*, Der „Akt von Gnesen" vom Jahre 1000. Bericht über die Forschungsvorhaben und -ergebnisse, in: QMAN 5 (2000), S. 145–188.

Heinrich II.:

- *Wilfried Hartmann* (Hg.), Bischof Burchard von Worms 1000–1025, Mainz 2000.
- *Ludger Körntgen*, In primis Herimanni ducis assensu. Zur Funktion von D H II. 34 im Konflikt zwischen Heinrich II. und Hermann von Schwaben, in: FMSt 34 (2000), S. 159–185.
- *Stefan Weinfurter*, Heinrich II. (1002–1024). Herrscher am Ende der Zeiten, Regensburg ³2002.

Fachliteratur Geschichte

Verena Postel
Die Ursprünge Europas
Migration und Integration im frühen Mittelalter
2004. 296 Seiten. Kart.
€ 28,–
ISBN 3-17-018405-9

Das frühe Mittelalter war eine Epoche des beschleunigten politischen und kulturellen Wandels. Das römische Großreich, das jahrhundertelang die Funktion einer politischen Ordnungsmacht wahrgenommen hatte, löste sich im Westen auf und wich einer Pluralität von Königreichen unter gotischen, burgundischen, vandalischen und fränkischen Herrschern. Postel beschreibt, auf welche Weise es der dünnen Schicht der germanischen Zuwanderer und Eroberer gelang, das Machtvakuum zu füllen. Sie beleuchtet die tiefgreifende Kontinuität der neuen Reiche zum spätantiken Imperium, wie sie sich in Verfassung, Verwaltung, Verteidigung, Rechtsleben und kirchlicher Organisation spiegelte. Zukunftsweisend für eine gemeinsame europäische Kultur wirkten vor allem die Christianisierung und die Akkulturation verschiedener Ethnien an die römische Zivilisation.

Die Autorin: *Professor Dr. Verena Postel* (ehem. Epp), lehrt Mittelalterliche Geschichte an der Universität Marburg.

W. Kohlhammer GmbH · 70549 Stuttgart

Dynastiengeschichte

Joachim Ehlers
Die Kapetinger
2000. 310 Seiten. Kart. € 16,85
ISBN 3-17-014233-X
Urban-Taschenbücher, Band 471

„Ehlers versteht es in diesem kompakten Band der verdienstvollen Reihe Urban-Taschenbücher, Geschichte auch für Laien interessant aufzubereiten."
Stuttgarter Zeitung

„Der Autor legt eine komprimierte Analyse vor. Er sieht sein methodisches Anliegen besonders in der Erarbeitung von Strukturen und Vergleichen, nicht zuletzt im europäischen Rahmen."
Das Historisch-politische Buch

Der Autor: *Dr. Joachim Ehlers* Professor em. für Mittelalterliche Geschichte an der FU Berlin.

Dieter Berg
Die Anjou-Plantagenets
Die englischen Könige im Europa des Mittelalters (1100 bis 1400)
2003. 346 Seiten. Kart. € 19,–
ISBN 3-17-014488-X
Urban-Taschenbücher, Band 577

In diesem Buch wird die politische Ereignisgeschichte von Heinrich II. und Richard I. Löwenherz, denen praktisch noch der gesamte Westen Frankreichs gehörte, über den Hundertjährigen Krieg bis zu den Rosenkriegen dargestellt. Insgesamt wird dabei die große Bedeutung der Anjou-Plantagenets für die gesamte Geschichte Europas im Mittelalter gewürdigt.

Der Autor: *Professor Dr. Dieter Berg* lehrt Mittelalterliche Geschichte an der Universität Hannover.

W. Kohlhammer GmbH · 70549 Stuttgart

Dynastiengeschichte

Bernd Schneidmüller
Die Welfen
*Herrschaft und Erinnerung
(819-1252)*
2000. 378 Seiten, 14 Abb. Kart.
€ 17,90
ISBN 3-17-014999-7
Urban-Taschenbücher, Band 465

„Das vorliegende Buch hat jedenfalls die Eigenschaften, die das ausmachen, was man gemeinhin ein ‚Standardwerk' nennt."
Mitteilungen des Instituts für österreichische Geschichtsforschung

Der Autor: *Professor Dr. Bernd Schneidmüller* lehrt Mittelalterliche Geschichte an der Universität Heidelberg.

Jörg K. Hoensch
Die Luxemburger
*Eine spätmittelalterliche Dynastie
gesamteuropäischer Bedeutung
1308-1437*
2000. 368 Seiten, 4 Stammtafeln
Kart. € 16,–
ISBN 3-17-015159-2
Urban-Taschenbücher, Band 407

„Hoenschs präzise Darstellung hat den großen Vorzug, nicht nur die Reichs- und Westeuropa-Politik der Luxemburger ins Blickfeld zu rücken, sondern auch ... den wichtigen ostmitteleuropäischen Aktionsbe-reich der Dynastie vor Augen zu führen."
Süddeutsche Zeitung

Der Autor: *Professor Dr. Jörg K. Hoensch* lehrte Osteuropäische Geschichte an der Universität Saarbrücken.

W. Kohlhammer GmbH · 70549 Stuttgart